传世名著典藏丛书

诠解贞观政要

【唐】吴兢 著
孔思明 编译

江苏凤凰美术出版社
全国百佳图书出版单位

图书在版编目（CIP）数据

贞观政要诠解 /（唐）吴兢著；孔思明编译 . -- 南京：江苏凤凰美术出版社，2018.7

（传世名著典藏丛书）

ISBN 978-7-5580-3711-5

Ⅰ . ①贞… Ⅱ . ①吴… ②孔… Ⅲ . ①典章制度—中国—唐代②《贞观政要》—注释③《贞观政要》—译文 Ⅳ . ① D691.5

中国版本图书馆 CIP 数据核字（2017）第 329591 号

责任编辑 曹昌虹
封面设计 格林文化
责任监印 唐 虎

书 名 贞观政要诠解
著 者 吴 兢
编 译 孔思明
出版发行 江苏凤凰美术出版社（南京市中央路 165 号 邮编：210009）
北京凤凰千高原文化传播有限公司
出版社网址 http://www.jsmscbs.com.cn
印 刷 天津兴湘印务有限公司
开 本 710mm × 1000mm 1/16
印 张 26.25
版 次 2018 年 7 月第 1 版 2018 年 7 月第 1 次印刷
标准书号 ISBN 978-7-5580-3711-5
定 价 62. 00 元

营销部电话 010-64215835-801

序　言

上下五千年悠久而漫长的历史，积淀了中华民族独具魅力且博大精深的文化。中华文化是中华民族无数古圣先贤、风流人物、仁人志士对自然、人生、社会的思索、探求与总结，而且一路下来，薪火相传，因时损益。它不仅是中华民族智慧的凝结，更是我们道德规范、价值取向、行为准则的集中再现。千百年来，中华文化已经融入每一位中华儿女的血液，铸成了我们民族的品格，书写了辉煌灿烂的历史。中华文化与西方世界的文明并峙鼎立，成为人类文明的一个不可或缺的组成部分。凡此，我们称之曰“国学”，其目的在于与非中华文化相区分。中华民族之所以历经磨难而不衰，其重要一点是它有着源于由国学而产生的民族向心力和人文精神的根骨。可以说，中华民族之所以是中华民族，主要原因之一乃是其有异于其他民族的传统文化！

概而言之，国学包括经史子集、十家九流。它以先秦经典及诸子之学为根基，涵盖两汉经学、魏晋玄学、隋唐佛学、宋明理学和同时期的汉赋、六朝骈文、唐宋诗词、元曲与明清小说并历代史学等一套特有而完整的文化、学术体系。观其构成，足见国学之广博与深厚。可以这么说，国学是华夏文明之根，中华儿女之魂。

从大的方面来讲，一个没有自己文化的国家，可能会成为一个大国甚至富国，但绝对不会成为一个强国；也许它会强盛一时，但绝不能永远屹立于世界强国之林！而一个国家若想健康持续地发展，则必然有其凝聚民众的国民精神，且这种国民精神也必然是在自身漫长的历史发展中由本国人民创造形成的。中华民族的伟大复兴，中华巨龙的跃起腾飞，离不开国学的滋养。从小处而言，继承与发扬国学对每一个中华儿女来说同样举足轻重，迫在眉睫。国学之用，在于“无用”之“大用”。一个人的成功很大程度上取决于他的思维方式，而一个人思维能力的成熟程度亦绝非先天注定，它是在一定的文化氛围中形成的。国学作为涵盖经、史、子、集的庞大知识思想体系，恰好能为我们提供一种氛围、一个平台。潜心于国学的学习，人们就会发现其中蕴含的无法穷尽的智慧，并从中领略到恒久的治世之道与管理之智，也可以体悟到超脱的人生哲学与立身之术。在现今社会，崇尚国学，学习国学，更是提高个人道德水准和建构正确价值观念的重要途径。

近年来，国学热正在我们身边悄然兴起，令人欣慰。更可喜的是，很多家长开始对孩子进行国学启蒙教育，希望孩子奠定扎实的国学根基，以此帮助他们树立正确的道德观和价值观。欣喜之余，我们同时也对中国现今的文化断层现象充满了担忧。从“国学热”这个词汇本身也能看出，正是因为一定时期国学教育的缺失，才会有国学热潮的再现。我们注意到，现今的青少年对好莱坞大片趋之若鹜时却不知道屈原、司马迁为何许人；新世纪的大学生能考出令人咋舌的托福高分，但却看不懂简单的文言文。这些现象一再折射出一个信号：当今社会人群的国学知识十分匮乏。在西方大搞强势文化和学术壁垒的同时，国人偏离自己的民族文化越来越远。弘扬经典国学教育，重拾中华传统文化，这样的需求已迫在眉睫。

本套“传世名著典藏”丛书的问世，也正是为弘扬国学传统文化而添砖加瓦并略尽绵薄之力。本人作为一名大学教师，从事中国文化史籍的教学与研究工作多年，对国学文化及国学教育亦可谓体悟深刻。为了完成此丛书，我们从搜集整理到评点注译，历时数载，花费了很多的心血。这套丛书集传统文化于一体，涵盖了读者应知必知的国学经典。更重要的是，丛书尽量把晦涩的传统文化知识予以通俗化、现实化的演绎，并以大量精彩案例解析深刻的文化内核，力图使国学的现实意义更易彰显，使读者阅读起来能轻松愉悦、饶有趣味。虽然整套书尚存瑕疵，但仍可以负责任地说，我们是怀着对祖国传统文化的深厚感情和治学者应有的严谨态度来完成该丛书的。希望读者能感受到我们的良苦用心。

王琪

2017年7月

前 言

“以铜为镜，可以正衣冠；以古为镜，可以知兴替；以人为镜，可以明得失。”

在浩如烟海的中国古代史册中，“盛唐之音”无疑是最具有光彩与魅力的篇章之一，它所留给后世的诗词、书法、音乐等文学艺术形式，前无古人，后无来者，成就了高山仰止的时代辉煌。然而，要系统而深入地了解唐王朝，就不能不提到开国皇帝李世民，不能不提到名垂史册的“贞观盛世”，当然，还有这部泽被后世的历史著作《贞观政要》。那么，就让我们从这部书开始，走近光彩夺目的李唐王朝……

唐太宗李世民，唐高祖李渊的第二个儿子，一个文韬武略与秦皇汉武齐名，一个因执行“让步政策”而开创了“贞观之治”的皇帝。唐高祖武德九年(公元626年)，李世民在“玄武门之变”中取得帝位，在位23年间，文治武功，独步千古，成为中国古代封建帝王的楷模。

唐太宗治国，尤以善于用人著称。他曾说：“以天下之广，四海之众，千端万绪，须合变通。皆委百司商量，宰相筹划，于事稳便，方可奏行。岂得以一日万机，独断一人之虑也。且日断十事，五条不中，中者信善，其如不中者何？以日继月，乃至累年，乖谬既多，不亡何待？”敢于重用曾经反对过自己的人，反映了唐太宗卓越不凡的胆识。其典型事例就是任用魏徵。魏徵在隋末诡为道士，初投瓦岗军，曾效力于李密帐下，后归附窦建德。他虽职位不高，却自称曾经劝谏李建成在与李世民的争斗中先下手为强。这样一个几乎处处与己为敌的人，李世民却能爱惜其才而摒弃前嫌，委以重任。这对于稳定唐朝初年的政治局面，笼络人心，减少反对派，具有极其重要的作用。

用人如器，各取所长，不求全责备，反映了唐太宗用人的明智。他对于臣下的所长所短了如指掌。他评价长孙无忌“善避嫌疑，应对敏速……而总兵攻占，非所长也”；高士廉“涉猎古今，心术聪悟，临难既不改节，为官亦无朋党；所少者，骨鲠规谏耳”；房玄龄、杜如晦不善于理狱，不擅长处理杂务琐事，长处是多谋善断；而戴胄的短处是“无学术”，但敢于犯颜执法；博陵崔敦礼“深悉蕃情，凡所奏请，事多允会。”总之，唐太宗的用人原则是“人之行能，不能兼备。朕常弃其所短，取其所长”。

《贞观政要》作于开元、天宝之际，是由唐代史学家吴兢编著的一部政论性史书，全书 10 卷 40 篇，8 万余言，言简意赅地记录了贞观年间唐太宗李世民与臣下魏徵、王珪、房玄龄、杜如晦等人关于施政问题的对话、大臣的谏议和劝谏奏疏以及政治、经济上的重大措施等。是一部集领导学、管理学、政治军事学之大成于一身的经典著作。书中所阐述的关于治国安民的诸多观点和施政措施在现代社会仍具有一定的实用价值。

吴兢生于唐高宗总章三年（公元 670 年），卒于唐玄宗天宝八年（公元 749 年），一生经历了高宗、武则天、中宗、睿宗、玄宗五朝，因“励志勤学、博通经史”倍受器重。他一生著述丰富，史学风格浓厚，叙事简明，秉笔直书，被后人称为“良史”。《贞观政要》创作之初，唐王朝正处于“开元盛世”的繁盛时期，但各种社会危机已初露端倪。为了保证国家长治久安，吴兢深感有必要将唐太宗君臣相得益彰、励精图治的成功经验著书成篇，为当朝及后世的帝王树立起施政的楷模。

《贞观政要》从总结唐太宗治国施政经验、告诫当朝皇上的意图出发，将君臣问答、奏疏、方略等材料，按照为君之道、任贤纳谏、君臣鉴戒、教诫太子、道德伦理、正身修德、崇尚儒术、固本宽刑、征伐安边、善始慎终等一系列专题内容归类排列，深入探讨唐太宗与群臣共同打造繁盛帝国的重要思想，其中包括领导之术、人才之育、决策之方和修养之要等方面内容，既是唐太宗开创“贞观之治”的历史记录，又蕴含着丰富的治国安民的政治观点和成功的施政经验，全方位展示了封建鼎盛时期——“贞观盛世”典型的“和谐社会”的成功实践：政治清明、经济发达、君臣和谐、社会和谐、民族和谐、外交和谐等，使这部著作既具有史实性，又带有很强的政论色彩。

《贞观政要》以其具有治国安民的重大参考价值得到世人的珍视。后世帝王将《贞观政要》视为政治教科书和资治手册，尤其是一些较有作为的皇帝，更将它视为毕生的座右铭。此外，北宋的欧阳修、司马光、元代的戈直，乃至明朝的明宪宗，都给予了此书极高的评价和赞誉。元代儒臣戈直在为《贞观政要》所作的序言中写道：“夫二帝三王之事尚矣，两汉之贤君六七作，何贞观之政独赫然耳目之间哉？盖两汉之时世已远，贞观之去今犹近。迁、固之文，高古尔雅，而所记之事略；吴氏之文，质朴赅瞻，而所记之事详。是则太宗之事章章较著于后世者，岂非此书之力哉？”对于《贞观政要》与唐太宗的历史贡献给予了极大的肯定，并将唐太宗治国用人的战略思想概括为“然其屈己而纳谏，任贤而使能，恭俭而节用，宽厚而爱民，亦三代而下，绝无而仅有者也。”直至今天，《贞观政要》依然可资借鉴，它能够激发爱国热情、增强民族责任感和忧患意识，能够提供富国强民、经邦济世、缔造和谐社会的具体方略，有助于领导者廉洁从政、丰富领导艺术、提高管理水平，有利于净化社会风气、涤荡人的心灵。

正是基于这样的考虑，我们将《贞观政要》这部历史著作重新搬上当代社会的舞台，并以《贞观政要诠解》的形式完美呈现于读者面前，弥补了选集、选注中“浮光掠影”、“以一斑窥全豹”的阅读缺憾，力图还“贞观盛世”以“完璧”原貌。

我们编著的《贞观政要诠解》一书，在参阅不同版本的《贞观政要》基础上，含英咀华，去粗取精，分别从原文、译文、注释、史鉴新得四大方面进行全方位、多角度的解读。其中，译文部分采用直译与意译相结合的方法，在保留原文历史风貌的基础上，融入了时代气息与人性化思考；注释部分主要针对一些较为生僻、难读难懂的字词进行重点阐释，同时侧重于贞观时期重要历史人物的生平索引，使读者在简明清晰、通俗易懂的语言中了解特定历史环境下的典型人物；史鉴新得部分是本书的一大亮点，倾注了编者大量的精力与心血，闪烁着智慧的火花，通过对唐太宗治国、用人战略思想的宏观把握与再创造，取其精华，去其糟粕，借古寓今，游刃文史，结合历朝历代以及当代社会中的具体事例加以对比、引申，其人其事，一言一行，皆与《贞观政要》有着千丝万缕的联系，绝非传统意义上的“旧瓶装新酒”。我们力图用现代人的思维与视角，从那一篇篇力透纸背的君臣对话中，从李唐王朝“指点江山，激扬文字”的历史画卷中，总结、提炼出一些可供学习与借鉴的现代企业管理要领，为企业的领导、员工以及政府机关的公务员奉献上具有现实意义与实用价值的“史鉴新得”。

本书版式新颖，设计精美，图文并茂，配以大量贞观君臣人物小像，在正史的庄重与肃穆之外，平添了几分古朴清新的雅趣，是研究“贞观盛世”不可或缺的案头资料。

在本书的编写过程中，编著者注入了些许原创性的认识与感悟，但更多的还是参考了一些关于《贞观政要》与企业管理方面的书籍资料，在此，谨向这些著作的作者与编著者表示衷心的感谢！限于笔者学识水平有限，书中难免有疏漏之处，敬请广大读者批评指正。

原 序

有唐良相曰侍中安阳公、中书令河东公，以时逢圣明，位居宰辅，寅亮帝道，弼谐王政，恐一物之乖所，虑四维之不张，每克己励精，缅怀故实，未尝有乏。太宗时政化，良足可观，振古而来，未之有也。至于垂世立教之美，典谟谏奏之词，可以弘阐大猷，增崇至道者，爰命不才，备加甄录，体制大略，咸发成规。于是缀集所闻，参详旧史，撮其指要，举其宏纲，词兼质文，义在惩劝，人伦之纪备矣，军国之政存焉。凡一帙一十卷，合四十篇，名曰《贞观政要》。庶乎有国有家者克遵前轨，择善而从，则可久之业益彰矣，可大之功尤著矣，岂必祖述尧、舜，宪章文、武而已哉！其篇目次第列之于左。

吴兢

目 录

卷一

君道第一 /2

政体第二 /14

卷二

任贤第三 /32

求谏第四 /51

纳谏第五 /62

卷三

君臣鉴戒第六 /92

择官第七 /107

封建第八 /122

卷四

太子诸王定分第九 /136

尊敬师傅第十 /141

教诫太子诸王第十一 /150

规谏太子第十二 /159

卷五

仁义第十三 /176

忠义第十四 /180

孝友第十五 /192

公平第十六 /198

诚信第十七/218

卷六

俭约第十八 /228

谦让第十九 /235

仁恻第二十 /239

慎所好第二十一 /243

慎言语第二十二 /247

杜谗邪第二十三 /252

悔过第二十四 /258

奢纵第二十五 /262

贪鄙第二十六 /268

卷七

崇儒学第二十七 /276

文史第二十八 /283

礼乐第二十九 /288

卷八

务农第三十 /304

刑法第三十一 /309

赦令第三十二 /322

贡赋第三十三 /327

辨兴亡第三十四 /332

卷九

征伐第三十五 /338

安边第三十六 /354

卷十

行幸第三十七 /364

畋猎第三十八 /369

灾祥第三十九 /376

慎终第四十 /383

附录一　贞观编年纪事 /399

附录二　凌烟阁二十功臣谱 /403

为君之道，必须先存百姓。若损百姓以奉其身，犹割股以啖腹，腹饱而身毙。若安天下，必须先正其身，未有身正而影曲，上治而下乱者。朕每思伤其身者不在外物，皆由嗜欲以成其祸。若耽嗜滋味，玩悦声色，所欲既多，所损亦大，既妨政事，又扰生民。且复出一非理之言，万姓为之解体，怨讟既作，离叛亦兴。朕每思此，不敢纵逸。

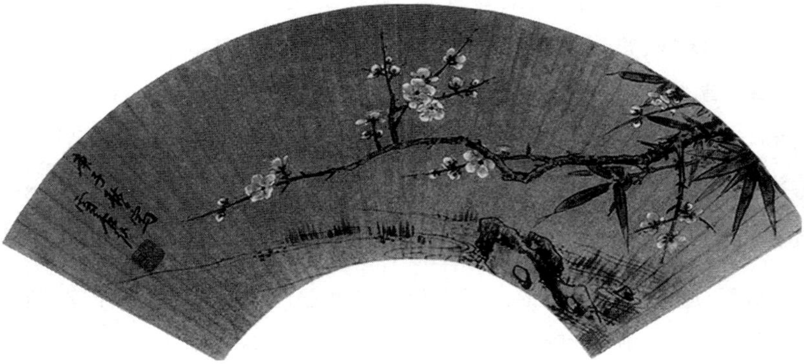

君道第一

【题解】

《君道》篇列全书之首，基本内容讲为君之道，也可看作全书的总纲。封建社会，君主享有至高无上的权利，关系着一个王朝的兴衰荣辱。有道明君治理国家，国家就能安定兴盛；无道昏君统治天下，必然导致动乱灭亡。贞观君臣反复讨论为君之道的利弊得失，认为体恤百姓、不务奢华、接纳谏言、居安思危是做一个有道明君的关键所在。

【原文】

贞观[1]初，太宗谓侍臣曰："为君之道，必须先存百姓。若损百姓以奉其身，犹割股[2]以啖[3]腹，腹饱而身毙。若安天下，必须先正其身，未有身正而影曲，上治而下乱者。朕[4]每思伤其身者不在外物，皆由嗜欲以成其祸。若耽嗜滋味，玩悦声色，所欲既多，所损亦大，既妨政事，又扰生民。且复出一非理之言，万姓为之解体，怨讟[5]既作，离叛亦兴。朕每思此，不敢纵逸。"谏议大夫[6]魏徵对曰："古者圣哲之主，皆亦近取诸身，故能远体诸物。昔楚聘詹何，问其治国之要，詹何[7]对以修身之术。楚王又问治国何如，詹何曰：'未闻身治而国乱者。'陛下所明，实同古义。"

【译文】

贞观初年，唐太宗对身边的大臣们说："当国君的准则，必须首先安抚百姓，将百姓的利益放在首位，使百姓能够过上安定的生活。如果以损害百姓的利益来满足自己的私欲，就像割掉自己大腿上的肉来填饱自己的肚子一样，肚子填饱了却命归黄泉。如果要统治好天下，必须先加强自身的修养，世上没有身正影斜，上层治理得井然有序而地方却动荡不安的道理。我时常在想，使自己受到伤害的其实并非是外

在的事物，而是由于自己内心不断膨胀的贪欲。如果一个人贪图口腹之欲、沉溺声色犬马，那么危害是很大的。既妨碍国家政务，又损害百姓的利益。如果又有人散布妖言、蛊惑民心，那么百姓就会人心离散，怨声载道，叛乱也会接踵而至。我每次想到这些，就不敢再懈怠和放纵了。”谏议大夫魏徵听后回答说：“古代圣明的君主也都是先把自己身边的事做好，进而推己及人，用这些好的方法治理国家。过去楚国国君聘用詹何，向他询问治国的关键所在，詹何告知国君应掌握修身之术。楚王又问该如何使国家安定呢，詹何回答：‘没有听说自身行为端正而国家动乱的道理。’陛下这些对治理国家的见解，完全符合古代圣贤的意思。”

【注释】

①贞观：唐太宗李世民年号，公元627年至649年。
②股：大腿。
③啖(dàn)：吃或给人吃。
④朕：我，自秦始皇起，变为皇帝的自称。
⑤讟(dú)：诽谤、怨言。
⑥谏议大夫：官名。唐时掌侍从规谏。
⑦詹何：传为春秋时隐士。认为“重生”必然“轻利”，反对纵欲自恣的行为。

【原文】

贞观二年，太宗问魏徵曰：“何谓为明君暗君？”徵曰：“君之所以明者，兼听也；其所以暗者，偏信也。《诗》云：‘先人有言，询于刍荛①。’昔唐、虞②之理，辟四门、明四目、达四聪③。是以圣无不照，故共、鲧④之徒，不能塞也；靖言庸回⑤，不能惑也。秦二世⑥则隐藏其身，捐隔疏贱而偏信赵高⑦，及天下溃叛，不得闻也。梁武帝⑧偏信朱异⑨，而侯景举兵向阙，竟不得知也。隋炀帝⑩偏信虞世基，而诸贼攻城剽邑，亦不得知也。是故人君兼听纳下，则贵臣不得壅蔽，而下情必得上通也。”太宗甚善其言。

【译文】

贞观二年，太宗问魏徵：“怎样才算是贤明的君主，怎样就算是昏庸的君主？”魏徵回答说：“所谓贤明的君主，就是善于听取别人的意见；所谓昏庸的君主，就是听信谗言、偏听偏信。《诗经》上说：‘远古先民说过这样的话，治国者征求砍柴人的意见。’过去尧帝、舜帝治理国家，广泛吸纳天下贤才，亲自体察民情，听取百姓意见。因此，尧舜这些圣明的君主能够无所不知，即使像共工和鲧这样的人，也不能蒙蔽他们，花言巧语也不能使他们迷惑。秦二世深居宫中，他疏远贤臣和百姓，而亲近赵高这样的小人，甚至到了天下大乱都还不闻不问的昏庸地步。梁武帝宠信朱异，侯景起兵叛乱时仍浑然不觉。隋炀帝重用小人虞世基，当各路叛贼纷纷攻城略地、国家岌岌可危的时候，他仍不自省。所以英明的国君应广开言路，贤能之士才不会被埋没，百姓民情必然能够上达。”唐太宗对这些话十分赞同。

【注释】

①刍荛：割草打柴的人，泛指草野鄙陋之人。

②唐、虞：指尧和舜，尧曰陶唐氏，舜曰有虞氏。

③辟四门、明四目、达四聪：赞扬尧舜的话。意为开四方之门，以招贤纳俊，广四方之视听，以防止耳目闭塞。

④共、鲧：即共工，唐虞官名。鲧：夏禹之父。共工淫辟，鲧治水无功，均被治罪。

⑤靖言庸回：靖言：臣下向君王说恭顺的话。庸回：凡庸邪僻的行为。靖言庸回意思是当面说得好听，背后又在捣鬼。

⑥秦二世(公元前 230—公元前 207)：秦始皇的少子，名胡亥，继承帝位后称二世皇帝。因他常居深宫，故公卿大臣很难见到他。

⑦赵高(？—前 207)：秦朝宦官，二世用他为相。

⑧梁武帝(公元 464—公元 549)：姓萧，名衍。南朝梁的建立者。公元 502 年—549 年在位。他偏听朱异的建议，纳东魏降将侯景为大将军。后侯景反叛，朝野上下都抱怨朱异。梁武帝也为侯景所逼，结果饿死。

⑨朱异：在梁为官，任散骑常侍。

⑩隋炀帝(公元 569—公元 618)：姓杨，名广，隋文帝的次子，公元 604 年—公元 618 年在位。内史侍郎虞世基蒙蔽隋炀帝耳目，以至农民起义，烽火四起，陷没郡县，他还全然不知，最后为宇文化及等所杀。

【原文】

贞观十年，太宗谓侍臣曰：“帝王之业，草创与守成孰难？”尚书左仆射①房玄龄对曰：“天地草昧②，群雄竞起，攻破乃降，战胜乃克。由此言之，草创为难。”魏徵对曰：“帝王之起，必承衰乱，覆彼昏狡，百姓乐推，四海归命，天授人与，乃不为难。然既得之后，志趣骄逸，百姓欲静而徭役不休，百姓凋残而侈务不息，国之衰弊，恒由此起。以斯而言，守成则难。”太宗曰：“玄龄昔从我定天下，备尝艰苦，出万死而遇一生，所以见草创之难也。魏徵与我安天下，虑生骄逸之端，

必践危亡之地，所以见守成之难也。今草创之难既已往矣，守成之难者，当思与公等慎之。”

【译文】

贞观十年，唐太宗问身边的侍臣：“帝王的基业，创业和守业相比哪个更难？”尚书左仆射房玄龄回答说：“在天下混乱的时候，群雄争霸，只有用强大的武力攻破他们才能使之投降，只有通过艰苦卓绝的战斗才能将他们击败。由此看来，创业比较难。”魏徵答道：“新帝王的崛起，必然开始于前朝的衰落和动乱，此刻推翻昏聩的旧王朝，百姓很愿意去拥戴他，四海之内也会归顺他，人心所向，符合天意，得到天下并不困难。然而得到天下之后，就容易变得骄傲自满，骄奢淫逸，百姓向往休养生息而徭役却毫无休止，民生凋敝而帝王的豪奢之事却不见停息，国家的衰落，大致都是由这些引起的。由此看来，守业更难。”太宗听后说道：“过去玄龄跟随我平定天下，备尝艰辛，九死一生，所以深知创建基业的艰难。而魏徵帮助我治理天下，忧虑我因为骄奢淫逸而重蹈前朝灭亡的覆辙，所以认为守住基业更困难。创业之难，现在已经成为过去，而守业的艰难，才是朕和众爱卿今天应该慎重考虑的问题。”

【注释】

①尚书左仆射：唐制，尚书省的长官，为宰相官职。

②草昧：草，杂乱，昧，蒙昧，原始未开化的状态。用以指国家草创秩序未定之时。

【原文】

贞观十一年，特进[①]魏徵上疏曰：

臣观自古受图膺运，继体守文，控御英雄，南面临下，皆欲配厚德于天地，齐高明于日月，本支百世，传祚[②]无穷。然而克终者鲜，败亡相继，其故何哉？所以求之，失其道也。殷鉴不远[③]，可得而言。

昔在有隋，统一寰宇，甲兵强锐，三十余年，风行万里，威动殊俗，一旦举而弃之，尽为他人之有。彼炀帝岂恶天下之治安，不欲社稷之长久，故行桀虐，以就灭亡哉？恃其富强，不虞[④]后患。驱天下以从欲，罄[⑤]万物而自奉，采域中之子女，求远方之奇异。宫苑是饰，台榭是崇，徭役无时，干戈不戢[⑥]。外示严重，内多险忌，谗邪者必受其福，忠正者莫保其生。上下相蒙，君臣道隔，民不堪命，率土分崩。遂以四海之尊，殒于匹夫之手，子孙殄绝[⑦]，为天下笑，可不痛哉！

圣哲乘机，拯其危溺，八柱[⑧]倾而复正，四维[⑨]弛而更张。远肃迩安，不逾于期月[⑩]；胜残去杀，无待于百年。今宫观台榭尽居之矣；奇珍异物尽收之矣；姬姜淑媛尽侍于侧矣;四海九州尽为臣妾矣。若能鉴彼之所以失,念我之所以得,日慎一日,虽休勿休,焚鹿台之宝衣,毁阿房之广殿,惧危亡于峻宇,思安处于卑宫,则神化潜通,无为而治,德之上也。若成功不毁,即仍其旧,除其不急,损之又损,杂茅茨于桂栋,参玉砌以土阶,悦以使人,不竭其力,常念居之者逸,作之者劳,亿兆悦以子来,群生仰而遂性,德之次也。若惟圣罔念,不慎厥终,忘缔构之艰难,谓天命之可恃,忽采椽之恭俭,追雕墙之靡丽,因其基以广之,增其旧而饰之,触类而长,不知止足,人不见德,而劳役是闻,斯为下矣。譬之负薪救火,扬汤止沸,以暴易乱,与乱同道,莫可测也,后嗣何观!夫事无可观则人怨,人怨则神怒,神怒则灾害必生,灾害既生,则祸乱必作,祸乱既作,而能以身名全者鲜矣。顺天革命之后,将隆七百之祚,贻厥子孙,传之万叶,难得易失,可不念哉!

【译文】

贞观十一年,特进魏徵上奏疏说:

据我观察各个朝代兴衰更迭的变化,发现自古以来每个帝王都是承受天命创下基业的,都是用武功与谋略使各路英雄归顺的,然后再用文治来教化天下百姓。谁都希望创下一番惊天动地的伟业,名垂青史,流芳百世。但是能够千秋万代传承下去并且最后获得好结局的朝代却微乎其微。各个朝代都相继衰败灭亡,是什么原因呢?究其根本,在于帝王失去了为君之道。

过去隋朝统一天下的时候兵力是多么强大啊,三十多年来,大国的威仪不可一世。谁想到后来竟毁于一旦,叛乱一起,国家政权就拱手让人。难道是隋炀帝厌恶国家安定,不希望社稷长治久安,所以就采取桀纣那样的残暴统治,自取灭亡吗?肯定不是这样的。我看这是因为他依仗国家富强,为所欲为,不考虑自己行为的后果所造成的。他在位的时候,奴役天下所有的人来满足他一个人的私欲,收集天下所有的宝物供他一个人玩赏,挑选各地的美女供他一个人淫乐,寻找异域奇珍供他一个人消遣。他居住的宫殿极其华丽奢侈,修筑的台榭无比瑰丽雄奇。这就必然造成徭役繁琐,战争不断。再加上朝廷之外,列强虎视眈眈;朝廷之内,大臣险恶奸诈。这样,谄媚阴险的人必然青云得志,忠诚正直的人必然性命难保。整个朝廷上下,君臣之间都互相蒙蔽欺骗,心怀二志。民不聊生是大势所趋,国家四分五裂在所难免。就这样,至高无上的君王——隋炀帝,到头来为叛贼所杀,死于非命,他的子孙也被杀尽,最终落得被天下人耻笑的结局,这难道不叫人痛惜吗?

可是,贤明的君主却能抓住每一个机会,挽救危难,让濒临灭亡的国家重新恢复正常,让废弛的礼仪法度重新发扬光大。不过,仅仅依靠一时的边境安定、国家安宁去维持统治，绝不是长久之计；停止战争，无所作为地维持现状，也难以统治百年。陛下，你现在住着豪华的宫殿，收藏有天下的奇珍异宝，举国美女在身边侍候，四海九州的人民尽听你的调遣。如果能从以往的亡国事例中及时吸取教训，总结夺取天下的经验，每日谨慎处理政务，不要懈怠。去掉纣王的奢靡，抛却始皇的残暴，从富丽堂皇的亭台楼阁中看出危亡的祸因，居安思危，像禹那样克己勤民，那么治国之理自然融会贯通。这样，即使表面什么也不做，整个国家却依然井井有条，这是为君之道的最好方法。一般说来，如果要保住基业，不让它毁亡，就应该在兴国之后克制私欲，居住旧时的宫殿，即使再想修建其他的宫殿，也要免去那些不必要的东西，将需求减至最低。华丽的建筑夹杂着粗糙的茅屋，玉石雕成的阶梯中有着土做的台阶，一心一意地让自己的俭朴使天下人心悦诚服。同时必须时刻思量着为君为官者的安逸，百姓劳作者的苦累。能做到这一点，那么千千万万的人一定会为他的出现而感到高兴，万民景仰听从他，这是为君之道的中等。如果作为君主不认真思考，不慎重考虑他的所作所为的后果，忘记了创业的艰难，夜郎自大、一味迷信依赖天命，忽略古圣王恭谨俭朴的美德 ，大兴土木，一味追求靡丽的雕梁画栋，宫殿也在原先的基础上不断扩建、修饰，乐此不疲，永远没有满足的时候。这样，人们当然看不到他的德行，只见劳役，这是为君之道的下等。这行为就像背着干柴去救火，用热汤去止住沸腾的水，用暴政代替淫乱，其实和淫乱是一样的，它的后果不堪设想，后人应该警惕啊！ 如果帝王没有什么政绩，则必然导致百姓的怨恨，百姓怨恨就会触怒神灵，神灵发怒必然使灾害产生，灾害既然产生，祸乱就必然紧随而来。祸乱一旦产生，自然很难收拾，能够在这种情况下保全生命的人太少了。帝王如果顺应天命，创立基业之后，将有七百年的兴盛时期，将基业一代一代地传给子孙继承下去。江山很难得到但是很容易失去，面对历史的教训，为王者对此难道不应该有所警戒吗？

【注释】

①特进：官名，功高德重，朝廷所敬异者，赐位特进。
②祚(zuò)：皇位，国统。
③殷鉴不远：殷的明镜不远，指夏的灭亡可为殷作鉴戒。后世称有前事为鉴为“殷鉴不远”。
④虞：臆度，料想。
⑤罄：本意是器中空，引申为尽、完。
⑥戢(jí)：收敛，止息。
⑦殄绝：灭绝，绝尽，断绝。
⑧八柱：古人说地有九州八柱。地下八柱牵制名山大川，孔穴相通。
⑨四维：古人称“礼义廉耻”为“四维”，认为“四维不张，国乃灭亡”。
⑩期月：本文作一整年解。

【原文】

是月，徵又上疏曰：

臣闻求木之长者，必固其根本；欲流之远者，必浚其泉源；思国之安者，必积其德义。源不深而望流之远，根不固而求木之长，德不厚而思国之理，臣虽下愚，知其不可，而况于明哲乎！人君当神器①之重，居域中之大②，将崇极天之峻，永保无疆之休。不念居安思危，戒奢以俭，德不处其厚，情不胜其欲，斯亦伐根以求木茂，塞源而欲流长者也。

凡百元首，承天景命，莫不殷忧③而道著，功成而德衰。有善始者实繁，能克终者盖寡，岂取之易而守之难乎？昔取之而有余，今守之而不足，何也？夫在殷忧，必竭诚以待下；既得志，则纵情以傲物。竭诚则胡越④为一体，傲物则骨肉为行路。虽董之以严刑，震之以威怒，终苟免而不怀仁，貌恭而不心服。怨不在大，可畏惟人，载舟覆舟，所宜深慎，奔车朽索，其可忽乎！

君人者，诚能见可欲则思知足以自戒，将有作则思知止以安人，念高危则思谦冲而自牧，惧满溢则思江海下百川，乐盘游⑤则思三驱⑥以为度，忧懈怠则思慎始而敬终，虑壅蔽则思虚心以纳下，想谗邪则思正身以黜恶，恩所加则思无因喜以谬赏，罚所及则思无因怒而滥刑。总此十思，弘兹九德，简能而任之，择善而从之，则智者尽其谋，勇者竭其力，仁者播其惠，信者效其忠。文武争驰，君臣无事，可以尽豫游之乐，可以养松、乔之寿，鸣琴垂拱，不言而化。何必劳神苦思，代下司职，役聪明之耳目，亏无为之大道哉！

【译文】

同月，魏徵又进献了一篇奏疏：

臣听说要想使树木长得高，必须使它的根部稳固；要想使水流得远，必须使它的源头疏通；要想使国家安定，必须以德治国。源头的水源不通畅却想让水流得很远，树根不牢固却想让树木长得高大，仁德不施却想国家得到治理，我虽然愚蠢到了极点，也知道这些是不可能的，更何况圣明的君主呢！皇上作为万圣之尊，高贵得与天地同辉，如果只极力推崇天命，让自己长命百岁，全然不思考居安思危的道理，力戒骄奢，崇尚节俭，推崇好的德行，而只任自己的情欲蔓延而不加以克制，这就像砍掉树根来让树木枝繁叶茂，堵塞源头而想让河水流得很远的道理一样。

一般说来，很多国君顺应天命之后，没有不担忧自己成就功业而德行却随之堕落的。很多人确实开头做得很好，可是能将这些好的做法坚持到底的却非常少，这难

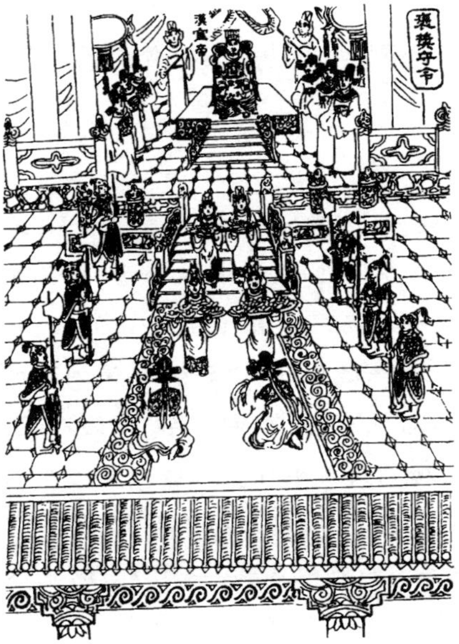

道真是创业容易守业难吗？过去夺取天下的时候力量无穷无尽，现在要守住基业却显得力不从心，究竟是什么原因呢？一个人有忧患意识的时候，必然诚心诚意对待下属；一旦自己的心愿达到了，就放纵私欲，不可一世。诚心待人，即使是敌人都可以结为朋友；不可一世，即使是兄弟也会反目成仇，形同陌路。即使用严酷的刑法，威严的气势来控制下属使其屈服，他们也只不过为苟且保全性命而心怀二志，外表谦恭却心存怨恨。怨气虽不在大小，但让人担忧的却是它违背了人心，这之中所蕴涵的道理就像水既可以让船行驶也可以让船沉没的道理一样，难道还不让人深思和警醒吗？奔腾的马车如果用腐朽的绳子来驾驭，还能指望它跑得很久很远吗？

好的国君，在遇到想要的东西时，就要思考知足常乐的道理，进行自我约束。在有所行动之前，应该想一想，这是不是可以不做，会不会惊动百姓。常常有危机意识，才能够使自己的思想谦虚平和。害怕骄傲自满，就应该常常思考海纳百川的道理。如果喜欢打猎，就该有所限度。担心自己懈怠，就应该想想凡事如何做才能善始善终。害怕自己受蒙蔽，就应该想一想自己如何虚怀若谷才能广纳臣子的意见。担心听信谗言，就应该思考如何使自己行为端正，以达到惩恶扬善的目的。实行赏赐，不要因为自己的喜好而随意改变标准。执行惩罚，也不可因自己一时的怒火而恣意滥用。做到了“十思”，发扬了“九德”，那么一个国家，就能够人尽其才。智者能够发挥他的智谋，勇者能够竭尽他的武力，仁者能够传播他的贤德，信者能够表现他的忠义。文臣武将都能够竞相为朝廷效力。这样一来，国家就会太平，君臣之间融洽和睦，相安无事。国君可以安心巡游，弹琴作赋，颐养天年。天下自然无为而治，又何必去劳心费力，事必躬亲，违背无为治国的道理呢？

【注释】

①神器：帝位。
②域中之大：古人说域中有四大：道大、天大、地大、王亦大。
③殷忧：深忧。
④胡越：胡在北方，越在南方，比喻相距遥远。

⑤盘游：打猎。

⑥三驱：打猎时围合三面，前开一路，使猎物有路可逃，不致于被一网打尽。意谓狩猎应有节制。

【原文】

太宗手诏答曰：

省频抗表，诚极忠款，言穷切至。披览忘倦，每达宵分①。非公体国情深，启沃义重，岂能示以良图，匡其不及！朕闻晋武帝自平吴已后，务在骄奢，不复留心治政。何曾②退朝谓其子劭曰："吾每见主上不论经国远图，但说平生常语，此非贻厥子孙者，尔身犹可以免，"指诸孙曰："此等必遇乱死。"及孙绥，果为淫刑所戮。前史美之，以为明于先见。朕意不然，谓曾之不忠，其罪大矣。夫为人臣，当进思尽忠，退思补过，将顺其美，匡救其恶，所以共为治也。曾位极台司③，名器崇重，当直辞正谏，论道佐时。今乃退有后言，进无廷诤④，以为明智，不亦谬乎！危而不持，焉用彼相？公之所陈，朕闻过矣。当置之几案，事等弦、韦⑤。必望收彼桑榆，期之岁暮，不使康哉良哉，独美于往日，若鱼若水，遂爽于当今。迟复嘉谋，犯而无隐。朕将虚襟静志，敬伫德音。

【译文】

唐太宗亲手诏书答复说：

朕看了爱卿写的奏疏，言语恳切。爱卿的一片忠肝义胆由此可见一斑。批阅你的奏疏，常常让我忘记疲倦，而且你的言辞让我深受感动。倘使卿对国情了解不深，怎么能够为我提出如此中肯的建议，而及时纠正我的过失呢？我听说晋武帝灭掉吴国之后，只顾骄奢淫逸，不再关心国家政治。太傅何曾退朝回家后，对他的儿子何劭说："我每天都看见皇上不谈论治理国家的雄才大略，而只是说一些日常生活的俚俗之语，这和治理国家的道理相去甚远呀。这难道不是将灾祸遗留给子孙吗？国家在你这一代还不至于混乱，因而你的性命暂且可以保全。"他又指着他的孙子们痛惜地说："可是到了你们长大的时候，必定遇上朝廷变故而性命不保。"后来孙子何绥果然遇上晋王室之间为争夺王位而发生的内部叛乱，结果他在叛乱中，为荒淫的酷刑所杀害。以往的史书称赞这事，说何曾有先见之明。我的看法与之不同，我认为何曾可以说是不忠之臣，他是罪大恶极的。作为臣子，上朝应思考如何指陈时政、尽忠直言，退朝时应废寝忘食，弥补皇上的过失。这样使君主的美德不断得到发扬，错误不断得到纠正，就是常说的君臣同治的道理。何曾地位尊贵，权势显赫，应当直言进谏，谈论治国大道，匡扶时政。然而他在退朝后才说关于朝纲的言论，朝见时，在晋武帝面前却没有勇敢的诤言，说他是明智之人，难道不荒谬吗？如果国家危亡却不知道辅佐扶持，哪里还用得着

这样的官吏呢？你所上书的建议，我已认真地阅读过了。这些金玉良言，应时时放在我的案头上，就像古代用来警示自己矫偏纠过的信物一样。这样，他日必定会有收获，等到过些年月，国家就会更加繁荣富庶。因为我有你的扶持，所以感到很放心，就像鱼儿有水一样，一切都得心应手，称心如意。你敢于直言而无所隐瞒的奏疏，我现在才回复。此后，我仍将虚怀若谷，恭敬的听取你治国方面的好意见。

【注释】

①宵分：半夜。

②何曾(公元199—公元278)：西晋大臣，字颍考，陈国阳夏(今河南太康)人。曹魏时官至司徒，曾参与司马懿与曹爽争权及司马炎代魏的活动。西晋初任太傅等官职。

③台司：指三公的高位。

④廷诤：在朝廷上直言规劝。

⑤弦、韦：弦，弓弦。韦，柔皮。相传西门豹性急，常佩韦以自缓。董安于性缓，常佩弦以自急。

【原文】

贞观十五年，太宗谓侍臣曰："守天下难易？"侍中[①]魏徵对曰："甚难。"太宗曰："任贤能，受谏诤，即可。何谓为难？"徵曰："观自古帝王，在于忧危之间，则任贤受谏。及至安乐，必怀宽怠[②]，言事者惟令兢惧，日陵月替[③]，以至危亡。圣人所以居安思危，正为此也。安而能惧，岂不为难？"

【译文】

贞观十五年，唐太宗问身边的侍臣："守江山是难还是易？"魏徵回答："很难。"唐太宗说："我选拔任用贤才，接受建议就行了，有什么难的？"魏徵说："据我观察，自古以来的帝王，在忧患危难的时候能够选举贤才，接受忠告；到了天下太平的时候反而懈怠政务，疏远敢于直言进谏的人，使之战战兢兢，不敢进言。这样日复一日，年复一年，就会使国家灭亡。正因为如此，古代圣人才要居安思危。你想想，国家太平无事，却要使国君心怀忧惧，这难道不难吗？"

【注释】

①侍中：官名。自秦时开始设置，隋代改称纳言，唐代复称侍中，并一度改称左相，成为门下省正式长官。因侍中官位特高，故只加赐于身居要职的大臣。

②宽怠：松懈、怠惰。

③日陵月替：一天天地衰颓下去。

史鉴新得

"修己安人"的中国式管理

《君道》篇列全书之首,基本内容讲为君之道,也可看作全书的总纲。文中认为有道明君治理国家,国家就能安定兴盛,无道昏君统治天下则必动乱危亡。社稷安危,国家治乱,荣辱成败全赖于国君一人。书中主要从三个方面讨论为君之道:一是把握创业与守业的关系。创业历险,固然艰难,但创业后要居安思危,安而能惧,这对于君临天下的帝王来说,守业岂不更难?二是正确处理君民关系。明君常思古训:"君,舟也,民,水也。水能载舟,亦能覆舟。"为君不能"竭泽而渔",逼使百姓起来造反。三是正确对待君臣关系。君如头脑,臣如四肢,头脑和四肢要密切配合,皇帝应听取臣下意见,兼听则明,且要诱导臣下敢于谏诤,以避免决策失误。

从《君道》这篇论述中,我们可以看出魏徵作为臣子对于国家发展具有非常强烈的忧患意识,身处盛世却能够居安思危、忧国忧民,设身处地地为国君谏言献策,为百姓利益着想,并敢于在国君面前直言不讳,辨证地分析古今帝王成败得失,劝导君主广开言路,吸纳人才,这样的臣子对于"开元盛世"的创建可谓功不可没,称得上国君身边得力的政治助手。另外,对于唐太宗而言,刚刚稳定天下,创建大唐王朝,非常希望得到周围人的支持与辅佐,共同为治理国家出谋划策,因此他不断将自己反复思考却不得其解的问题与臣子们讨论,并在他们的回答中进一步思索利弊,得出辨证而准确的结论,付之于实践。同时,作为一国之君,他又要时刻保持自己的威仪与身份,游刃于立场、见解不同的大臣之间,既要维护自身的统治地位,又要做到虚怀若谷,任人唯贤,在太平盛世中时刻保持冷静而清醒的头脑。由此看来,他的胸怀气度与政治远见在历代帝王中可算是首屈一指的。当然,这段事例毕竟是以封建时代的政治背景为基础的,对于我们今天的领导者来说,自然不能全盘照搬。但是,其中对于创业与守

业、君民关系、君臣关系等方面的见解,仍然值得我们思考。

作为一个企业的领导者,既是公司的航标与统帅,又是最高执行官。时刻都要以大局观念为重,不能因一己之私影响整个企业的发展,对于下属更要做到广泛听取意见、建议,及时组织员工讨论企业内部出现的重大问题,共同制定可持续发展的战略,对下属之间存在的不同意见与分歧,还要辨证分析、合理采纳,千万不能偏听偏信,以个人好恶草率决断。另外,及时挖掘人才也是企业领导的重要职责。一言以蔽之,管理之道,就是要处理好“修己”与“安人”之间的关系,亦如唐太宗处理“君民”、“君臣”关系一样,这正是中国式管理的根基所在。

“水可载舟,亦可覆舟。”反过来讲,领导者可以“安人”,也可以“覆人”。前提是是否能够“修己”。“修己”的意思是修造自己,而不是改变他人。一个人在管人之前,必须先把自己管好。修己的要旨在自觉、自律与自主。安人的诉求为:己安人也安。修己安人看起来是伦理,同时也是管理。中国式管理的整个历程,充满了“伦理道德”的精神,以“彼此彼此”为原则,拿“圆满、圆融、圆通”作标准,各人立于不败之地,发挥推己及人的力量,分中有合,合中有分,谋求安居乐业,互敬、互惠,各得其安,长此以往,便达到了管理学的最高境界——“无为而治”。

何谓“无为而治”?即没有管理的管理,实为管理的最高境界。老子在《道德经》里提出“无为而治”这一治国理念,根据“无为而治”的原则,老子把管理者的领导艺术分为四种类型:最好的统治者,人们觉察不到他的存在;其次的统治者,人们亲近他、赞誉他;再次的统治者,人们畏惧他;最次的统治者,人们轻侮他。唐朝是为人乐道的鼎盛王朝,唐太宗的“贞观之治”是与老子的思想分不开的。唐太宗治天下奉《道德经》为圭臬。唐太宗说:“君无为则人乐。”魏徵说:“无为而治,德之上也。”宫中嫔妃也知道“为政之本,贵在无为”。

对于企业管理,“无为而治”是最理想的管理方式,“无为而治”的管理境界,是古今中外管理者所追求的最佳管理目标。海尔集团总裁张明敏曾说:“我经营海尔主要是无为而治。我只抓大事,企业的大事就是文化、组织和战略。”张瑞敏曾谈过无为和有为的关系,他认为无为就是企业的价值观,它是无形的,但非常重要,在这个无形价值观的指导下,可以产生有形的成果,也就是老子所说的“为无为则无不治”。由此看来,领导者一味地强调“安人”便是“有为”,非但不能达到“人安”的目的,反而会引起员工的逆反心理,适得其反;只有“修己”才是“无为”。正如张明敏所说的“超级领导”,就是自身的领导水平已经达到了能够让下属在没有领导的时候仍然正常工作。

政体第二

【题解】

《政体》这一章节可以看作《君道》篇的扩展延伸，两篇政论构成对“贞观之治”政绩的概要说明。帝王如何处理国家政务，是为君之道的具体体现。太宗听从魏徵、虞世南等人的意见，坚守正道，任用贤良，改革弊政，鼓励群臣对已经颁布的诏令提出意见，并当即改正，使国家迅速从战乱中恢复元气，百废俱兴，成就了“贞观盛世”。

【原文】

贞观初，太宗谓萧瑀[1]曰：“朕少好弓矢，自谓能尽其妙。近得良弓十数，以示弓工。乃曰：‘皆非良材也。’朕问其故，工曰：‘木心不正，则脉理皆邪，弓虽刚劲而遣箭不直，非良弓也。’朕始悟焉。朕以弧矢定四方，用弓多矣，而犹不得其理。况朕有天下之日浅，得为理之意，固未及于弓，弓犹失之，而况于理乎？”自是诏京官[2]五品以上，更宿中书内省[3]，每召见，皆赐坐与语，询访外事，务知百姓利害、政教得失焉。

【译文】

贞观初年，唐太宗对大臣萧瑀说：“朕从年轻的时候就喜欢张弓射箭，自以为懂得如何识别弓箭的好坏。近来得到十几把上好的弓箭，就把它们拿给做弓箭的师傅看，弓箭师傅说：‘都不好。’我询问其中的原因，弓箭师傅说：‘木头的中心不端正，那么它的脉理就是歪斜的。这样的弓虽然刚劲有力，但射出去的箭却不直，所以不是上好的弓。’从这件事中我领悟出很多道理。我是通过战争取得天下的，所用过的弓箭非常多，而我尚且不懂得识别弓箭的要领；更何况我得到天下的时间还很短，对于治理国家的道理，肯定不比我对弓箭的知识掌握得多。然而，我对弓箭的了解尚有失偏

颇，更何况治理国家的要领呢？”从此以后，唐太宗定期召见五品以上的京官和中书内省的官员，每次召见，唐太宗都要赐给他们座位并与他们悉心交谈，仔细询问宫廷外面的事，以便对老百姓的疾苦和政教得失有全面详细的了解。

【注释】

①萧瑀：字时文，后梁明帝之子；贞观初年，拜为太子少师，迁仆射，又迁御史大夫，参与朝政，后拜太子少傅。

②京官：京都的官。

③中书内省：中书省，官署名。唐制，中书内省在禁中。

【原文】

贞观元年，太宗谓黄门侍郎[1]王珪曰：“中书[2]所出诏敕，颇有意见不同，或兼错失而相正以否。元置中书、门下，本拟相防过误。人之意见，每或不同，有所是非，本为公事。或有护己之短，忌闻其失，有是有非，衔以为怨。或有苟避私隙，相惜颜面，知非政事，遂即施行。难违一官之小情，顿为万人之大弊。此实亡国之政，卿辈特须在意防也。隋日内外庶官，政以依违，而致祸乱，人多不能深思此理。当时皆谓祸不及身，面从背言，不以为患。后至大乱一起，家国俱丧，虽有脱身之人，纵不遭刑戮，皆辛苦仅免，甚为时论所贬黜。卿等特须灭私徇公，坚守直道，庶事相启沃，勿上下雷同[3]也。”

【译文】

贞观元年，唐太宗对黄门侍郎王珪说：“对中书省为我起草的通告命令，你们门下省有没有不同意见，或发现错误加以纠正之处。当初设置中书、门下两省，是想让它们互相监督，以免出现错误。如果他们各执己见，即使意见互相抵触，有所是非也是正常的，因为这些都属于公事。如果有人回避矛盾，徇私舞弊，相互顾及颜面，认为不是涉及政局的事，就左右逢源，自作主张，任意施行，这就是错误的。这样，要是我们碍于一个官员的情面，就可能给百姓带来很大的危害。这实际上是亡国的行为，大臣们必须特别防范才是。隋代的时候，朝廷内外的官吏施政不一，埋下了灭亡的祸根。当时执行政令的时候，很多人都没有去深思这样做的危害，都认为灾祸不会降临到自己头上。当面阿谀奉承，背后恶语伤人，成为社会风气。后来叛乱一来，国家灭亡，家庭破败，虽然有人侥幸逃过一死，免受刑律的处罚，但最终还是身败名裂，臭名远扬。你们诸位一定要去除私欲，一心为公，坚守正道，凡事都要相互讨论，互相启发，千万不要随声附和，上下雷同。”

【注释】

①黄门侍郎：门下省副长官。

②中书：官署。唐时中书省设令，侍郎、舍人，右散骑常侍、起居舍人，右补阙、右拾遗、通事舍人等官，是全国政务中心。中书，门下、尚书三省同为中央行政总汇。由中书决定政策，通过门下审核，然后交尚书执行。

③雷同：本文的意思是雷发出声音，万物随后迎合。

【原文】

贞观二年，太宗问黄门侍郎王珪曰：“近代君臣治国，多劣于前古，何也？”对曰：“古之帝王为政，皆志尚清静，以百姓之心为心。近代则唯损百姓以适其欲，所任用大臣，复非经术之士①。汉家宰相，无不精通一经，朝廷若有疑事，皆引经决定，由是人识礼教，治致太平。近代重武轻儒，或参以法律，儒行既亏，淳风大坏。”太宗深然其言。自此百官中有学业优长，兼识政体者，多进其阶品，累加迁擢②焉。

【译文】

贞观二年，太宗问黄门侍郎王珪说：“近代帝王和大臣治理国家，多半不如古代，不知是什么原因？”王珪回答：“古代帝王治理国家，大都崇尚清静无为，以百姓为中心。然而近代的君王却是以损害百姓的利益来满足自己的私欲，任用的大臣，也再不是饱学经史的儒雅之士。汉代的宰相没有谁不精通一种经书的，朝廷上有什么解决不了的疑难问题，都引经据典，参照经书来决断，于是，人人懂得礼教，国家太平安定。但是，近代却重视武功，轻视儒术，或施用刑律来治理国家，从而导致儒术受到破坏，古代淳朴的民风也荡然无存。”太宗听后深有同感。从此以后，官员中凡是精通儒学，又懂得治国之道的，大都得以提拔，并委以重任。

【注释】

①经术之士：通晓经典的有学问的人。

②迁擢：晋升、提拔。

【原文】

贞观三年，太宗谓侍臣曰：“中书、门下，机要之司，擢才而居，委任实重。诏敕如有不稳便，皆须执论。比来惟觉阿旨顺情，唯唯①苟过，遂无一言谏诤者，岂是道理？若惟署诏敕、行文书而已，人谁不堪？何烦简择，以相委付？自今诏敕疑有不稳便，必须执言，无得妄有畏惧，知而寝默②。”

【译文】

贞观三年，太宗对身边的侍臣说："朝廷设置中书、门下、机要三个部门，选择人才担任官职，他们的任务和作用其实是很大的。皇上下达的诏书和命令如果不正确，他们必须大胆地指出来。然而近来我却发现他们只会唯命是从，顺水推舟，没有一个人敢直言进谏，朝廷的官员怎么能够有这样唯唯诺诺的作风呢？如果一个官吏只知道发布诏书，抄抄写写，又何必千辛万苦选择官员，委以重任呢？从今以后，上传下达的诏书如果不妥当，官吏必须直接指出来，不能因为害怕冒犯了我的威仪，心中有数却沉默不言、假装糊涂。"

【注释】

①唯唯：谦卑顺从，奉命唯谨。
②寝默：沉默无言。

【原文】

贞观四年，太宗问萧瑀曰："隋文帝[1]何如主也？"对曰："克己复礼[2]，勤劳思政，每一坐朝，或至日昃[3]，五品已上，引坐论事，宿卫之士，传飧而食，虽性非仁明，亦是励精之主。"太宗曰："公知其一，未知其二。此人性至察而心不明。夫心暗则照有不通，至察则多疑于物。又欺孤儿寡妇以得天下，恒恐群臣内怀不服，不肯信任百司，每事皆自决断，虽则劳神苦形，未能尽合于理。朝臣既知其意，亦不敢直言，宰相以下，惟即承顺而已。朕意则不然，以天下之广，四海之众，千端万绪，须合变通，皆委百司商量，宰相筹画，于事稳便，方可奏行。岂得以一日万机，独断一人之虑也。且日断十事，五条不中，中者信善，其如不中者何？以日继月，乃至累年，乖谬[4]既多，不亡何待？岂如广任贤良，高居深视，法令严肃，谁敢为非？"因令诸司，若诏敕颁下有

未稳便者，必须执奏，不得顺旨便即施行，务尽臣下之意。

【译文】

贞观四年，太宗问大臣萧瑀："隋文帝是一个怎样的君主？"萧瑀答说："他是一个勤于政务，遵从礼仪，很有自制力的帝王。每次上朝处理政务都要忙到日落西山，五品以上的官吏，都要与他一起坐谈国事，宿卫之士，废寝忘食，他虽然说不上仁义开明，却也算得上是一个励精图治的君王。"太宗说："你只知其一，不知其二。隋文帝虽然性格谨慎周密，但内心并不能明察秋毫。心里不能明察秋毫就容易犯错误，即使小心谨慎却也容易疑心重重。他本来是靠欺骗前朝皇帝的遗孤寡妇，夺取江山登上皇位的，所以他总是害怕群臣不服，因此，他不肯相信手下的每个官员，每一件事他都自己判断决定，劳神费力，尽管日理万机，最终却事与愿违，而且事情也不是都处理得合情合理。朝中的大臣虽然知道这点，却不敢指出来。丞相以下的官吏，处理政务都只是敷衍应对。我不能像隋文帝那样治理江山，天下如此之大，事情如此之多，千头万绪又变化多端，我怎能一人定夺。只有将政务交给百官商议，由宰相筹划，事情才会稳当，才可以奏请皇上，下令天下执行。只靠一个人殚精竭虑是不行的。如果一天处理十件政事，有五件不合理，这已经算是比较好的了，何况还有更差的呢？而日积月累，长此以往，错误必然更多，国家不灭亡才怪！为什么不广泛地任用贤良的人才，皇帝在朝廷密切关注政事，严肃法纪，谁还敢胡作非为呢？"唐太宗于是下令，凡是诏策有失误的地方，官吏必须上奏指出，不能只按照圣旨上的意思办事，必须尽到一个做臣子的职责。

【注释】

①隋文帝(公元 541—公元 604)：姓杨，名坚，弘农华阴(今属陕西)人。北周勋臣杨忠之子。北周时袭父爵为隋国公，其妻是鲜卑大贵族，柱国大将军独孤信之女，其女又是周宣帝皇后，因而拥有很高的权位。大成元年(公元 579 年)，周静帝以八岁幼龄继位，杨坚以大丞相身份辅政，封隋王，大定元年(公元 581 年)，废周静帝自立，国号隋，改元开皇，仍都长安(文中"欺孤儿寡妇以得天下"即指此)。开皇七年(公元 587 年)，攻灭建都江陵的后梁。开皇九年(公元 589 年)，攻占建康，俘陈后主，灭陈，结束了南北长期分立的局面，全国复归统一。在位期间，大力进行改革，确立三省六部(曹)制度，简化地方行政机构，裁汰冗官，初创科举制度，改进府兵制。在经济方面继续推行均田制，整顿赋役和户籍，统一钱币和度量衡。这些措施对削弱地方豪强势力，加强中央集权起了积极的作用。仁寿四年(公元 604 年)七月，为其子杨广所杀。

②克己复礼：儒家的修养方法，意思是约束自己的视听言行，以符合"礼"的要求。

③昃：日西斜。

④乖谬：背离常理的事情。

【原文】

贞观五年，太宗谓侍臣曰："治国与养病无异也。病人觉愈，弥①须将护，若有触犯，必至殒命②。治国亦然，天下稍安，尤须兢慎③，若便骄逸，必至丧败。今天下安危，系之于朕，故日慎一日，虽休勿休。然耳目股肱，寄于卿辈，既义均一体。宜协力同心，事有不安，可极言无隐。傥④君臣相疑，不能备尽肝膈，实为国之大害也。"

【译文】

贞观五年，太宗对大臣说："治国和养病没有差别。即使病人身体痊愈了，还要进一步调养，如果疏忽大意就会旧病复发，进而导致死亡。治理国家也是这样，天下稍稍安定的时候，君王尤其要兢兢业业，如果骄奢放纵，必然导致国家衰败甚至灭亡。现在天下的安危，同我密切相关，所以我必须慎之又慎，即使在休息的时候也不敢懈怠。然而，政务的好坏，还有赖于诸位大臣。既然国家的安危都维系在我们君臣身上，我们就应该同心协力，把国家治理好。政事如果有失误，你们完全可以放心大胆地说出来。如果我们君臣之间互相猜疑，不能够肝胆相照，那么对国家的危害实在是太大了。"

【注释】

①弥：本文是更加的意思。
②殒命：死亡、丧命。
③兢慎：兢兢业业，小心谨慎。
④傥(tǎng)：同倘。

【原文】

贞观六年，太宗谓侍臣曰："看古之帝王，有兴有衰，犹朝之有暮，皆为敝其耳目，不知时政得失，忠正者不言，邪谄者日进，既不见过，所以至于灭亡。朕既在九重①，不能尽见天下事，故布之卿等，以为朕之耳目。莫以天下无事，四海安宁，便不存意。可爱非君，可畏非民。天子者，有道则人推而为主，无道则人弃而不用，诚可畏也。"魏徵对曰："自古失国之主，皆为居安忘危，处治忘乱，所以不能长久。今陛下富有四海，内外清晏②，能留心治道，常临深履薄③，国家历数④，自然灵长。臣又闻古语云：'君，舟也；人，水也。水能载舟，亦能覆舟。'陛下以为可畏，诚如圣旨。"

【译文】

贞观六年，唐太宗对身边的大臣说："我看古代的王朝，都兴衰更迭，就像白天和黑夜的轮回一样。昏庸的君王，他们不广开言路，所以不知道政务的好坏，以致造成忠诚正直的人噤若寒蝉，邪恶谄媚的人不可一世，因为不知道自己的过错，所以遭到灭亡也并不奇怪。我身居宫中，天下的事不可能全都知道，所以诸位大臣就是我的眼睛和耳朵。不要以为天下太平无事，就不再用心操劳国事。让人敬爱的不只是君主，让人畏惧的也不只是百姓。所谓天子，应该是这样的人：治国井井有条，人民安居乐业，人们才推举他为君王。治国昏庸无能，民生凋敝，人们就应该反抗他，这真是让人畏惧、枕席难安啊。"魏徵说："自古以来丢失江山的国君，都是因为身处安定的环境中而忘记了忧患，所以统治不能长久。现在国富民安，政治清明，陛下你还能够时时留心治国的道理，常常有如履薄冰的忧患意识，国家一定会长治久安。我又听说古书上有这样的话：'国君，就像船一样；百姓，就像水一样。水能够让船浮在水上，也能够使船沉在水底。'陛下能看出百姓在兴亡中所起的重要作用，和古代圣哲的思想简直不谋而合。"

【注释】

①九重：君门九重，意思是深宫之内。

②清晏：清和平静。

③临深履薄：如临深渊，如履薄冰，意思是非常可怕、危险。

④历数：帝王相承继的次第，就像岁月气节的先后一样。

【原文】

贞观六年，太宗谓侍臣曰："古人云：'危而不持，颠而不扶，焉用彼相？'君臣之义，得不尽忠匡救乎？朕尝读书，见桀杀关龙逄①，汉诛晁错②，未尝不废书叹息。公等但能正词直谏，裨益政教，终不以犯颜忤旨③，妄有诛责④。朕比来临朝断决，亦有乖⑤于律令者。公等以为小事，遂不执言。凡大事皆起于小事，小事不论，大事又将不可救，社稷倾危，莫不由此。隋主残暴，身死匹夫之手，率土苍生，罕闻嗟痛。公等为朕思隋氏灭亡之事，朕为公等思龙逄、晁错之诛，君臣保全，岂不美哉！"

【译文】

贞观六年，太宗对周围的臣子说："古人说：'危险却不知道辅佐，要跌倒却不知道搀扶，哪里用得着这样的人呢？'君臣之间正常的关系，是应当尽心尽力纠偏补过。

我以往读书的时候，每次读到夏桀错杀关龙逄、汉景帝错杀晁错的时候，都放下书卷深感痛惜。我希望你们能够正直坦诚地批评规劝我，这对于我们治理好国家和教化大有好处。无论如何，我都不会因为你们冲撞了我和违抗了圣旨，而对你们恣意惩罚。我近来上朝处理事务的时候，也违背过国家律令。你们却把这些过错当成小事，不敢大胆地批评。所有的大事都是由小事累积而成，小的事要是不处理好，最后演变成大事就无法补救了。一个国家的灭亡，无不是由这些小事引起的。隋炀帝凶残暴虐，最后死于凡夫俗子手中，但普天之下，却没有听到过为此悲痛惋惜的声音。你们为我思考隋朝灭亡的教训，我为你们思考龙逄、晁错被错杀所造成的损失，这样，君臣之间互相保全，不是很好吗？"

【注释】

①关龙逄(páng)：夏代末年大臣。夏桀暴虐荒淫，他多次直谏，被桀囚禁杀死。

②晁(cháo)错(公元前220—公元前154)：颍川(今河南禹县)人。汉文帝时为太子家令，深得太子信任。景帝即位后，任内史；御史大夫等职，成为主要谋划人物，号称"智囊"。他预感诸侯王叛乱之势已成，遂上《削藩策》，说诸王"削之亦反，不削之亦反。削之，其反早，祸小；不削之，其反迟，祸大。"景帝遂决定削藩，果然引起诸王叛乱。在叛王"清君侧"及政敌袁盎的怂恿下，晁错被杀，而七国之乱未能制止。

③犯颜忤旨：冒犯君上的尊颜，违逆朝廷的圣旨。

④诛责：惩罚责备。

⑤乖：本文中为违背之意。

【原文】

贞观七年，太宗与秘书监①魏徵从容论自古理政得失，因曰："当今大乱之后，造次②不可致化。"徵曰："不然，凡人在危困，则忧死亡；忧死亡，则思化；思化，则易教。然则乱后易教，犹饥人易食也。"太宗曰："善人为邦百年，然后胜残去杀。大乱之后，将求致化，宁可造次而望乎？"徵曰："此据常人，不在圣哲。若圣哲施化，上下同心，人应如响，不疾而速，期月而可，信不为难，三年成功，犹谓其晚。"太宗以为然。封德彝③等对曰："三代以后，人渐浇讹④，故秦任法律，汉杂霸道⑤，皆欲化而不能，岂能化而不欲？若信魏徵所说，恐败乱国家。"徵曰："五帝、三王，不易人而化。行帝道则帝，行王道则王，在于当时所理，化之而已。考之载籍，可得而知。昔黄帝与蚩尤⑥七十余战，其乱甚矣，既胜之后，便致太平。九黎乱德，颛顼征之，既克之后，不失其化。桀为乱虐，而汤放之，在汤之代，既致太平。纣为无道，武王伐之，成王之代，亦致太平。若言人渐浇讹，不及纯朴，至今应悉为鬼魅，宁可复得而教化耶？"德彝等无以难之，然咸以为不可。太宗每力行不倦，数年间，海内康宁，突厥破灭，因谓群臣曰：“贞观初，人皆异论，云当今必不可行帝道、王道，惟魏徵劝我。既从其言，不过数载，遂得华夏安宁，远戎宾服。突厥自古以来常为中国勍敌⑦，今酋长并带刀宿卫，部落皆袭衣冠。使我遂至于此，皆魏徵之力也。”顾谓徵曰：“玉虽有美质，在于石间，不值良工琢磨，与瓦砾不别。若遇良工，即为万代之宝。朕虽无美质，为公所切磋，劳公约朕以仁义，弘朕以道德，使朕功业至此，公亦足为良工尔。”

【译文】

贞观七年，唐太宗与秘书监魏徵讨论自古以来理政的得失，于是说：“现在正值天下大乱后不久，不可以马上实行礼教治国。”魏徵回答：“我不同意皇上的这个观点，一般而言，人处于危难之中的时候，就担心死亡；担心死亡，就会思考礼乐法度；思考礼乐法度，就容易教化。大乱之后百姓容易教化，就像饥饿的人急于吃东西一样。”唐太宗说：“仁义的君主总是在治理国家百年之后，才考虑用礼乐去教化凶残的人，废除杀人的刑法，实行仁政。大乱之后就实行王道，恐怕可望而不可及。”魏徵说：“对于普通人是这样，对于圣哲却不同。圣哲治理国家，全国上下同心同德，人民积极响应，有条不紊、不急不躁而很快就能收到成效，一个月就可以稳定局势，这不算太难，三年治理成功就算是晚的了。”唐太宗认为有道理。大臣封德彝却不以为然地说：“尧舜禹之后，人心渐渐阴险狡诈，所以秦朝重用刑罚，汉代实行霸道，难道有谁不愿意实行礼教吗？现实不允许实行礼教的缘故。如果像魏徵所说的那样去做，恐怕会天下大乱。”魏徵说：“有使用武力而统治天下的，也有实行仁政而称王称帝的。三皇五帝的时候，国家都治理得井井有条。当时上位者的政策都能够推行天下。翻看史书，就可以知道。古时候黄帝和蚩尤大战七十多回，天下混乱不堪，黄帝得胜后不久，天下又恢复了太平。九黎叛乱，华夏大乱，颛顼前去征伐，平定动乱之后，百姓又很快复归宁静。夏桀暴虐，商汤讨伐，国家也是秩序井然。商纣无道，周武王讨伐，成王继承王位，又

使国泰民安。如果说人心越来越阴险狡诈，不再淳朴，那么到了现在人不都成为鬼怪，再也不可教化了吗？”一席话说得封德彝哑口无言，无法对答，但他仍然不同意魏徵的观点。唐太宗继承王位之后，勤于政务，几年之内，天下富庶安宁，连一直与唐朝抗衡的突厥都归顺了。唐太宗对大臣们说：“贞观初年，大家对如何治理国家意见不一，很多人认为当时不可以实行王道仁政，只有魏徵劝我实行王道。我听取了他的意见，没过几年，就天下太平，外族臣服。突厥自古以来就是汉族政权的强敌，现在他们的酋长和带刀侍卫都来归顺，部落成员都接受了汉族的文化，穿上了汉族人的服饰。我之所以取得这样的政绩，都是魏徵的功劳。”说到这里，唐太宗回过头来对魏徵说：“玉虽然美好，如果存于乱石之中，不经过能工巧匠的琢磨，它跟石头是没有差别的。如果遇到了高超的工匠，那么它就可能成为万世之宝。我虽然没有什么美好的品质，但多亏你的启发劝诫，你不厌其烦地规劝我做仁义之君，开导我以德治国，使我能够取得这样的政绩，你真是一个能工巧匠啊。”

【注释】

①秘书监：官名。唐时秘书省置监一人，掌管国家经籍图书之事。

②造次：急遽、急速。

③封德彝：名伦，观州人。先是在隋朝做官，为内史舍人，后降唐，为李世昂参谋军事。贞观初拜右仆射。

④浇讹：风气浮薄。

⑤秦任法律，汉杂霸道：秦朝的统治专用刑法律令，汉朝的统治以王道、霸道兼施。

⑥黄帝与蚩尤：黄帝，传说为上古时代姬姓部落首领，号轩辕氏或有熊氏。其部落最初兴起于今陕西北部，后沿北洛水南下，东渡黄河，定居于河北涿鹿附近，从游牧转向定居。传说，他在率领诸部落共同开发中原的过程中，先后发明了蚕丝、衣服、舟车等，因而被后人尊为中原各民族的共同祖先。蚩尤，传说为上古时代东方九黎族首领。曾活动于今山东、河南东南部，安徽中北部。后与向东发展的炎帝族发生冲突，曾战胜炎帝。但在向北追击时，在涿鹿之野为黄帝、炎帝联兵所败，被执杀。

⑦勍(qíng)敌：强劲的敌人。

【原文】

贞观八年，太宗谓侍臣曰：“隋时百姓纵有财物，岂得保此？自朕有天下已来，存心抚养，无有所科差①，人人皆得营生，守其资财，即朕所赐。向使朕科唤不已，虽数资赏赐，亦不如不得。”魏徵对曰：“尧、舜在上，百姓亦云‘耕田而食，凿井而饮’，含哺鼓腹，而云‘帝何力’于其间矣。今陛下如此含养，百姓可谓日用而不知。”又奏称：“晋文公②出田，逐兽于砀③，入大泽，迷不知所出。其中有渔者，文公谓曰：‘我，若君也，道将安出？我且厚赐若。’渔者曰：‘臣愿有献。’文公曰：‘出泽而受之。'于是送出泽。文公曰：'今子之所欲教寡人者，何也？愿受之。'渔者曰：'鸿鹄保河海，厌而徙之小泽，则有矰[④]丸之忧。鼋鼍保深渊，厌而出之浅渚，必有钓射之忧。今君出兽砀，入至此，何行之太远也？'文公曰：'善哉！'谓从者记渔者名。渔者曰：'君何以名？君尊天事地，敬社稷，保四国，慈爱万民，薄赋敛，轻租税，臣亦与焉。君不尊天，不事地，不敬社稷，不固四海，外失礼于诸侯，内逆民心，一国流亡，渔者虽有厚赐，不得保也。'遂辞不受。"太宗曰："卿言是也。"

【译文】

贞观八年，太宗李世民对侍臣们说："隋朝的时候，老百姓即使拥有财物，但怎能保得住呢？自从我平定天下以来，一心一意体恤百姓，没有什么差役摊派，每个人都能维持生计，守住自己的钱财，这些都是我赐予他们的。要是我不停的加收各种赋税，即使多次赏赐资助他们，还不如不这样做。"魏徵听了，回答说："尧、舜在世的时候，百姓会对尧或舜说'我靠种庄稼获得食物，打井取得泉水'。百姓们丰衣足食，自在快乐，尚可能对尧、舜说：'你对我们又做了些什么呢'。现在陛下如此关爱百姓，百姓可能觉得这只是满足了日常所需而什么都不知道。"魏徵觉得这些话说得还不透彻、清楚，还不足以让太宗明白其中的道理，便又向太宗上奏道："晋文公出去打猎，在砀山这个地方追赶野兽，进入了河水交错的地方，迷失了道路，不知道该从哪儿走出去。不久发现了一个打鱼人，文公对打鱼人说：'我是你的国君，这路该从哪里出去？如果你告诉我，我会重重的赏赐你。'打鱼的人说：'我愿意带路。'文公说：'走出这个大泽再领赏吧。'打鱼的人回答：'鸿鹄要是生活在汹涌澎湃的大河海洋之上，就能保全性命；如果迁徙到小河周围，就会受到猎人弓箭的袭击。龟鳖只要生活在深水中，就能安然无恙；如果跑到浅水滩，必然会受到打鱼人的威胁。现在你在砀山追捕野兽，一直追赶到了这个地方，是不是走得太远了呢？'文公听了，大声赞叹：'太好了！'便命令随行的人记下打鱼人的姓名。打鱼的人说：'你凭什么叫做国君呢？是国君就应该尊奉天地，敬重社稷，保卫边疆，爱护百姓，减轻各种徭役赋税，我也就得到好处了。国君要是不尊天事地，不祭祀社稷之神，不巩固边防，外不结交诸侯，内又丧失民心，一旦国破家亡，我这个打鱼人，即使拥有你丰厚的赏赐，也得不到保全啊。'打鱼人于是坚决推辞，拒不接受文公的赏赐。"太宗听了魏徵的话，称赞道："好！好！你说的太对了。"

【注释】

①科差：中国历代封建政府对平民财物或劳役的征发，是徭役向赋税的转化或其合并。名称起于唐，到元代成为赋税项目。

②晋文公(公元前697—公元前628)：晋国国君，公元前636年至前628年在位。姓姬，名重耳。
③砀：古邑名，县名。秦置县后，治所在今河南永城县东北。
④矰(zēng)：一种猎取飞鸟的短箭。

【原文】

贞观九年，太宗谓侍臣曰："往昔初平京师①，宫中美女珍玩无院不满。炀帝意犹不足，征求无已，兼东西征讨，穷兵黩武，百姓不堪，遂致亡灭。此皆朕所目见，故夙夜孜孜②，惟欲清净，使天下无事。遂得徭役不兴，年谷丰稔，百姓安乐。夫治国犹如栽树，本根不摇，则枝叶茂荣。君能清净，百姓何得不安乐乎？"

【译文】

贞观九年，太宗对侍臣们说："当年刚平定隋朝都城的时候，宫中到处都是美女和奇珍异宝，把所有的宫院都挤满了。但隋炀帝还不满足，四处征求，没有止境。再加上生性好战，到处讨伐，使老百姓忍受不了繁重的苛捐杂税和徭役，终于导致了国家的灭亡。这些事实我都耳闻目睹，因此为了不重蹈覆辙，我每晚都孜孜不倦，勤勤恳恳，只想清心寡欲，使天下太平无事。所以我坚决不摊派各种徭役赋税，这样再加上国家年年五谷丰收，百姓自然安居乐业。我常想：治理国家就像栽树一样，作为根基部分的树根只要牢固不动摇，那么树木自然就会长得枝叶茂盛。国君只要能节俭不贪婪，清心寡欲，百姓怎么不会安居乐业呢？"

【注释】

①京师：周朝建都镐京，后世把天子建都之地叫做京师。本文指隋都长安。
②夙夜孜孜：夙夜，早晚，朝夕。孜孜，努力不怠。夙夜孜孜即时时刻刻不敢懈怠。

【原文】

贞观十六年，太宗谓侍臣曰："或君乱于上，臣治于下；或臣乱于下，君治于上。二者苟逢，何者为甚？"特进魏徵对曰："君心治，则照见下非。诛一劝百，谁敢不畏威尽力？若昏暴于上，忠谏不从，虽百里奚①、伍子胥②之在虞、吴，不救其祸，败亡亦继。"太宗曰："必如此，齐文宣③昏暴，杨遵彦以正道扶之得治，何也？"徵曰："遵彦弥缝暴主，救治苍生，才得免乱，亦甚危苦。与人主严明，臣下畏法，直言正谏，皆见信用，不可同年而语也。"

【译文】

贞观十六年，太宗问侍臣："君主昏庸，不理政务，而臣子在下面兢兢业业料理国事，相较于臣子犯上作乱，而君主清明，哪一个的危害更大呢？"魏徵答说："君主圣明，就能够明察秋毫，对臣子的是非曲直了如指掌，满朝百官谁敢不服，谁敢不尽心尽力为朝廷效力呢？但是如果君主昏庸，不听劝告，虽然有百里奚、伍子胥这样的忠臣，依然无法避免祸患，国家的败亡是必然的事情。"唐太宗说："可能是这样，但是我看到北齐文宣帝昏庸残暴，大臣杨遵彦却能够用严明的政治匡扶朝纲，使北齐的统治得以维持，这又如何解释呢？"魏徵说："杨遵彦侍奉的是暴君，他能为天下苍生做好事做实事，使国家幸免于难，的确显得十分艰难。这哪能与国君威严圣明，臣子敬畏守法，敢于进献忠言，君臣之间互相信任支持相提并论啊。"

【注释】

①百里奚：春秋时人。原为虞国的大夫。晋国要借道虞国去伐虢国，目的在于同时把虞国也灭掉，百里奚知道虞公不听臣下的谏奏，所以不敢直言。后来虞国果然为晋所灭。百里奚作了俘虏，被晋做为陪嫁之臣送入秦国。

②伍子胥：春秋时吴国大夫，名员，字子胥。楚大夫伍奢次子。楚平王七年(公元前522年)伍奢被杀，他经宋、郑等国入吴国。吴王夫差伐越国，越求和，子胥谏奏吴王拒绝越国求和的请求，吴王不听，并逐渐疏远他。后来吴王赐剑命他自杀。

③齐文宣(公元529—公元559)：姓高，名洋。高欢次子，高澄之弟。东魏时封齐王。公元550年废孝静帝自立，国号齐，史称北齐，年号天保，仍在邺建都。在位九年，虽仍以鲜卑贵族为政权基础，，但也重用汉人杨遵彦，制定齐律，抑制贪污，国力仍较强盛。但他嗜酒昏狂淫乱，终于暴死于北齐的军事中心晋阳(今山西太原)。当时的人们都说主昏于上，政清于下。

【原文】

贞观十九年，太宗谓侍臣曰："朕观古来帝王，骄矜①而取败者，不可胜数。不能远述古昔，至如晋武平吴②、隋文伐陈③已后，心逾骄奢，自矜诸己，臣下不复敢言，政道因兹弛紊④。朕自平定突厥、破高丽已后，兼并铁勒，席卷沙漠，以为州县，夷狄远服，声教益广。朕恐怀骄矜，恒自抑折⑤，日旰而食⑥，坐以待晨。每思臣下有谠言直谏⑦，可以施于政教者，当拭目以师友待之。如此，庶几于时康道泰尔。"

【译文】

贞观十九年，太宗对周围的侍臣说："我看自古以来，那些由于骄傲自大、目中无人而导致亡国的君王，简直多得数不清。我姑且不说年代久远的事，像晋武帝灭掉吴国、隋文帝征服陈国之后，内心狂妄自大，生活腐朽奢靡，处处不可一世。手下的臣子再没有谁敢多说话，于是国政日渐松弛混乱。我自从平定突厥、打败高丽、兼并铁勒、席卷沙漠以来，让它们一一成为我的疆土，可以说边境上的外族无不敬畏天威，我国的声威教化从此广布四海。我由此而害怕内心滋长的自满情绪，常常自我告诫，

要勤于朝政，废寝忘食，不敢怠慢。每天都期待有臣子大胆直谏，并且可以把它用于国家的政治教化，我要用对待师长那样的礼节对待忠臣。如果君臣能做到这样，那么国泰民安的日子就指日可待了。”

【注释】

①骄矜：自恃地位崇高而骄纵自傲。

②晋武平吴：晋武帝司马炎(公元236—公元290)：字世安。河南温县(今河南温县西南)人。公元265年，继承其父司马昭为魏相国、晋王。同年，废魏元帝曹奂为陈留王，自立为帝，仍建都洛阳，国号晋，史称西晋。公元279年十一月，他下令伐吴，次年三月，迫使吴主孙皓归降，重新统一全国。他在位期间，实行占田制，大封宗室，他贪财好货，荒淫腐朽。死后不久，全国便陷入分裂混乱的局面。

③隋文伐陈：公元289年，隋文帝攻占建康，俘获陈后主，灭陈。

④弛紊：松弛、混乱。

⑤恒自抑折：恒，经常。抑折，控制约束。恒自抑折即经常克制自己的意思。

⑥日旰而食：因心忧事繁而延迟到晚上才吃饭。

⑦谠言直谏：谠，正直。即以正直的言论陈奏于皇上。

【原文】

(贞观十九年)太宗自即位之始，霜旱为灾，米谷踊贵[1]，突厥侵扰，州县骚然。帝志在忧人，锐精为政，崇尚节俭，大布恩德。是时，自京师及河东、河南、陇右，饥馑尤甚，一匹绢才得一斗米。百姓虽东西逐食，未尝嗟怨[2]，莫不自安。至贞观三年，关中丰熟，咸自归乡，竟无一人逃散。其得人心如此。加以从谏如流[3]，雅好儒术，孜孜求士，务在择官，改革旧弊，兴复制度，每因一事，触类为善。初，息隐、海陵之党[4]，同谋害太宗者数百千人，事宁，复引居左右近侍，心术豁然，不有疑阻。时论以为能断决大事，得帝王之体。深恶官吏贪浊[5]，有枉法受财者，必无赦免。在京流外有犯赃者，皆遣执奏，随其所犯，置以重法。由是官吏多自清谨[6]。制驭[7]王公、妃主之家，大姓豪猾之伍，皆畏威屏迹，无敢侵欺细人。商旅野次，无复盗贼，囹圄常空，马牛布野，外户不闭。又频致丰稔，米斗三四钱，行旅自京师至于岭表[8]，自山东至于沧海，皆不赍粮，取给于路。入山东村落，行客经过者，必厚加供待，或发时有赠遗。此皆古昔未有也。

【译文】

(贞观十九年)太宗刚即位那几年，国家接连发生旱灾霜灾，粮食的价格很高，再加上突厥的进犯骚扰，州县更加不得安宁。从京城到河东、河南、陇右一带地区，饥荒更为严重，甚至到了要一匹好丝才能够买上一斗米的境地。百姓虽然四处奔走寻找食物，但没有一个人埋怨，无不安分守己。到了贞观三年，关中一带大丰收，百姓一个个都回到了自己的家乡，竟然没有一个人逃散。太宗皇帝获得人心竟到了这种程度，加上太宗善于听取意见，喜欢儒家之说，真心诚意寻求有才能的人，任用选拔贤能的官吏，废除旧制度的弊端，建立了许多好的制度，举一反三，触类旁通，使国家秩序井然。当初，太宗的兄弟加害于他，一同参与的达到一千多人。祸乱被平息之后，太宗仍然任用这些人在他周围做官，大家都心地坦荡，从不互相猜疑。当时大家对此议论纷纷，都认为太宗能正确处理重大的事情，很符合一个帝王的身份。太宗痛恨贪官污吏，有徇私舞弊、接受贿赂行为的，没有一个得以赦免逃脱。在京城以外贪赃枉法的官员，太宗都会派遣专人，调查情况，根据他所犯的罪行进行严厉惩处。因此，贞观年间的官员大多清正廉洁，谨慎行事。不管是王公贵族，还是豪富商贾，都慑于皇帝的威严，一个个不敢作奸犯科，因此欺凌侵占百姓利益的事情销声匿迹。出门旅游或做生意的人，也不会碰上小偷强盗，国家的牢房常常是空的，野外放牧的牛马不用看管，夜晚家家户户的门也不用上锁。又加上年年丰收，一斗米才卖三四文钱。外出无论是从京城到岭南岭西，还是从山东到沧海，都用不着准备粮食，在路途中就可以轻易获得。在泰山周围的乡村赶路，行人经过这里，都会受到热情的款待，出发时还有东西赠送，这些事情都是亘古未有的。

【注释】

①踊贵：物价上涨。

②嗟怨：叹息、抱怨。

③从谏如流：如流，比喻迅速。从谏如流意即君主乐于接受臣下的正确意见。

④息隐、海陵之党：息隐，唐高祖的长子，名建成，曾被立为皇太子。海陵，高祖第四子，名元吉，曾被封为齐王。建成贪色嗜酒，畋游无度，他见秦王李世民功高，与元吉谋害秦王，秦王知道了这件事，于是杀掉了他们二人。秦王即位后，封建成为息王，谥号隐。元吉为海陵王，谥号刺。

⑤贪浊：贪酷，混浊。

⑥清谨：清廉、谨慎。

⑦制驭：控制、驾驭。

⑧岭表：五岭之外。

史鉴新得

建立企业“和谐”文化

《政体》这一章节可以看作是《君道》的扩展和延伸，两篇政论构成对“贞观之

治”政绩的概要说明。帝王如何处理国家政务，是为君之道的具体体现。这一章的内容,除补充说明诸如坚守宜道、灭私徇公、日慎一日,虽休勿休、正词直谏、裨益政教、惟欲清净、改革旧弊、从谏如流等君臣应当遵守的准则以外,还着重说明唐太宗能够实现“贞观之治”,很重要的一点是任用并采取了魏徵向他提出的当行帝道王道的意见,即“圣哲施化,上下同心,人应如响,不疾而速,期月而可,信不为难,三年成功,犹谓其晚”这样一种大胆、坚决的主张,驳斥了封德彝等人认为“人渐浇讹,不及纯朴”的观点，因而仅在两三年的时间里,就达到了“关中丰熟,咸自归乡”、“商旅野次,无复盗贼,囹圄常空,马牛布野,外户不闭”的古昔未有的繁荣景象。唐太宗对于“贞观之治”的出现,认为在很大程度上应归功于魏徵的大胆净谏:“惟魏徵劝我,既从其言,不过数载,遂得华夏安宁,远戎宾服”,“朕虽无美质,为公(指魏徵)所切磋,使联功业至此,公亦足为良工尔。”

通过《政体》这一章节的内容,我们更加立体、全面地了解了唐太宗与魏徵君臣之间关于诤谏与纳谏的方方面面，对于太宗的礼贤下士，魏徵的忠君直谏肃然起敬！ 不管对君主还是臣子来说，偶尔一次的讨论与诤谏并不足为奇，而能够长此以往，将纳谏与献策作为一种可效仿的惯例，并在朝中大臣之间广为提倡，持之以恒，那便是难能可贵的事情了。从中我们可以看出唐太宗对于魏徵的尊重、赏识与信赖,他将自己比作一块普通的玉石,只有经过魏徵这位能工巧匠之手挖掘打磨，才会夺目生辉。九五之尊的帝王能够与臣子长期保持这样良好的关系,并将“贞观之治”的业绩归功于魏徵,是需要多么博大的胸襟与气度啊！

值得一提的是,太宗皇帝听从了魏徵施行礼乐教化的观点,使得天下臣服,华夏安宁,可见礼乐教化在民众心中的重要地位,它既是一个国家的立国之本,也是一个人的立身之本。对于今天的人而言，在业余生活中多学习一些有关儒学、经史、礼乐等方面的国学知识，不仅可以提升个人的思想道德水平，增强自身的素质修养，也可以促进整个社会的和谐稳定发展。

对于企业的领导者与下属来说，如何建立一种和谐融洽的干群关系，领导与下属既可以像朋友一样交换意见，促膝谈心，又不逾越正常的上下级制度，既可以在工作中保留个人的主张与见解，又不违背领导的总体意图，也是值得我们从中思考探究的问题。

卷二

人欲自照，必须明镜；主欲知过，必藉忠臣。主若自贤，臣不匡正，欲不危败，岂可得乎？故君失其国，臣亦不能独全其家。

至于隋炀帝暴虐，臣下钳口，卒令不闻其过，遂至灭亡，虞世基等，寻亦诛死。前事不远，公等每看事有不利于人，必须极言规谏。

任贤第三

【题解】

这一章可以看作“贞观盛世”大背景下的一幅“群贤缩略图”，作者细致入微地为贞观年间先后辅佐太宗皇帝的八位贤臣“立身画像”，围绕“任人唯贤”这个主题进行讨论。人才是治国理政的关键，满朝贤良，则政通人和，百废俱兴；奸人当道，则朝政败坏，祸国殃民。贞观时期的八位贤臣，是太宗治理天下的得力助手，君明臣贤，君臣同心，天下太平。

【原文】

房玄龄①，齐州临淄②人也。初仕隋，为隰城③尉。坐事④，除名徙上郡。太宗徇地渭北，玄龄杖策谒于军门。太宗一见，便如旧识，署渭北道行军记室参军⑤。玄龄既遇知己，遂罄竭心力。是时，贼寇每平，众人竞求金宝，玄龄独先收人物，致之幕府，及有谋臣猛将，与之潜相申结⑥，各致死力。累授秦王府记室⑦，兼陕东道大行台考功郎中⑧。玄龄在秦府⑨十余年，恒典管记。隐太子、巢刺王以玄龄及杜如晦为太宗所亲礼，甚恶之，谮⑩之高祖，由是与如晦并遭驱斥。及隐太子将有变也，太宗召玄龄、如晦，令衣道士服，潜引入阁谋议。及事平，太宗入春宫，擢拜太子左庶子。贞观元年，迁中书令。三年，拜尚书左仆射，监修国史，封梁国公，实封一千三百户。既总任百司，虔恭夙夜，尽心竭节，不欲一物失所。闻人有善，若己有之。明达吏事，饰以文学，审定法令，意在宽平。不以求备取人，不以己长格物，随能收叙，无隔疏贱。论者称为良相焉。十三年，加太子少师。玄龄自以一居端揆⑪十有五年，频抗表辞位，优诏不许。十六年，进拜司空，仍总朝政，依旧监修国史。玄龄复以年老请致仕，太宗遣使谓曰：“国家久相任使，一朝忽无良相，如失两手。公若筋力不衰，无烦此让。自知衰谢，当更奏闻。”玄龄遂止。太宗又尝追思王业之艰难，佐命之匡弼⑫，乃作《威凤赋》以自喻，因赐玄龄，其见称类如此。

【译文】

房玄龄，山东临淄人。在隋朝为官时担任隰城的县尉。后来因为一件事情被革去官职，派遣到上郡为官。一次，唐太宗到陕西巡游，房玄龄听说后就到军营门口拜会。唐太宗对他一见如故，任命他为渭北道行军记室参军。房玄龄蒙受知遇之恩，决心涌泉相报。当时，每次打了胜仗，大家都忙着各处收集财宝，只有房玄龄首先收拢人才，将富有谋略和骁勇善战的人安置在他的幕府中，私下与他们结为朋友，共同为李世民效力。他多次担任秦王府记室，兼任陕东道大行台考功郎中。房玄龄在秦王府十几年，都担任记室一职。当时的太子和巢刺王因为房玄龄和杜如晦深得李世民的重用，心怀嫉恨，就在唐高祖面前恶语中伤，于是房玄龄和杜如晦遭到了打击排斥。后来太子发动叛乱，李世民秘密召见房玄龄和杜如晦，让他们穿上道士的衣服，派人暗中将他们带入内宫商议对策。叛乱平定之后，李世民成为东宫太子，就请房玄龄担任太子左庶子。贞观初年，李世民提升他为中书令。贞观三年，又封他为尚书左仆射。同时，命他撰写国史，封为梁国公，食邑一千三百户。房玄龄为官兢兢业业，负责百官的任命，责任重大，常常夜以继日地工作，不在政务上出现半点闪失。他待人宽厚，胸襟宽阔，看见别人比自己出色，也从不嫉妒。他富有才识，撰写的国史文采出众，审定的法令宽容公平。他在德行方面也为人称道，对人从不求全责备，不以自己的标准去苛求别人，不分亲疏贵贱，一视同仁。因此被众人赞誉为良相。贞观十三年，他又被尊为太子少师。房玄龄担任宰相之职共有十五年，其间，他多次上书辞官，唐太宗都未允许。贞观十六年，又被封为司空，仍然总管朝政，著述国史。不久，房玄龄又以年老为由，提出辞官，唐太宗派使者回复一封信，上面写道："你担任丞相这么多年了，很多大事我都能够放心地交给你处理，假如没有了你这个良相，我就像失去了双臂一样力单势薄。如果你的精力允许，就不要解甲归田。如果有一天你真的感到力不从心了，再上奏告诉我也不迟。"看过这封言辞恳切的信，房玄龄终于打消了辞官的念头。后来，唐太宗回顾艰难创业的岁月，良臣辅佐自己所立下的卓越功勋，不禁感慨万千，写下《威风赋》赐给房玄龄，由此可见他们君臣之间深厚的情谊。

【注释】

①房玄龄(公元 579—公元 648 年)：字乔(一说名乔，字玄龄)。与杜如晦，魏徵等同为唐太宗的重要助手。

②齐州临淄：即今山东淄博市。

③隰城：在今山西省西部，吕梁山南段，黄河支流昕水上游。

④坐事：因犯律令而获罪。

⑤记室参军：官名。唐制，掌军府表启书疏之职。

⑥潜相申结：暗中交结。

⑦记室：古代官名。《后汉书·百官志一》："记室令史，主上表章，报书记。"按东汉官制，太尉署官有记室令史，太守、都尉署官有记室史。后世诸王、三公及大将军幕府也设置记室参军。

⑧考功郎中：唐制，掌管百官功过善恶的官职。

⑨秦府：即秦王府。太宗即位前封为秦王。

⑩谮：本文指进谗言，说人的坏话。

⑪端揆(kuí)：指宰相。因宰相居百官之首，故称端揆。

⑫匡弼：辅佐的意思。

【原文】

杜如晦[1]，京兆万年[2]人也。武德初，为秦王府兵曹参军[3]，俄迁陕州总管府长史[4]。时府中多英俊，被外迁者众，太宗患之。记室[5]房玄龄曰："府僚去者虽多，盖不足惜。杜如晦聪明识达，王佐才也。若大王守藩端拱[6]，无所用之；必欲经营四方，非此人莫可。"太宗自此弥加礼重，寄以心腹，遂奏为府属，常参谋帷幄。时军国多事，剖断如流，深为时辈所服。累除天策府从事中郎[7]，兼文学馆学士。隐太子之败，如晦与玄龄功第一，迁拜太子右庶子。俄迁兵部尚书[8]，进封蔡国公，实封一千三百户。贞观二年，以本官检校侍中。三年，拜尚书右仆射[9]，兼知[10]吏部选事。仍与房玄龄共掌朝政。至于台阁规模，典章文物，皆二人所定，甚获当时之誉，时称房、杜焉。

【译文】

杜如晦，祖籍陕西万年。武德初年，担任秦王府兵曹参军，不久就被提升为陕州总管长史。当时秦王府中人才济济，外迁的人也非常多，对此，李世民表示忧虑。记室房玄龄说："王府中的幕僚离开得多，这并不值得惋惜。可是杜如晦非常能干，有见识，是辅佐帝王的良才。如果您只做一个守住领地的藩王，那么用不着他，可是如果您要统领四海，那么非此人不可。"太宗从此便对杜如晦以礼相待，视为心腹，经常让他参与密谋。当时，权力之争激烈，战事很多，每次杜如晦都能为太宗出谋划策，提出良好的建议，令人十分佩服。后来，他被封为天策府从事中郎，兼任文学馆学士。在平定太子的叛乱中，杜如晦和房玄龄功劳最大，杜如晦被提升为太子右庶子。不久又迁任兵部尚书，封为蔡国公，食邑一千三百户。贞观二年，他担任检校侍中。贞观三年，拜为尚书右仆射，兼任吏部选事。他和房玄龄共同掌管朝廷的政务，有关修筑宫殿的规模，典章制度等事情，都由二人商议决定，二人的政绩深得人们的称道，说起当时的良相，人们就会以"房谋杜断"加以赞许。

【注释】

①杜如晦(公元585—公元630):字克明,隋末曾任滏阳尉。唐兵入关中,助李世民筹谋,后在唐为官。

②万年:古县名,位置在今陕西潼北。

③兵曹参军:官名。掌王府武官簿书、考课、仪卫等事情。

④长史:官名。唐制,边要之地,置总管以统领军事,长史是总管的副职。

⑤记室:官名。主上表章、报书记等事。旧时也用作秘书的代称。

⑥守藩端拱:藩:封建王朝分封的地盘。端拱:端坐拱手。守藩端拱意即坐守现有的地盘,不想有大的作为。

⑦从事中郎:武德四年,唐高祖以秦王功高,古官号不足以称,于是加号天策上将,位在王公之上,开府置官属,从事中郎为属职。

⑧兵部尚书:官名。唐代确定六部之名为吏、户、礼、兵、刑、工,由六部尚书分掌政务。兵部尚书掌武选、地图、车马、甲械等。

⑨尚书右仆射:官名。仆射自秦代始设,汉以后沿置。唐太宗时,不设尚书令,而以左、右仆射代居尚书令之职位。初期与中书令、侍中同为宰相。

⑩知:本文是主持的意思。

【原文】

魏徵[1],巨鹿人也。近徙家相州之内黄。武德末,为太子洗马[2]。见太宗与隐太子阴相倾夺,每劝建成早为之谋。太宗既诛隐太子,召徵责之曰:"汝离间我兄弟,何也?"众皆为之危惧。徵慷慨自若,从容对曰:"皇太子若从臣言,必无今日之祸。"太宗为之敛容,厚加礼异,擢拜谏议大夫。数引之卧内,访以政术。徵雅有经国之才,性又抗直,无所屈挠。太宗每与之言,未尝不悦。徵亦喜逢知己之主,竭其力用。又劳之曰:"卿所谏前后二百余事,皆称朕意。非卿忠诚奉国,何能若是!"三年,累迁秘书监,参预朝政,深谋远算,多所弘益。太宗尝谓曰:"卿罪重于中钩[3],我任卿逾于管仲[4],近代君臣相得,宁有似我于卿者乎?"六年,太宗幸九成宫,宴近臣,长孙无忌[5]曰:"王珪、魏徵,往事息隐,臣见之若仇,不谓今者又同此宴。"太宗曰:"魏徵往者实我所仇,但其尽心所事,有足嘉者。朕能擢而用之,何惭古烈?徵每犯颜切谏,不许我为非,我所以重之也。"徵再拜曰:"陛下导臣使言,臣所以敢言。若陛下不受臣言,臣亦何敢犯龙鳞[6],触忌讳也!"太宗大悦,各赐钱十五万。七年,代王珪为侍中,累封郑国公。寻以疾乞辞所职,请为散官。太宗曰:"朕拔卿于仇虏之中,任卿以枢要之职,见朕之非,未尝不谏。公独不见金之在矿,何足贵哉?良冶锻而为器,便为人所宝。朕方自比于金,以卿为良工。虽有疾,未为衰老,岂得便尔耶?"徵乃止。后复固辞,听解侍中，授以特进，仍知门下省事。十二年，太宗以诞皇孙，诏宴公卿。帝极欢，谓侍臣曰："贞观以前，从我平定天下，周旋艰险，玄龄之功无所与让。贞观之后，尽心于我，献纳忠谠，安国利人，成我今日功业，为天下所称者，惟魏徵而已。古之名臣，何以加也。"于是亲解佩刀以赐二人。庶人承乾在春宫，不修德业；魏王泰宠爱日隆，内外庶寮，咸有疑议。太宗闻而恶之，谓侍臣曰："当今朝臣，忠謇无如魏徵，我遣傅皇太子，用绝天下之望。"十七年，遂授太子太师，知门下事如故。徵自陈有疾，太宗谓曰："太子宗社之本，须有师傅，故选中正，以为辅弼。知公疹病，可卧护之。"徵乃就职。寻遇疾。徵宅内先无正堂，太宗时欲营小殿，乃辍其材为造，五日而就。遣中使赐以布被素褥，遂其所尚。后数日，薨[7]。太宗亲临恸哭，赠司空，谥曰文贞。太宗亲为制碑文，复自书于石。特赐其家食实封九百户。太宗后尝谓侍臣曰："夫以铜为镜，可以正衣冠；以古为镜，可以知兴替；以人为镜，可以明得失。朕常保此三镜，以防己过。今魏徵殂逝[8]，遂亡一镜矣！"因泣下久之。乃诏曰："昔惟魏徵，每显予过。自其逝也，虽过莫彰。朕岂独有非于往时，而皆是于兹日？故亦庶僚苟顺，难触龙鳞者欤！所以虚己外求，披迷内省。言而不用，朕所甘心；用而不言，谁之责也？自斯已后，各悉乃诚。若有是非，直言无隐。"

【译文】

魏徵，原籍是巨鹿人，后来举家迁徙到相州内黄县。武德末年，出任太子洗马之职。当时他看到李世民和太子李建成斗争尖锐，常常劝告李建成要早做打算。李世民诛杀李建成之后，召见魏徵并责怪道："你为什么要离间我们兄弟之间的关系呢？"看到李世民这样责怪魏徵，朝野群臣都为魏徵担忧。魏徵却不卑不亢，神态自若地回答说："皇太子如果当初接受了我的意见，今天肯定不会招致杀身之祸。"唐太宗对他的态度肃然起敬，封他为谏议大夫。后来唐太宗多次在内宫召见魏徵，向他请教治国之道。魏徵有济世之才，性格刚直不阿，直言不讳，可是唐太宗每次和他谈话，并没有因此而感到不愉快，魏徵也为自己能遇到这样礼贤下士的君主而感到庆幸，不遗余力地为朝廷效力。一次，唐太宗对魏徵说："你前后进谏了二百多件事，每一件事都合我意，你对朝廷如果不是忠心耿耿，怎么能够提出这么好的建议呢？"贞观三年，魏徵被提升为秘书监，参与处理政务，他深谋远虑，使唐朝的政局稳定。唐太宗曾经说："管仲曾经开罪于齐桓公，却得到了齐桓公的重用，魏徵也曾与我对立，而我对魏徵的信任和重用却超过了齐桓公对管仲。古往今来，君臣之间的关系能相得益彰，不离不弃的，的确很少见，更没有人能超过我和魏徵这样。"贞观六年，唐太宗游巡到了九成

宫，宴请亲近的大臣，长孙无忌在席间说："王珪、魏徵，过去是我的仇敌，没想到今日竟和我共享宴席。"唐太宗说："魏徵过去的确是我的敌人，但是他现在能够尽心尽力地为朝廷办事，实在难能可贵。我重用他，有什么好惭愧的呢？魏徵每次都能冒着顶撞我的危险直言进谏，纠正我的过失，所以我非常敬重他。"魏徵十分感动，跪拜道："是陛下开导臣要大胆进谏，所以臣才敢这样，如果陛下不接受臣的意见，臣又怎么敢触犯龙颜，冒天下之大不韪呢？"唐太宗听后非常高兴，赐给每位大臣钱币十五万枚。贞观七年，魏徵取代王珪担任侍中之职，并被封为郑国公。不久，魏徵以生病为由提出辞去现任官职，愿意担任一个闲职。唐太宗说："我从敌军的俘虏中把你选拔出来，让你担任重要的职位，希望你能发现我的过失。对我的过错，你的确做到了知无不言，言无不尽。你难道看不出金子蕴藏在矿石之中，有多么可贵吗？好的矿石经过冶炼成为器皿，大家都认为是宝物。我自认为是金子，而你就是冶炼金子的能工巧匠。现在你虽然有病，但并没有衰老，怎么可以就此离开呢？"于是魏徵就留了下来。后来他又坚决提出辞官，唐太宗才授予他特进之职，但朝中之事仍然让他知晓。贞观十二年，唐太宗喜得皇孙，宴请众大臣，他非常高兴，对大臣们说："我当政之前，跟随我平定天下，出生入死，功劳最大的莫过于房玄龄。我执政以后，能够尽心尽力，进献忠言，帮助我治理国家，成就现在的功业，被天下人称道的，只有魏徵一人。如此功劳，古代的名臣良相，没有谁可以超过。"话毕，唐太宗解下自己佩带的宝刀赐给二人。李世民的长子李承乾从小生活在皇宫中，养尊处优，生性散漫，既不去建功立业，也不注重加强个人的品德修养，整日碌碌无为的样子；四子李泰，深受皇帝的宠爱，日复一日，皇帝简直把他视为珍宝，以致里里外外的官员和幕僚对此都有许多疑惑和反对的看法。太宗听了这件事，十分厌恶。他对大臣们说："今天这些大臣，一个个说三道四，全是为了个人的打算，有哪一个像魏徵那样正直忠诚的。我要派他作皇太子的老师，让其他人断绝这个非分之想。"贞观十七年，太宗又加授魏徵为太子太傅，仍让他继续担当相国这个重要的职务。魏徵自称有病，不能担此重任。太宗开导魏徵说："太子的才学品行关系着国家社稷的安危，必须要有高明正直的师傅教导才行。因此，我一定要选品德端庄的人来辅佐太子。我知道你患有风湿关节病，站立不方便，你可以躺着教他嘛。"魏徵于是前去就职。谁知不

久，魏徵就患了重病。以前，魏徵的宅子里没有正厅，正巧太宗那时想建一些小的宫殿，于是太宗就挑选了一些木材为他造大厅，工程进度很快，五天就修建好了。太宗又派遣官员遵照他的喜好，赏赐给他一些用布做成的被子和那种没有花纹的棉褥。不料，魏徵因病离世。太宗非常伤心，亲自前去吊唁痛哭，并追封他为司空，谥号文贞。太宗还亲自动手为他撰写碑文，并且亲自抄写在碑石上。最后还赐给他的家属享受九百户的俸禄。后来，太宗追忆魏徵，对侍臣说道：“用铜作为镜子，可以知道自己的衣冠是否端正；用历史作为镜子，可以知道国家兴亡的道理；用人作为镜子，可以明白自己的过失。我常常保留这三面镜子，以防止自己犯错误。现在魏徵死了，我失去了一面镜子。”每说到这件事，太宗就会泪流满面。于是太宗就颁布了一道诏书，上面说道：“在过去，只有魏徵每次都能一针见血地指出我的过错。自从他死了之后，即使我犯了错误，也得不到指正。难道我只有过去做事有做错的时候，而现今做事就全都做对了吗？认真分析一下，这原因大概是你们许多人都胆小怕事，一味地苟且偷生，无原则地顺从我，都怕冒犯我，怕我生气吧？在处理政务时，即使你们的言行不被采纳，我也不会怪罪你们；我任用你们担任官职，但谁都不愿说话，这究竟是谁的责任呢？从今以后，一切都要务求实际。我有什么过错，就直接说出来，不要隐瞒。”

【注释】

①魏徵(公元580—公元643)：唐初政治家。字玄成，馆陶(文中说巨鹿，两地今均属河北)人。少时孤贫落拓，有大志，出家为道士。隋末参加瓦岗起义军，李密败，降唐。又被窦建德所获，任起居舍人。建德败，入唐为太子洗马。太宗即位，擢为谏议大夫，前后陈谏二百余事。贞观三年(公元629年)任秘书监，参预朝政，校定秘府图籍。后一度任侍中，封郑国公。

②洗马：官名。即前马或先驱之意。

③中钩：射中带钩的意思。

④管仲(？—公元前645)：名夷吾，字仲。春秋时齐国名相。齐襄公被杀之后，公子小白和公子纠争继王位，管仲曾带兵阻止公子小白，并射中小白的带钩。后小白立，是为齐桓公。鲍叔牙举荐管仲，齐桓公不计前嫌任命他为卿，尊为“仲父”。管仲对齐国的政治、经济及军事实行了重大改革，使齐桓公成为春秋时第一个霸主。

⑤长孙无忌(？—公元659年)：唐初大臣。字辅机，河南洛阳人。太宗长孙皇后之兄。武德九年(公元626年)，助太宗夺取帝位。以皇亲及元勋地位，历任尚书右仆射、司空、司徒等职，封赵国公。后因反对高宗立武则天为后，被放逐黔州(今四川彭水)，自缢而死。

⑥龙鳞：韩非曾把帝王比作龙，龙喉下有逆鳞，触犯了它就会被龙咬死。

⑦薨(hōng)：唐代二品以上官员之死称为薨。

⑧殂逝：死亡。

【原文】

王珪①，太原祁县②人也。武德中，为隐太子中允③，甚为建成所礼。后以连其

阴谋事，流于巂州。建成诛后，太宗即位，召拜谏议大夫。每推诚尽节，多所献纳。珪尝上封事[4]切谏，太宗谓曰："卿所论皆中朕之失，自古人君莫不欲社稷永安，然而不得者，只为不闻己过，或闻而不能改故也。今朕有所失，卿能直言，朕复闻过能改，何虑社稷之不安乎？"太宗又尝谓珪曰："卿若常居谏官，朕必永无过失。"顾待益厚。贞观元年，迁黄门侍郎，参预政事，兼太子右庶子。二年，进拜侍中。时房玄龄、魏徵、李靖、温彦博[5]、戴胄[6]与珪同知国政，尝因侍宴，太宗谓珪曰："卿识鉴精通，尤善谈论，自玄龄等，咸宜品藻[7]。又可自量孰与诸子贤。"对曰："孜孜奉国，知无不为，臣不如玄龄。每以谏诤为心，耻君不及尧、舜，臣不如魏徵。才兼文武，出将入相，臣不如李靖。敷奏详明，出纳惟允，臣不如温彦博。处繁理剧，众务必举，臣不如戴胄。至于激浊扬清，嫉恶好善，臣于数子，亦有一日之长。"太宗深然其言，群公亦各以为尽己所怀，谓之确论。

【译文】

王珪，太原祁县人。武德年间，担任太子中允，太子李建成对他礼遇有加。后来由于李氏兄弟之间争夺王位的矛盾，王珪被流放到云南巂州。建成被诛杀后，太宗即位，王珪被太宗召回，拜官为谏议大夫。作为臣子，王珪忠心耿耿，尽职尽责。他所进献的言论，多被太宗采纳。王珪曾经上书批评太宗过失，太宗说："你所谈论的，一一点中我的过失。自古以来，没有哪一个国君不想把自己的国家治理好，永享安定太平的。然而，他们的愿望都没有实现，不是他们看不到自己的过失，而是因为他们看到了自己的过错却不能改正的缘故。现在我有过错，你能直言不讳，我也能知错就改，何必担心国家不能长治久安呢？"太宗还曾经对王珪说："你如果一直作谏官，我必定永远没有过错。"因而更加器重厚待他。贞观元年，王珪官至黄门侍郎，参与国家政务，并兼任太子的老师。第二年，王珪又被提升为侍中，与房玄龄、魏徵、李靖、温彦博、戴胄一起处理国家政事。一次，他们六人与太宗一起进宴，太宗问王珪："你识别能力很强，尤其擅长谈论和评价别人。从玄龄开始，你一个个给我评价一下，也可以估量一下你们中间谁最贤德能干。"王珪回答说："为国兢兢业业，干事果断精明，我比不上玄龄。以纠正偏颇为任，犯颜直谏，为皇上无法与尧舜的圣明比肩而感到羞耻，我比不上魏徵。文武全才，既能带兵又能治国，文韬武略俱佳，我比不上李靖。奏章严密清楚，言行有理有据，规规矩矩，没有疏失，我比不上温彦博。处理纷繁复杂的事务，有条有理，万无一失，我比不上戴胄。可是对于弘扬正气，惩恶扬善，疾恶如仇，我比起各位，也有我自己的独到之处！"太宗认为他说的很对，在座的诸位大臣也各抒己见，都认为他评价得恰如其分，十分准确。

【注释】

①王珪：字叔玠。太宗时召为谏议大夫，后一直在朝为官，与房玄龄等共同辅政。

②祁县：县名。在山西省中部、汾河中游东岸，太原盆地中部。

③中允：官名。掌侍从礼仪等事。

④封事：古时臣下上书奏事，防有泄露，用袋封缄，称为封事。

⑤温彦博(公元573—公元636)：唐初并州祁县(今山西祁县东南)人。隋末从罗艺为司马，后归唐。官中书侍郎。武德八年(公元625年)战突厥被俘。太宗即位后回朝，不久迁为中书令。

⑥戴胄：字玄胤，相州(今河北南部、河南北部)人。贞观初迁大理少卿，又迁尚书左丞。拜谏议大夫。

⑦品藻：本文是品评优缺点的意思。

【原文】

李靖[①]，京兆三原人也。大业[②]末，为马邑[③]郡丞[④]。会高祖为太原留守，靖观察高祖，知有四方之志，因自锁上变，诣江都。至长安，道塞不能而止。高祖克京城，执靖，将斩之，靖大呼曰："公起义兵除暴乱，不欲就大事，而以私怨斩壮士乎？"太宗亦加救靖，高祖遂舍之。武德中，以平萧铣[⑤]、辅公祏[⑥]功，历迁扬州大都督府长史[⑦]。太宗嗣位，召拜刑部尚书[⑧]。贞观二年，以本官检校中书令。三年，转兵部尚书，为代州行军总管[⑨]，进击突厥[⑩]定襄城，破之。突厥诸部落俱走碛北，北擒隋齐王暕之子杨道政，及炀帝萧后，送于长安。突利可汗来降，颉利可汗仅以身遁。太宗谓曰："昔李陵提步卒五千，不免身降匈奴，尚得名书竹帛。卿以三千轻骑，深入虏庭，克复定襄，威振北狄，实古今未有，足报往年渭水之役矣。"以功进封代国公。此后，颉利可汗大惧，四年，退保铁山，遣使入朝谢罪，请举国内附。又以靖为定襄道行军总管，往迎颉利。颉利虽外请降，而心怀疑贰。诏遣鸿胪卿唐俭、摄户部尚书将军安修仁慰谕之，靖谓副将张公谨曰："诏使到彼，虏必自宽，乃选精骑赍二十日粮，引兵自白道袭之。"公谨曰："既许其降，诏使在彼，未宜讨击。"靖曰："此兵机也，时不可失。"遂督军疾进。行至阴山，遇其斥候千余帐，皆俘以随军。颉利见使者甚悦，不虞官兵至也。靖前锋乘雾而行，去其牙帐七里，颉利始觉，列兵未及成阵，单马轻走，虏众因而溃散。斩万余级，杀其妻隋义成公主，俘男女十余万，斥土界自阴山至于大漠，遂灭其国。寻获颉利可汗于别部落，余众悉降。太宗大悦，顾谓侍臣曰："朕闻主忧臣辱，主辱臣死。往者国家草创，突厥强梁，太上皇以百姓之故，称臣于颉利，朕未尝不痛心疾首，志灭匈奴，坐不安席，食不甘味。今者暂动偏师，无往不捷，单于稽颡[⑪]，耻其雪乎！"群臣皆称万岁。寻拜靖光禄大夫、尚书右仆射，赐实封五百户。又为西海道行军大总管，征吐谷浑，大破其国。改封卫国公。及靖身亡，有诏许坟茔制度依汉卫、霍故事，筑阙象突厥内燕然山、吐谷浑内碛石二山，以旌殊绩。

【译文】

李靖，陕西三原人。隋炀帝末年，为马邑的郡丞。这时，高祖李渊任太原留守。李靖观察高祖，知道他有夺取天下的志向，便装成罪犯，把自己锁进囚车，打算趁押赴江都的机会向隋炀帝告发李渊。走到长安，因为道路阻塞不能前行，李靖只好滞留长安。高祖攻克长安后，抓住了李靖，想要杀掉他。在千钧一发之际，李靖大声叫道："李公率领仁义的军队，扫除暴乱，不想成就大事，只想凭个人的恩怨杀害有才能的人而逞一时之快吗？"太宗也极力劝阻高祖，加以营救，高祖于是赦免了他。武德年间，因平定萧铣、辅公炻的功劳，李靖被升迁为扬州大都督府长史。太宗继位后，他又被召回京城，任命为刑部尚书。贞观二年，被提升为中书令。贞观三年，转任兵部尚书，兼任代州行军主管，率领军队进攻突厥，平定襄城，大破突厥，使突厥各部落逃亡碛北。在这次战争中，李靖擒获了隋朝齐王杨暕的儿子杨道政以及隋炀帝的皇后萧氏，并将他们押送到长安。后来，突利可汗前来投降，只剩下颉利可汗一个人逃跑了。太宗说："汉代李陵率领五千步兵作战，还免不了投降匈奴，即使这样，也可以名垂青史。你能够凭三千骑兵，深入敌人内部并战胜敌人，平定襄城，威震北方夷狄，这样的事的确亘古未有，如此功劳足可以弥补过去渭水之战的过失了。"由于李靖功勋显赫，唐太宗加封他为代国公。从此，颉利可汗对唐军十分害怕，不敢轻举妄动。贞观四年，他们退到西北一带，并派遣使者到唐朝谢罪，请求全国归降，作为唐的臣民。接到投降的消息，太宗又任命李靖为行军总管，前往迎接颉利可汗。颉利可汗虽然表面称降，其实心怀不轨。太宗派遣鸿胪卿唐俭、摄户部尚书将军安修仁奉命安抚慰问。李靖看出投降者的险恶用心，决定将计就计。他对副将张公谨说："传诏书的使者到了那儿的时候，敌人必然放松警惕，你挑选精锐的骑兵带好二十天的粮食，领兵从白道偷袭攻击他们。"张公谨不解其意，说："既然我们答应他们投降，我们的使者又在他们那里，征讨恐怕不合适吧。"李靖说道："这是用兵消灭他们的大好机会，千万不可以失去。"于是他率领军队迅速前进，行到阴山的时候，凡是遇到颉利可汗的人，都抓住他们随军前行。颉利可汗看到唐的使者，十分高兴，根本没有料到唐的军队到了。李靖军队的前锋凭借大雾前进，十分隐秘，到了距离颉利可汗的军帐七里左右才被他们发觉。颉利可汗的军队措手不及，还没来得及摆好阵势，颉利可汗一个人就骑马逃跑了，敌兵乱作一团，四处溃逃。这次战争，唐兵斩杀敌人万余人，杀死颉利可汗的夫人——隋朝的义成公主，俘虏男女十多万人，灭掉了颉利可汗的国家。颉利可汗余下的其他部落，全部投降。此役使唐的边境从阴山扩展到大漠以北。战后，太宗十分高兴，对大臣们说："我听说国君忧虑，大臣就要受到屈辱；国君受到侮辱，那么臣子的性命也难保全。过去在国家刚刚建立的时候，突厥国势强大，太上皇因为不想牵连百姓，故而向颉利可汗称臣。我当时感到十分痛心，睡不安寝，食不知味。为此我励精图治，立志要消灭匈奴。今天，我们只要一出动军队，可谓攻无不克，战无不胜，匈奴单于俯首称臣，我们的羞耻洗雪了。"殿上的群臣都大声欢呼万岁。不久，太宗封李靖为光禄大夫，尚书右仆射，赏赐食禄五百户。后来李靖又担任西海道行军大总管征伐吐谷浑，灭了这个国家。李靖因功改封为卫国公。李靖死后，太宗下诏，允许他的坟墓可以按照汉代卫青、霍去病坟墓的模样去修建，坟墓周围筑起土丘，使它们像突厥国内的燕山、吐谷浑国的碛石二山，用以象征他卓越的功绩。

【注释】

①李靖(公元 571—公元 649)：唐初军事家。本名药师，京兆三原(今陕西三原东北)人。精熟兵法，为其舅韩擒虎所称道。隋末任马邑郡丞。高祖时，任行军总管、岭南道抚慰大使等职。太宗时历任兵部尚书、尚书右仆射等职，先后击败东突厥、吐谷浑，封卫国公。

②大业：隋炀帝(杨广)年号。

③马邑：隋代郡名。隋大业三年(公元 607 年)改朔州置。治所在善阳(今朔县)。辖境约当今山西宁武县和恒山以北，黑陀山、洪涛山、左云县以东地区。

④郡丞：官名。隋时为郡守之下的官职。

⑤萧铣(公元 583—公元 621)：后梁宣帝曾孙。隋末任罗县(一名罗川，今湖南湘阴东北)令。大业十三年(公元 617 年)巴陵(今湖南岳阳)校尉董景珍，雷世猛等起兵，他被推为主。五日内得数万人，自称梁王，年号鸣凤(一作凤鸣)。次年称帝，迁都江陵，割据长江中流等地，有兵四十万。后兵败降唐，被杀于长安。

⑥辅公祏(？—公元 624)：隋末齐郡临济(今山东章丘西北)人。大业九年(公元 613 年)从杜伏威起义，旋进军淮南。后伏威在历阳(今安徽和县)称总管，他任长史。武德三年(公元 619 年)伏威降唐，他被夺去兵权，任为淮南道行台左仆射。五年伏威被调到长安。次年，他在丹杨(一作丹阳，郡治在今江苏南京市)起兵，称帝，国号宋。并以左游仙为兵部尚书、越州总管，镇守会稽(今浙江绍兴)。七年靖助唐将李孝恭讨之，将其擒获杀死。

⑦大都督府长史：唐制，总十州者为大都督。长史是大都督的首要属官。

⑧刑部尚书：唐制，刑部掌律令、刑法等，刑部尚书即该部长官。

⑨行军总管：唐制，武德初，置行军总管以统军。

⑩突厥：中国古族名。隋开皇二年(公元 582 年)分裂为东突厥和西突厥。

⑪稽颡(sǎng)：古时候的一种跪拜礼。

【原文】

虞世南[①]，会稽余姚人也。贞观初，太宗引为上客，因开文馆，馆中号为多士，咸推世南为文学之宗。授以记室，与房玄龄对掌文翰[②]。尝命写《列女传》以装屏风，于时无本，世南暗书之，一无遗失。贞观七年，累迁秘书监。太宗每机务之隙，引之谈论，共观经史。世南虽容貌懦弱，如不胜衣，而志性抗烈，每论及古先帝王为政得失，必存规讽，多所补益。及高祖晏驾[③]，太宗执丧过礼，哀容毁悴，久替万机，文武百寮，计无所出，世南每入进谏，太宗甚嘉纳之，益所亲礼。尝谓侍臣曰："朕因暇日，每与虞世南商榷古今。朕有一言之善，世南未尝不悦；有一言之失，未尝不怅恨。其恳诚若此，朕用嘉焉。群臣皆若世南，天下何忧不治？"太宗尝称世南有五绝：一曰德行，二曰忠直，三曰博学，四曰词藻，五曰书翰。及卒，太宗举哀于别次，哭之甚恸。丧事官给，仍赐以东园秘器[④]，赠礼部尚书，谥曰文懿。太宗手敕魏王泰曰："虞世南于我，犹一体也。拾遗补阙，无日暂忘，实当代名臣，人伦准的。吾有小善，必将顺而成之；吾有小失，必犯颜而谏之。今其云亡，石渠、东观[⑤]之中，无复人矣，痛惜岂可言耶！"未几，太宗为诗一篇，追思往古理乱之道，既而叹曰："钟子期死，伯牙不复鼓琴[⑥]。朕之此篇，将何所示？"因令起居[⑦]褚遂良[⑧]诣其灵帐读讫焚之，其悲悼也若此。又令与房玄龄、长孙无忌、杜如晦、李靖等二十四人，图形于凌烟阁[⑨]。

【译文】

虞世南，浙江余姚人。贞观初年，唐太宗尊他为上宾，设立文馆，文馆中人才济济，但都推举虞世南为文学的宗师。唐太宗授予他记室的官职，同房玄龄一起掌管文化方面的事情。虞世南曾经受命书写《列女传》用来装饰屏风，当时没有现成的书，虞世南就凭记忆将书默写了出来，竟没有一点差错。贞观七年，虞世南提升为秘书监。唐太宗处理完政务，一有空闲就召见虞世南，和他畅谈历史，探讨治国方面的道理。虞世南外表弱不禁风，一副书生模样，性情却十分刚烈，志趣高远，每次谈论起历代帝王的政治得失，都能够有所针砭，进行一番很好的评论和判断。唐高祖去世之后，唐太宗由于为他操办隆重的丧事而操劳过度，形容憔悴，国事有所耽误，文武百官无计可施。但是无论在哪种情形下，虞世南每次进宫进谏，唐太宗都欣然接受。从此以后，唐太宗对他也就更加亲近和尊重。唐太宗曾经对身边的侍臣说："我一有空闲就与虞世南商讨古今大事。我一有好的见解，虞世南总是非常高兴，可是一旦我的观点有失偏颇，他就十分担忧。他如此诚恳，我非常欣赏。如果各位大臣都像虞世南那样，我哪还用得着担心天下治理不好呢？"唐太宗称赞虞世南有五绝：一是德行，二是忠直，三是博学，四是词藻，五是书翰。虞世南去世后，唐太宗失声痛哭，非常悲伤，为他举办了丧事，赐以丧具，并追封他为礼部尚书，谥号文懿。唐太宗在写给魏王李泰的信中说道："虞世南对于我，就像我身体的一部分。他提醒和纠正我的遗漏和过失，一刻都不曾忘记。他实在是当代名臣、人伦道德的榜样啊。过去，我有一点成绩，他必定加以肯定，我有一点小过失，他必定冒着触犯我的危险毫无保留地指出来。现在他去世了，国中再无这样的人了，这怎不让我痛惜。"不久，唐太宗作了一首诗，凭借古人的事迹来发表感慨："钟子期去世之后，伯牙失去知音，再也没有弹过琴。我这首诗，又写给谁看呢？"于是唐太宗让褚遂良把诗拿到虞世南灵帐外诵读并焚烧，可见他哀痛之深切。然后，太宗又下令将虞世南和房玄龄、长孙无忌、杜如晦、李靖等二十四位功臣的图像，画在凌烟阁内，作为永久的纪念。

【注释】

①虞世南(公元 558—公元 638)：唐初书法家。字伯施，越州余姚(今属浙江)人。性沉静寡欲，笃意学问。起初曾在隋为官，后从宇文化及，又被窦建德俘获，李世民灭窦建德后，他被引为秦府参军。

②文翰：即文章，也指公文信札。

③晏驾：古代称帝王死亡的讳词。

④东园秘器：即葬具。

⑤石渠、东观：汉代朝廷藏图书秘籍的地方。

⑥钟子期死，伯牙不复鼓琴：史书上记载说伯牙善于鼓琴，而钟子期善于听琴。钟子期死后，伯牙不再鼓琴，因为世上无知音了。

⑦起居：官名。唐制，门下省置起居郎，中书省置起居舍人，记录天子动作法度，以修记事之史。

⑧褚遂良(公元 596—公元 658 或公元 659)：唐大臣、书法家。字登善，钱塘(今浙江杭州)人，一作阳翟(今河南禹县)人。博涉文史，尤工书法。太宗时历任起居郎、谏议大夫，主张维护礼法，定嫡庶之分。累官至中书令。贞观二十三年(公元 649 年)受太宗遗诏辅政。高宗即位，封河南郡公，任尚书右仆射，世称"褚河南"。后因反对高宗立武则天为后，屡被贬职而死。

⑨凌烟阁：唐太宗贞观十七年(公元643年)图画开国功臣长孙无忌、杜如晦、魏徵、尉迟敬德等二十四人于凌烟阁，阁在当时的长安。太宗亲自作赞，褚遂良题阁，阎立本作画。

【原文】

李勣[1]，曹州离狐人也。本姓徐，初仕李密[2]，为左武侯大将军。密后为王世充[3]所破，拥众归国，勣犹据密旧境十郡之地。武德二年，谓长史郭孝恪[4]曰：“魏公既归大唐，今此人众土地，魏公所有也。吾若上表献之，则是利主之败，自为己功，以邀富贵，是吾所耻。今宜具录州县及军人户口，总启魏公，听公自献，此则魏公之功也，不亦可乎？”乃遣使启密。使人初至，高祖闻无表，惟有启与密，甚怪之。使者以勣意闻奏，高祖方大喜曰：“徐勣感德推功，实纯臣也。”拜黎州[5]总管[6]，赐姓李氏，附属籍于宗正[7]。封其父盖为济阴王，固辞王爵，乃封舒国公，授散骑常侍[8]。寻加勣右武侯大将军[9]。及李密反叛伏诛，勣发丧行服，备君臣之礼，表请收葬。高祖遂归其尸。于是大具威仪，三军缟素[10]，葬于黎阳山。礼成，释服而散，朝野义之。寻为窦建德所攻，陷于建德，又自拔归京师。从太宗征王世充、窦建德，平之。贞观元年，拜并州都督，令行禁止，号为称职，突厥甚加畏惮。太宗谓侍臣曰：“隋炀帝不解精选贤良，镇抚边境，惟远筑长城，广屯将士，以备突厥，而情识之惑，一至于此。朕今委任李勣于并州，遂得突厥畏威远遁，塞垣安静，岂不胜数千里长城耶？”其后并州改置大都督府，又以勣为长史，累封英国公。在并州凡十六年，召拜兵部尚书，兼知政事。勣时遇暴疾，验方云须灰可以疗之，太宗自剪须为其和药。勣顿首见血，泣以陈谢。太宗曰：“吾为社稷计耳，不烦深谢。”十七年，高宗居春宫，转太子詹事，加特进，仍知政事。太宗又尝宴，顾勣曰：“朕将属以孤幼，思之无越卿者。公往不遗于李密，今岂负于朕哉！”勣雪涕致辞，因噬指流血。俄沉醉，御服覆之，其见委信如此。勣每行军，用师筹算，临敌应变，动合事机。自贞观以来，讨击突厥、颉利及薛延陀、高丽等，并大破之。太宗尝曰：“李靖、李勣二人，古之韩、白、卫、霍岂能及也！”

【译文】

李勣，山东曹州离孤人，原本姓徐。他最初的时候在李密门下做官，担任左武侯大将军。李密后来被王世充打败，归降唐朝，李勣仍然占据着李密旧地十个郡县。唐高祖武德二年，他对长史郭孝恪说：“这里的土地全为魏公李密所有，现在我如果上奏把土地献出去，就是利用主人的失败，为自己邀功，用这种手段为自己谋取富贵，我认为是一种耻辱，非君子所为。现在我要将州县和军人的户口登记下来，告诉魏公，让他自己献出去，这是魏公的功劳，这样做不也很好吗？”于是派使者把这件事告诉了李密。唐高祖开始看到李勣没有为他进献奏章，反而写信给李密，很是怪罪，后来使者将李勣的想法告诉了唐高祖，唐高祖知道后非常高兴，说：“徐感念旧主的恩德，不为自己邀功争宠，这才是真正的臣子啊。”于是封他为黎州总管，赐皇姓李，成为皇帝宗室。事后，又封他的父亲为济阴王，谁知他的父亲坚决推辞王爵，唐高祖就封他为舒国公，担任散骑常侍。不久又加封李勣为右武侯大将军。后来李密起兵反叛被诛杀，李勣为他发丧守灵，尽到了君臣之间的礼仪，还上疏请求为他下葬。唐高祖于是把李密的尸体归还给他。他为李密举行了隆重的丧礼，三军缟素，好不威严肃穆，之后，把李密葬在黎阳山下。丧礼过后，李勣脱掉丧服，解散三军，他的忠义之举获得了满朝文武由衷的赞许。不久他被窦建德攻破，于是带领大军回到京城。后来，他跟随唐太宗攻打王世充、窦建德，为打败他们立下了赫赫战功。贞观元年，他被封为并州都督，他从严治军，极为称职，突厥人对他非常畏惧。一次，唐太宗对侍臣们说：“隋炀帝不知道挑选精兵良将镇守边关，安抚百姓，只知道在边关修筑长城，囤积兵马来防备突厥人，他竟然糊涂到了这种程度。现在我只委派李勣镇守并州，就让突厥人胆战心惊，远远逃遁，使边关重新获得了安宁，这不是比修筑万里长城强多了吗？”之后，并州改设大都督府，唐太宗又任命李勣为长史，加封英国公。李勣在并州一待就是十六年，后又任兵部尚书，兼任参知政事。一次李勣得了急病，大夫说用胡须烧成灰可以治疗，唐太宗知道后，剪掉自己的胡须为他配药。对此李勣感激涕零，叩首致谢，额头都流出了鲜血。唐太宗说：“我这是为国家打算，你不用谢我。”贞观十七年，他又作太子詹事，加封特进，参与朝政。唐太宗一次宴请大臣，对李勣说：“我在想如果要将大事托付给大臣，没有谁会比你更胜任。你过去不遗弃李密，今天又怎么会辜负我呢？”李勣听后热泪盈眶，不经意地咬手指来控制澎湃起伏的情绪，没想到指头竟被咬出血来。席间，李勣喝醉了，唐太宗脱下衣服帮他披上，君臣之间深厚的情义可见一斑。李勣富有将才，每次出征打仗，都能够运筹帷幄，随机应变，充分掌握时机以赢得胜利。自从贞观年间以来，他讨伐了突厥、颉利、薛延陀、高丽等地，都大获全胜。唐太宗曾经说：“李靖、李勣二人的战功，古代名将韩信、白起、霍去病哪里比得上。”

【注释】

①李勣(公元594—公元669)：唐初大将。本姓徐，名世勣，字懋公，曹州离狐(今山东东明东南)人。家富有，初从翟让起义，参加瓦岗军，因功封东海郡公。瓦岗军失败后降唐，任右武侯大将军，封曹国公，赐姓李，因避太宗讳，单名勣。据有过去瓦岗军所占十郡之地。后被窦建德击败，到长安，从李世民镇压窦建德，刘黑闼等起义军。贞观三年(公元629年)与李靖出击东突厥，因功封

英国公，守并州十六年。高宗时官至司空。

②李密(公元582—公元618)：隋末瓦岗军首领。字玄邃，一字法主，京兆长安(今属陕西)人。大业九年(公元613年)参与杨玄感起兵反隋，失败后被捕，不久在押送途中逃脱。大业十二年投奔瓦岗起义军，辅助翟让联合附近各部起义军，并设计在荥阳大海寺击杀隋将张须陀。从此得到翟让的信任，自统一军，号蒲山公营。次年取得全军领导权，称魏公，年号永下。他大量起用隋的降官降将，并杀害了翟让，对瓦岗军起了严重的破坏作用。永平二年(公元618年)，东击宇文化及，后与王世充交战失败，入关降唐。不久以反唐被杀。

③王世充(？—公元621)：隋新丰(今陕西临潼东北)人，字行满。本姓支，祖籍西域。隋炀帝时任江都郡丞，因镇压起义军，升江都通守，后为瓦岗军所败。大业十四年(公元618年)炀帝死，他在东都拥立杨侗为帝，不久击败瓦岗军。次年，废杨侗，自称皇帝，年号开明，国号郑。武德四年(公元621年)兵败降唐，至长安，为仇人所杀。

④郭孝恪：许州(今属河南)人。起初从李密，官至长史，后投李世民，上策擒窦建德，官拜大总管，破龟兹国时为流矢所中身亡。

⑤黎州：州，土司名。北周天和三年(公元568年)置州。隋废。武周大足元年(公元701年)复置。治所在汉源(今属四川)。辖大渡河两岸三县十一城，领五十五州，为剑南西部边防要地。

⑥总管：官名。地方高级军政长官。隋及唐初，在各州设总管，边镇或大州设大总管，后复称都督，惟统兵出征之将帅则称总管。

⑦宗正：官名。掌管王室亲族事务。唐、宋时也称宗正寺卿，"掌九族六亲之属籍"。

⑧散骑常侍：唐制，掌规讽过失、侍从顾问之职。

⑨右武侯大将军：官名。唐代在府兵十二卫、禁军的左右龙武军、左右神策军等均置大将军。

⑩缟素：指穿丧服。

【原文】

马周①，博州茌平人也。贞观五年，至京师，舍于中郎将②常何之家。时太宗令百官上书言得失，周为何陈便宜二十余事，令奏之，事皆合旨。太宗怪其能，问何，何对曰："此非臣所发意，乃臣家客马周也。"太宗即日召之，未至间，凡四度遣使催促。及谒见，与语甚悦。令直门下省，授监察御史③，累除中书舍人④。周有机辩，能敷奏，深识事端，故动无不中。太宗尝曰："我于马周，暂时不见，则便思之。"十八年，历迁中书令，兼太子左庶子，周既职兼两宫，处事平允，甚获当时之誉。又以本官摄吏部尚书。太宗尝谓侍臣曰："周见事敏速，性甚慎至。至于论量人物，直道而言，朕比任使之，多称朕意。既写忠诚，亲附于朕，实藉此人，共康时政也。"

【译文】

马周，山东博州茌平人。贞观五年，他到了京城，在中郎将常何家作门客。当时唐太宗下令让百官上疏指出政务的得失，马周替常何提了二十多条建议，每一条都非常符合唐太宗的心意，唐太宗为常何有这样的才能而感到很惊奇，于是就向他询问原故，常何回答说："这不是我的意见，是我的门客马周提的。"唐太宗当日就决定召见马周，在马周到来之前，唐太宗四次派使者催促。马周到来后，君臣二人畅所欲言，谈得非常投机。事后，唐太宗下令门下省，封他为监察御史和中书舍人。马周机智善辩，富有洞察力，经他判断的事情万无一失，没有不正确的。唐太宗曾经说："我和马周如果隔一段时间不见面，我就会想他。"贞观十八年，马周被提升为中书令，兼任太子左庶子。马周身兼二职，处事公平，得到众人的高度评价，后来他又担任了吏部尚书。唐太宗对马周非常赞赏，曾经对侍臣们说："马周办事机敏快捷，性格谨慎周到。评判人物，他都能直言不讳。我让他处理政务，他都能够让我满意。有了这样忠心不二的大臣辅佐，就能够使国泰民安了。"

【注释】

①马周(公元601—公元648)：唐初大臣。字宾王，博州茌平(今属山东)人。少孤贫，后到长安，为中郎将常何家客。贞观五年(公元631年)代常何上书，所论二十余事，为太宗所赏识，即日召见，授监察御史，后累官至中书令。他劝谏太宗以隋亡为鉴，少兴徭赋，反对实行世封制。

②中郎将：官名。唐制，中郎将是太子府属官，掌护卫。

③监察御史：官名。隋唐始设。为御史台各类御史之一种。唐御史分为三院，其中监察御史属察院，掌"分察百僚，巡按郡县，纠视刑狱，肃整朝议"，品秩低而权限广。

④中书舍人：官名。是中书省的属官。唐时，中书舍人掌管诏令、侍从、宣旨、慰劳等事。

史鉴新得

知人善任，慧眼识人

这一章可以看作是"贞观盛世"大背景下的一幅"群贤缩略图"，作者细致入微地为贞观年间先后辅佐太宗皇帝的八位贤臣"立身画像"，围绕"任人唯贤"这个主题进行讨论。唐太宗一再强调"为政之要，惟在得人"，"致安之本，惟在得人"，所谓"贞观之治"，从某种意义上说，就是任贤致治。

《任贤》章包含八个部分，分别介绍了唐太宗最为信任的八贤：房玄龄，杜如晦、魏徵、王珪、李靖、虞世南、李勣、马周。他们有的是秦王府中的府属旧人，有的是来自敌对营垒中的谋臣，有的出身将相，有的身份低微。他们或文或武，职位有高有低，从政有长有短，是太宗皇帝的左膀右臂，为贞观之治的辉煌作出了重大贡献。虽然贞观时期的名臣远远不止这八人，后来凌烟阁画图绘像的功臣就有二十四人,但最能反映当时任贤特点而贡献最大的则要数这八人。

总结唐太宗的用人哲学,除了依靠他本身的优越才能之外,最重要的是他能够知人善任、举用贤良,主要体现在以下几个方面:

一、广泛吸收人才

李世民广纳豪杰,即使是敌对集团的人才也不歧视。在李世民征战时期,吸收了原隶属于李密、王世充等集团的人才,包括瓦岗军的秦叔宝、程咬金等,另外还在击破刘武周时纳入了尉迟敬德;攻打窦建德集团时,接收了张玄素;在消灭李建成集团时,则吸纳了魏徵与王珪等。除此之外,李世民为了政局的稳定,也任用了隋朝旧臣李靖等人,对李渊集团的人才也给予恰当的安排。例如李世民公布的功臣名单中,名列榜首的正是李渊的心腹裴寂。

二、用人不避亲仇

对李世民而言,人才没有内外之分。长孙无忌是唐太宗的正宫长孙皇后的哥哥,他在玄武门事变中立下大功,理当谋得高官厚禄。虽然历来外戚掌权容易被众人攻击,但长孙无忌确实有才能,李世民因此内举不避亲,任用他为宰相。而魏徵是李建成手下有名的谋士,多次劝李建成除掉李世民,可以说是李世民的大仇人。但魏徵为人耿直且有才干,李世民不记前仇,聘用他为谏议大夫,并曾多次召入寝宫,询问治国的得失。

三、不拘一格

唯才是用的李世民,不计较部属的出身和经历,所以他才会重用隋朝显贵旧臣,也提拔了张玄素、孙伏伽等小县吏为朝中大臣。

四、用人不疑

尉迟敬德是刘武周手下的一员大将,武德七年他和另一名大将寻相一起投降李世民,不久寻相叛变。这时有人怀疑尉迟敬德也要叛变,就将他囚禁起来,并告诉李世民,要李世民杀掉他。李世民却说:“敬德有心叛变的话,会落在寻相之后吗?”随后命人释放了敬德,并安慰他说:“大丈夫以义气相许,请你不要把这误会放在心上,我绝不因为别人的闲话而加害良士的。”敬德听了十分感动,此后对李世民忠心耿耿,在历次战斗中,出生入死,屡建奇功。

五、知人善用

房玄龄、杜如晦不善于断案和处理杂务,但是善于谋划和决策国家大事,所以唐太宗任用他们为宰相,用其所长,避其所短;而戴胄则相反,他不通经史,但做事正直,所以让他担任大理寺少卿,负责审理案件,放对位置的他果然办事异常干练,案子从不积压,深得唐太宗的赏识。正因为唐太宗严格又正确的选官标准,贞

观时期才会出现如此众多贤良有才干的名臣。

从这一章节中，我们能够体会到，人才的选拔和使用对于国家或一个时代来说，是非常重要的。只有任人唯贤，人尽其才，各尽其能，才能使国家的政治局面得到稳定而持久的发展。唐太宗身边的八大贤臣，他们的政治出身不同、能力见识不同，所擅长的才能更不同，如果仅从一个方面来比较判断的话，很难分出尊卑高下。难能可贵的是，唐太宗本着“英雄不问出处”的用人原则，因材施用，充分发挥他们各自不同的优势与能力，将他们安置在最适合自己才干的职位上，房玄龄的兢兢业业，果断精明、魏徵的犯颜直谏，直言不讳、李靖的文韬武略、温彦博的言行有据、戴胄的有条有理……都得到了充分的发挥，也因此而成就了“贞观盛世”中君明臣贤的传世佳话。

结合当今社会的企业用人之道来说，我们大致可以得出这样的结论：一个企业如果要想得到全面的发展，必须广揽贤才，用人之长。对于应聘者的学历、经验、专业等一些所谓的“软件”大可不必过于苛求，试想太宗当年若因为魏徵出身于敌营而对他弃之不用，又怎么会得到如此刚直不阿、直言进谏的贤臣，从而形成“贞观盛世”的辉煌局面呢？企业是人才实现自我价值的乐土。对于一个企业来说，满足人才自我价值的实现，就必须因人而异，根据每个人的特长、兴趣爱好、能力水平，因人、因时、因事具体分析，帮助员工选择最佳的工作岗位，针对人才的欲望，能力、潜质，帮助其拟定一个能体现企业和个人共同发展的规划，最大限度发挥每个人的才能。

求谏第四

【题解】

这一篇名为《求谏》，是鼓励臣下踊跃向君主谏言献策，这可以算是唐太宗用人思想的精华部分。忠言逆耳，位高权重的人听不进劝谏，就会闭塞视听，无法知道自己的过失，加以改正。贞观年间，唐太宗唯恐臣子畏惧自己的威严，不敢直言不讳，于是频频诱导，鼓励大胆进谏，使得诤谏蔚然成风，国家弊政得以及时纠正。

【原文】

太宗威容俨肃，百僚[①]进见者，皆失其举措[②]。太宗知其若此，每见人奏事，必假颜色，冀闻谏诤，知政教得失。贞观初，尝谓公卿曰：“人欲自照，必须明镜；主欲知过，必藉忠臣。主若自贤，臣不匡正，欲不危败，岂可得乎？故君失其国，臣亦不能独全其家。至于隋炀帝暴虐，臣下钳口[③]，卒令不闻其过，遂至灭亡，虞世基等，寻亦诛死。前事不远，公等每看事有不利于人，必须极言规谏。”

【译文】

唐太宗仪容威严，令人望而生畏，百官朝见他时，都战战兢兢，手足无措。唐太宗知道这种情况后，每次有官员晋见呈报国事时，他都有意露出和颜悦色的神情，希望消除大臣们的恐慌心理，从而听到他们真实的话语，知晓政治和教化的得失。贞观初年，他曾经对大臣们说：“一个人要照见自己的形象，必须要有明亮的镜子，君主要知道自己的过失，必须依赖忠臣的直谏。君主虽然很贤明，然而没有臣子匡正辅佐，要想国家免于危亡，怎么可能呢？如果君主失掉了江山，臣子也不可能保全性命和家人。你们知道，隋炀帝非常残暴荒淫，臣下不敢向他提意见，这使他看不到自己的过失，终于导致灭亡，而像虞世基这些大臣，也不能够苟全性命。如今，前车之鉴历历在目，你们如果看到对国家不利的事情，一定要毫无隐瞒地向我指出。”

【注释】

①百僚：指百官。
②失其举措：慌手忙脚、手足无措。
③钳口：本文意思是以威胁胁迫人不敢讲话。

【原文】

贞观元年，太宗谓侍臣曰："正主任邪臣，不能致理[①]；正臣事邪主，亦不能致理。惟君臣相遇，有同鱼水，则海内可安。朕虽不明，幸诸公数相匡救，冀凭直言鲠议[②]，致天下太平。"谏议大夫王珪对曰："臣闻，木从绳则正，后从谏则圣[③]。是故古者圣主必有争臣七人，言而不用，则相继以死。陛下开圣虑，纳刍荛，愚臣处不讳之朝，实愿罄其狂瞽[④]。"太宗称善，诏令自是宰相入内平章[⑤]国计，必使谏官随入，预闻政事。有所开说，必虚己纳之。

【译文】

贞观元年，唐太宗对大臣们说："好的君主任用奸邪的大臣，国家不可能治理得好；好的大臣辅佐荒淫的国君，国家也不可能治理得好。只有君臣相得益彰，如鱼得水，国家才可能繁荣昌盛。我虽然自愧称为有道明君，但能得到各位大臣的辅佐，实乃三生有幸。希望各位大臣有什么意见都能够畅所欲言，使国家太平安乐。"谏议大夫王珪说："我听说木材经过墨绳的标量，才能锯得正直，国君听取臣子的建议才会圣明。所以自古以来贤明的君主身边都有几个敢于直谏的大臣，而不敢于采纳诤言的君主都相继灭亡了。陛下圣明，广开言路，我身处于这样的朝廷，愿竭尽全力进献忠言。"唐太宗对他的话非常赞许，下令从此以后如果宰相进宫商议国事，必须和提意见的谏官一起入内，让谏官也能够参与国事，他们有不同的意见，宰相必须虚心地接受。

【注释】

①致理：即"致治"，取得治国的胜利。
②鲠议：鲠，原意是骨卡在喉咙里。鲠议即"直言"。
③圣：贤明的意思。
④狂瞽：狂肆直言。
⑤平章：筹商，讨论。

【原文】

贞观二年，太宗谓侍臣曰："明主思短而益善，暗主护短而永愚。隋炀帝好自矜夸[1]，护短拒谏，诚亦实难犯忤[2]。虞世基不敢直言，或恐未为深罪。昔箕子佯狂自全[3]，孔子亦称其仁。及炀帝被杀，世基合同死否？"杜如晦对曰："天子有诤臣，虽无道，不失其天下。仲尼[4]称：'直哉史鱼[5]，邦有道如矢[6]，邦无道如矢。'世基岂得以炀帝无道，不纳谏诤，遂杜口无言？偷安重位，又不能辞职请退，则与箕子佯狂而去，事理不同。昔晋惠帝[7]贾后[8]将废愍怀太子，司空张华竟不能苦争，阿意苟免。及赵王伦举兵废后，遣使收华，华曰：'将废太子日，非是无言，当时不被纳用。'其使曰：'公为三公，太子无罪被废，言既不从，何不引身而退？'华无辞以答，遂斩之，夷其三族。古人有云：'危而不持，颠而不扶，则将焉用彼相？'故'君子临大节而不可夺也。'张华既抗直不能成节，逊言不足全身，王臣之节固已坠矣。虞世基位居宰辅，在得言之地，竟无一言谏诤，诚亦合死。"太宗曰："公言是也。人君必须忠良辅弼，乃得身安国宁。炀帝岂不以下无忠臣，身不闻过，恶积祸盈，灭亡斯及！若人主所行不当，臣下又无匡谏，苟在阿顺，事皆称美，则君为暗主，臣为谀臣，君暗臣谀，危亡不远。朕今志在君臣上下，各尽至公，共相切磋，以成治道。公等各宜务尽忠谠，匡救朕恶，终不以直言忤意，辄相责怒。"

【译文】

贞观二年，唐太宗对侍臣说："明智的君主能时时反省自己的过失，并且不断加以改进，然而昏庸的君主总是力图掩饰自己的短处，蒙蔽视听。像隋炀帝，他自以为是，对自己的缺点视而不见，又拒绝别人的意见，这样就再也没有人敢于直言不讳了。大臣虞世基不敢直言，或许这算不上什么大罪过。商代的时候，箕子假装发疯来保全自己，孔子还评价他仁义。后来隋炀帝被杀，虞世基难道就该一同去死吗？"杜如晦说："君主身边有敢于直言的大臣辅佐，虽然自己治国无道，也不会失去天下。孔子曾经赞扬过忠臣史鱼，说：'卫国的大夫史鱼真耿直啊，国家有道义的时候他直言进谏，国家失去道义了，他还以死相谏。'虞世基怎么能因为隋炀帝无道，不接受忠言，就闭口不提意见呢。他身居要职，却苟且偷生，不肯辞官隐退，这和箕子装疯离去，是不能相提并论的。过去晋惠帝的王后贾后要废掉愍怀太子，司空张华非但不据理力争，反而阿谀顺应贾后，苟全性命。直到赵王伦起兵废掉贾后，派使者捉拿张华时，张华说：'贾后废太子的时候，我不是不想阻止，只是怕贾后不会采纳我的意见。'使者说：'太子没有罪却被废掉，你贵为三公，怎么不站出来说话？即使你的意见不被接受，你又为什么不辞退归隐呢？'张华无言以对，于是他被斩杀，株连三族。古人说得好：'危难却不扶持，倾倒却不支撑，用这样的宰相有什么用呢？'所以君子虽然面临危难却依然能坚守节操。身居高位的张华既然不能成全自己的节操，而保全自己的性命，君臣之间的正常关系已经不复存在。同样虞世基身为宰相，在该进言的时候却保持沉默，他的确该死啊！”唐太宗听后很赞同杜如晦的观点，说：“你说得对。君主必须有忠臣辅佐，才能够自身平安，国家太平。隋炀帝难道不是因为身边没有忠臣，看不到自己的过失，才使得罪恶和灾祸越来越大而导致灭亡的吗？如果国君行为不当，臣下又不尽职，只知道阿谀奉承，苟全性命，凡事只知道说好，那么这样的君主就是昏庸的君主，臣子就是阿谀的臣子。君主昏庸，臣子阿谀，那么距离国家的灭亡就为期不远了。现在我要使朝廷君臣上下，恪尽职守，戮力同心，共同成就一番功业。你们一定要尽到自己的责任，及时地指出并纠正我的过失，我们君臣之间切不可因为开诚布公，指出彼此的过错而相互误会和怨恨。”

【注释】

①矜夸：夸耀自己的长处。

②犯忤：冒犯君上的尊严，违逆君上的意志。

③箕子佯狂自全：箕子，名胥余，是殷纣王的叔父。箕子去劝说纣王，纣王不听，他便披发装疯，被纣王降为奴隶。

④仲尼：孔子的字。

⑤史鱼：史，官名。鱼，春秋时卫国大夫，名鰌(qiū 秋)。史鱼自以不能进贤退不肖，以至死后仍以尸谏。

⑥矢：箭，如箭之直。

⑦晋惠帝(公元 259—公元 306)：姓司马，名衷。武帝次子。素呆痴，听到百姓饿死，却说：“何不食肉糜。”太熙元年(公元 290 年)继位，为西晋昏庸之主。

⑧贾后：惠帝之后。永平元年(公元 291 年)，引楚王玮入京，杀死重臣杨骏，自己专权，内乱遂从宫廷引向宗室，导致诸王之间相互残杀的“八王之乱”。后为赵王伦所杀。

【原文】

贞观三年，太宗谓司空裴寂①曰：“比有上书奏事，条数甚多，朕总粘之屋壁，出入观省。所以孜孜不倦者，欲尽臣下之情。每一思政理，或三更方寝。亦望公辈用心不倦，以副朕怀也。”

【译文】

贞观三年，唐太宗对司空裴寂说：“凡是臣子上书的奏章，内容如果涉及广泛，我总是把它们贴在我屋子的墙上，以便进进出出的时候都能够看到，能够对照这些意见反省自己。我之所以这样勤于政务，是为了回报臣子对我的一片苦心，尽到我的职责。我思考政务的时候，常常废寝忘食，有时到了三更时分才入睡。同样，我也希望各位大臣对国事兢兢业业，不知疲倦，不要辜负我对你们的期望。”

【注释】

①裴寂(公元570—公元632):唐初大臣。字玄真,蒲州桑泉(今山西临猗东南)人。隋末任晋阳宫副监,以晋阳宫所藏米粮、铠甲、彩帛等,支援李渊起兵。攻入长安后,劝渊为帝。武德年间任尚书左仆射,掌握大权,曾参与制定《唐律》五百条。后改任司空。贞观三年(公元629年)被太宗免官,放归故乡。后流放静州而死。

【原文】

贞观五年,太宗谓房玄龄等曰:"自古帝王多任情喜怒①,喜则滥赏无功,怒则滥杀无罪。是以天下丧乱②,莫不由此。朕今夙夜③未尝不以此为心,恒欲公等尽情极谏。公等亦须受人谏语,岂得以人言不同己意,便即护短不纳?若不能受谏,安能谏人?"

【译文】

贞观五年,唐太宗对房玄龄等人说:"自古以来,帝王大都由着自己的性子高兴或发怒,高兴的时候就胡乱赏赐,功过不分;发怒时就任意杀戮,是非不明。天下大乱,一般都是因为肆意妄为造成的。因此我非常警觉,无论白天黑夜,无不铭刻在心,希望各位大臣永远都能够对我的缺点大胆地提出批评。同时,你们也应当接受别人的批评意见。切不可因为别人的意见和自己不一致就不承认、不采纳。如果一个人不接受别人的批评,那他又怎么能去批评别人呢?"

【注释】

①任情喜怒:喜怒无常,由着自己的性子来。
②丧乱:本文指丧失国家,混乱朝纲。
③夙夜:早晚,朝夕。

【原文】

贞观六年,太宗以御史大夫①韦挺②、中书侍郎③杜正伦④、秘书少监⑤虞世南、著作郎⑥姚思廉⑦等上封事称旨,召而谓曰:"朕历观自古人臣立忠之事,若值明主,便宜尽诚规谏,至如龙逄、比干,不免孥戮⑧。为君不易,为臣极难。朕又闻龙可扰而驯,然喉下有逆鳞。卿等遂不避犯触,各进封事。常能如此,朕岂虑宗社之倾败!每思卿等此意,不能暂忘,故设宴为乐。"仍赐绢有差。

【译文】

贞观六年,太宗因为御史大夫韦挺、中书侍郎杜正伦、秘书少监虞世南、著作郎姚思廉等大臣上奏提出了很中肯的意见,就召见他们,说:"我看历朝以来,大臣们尽忠报国的事情不少，他们若遇到贤明的君主，都一心一意对皇上的行为进行规劝批评。可是像比干、龙逄这样的忠臣，最后还是难逃杀身之祸。当皇帝不容易，当大臣就更难了。不过，我听说龙的喉下有逆着长的鳞片，它是可以被驯服的。你们就是不怕触犯龙颜的大臣，都呈上了言词激烈的奏章。如果你们能一如以往大胆进谏，我就不用整日担心国家会衰败灭亡了。每想到你们这番心意，我都非常感激，所以摆下宴席款待你们，以表心意。"此外，太宗还赏赐给他们数量不等的绢丝。

【注释】

①御史大夫：唐制，掌刑法典章，纠正百官之罪恶的官职，为御史台之长。

②韦挺：京兆人。起初曾为隐太子宫臣。武德七年，因与太子谋逆被流放。贞观初，由王珪推荐，拜御史大夫。

③中书侍郎：官名。唐制，为中书省长官的副职。

④杜正伦：相州(今河北南部，河南北部)人。贞观初年，由魏徵举荐，任兵部员外郎，后迁中书侍郎。

⑤秘书少监：唐制，秘书监下的官职。

⑥著作郎：唐制，秘书省的属官。掌修撰碑志、祝文、祭文等事。

⑦姚思廉(公元557—公元637)：唐初史学家。字简之。本吴兴人，陈亡，迁关中，为万年(今陕西西安)人。少时从父习汉史，得其家学。在隋为代王侑侍读，入唐，为秦王文学馆学士。贞观时官至散骑常侍。

⑧孥戮(hú)：即连同妻儿被杀戮。

【原文】

太常卿①韦挺尝上疏陈得失，太宗赐书曰："所上意见，极是谠言，辞理可观，甚以为慰。昔齐境之难，夷吾有射钩之罪，蒲城之役，勃鞮为斩袂之仇②，而小白不以为疑，重耳待之若旧。岂非各吠非主③，志在无二。卿之深诚，见于斯矣。若能克全此节，则永保令名。如其怠之，可不惜也。勉励终始，垂范④将来，当使后之视今，亦犹今之视古，不亦美乎？朕比不闻其过，未睹其阙⑤，赖竭忠恳，数进嘉言，用沃朕怀，一何可道！"

【译文】

太常卿韦挺曾经上书唐太宗，指出他治理国家的功劳与过失。太宗写了一道诏书送给他说："你所呈上的意见极其珍贵，里面的言辞和道理都值得称道，我对此感到

十分欣慰。春秋时齐国发生内乱，管仲的箭曾射中齐桓公；晋国薄城的争斗，鞮曾用剑斩断晋文公的衣袖。但齐桓公重用管仲，没有猜疑；晋文公对待鞮仍一视同仁，没有什么差别。这是臣子心怀坦诚，为他们的君主效劳。你的忠诚，从行文中就可以看出来。如果你能一直像这样实事求是，刚正不阿，那么你的好名声就可以永远保全了。如果你在这方面懈怠了，那将是多么可惜呀。我希望你能自始至终地作为后人的表率。这可以使后来的人看今天所发生的事，就像今天的人看古代所发生的事一样，这难道不是很好吗？我过去没有听说过我所犯下了哪些过错，也没看见我所做过的一切事中存在哪些缺陷，这些功绩都是依靠你们这些忠信、诚实的人的结果。你们不断地提出一些很好的建议，用来告诫提醒我，丰富我治国的思想，如果仅仅依靠我个人的能力，哪里值得一提呢！”

【注释】

①太常卿：唐代掌礼乐郊庙社稷之事的官职。

②勃鞮为斩袂之仇：勃鞮，晋人。曾奉晋献公之命去杀重耳，重耳逃走，勃鞮追上斩其衣袖，重耳奔狄。后重耳归晋，即位为晋君(晋文公)，他不念旧恶，仍重用勃鞭。

③各吠非主：狗见不是自己的主人就咬。

④垂范：意思是把好的风范传至后人。

⑤阙：本文指缺点，错误。

【原文】

贞观八年，太宗谓侍臣曰：“朕每闲居静坐，则自内省，恒恐上不称天心，下为百姓所怨。但思正人匡谏，欲令耳目外通，下无怨滞。又比见人来奏事者，多有怖慑①，言语致失次第。寻常奏事，情犹如此，况欲谏诤，必当畏犯逆鳞。所以每有谏者，纵不合朕心，朕亦不以为忤。若即嗔责②，深恐人怀战惧，岂肯更言！”

【译文】

贞观八年，唐太宗对侍臣说：“每当我一个人静坐的时候，就从内心反省自己的所作所为。我一直害怕，上既不能顺应上天的旨意，下又被百姓所埋怨。我兢兢业业的工作，只是想着要不断通过臣子的进谏来纠正自己的言行，使自己的行为符合规范，让自己的耳朵和眼睛能听到和看到事情本来的面貌，不被外界的假象所蒙蔽，从而使臣子和百姓心情舒畅，没有怨恨停留在心里。我曾经看到臣子奏报事情，一个个都十分害怕，说话也语无伦次。向皇帝汇报一般事情的情形都这样紧张，更何况对我提出批评呢？一定会因为害怕冒犯我的威严而一个个心生畏惧。有鉴于此，凡是所有对我提出批评的人，即使所说的不符合我的心意，我也不认为那是冲撞我。要是我当场责怪，弄得人人心怀恐惧，哪里还有谁敢再说呢！”

【注释】

①怖慑：害怕的意思。
②嗔责：嗔怪，责备。

【原文】

贞观十五年，太宗问魏徵曰：“比来朝臣都不论事，何也？”徵对曰：“陛下虚心采纳，诚宜有言者。然古人云：‘未信而谏，则以为谤[①]己；信而不谏，则谓之尸禄[②]。’但人之才器各有不同，懦弱之人，怀忠直而不能言；疏远之人，恐不信而不得言；怀禄之人，虑不便身而不敢言。所以相与缄默，俯仰过日[③]。”太宗曰：“诚如卿言。朕每思之，人臣欲谏，辄惧死亡之祸，与夫赴鼎镬[④]、冒白刃，亦何异哉？故忠贞之臣，非不欲竭诚。竭诚者，乃是极难。所以禹拜昌言，岂不为此也！朕今开怀抱，纳谏诤。卿等无劳怖惧，遂不极言。”

【译文】

贞观十五年，太宗询问魏徵：“最近以来，朝廷的大臣都不谈论国事，是什么原因呢？”魏徵回答说：“陛下虚心采纳臣子的意见，理所应当有来进谏的人。可是古人常说：‘不清楚真实与否就进谏，就会被认为是诽谤自己；情况真实但不去进谏，这就叫做行尸走肉。’但是每个人的才识胆略各不相同，懦弱的人，即使光明磊落，也不能说出来；被你疏远的人，害怕得不到你的信任，所以不会说出来；身居高位的人，考虑到自身的利益，因而不敢说出来。由于以上这些原因，大家就都保持沉默，无所事事地过日子。”太宗说：“这大概就是你所说的道理。我每天想这些事，臣子想向皇上进谏，动不动就要担忧杀身之祸，这与一个人赴汤蹈火有什么区别？所以说忠贞的臣子，并不是不想尽忠。能尽忠的，都是极其难得。禹拜访昌言，难道不就是因为这个吗？我今天敞开心扉，目的就是采纳正确的言论，你们不必害怕，就大胆进谏吧。”

【注释】

①谤：毁谤。
②尸禄：意思是占据官位拿着俸禄而不做实事。
③俯仰过日：马马虎虎混日子。
④鼎镬(huò)：古代一种烹饪器具，本文指一种酷刑。

【原文】

贞观十六年，太宗谓房玄龄等曰：“自知者明，信为难矣。如属文之士，伎巧之徒，皆自谓己长，他人不及。若名工文匠，商略诋诃①，芜词②拙迹，于是乃见。由是言之，人君须得匡谏之臣，举其愆③过。一日万机，一人听断，虽复忧劳，安能尽善？常念魏徵随事谏正，多中朕失，如明镜鉴形，美恶必见。"因举觞赐玄龄等数人勖④之。

【译文】

贞观十六年，太宗对房玄龄等一些大臣说："能够自我了解的人英明，但事实上却很难做到这样。一些舞文弄墨、投机取巧之人，都自命清高、自以为是。即使那些著名的文人，他们也会在文章中污言秽语，互相诋毁，行为拙劣可恨。从以上可以看出，国君要得到敢于直言其过失，辅佐治理国家的直谏之臣，来指出他的错误，是多么的不易啊！一个人处理很多国家大事，即使再辛苦，又哪能尽善尽美？我时常想到大臣魏徵，他能根据事情的实际情况进谏，很多时候都犀利地指出我的过失。那时我就像照镜子一样，无论美丑都能看得清清楚楚，这是多么难得啊。"于是唐太宗举起酒杯，对房玄龄等人进行赏赐，鼓励他们诤谏的行为。

【注释】

①商略诋诃：本文是共间商讨，开展批评的意思。
②芜词：杂乱没有条理的话。
③愆（qiān 牵）过：错误，过失。
④勖（xù 序）：勉励

【原文】

贞观十七年，太宗问谏议大夫褚遂良曰："昔舜造漆器①，禹雕其俎②，当时谏者十有余人。食器之间，何须苦谏？"遂良对曰："雕琢害农事，纂组③伤女工。首创奢淫，危亡之渐。漆器不已，必金为之；金器不已，必玉为之。所以诤臣必谏其渐，及其满盈，无所复谏。"太宗曰："卿言是矣。朕所为事，若有不当，或在其渐，或已将终，皆宜进谏。比见前史，或有人臣谏事，遂答云'业已为之'，或道'业已许之'，竟不为停改。此则危亡之祸，可反手而待④也。"

【译文】

贞观十七年，唐太宗问谏议大夫褚遂良："过去舜帝制作漆器，大禹雕刻花纹来装饰桌子，当时就有数十名大臣为此事进谏。我想这些都是吃饭用的小东西，哪用得着进谏呢？"褚遂良回答："精雕细刻，就意味着过分追求奢靡享受，这样就会妨碍耕种，繁复的纺线绣花也会使纺织者感到过度劳累。一开奢侈糜烂生活之先，国家的衰败灭亡就会慢慢来临了。享受精美漆器的欲望没有止境，发展到最后就会想用黄金来打造制作；黄金的器皿追求不止，发展到最后必然就会想用美玉来制作。所以进谏的臣子必须在事物发展的开始进行劝谏，等到发展到最后阶段，就用不着再进谏了，因为国家已注定灭亡，无法挽救。”太宗听了，非常赞许地说：“你说得对，我所做的事情，如果有不恰当的地方，无论是开始还是最后，都应当进行规劝。与过去的历史对照比较，有臣子对一些事情提出批评，如果用‘已经做了’或者‘已经答应了’这样的话来回答，而且还不停止错误的行动并进行改正。这样国家灭亡的灾难，可以说迫在眉睫了。”

【注释】

①舜造漆器：相传造漆器自舜开始。
②俎(zǔ 俎)：本为指古代割肉所用的砧板。
③纂组：即刺绣。
④反手而待：意即很快就可到来。

史鉴新得

恐人不言，导之使谏

这一篇名为求谏，是鼓励臣下踊跃向君主谏言献策，这可以算是唐太宗用人思想的精华部分。贞观年间，特别是贞观之初，“恐人不言，导之使谏”的思想和行动，使谏诤蔚然成风，君臣共商国是的盛世景象，是“贞观之治”中最光彩夺目的篇章之一。唐太宗也因此成为一代从谏如流、雄才大略的旷世明君，一个中华民族历史上屈指可数的政治家。

在求谏的策略上，太宗主要采用了两种方法，一是反复为下属进行积极的“心理暗示”，告诫他们不要被自己的威严所震慑，而对政事缄默不语。太宗屡次站在下属的立场发表言论。他说“人

臣进谏,却动辄要恐惧死亡之祸,这与赴鼎镬、冒白刃又有何异？忠贞之臣,并非不想竭诚进谏,而是,竭诚乃极难之事。”太宗并且一再强调,批评者无罪,他绝对不记仇。太宗在位之世,一再对下属做类似的谈话和保证;另一个方法就是建立制度。事后谏诤虽可作检讨,但总不如事前谏诤具有预防功能。基于此,太宗建立了谏官入阁的制度;宰相入阁议论政事,必有谏官同行。谏官若有所谏诤,太宗必虚心纳之。

唐太宗以旷古少见的恢弘器度察纳雅言,不但使他开创了历史上罕见的“贞观之治”,也为现代社会的企业领导者开拓了一条“求谏纳士”的管理经验。作为企业管理者,要经常与下属进行思想互动,鼓励他们为公司的发展谏言献策,定期开展“头脑风暴”,让每一个员工充分认识自身与他人的优势,互相交流意见,碰撞思想火花。另外,建立完善的企业管理制度,让每一个企业成员树立主人翁的参与意识,也是非常必要的。

纳谏第五

【题解】

对于帝王来说，求谏容易纳谏难。帝王求谏的真伪，要看能否纳谏或接受直谏，只有真正将臣子的诤谏付诸行动，言必行，行必果，才能切实达到求谏的目的。贞观年间，太宗从善如流，闻过则改，常常称赞敢于直言进谏的大臣，并且给予重赏，从而形成了浓厚的诤谏风气。

【原文】

贞观初，太宗与黄门侍郎①王珪宴语②，时有美人侍侧，本庐江王③瑗之姬也，瑗败，籍没入宫。太宗指示珪曰："庐江不道，贼杀其夫而纳其室，暴虐之甚，何有不亡者乎！"珪避席曰："陛下以庐江取之为是邪，为非邪？"太宗曰："安有杀人而取其妻，卿乃问朕是非，何也？"珪对曰："臣闻于《管子》曰：齐桓公之郭国，问其父老曰：'郭何故亡？'父老曰：'以其善善而恶恶也。'桓公曰：'若子之言，乃贤君也，何至于亡？'父老曰：'不然。郭君善善而不能用，恶恶而不能去，所以亡也。'今此妇人尚在左右，臣窃以为圣心是之。陛下若以为非，所谓知恶而不去也。"太宗大悦，称为至善，遽令以美人还其亲族。

【译文】

贞观初年，太宗与黄门侍郎王珪在酒席上谈话，当时有个美人站在一旁侍候，她是庐江王李瑗的妻妾，李瑗兵败后，她就被收入宫中。唐太宗指着美人对王珪说："庐江王不讲道义，杀死了别人的丈夫，还娶她作为自己的妻妾，如此暴虐，怎么会不灭亡呢？"王珪若有所思地问："陛下你认为庐江王的行为是好还是坏呢？"唐太宗回答："哪有杀了人还霸占别人老婆的道理，你偏偏问我这个问题的是与非，是什么原因呢？"王珪说："我听说《管子》这本书上有句话：齐桓公到郭国去，问

当地的老百姓郭国为什么灭亡。老百姓说:‘因为郭国的国君以善为善，以恶为恶。’齐桓公很奇怪,问道:‘如你所说,他是一个好君主,国家怎么会灭亡呢?’老百姓说:‘其实不然,郭国君主虽然知道什么是善的,却不执行;知道什么是恶的,却不能够杜绝这种行为的蔓延,所以亡国了。’现在这个妇人还活在世上,我认为这是你仁慈的表现。但是你如果认为庐江王的行为不符合人道,那你为什么知恶不除,仍像庐江王那样把这个妇人留在身边呢?”唐太宗听后恍然大悟,认为他说得很有道理,于是下令让那个妇人出宫与家人团聚。

【注释】

①黄门侍郎:官名。唐、宋时,门下省与中书省同掌机要,负责审查诏命,签署章奏,有封驳之权,成为中央政权机关的一部分。其长官称侍中,或称纳言、左相、黄门监,因时而异。其下有黄门侍郎、给事中,谏议大夫、起居侍郎等官。

②宴语:一边饮宴,一边谈话。

③庐江王:姓李,名瑗(yuàn 院)。太祖曾孙。武德末,为幽州都督,右领军。王君廓曾诱李瑗谋反,败露后李瑗被杀。

【原文】

贞观四年,诏发卒修洛阳之乾元殿①以备巡狩②。给事中张玄素③上书谏曰:陛下智周万物,囊括四海,令之所行,何往不应?志之所欲,何事不从?微臣窃思秦始皇之为君也,藉周室之余,因六国之盛,将贻之万叶。及其子而亡,谅由逞嗜奔欲,逆天害人者也。是知天下不可以力胜,神祇④不可以亲恃。惟当弘俭约,薄赋敛,慎终始,可以永固。

【译文】

贞观四年，唐太宗下诏在洛阳修建乾元殿，以供天子巡游四方的时候下榻居住。给事中张玄素上书劝谏说:

陛下你智虑周全,可谓无所不及。你下令要做的,有哪一件不成功呢?你立志想要得到的,有哪一件不是依从你的意思去办呢?我认为秦始皇刚开始做皇帝的时候,一直想依仗灭掉周室的余威,凭借平定六国的气势,将基业千秋万代地传下去。可是到了他儿子掌权的时候国家就灭亡了,我们认真分析它灭亡的原因,是他们父子随心所欲地放纵自己的贪欲,违背上天的旨意,残害百姓等因素造成的。从这里可以看出,统治天下不能仅仅凭借武力,一味信奉神灵也不能保障他的江山固若金汤。只有大力提倡节俭,减轻赋税,自始至终兢兢业业,才可以永保江山安泰。

【注释】

①乾元殿：原为隋所建的一座大殿。

②巡狩：古时皇帝视察诸侯所守的地方。

③张玄素：蒲州(今山西)人。曾在隋做景城县户曹，窦建德攻陷景城后要杀他，百姓呼救，后得释放。贞观初，为太子詹事，后迁右庶子。

④神祇：天神地祇。古代统治者自以为受命于天。

【原文】

方今承百王之末，属凋弊之余，必欲节之以礼制，陛下宜以身为先。东都未有幸期，即令补葺；诸王今并出藩，又须营构。兴发数多，岂疲人之所望？其不可一也。陛下初平东都之始，层楼广殿，皆令撤毁，天下翕然①，同心欣仰。岂有初则恶其侈靡，今乃袭其雕丽？其不可二也。每承音旨，未即巡幸，此乃事不急之务，成虚费之劳。国无兼年之积，何用两都之好？劳役过度，怨讟将起。其不可三也。百姓承乱离之后，财力凋尽，天恩②含育，粗见存立，饥寒犹切，生计未安，三五年间，未能复旧。奈何营未幸之都，而夺疲人之力？其不可四也。昔汉高祖③将都洛阳，娄敬④一言，即日西驾。岂不知地惟土中，贡赋所均，但以形胜不如关内也。伏惟陛下化凋弊之人，革浇漓⑤之俗，为日尚浅，未甚淳和，斟酌事宜，讵可东幸？其不可五也。

【译文】

我们刚刚统一了天下，还没有从战争所造成的影响中恢复过来，民生凋敝。这个时候应该提倡节俭，以礼治国，陛下你更应该以身作则。东都洛阳没有行宫，就下令修缮，各位大臣出京镇守边关，也都需要修建官邸，工事太多，恐怕会劳民伤财，这是第一点不可修建的原因。陛下你当初平定东都洛阳，看见那些豪华奢侈的宫殿，下令全部拆毁，此举让天下人惊叹佩服。岂有开始憎恶隋代的奢华，现在又步其后尘的道理呢?这是陛下不可为之二。一听到下面有呈报，就去巡视，然而事情并不紧急，这样做岂不是白白消耗国家的财产。现在国家建立不久，国库还不充盈，哪用得着修建两个都城? 老百姓的劳役过重，就会产生怨恨，这是陛下不可为之三。如今百姓遭受天下大乱之后，生活非常贫困。老天有眼，让百姓的生活稍稍有了点好转，但是仍然存在忍饥挨饿的生计之忧，这种情况三、五年之内也不可能解除。如果这个时候让老百姓去营建东都，岂不是勉为其难，这是陛下不可为的理由之四。汉代的时候，汉高祖刘邦要在洛阳建都，大臣娄敬进言说这样做不可行，他劝说汉高祖在秦朝的故都建都，汉高祖接受了他的建议，当日就往西行，定都长安。现在只希望陛下你体察百姓之苦，革除日渐沦丧的世俗风气。你治理国家的时间还很短，国家的各种社会风气还不淳厚，凡事都应该三思而后行，现在怎么可以在洛阳大兴土木，难道连古人都不如吗？这是陛下你不应做的第五个原因。

【注释】

①翕(xì)然：统一或调协。

②天恩：本文是天子恩德的意思。

③汉高祖：即刘邦。西汉王朝的建立者。

④娄敬：即刘敬。汉初齐人。高祖五年(公元前202年)，以戍卒求见刘邦，建议入都关中有功，赐姓刘。

⑤浇漓：指不好的社会风气。

【原文】

臣尝见隋室初造此殿，楹栋宏壮，大木非近道所有，多自豫章[①]采来，二千人拽一柱，其下施毂[②]，皆以生铁为之，中间若用木轮，动即火出。略计一柱，已用数十万，则余费又过倍于此。臣闻阿房成，秦人散；章华就，楚众离；乾元毕工，隋人解体。且以陛下今时功力，何如隋日？承凋残之后，役疮痍之人，费亿万之功，袭百王之弊，以此言之，恐甚于炀帝远矣。深愿陛下思之，无为由余所笑，则天下幸甚矣。

【译文】

我曾经看到隋朝建造这座宫殿的时候，所用的材料极其讲究。宫殿所用的木材都不是附近产的，大多都是从遥远的豫章郡运来的。一根柱子就要用两千人来拉，下边滑动用的轮子必须用生铁铸成，中间如果用木头作轮子，一滑动起来就会起火。粗略算来，一根柱子的运送就要耗费数十万两银子，而其他的费用更是难以估量。我听说一座阿房宫建成了，就使得秦国人心离散；章华宫修成了，就造成楚国民心散乱；乾元宫修完了，隋朝也就随之灭亡了。况且凭借国家目前的政治状况，比起隋朝来说又如何呢？国家从萧条中建立起来，这个时候再役使苦难的百姓，劳民伤财，就会重蹈历代王朝灭亡的覆辙，步其后尘，从这点来说，我们恐怕比隋炀帝还要昏庸啊。我恳切地希望陛下能认真考虑这件事，不要让我们的行为被后人所耻笑，那便是国家的大幸了。

【注释】

①豫章：古郡名，今江西省一带。

②毂(gǔ)：车轮中心的圆木，周围与车辐的一端相接，中有圆孔，用以插轴。也用为车轮的代称。

【原文】

太宗谓玄素曰："卿以我不如炀帝，何如桀、纣？"对曰："若此殿卒兴，所谓同归于乱。"太宗叹曰："我不思量，遂至于此。"顾谓房玄龄曰："今玄素上表，洛阳实亦未宜修造，后必事理须行，露坐亦复何苦？所有作役，宜即停之。然以卑干尊，古来不易，非其忠直，安能如此？且众人之唯唯，不如一士之谔谔①。可赐绢二百匹。"魏徵叹曰："张公遂有回天之力，可谓仁人之言，其利博哉！"

【译文】

太宗对张玄素说："你认为我连隋炀帝都不如，那跟桀、纣相比呢？"玄素回答说："如果这座宫殿修好了，可以说与他们殊途同归，没什么两样。"太宗猛然醒悟，叹息着说："我没有认真考虑过这件事，所以导致了这么严重的后果。"说罢，他又转过头来对房玄龄说道："看看玄素的奏表，洛阳的宫殿实在不应该修建，以后做事必须按事理行事，即使露天休息又如何呢？凡是因此产生的赋役，都应该马上停止。要地位低的人干预地位高的人，历来都不容易做到。要不是玄素忠心正直，心地无私，又怎能做得到呢？一般人唯唯诺诺，哪里抵得上一个人惊世骇俗的言论对人的启发大呢！我要赏赐玄素绢二百匹。"针对这件事，魏徵感叹地说："张公的话真有力量呀，可谓是仁义之人，它所产生的积极影响和对国家百姓的好处真是不可限量呀！"

【注释】

①谔谔：直言争辩。

【原文】

太宗有一骏马，特爱之，恒于宫中养饲，无病而暴死。太宗怒养马宫人，将杀之。皇后谏曰："昔齐景公①以马死杀人，晏子②请数其罪云：'尔养马而死，尔罪一也。使公以马杀人，百姓闻之，必怨吾君，尔罪二也。诸侯闻之，必轻吾国，尔罪三也。'公乃释罪。陛下尝读书见此事，岂忘之邪？”太宗意乃解。又谓房玄龄曰：“皇后庶事[3]了相启沃，极有利益尔。”

【原文】

太宗有一匹好马，对它喜爱有加，一直把它饲养在宫中。谁知这匹马却突然无疾而终了。太宗对饲养马匹的人非常生气，要杀死他。皇后规劝道：“过去齐景公因为马死了而要杀掉养马的人，晏子请求让他来列出养马人的罪状，晏子说：‘你把皇上的马养死了，这是第一条罪状。让我们的国君因为马死了而杀掉你，百姓听了，必定怨恨我们的国君，这是第二条罪状。其他诸侯国听了这件事，必然轻视我们的国家，这是你的第三条罪状。你说你不该死吗？’齐景公听了，大受启发，于是赦免养马人的罪行。陛下过去读书的时候就看见过这件事，难道忘了吗？”太宗于是消除了杀掉养马人的念头。事后，太宗对房玄龄说：“皇后用普通的事情来开导启发我，这对我大有好处啊！”

【注释】

①齐景公(？—公元前490)：春秋时齐国君，名杵臼。齐庄公的异母弟。公元前547年至前490年在位。在位时刑罚残酷，许多人被处刖足之刑。

②晏子(？—公元前500)：春秋时齐国大夫。字平仲，夷维(今山东高密)人。齐灵公二十六年(公元前556年)，其父晏弱死后，继任齐卿，历仕灵公、庄公、景公三世。

③庶事：平常的事情、杂务。

【原文】

贞观七年，太宗将幸九成宫[1]，散骑常侍姚思廉进谏曰：“陛下高居紫极[2]，宁济苍生，应须以欲从人，不可以人从欲。然而离宫游幸，此秦皇、汉武[3]之事，故非尧、舜、禹、汤之所为也。”言甚切至。太宗谕之曰：“朕有气疾，热便顿剧，故非情好游幸，甚嘉卿意。”因赐帛五十段。

【译文】

贞观七年，太宗要巡幸九成宫，散骑常侍姚思廉进谏道：“陛下身处高位，如果要以救济天下百姓为己任，那么就应该让自己的欲望顺从于天下百姓的需要，而不能要求天下人都来顺从你一个人的需要。然而，整日想远离皇宫到处游玩，这是秦始皇、汉武帝他们经常做的事，不是尧、舜、禹、汤这些明君所为。”话语间，言辞诚恳激切。太宗开导他说：“我患有与气候相关的毛病，天气热了，病痛就要加剧。所以并不是我的本性喜欢到处巡游，但是，我还是十分感谢你的好意。”因此赏赐给姚思廉五十匹丝帛。

【注释】

①九成宫:唐代宫名,皇帝避暑的地方。原为隋仁寿宫。

②紫极:皇位。有时也指皇宫。

③秦皇、汉武:即秦始皇嬴政,汉武帝刘彻。

【原文】

贞观三年,李大亮[1]为凉州[2]都督,尝有台使至州境,见有名鹰,讽大亮献之。大亮密表曰:“陛下久绝畋猎,而使者求鹰。若是陛下之意,深乖[3]昔旨;如其自擅,便是使非其人。”太宗下书曰:“以卿兼资文武,志怀贞确[4],故委藩牧[5],当兹重寄。比在州镇,声绩远彰,念此忠勤,岂忘寤寐[6]?使遣献鹰,遂不曲顺,论今引古,远献直言。披露腹心,非常恳到,览用嘉叹,不能已已,有臣若此,朕复何忧!宜守此诚,终始若一。《诗》云:‘靖共尔位,好是正直。神之听之,介尔景福。’古人称一言之重,侔[7]于千金,卿之所言,深足贵矣。今赐卿金壶瓶、金碗各一枚,虽无千镒[8]之重,是朕自用之物。卿立志方直,竭节至公,处职当官,每副所委,方大任使,以申重寄。公事之闲,宜观典籍。兼赐卿荀悦[9]《汉纪》一部,此书叙致简要,论议深博,极为政之体,尽君臣之义,今以赐卿,宜加寻阅。”

【译文】

贞观三年,李大亮担任凉州都督,有一位台使来到凉州,看见此地有一种很稀有名贵的大鹰,台使就叫李大亮把鹰进献给唐太宗。李大亮私下上疏给唐太宗:“陛下下令禁止打猎,现在却派使者前来索要大鹰。如果这是陛下的意思,那就是陛下违背了过去的圣旨;如果是台使擅自主张,那他就是一个冒名的使者。”唐太宗看完李大亮的奏折,回复道:“你既是个文武双全的人才,又对国家忠肝义胆,所以派你镇守边关,委以重任。你这些年为国尽职尽忠,在边关声名远扬。我派使者来索要大鹰,你并不是趋炎附势地迎合我的旨意,而是借古鉴今,在那么遥远的地方还进献忠言,可谓披肝沥胆,诚恳之至。任何赞许都不能表达我的心意,有你这样的臣子,我还担忧什么呢?希望你能够保持这份赤诚之心,始终如一。《诗经》上有句话叫:‘尽忠职守,忠诚正直。神灵得知,赐予洪福。’古人也说过这么有分量的话,它的价值胜过千两黄金。你的一番话,真是可贵呀。现在我赐给你金壶瓶、金碗各一只,虽然不是价值千金,但这是我平时自己所用的东西。你性情方正平直,一心为公,我委托的事情你还上疏进行核实。你在处理公务之余,可以看一看古代的典籍。我再赐给你一部荀悦写的《汉纪》,这本书叙述简要,议论深刻,对如何治国,如何尽到君臣的职责说得非常

透彻，现在我把它赐给你，希望你回去认真地阅读。”

【注释】

①李大亮：京兆(今陕西西安)人，有文武才。贞观初年，授太府卿，复出任凉州都督，累拜右卫将军。

②凉州：唐时州名，辖境相当于今甘肃永昌以东、天祝以西一带。

③乖：违背。

④贞确：坚贞正直。

⑤藩牧：藩，屏障，牧，守卫。藩牧即守卫边防。

⑥寤寐：寤，醒时，寐，睡时。寤寐即日夜。

⑦侔(móu 某)：齐等。

⑧镒(yì 逸)：古代重量单位，二十两或二十四两为一镒。

⑨荀悦(公元148—公元209)：东汉末政论家、史学家。字仲豫，颍川颍阴(今河南许昌)人。少好学，善于解说《春秋》，后应曹操征召，于献帝时任黄门侍郎、秘书监等职。献帝因《汉书》繁重难读，命他用编年体改写，乃依《左传》体裁，撰成《汉纪》二十篇，当时人称其“辞约事详。”

【原文】

贞观八年，陕县①丞皇甫德参②上书忤旨，太宗以为讪谤③。侍中魏徵进言曰：“昔贾谊④当汉文帝⑤上书云云‘可为痛哭者一，可为长叹息者六。’自古上书，率多激切⑥。若不激切，则不能起人主之心。激切即似讪谤，帷陛下详其可否。”太宗曰：“非公无能道此者。”令赐德参帛二十段。

【译文】

贞观八年，陕县的县臣皇甫德参上书的奏章触犯了皇上的旨意，太宗认为是毁谤。侍中魏徵进谏道：“过去贾谊给汉文帝上书说：‘可以放声痛哭的有一点，值得我们大声叹息的有六个方面。’自古以来，臣子的上书，大多言辞激烈。如果措辞不激烈，就不能引起国君的高度重视。激切的语言看起来好象是毁谤，但是陛下应仔细斟酌他的意见是对还是错。”太宗说：“除了你，没有人能说出这样的话呀。”下令赏赐皇甫德参丝帛二十段。

【注释】

①陕县：地名，在河南省西部。

②皇甫德参：皇甫，复姓，德参，名字。

③讪谤：毁谤。

④贾谊(公元前200—公元前168)：西汉政论家，文学家。洛阳(今河南洛阳东)人。汉文帝时被任为博士。不久迁太中大夫，后贬为长沙王太傅。他曾多次上书，批评时政。

⑤汉文帝(公元前202—公元前157)：姓刘名恒，刘邦第四子。初立为代王。诸吕之乱平定后，

为周勃，陈平等拥立。

⑥激切：意即言辞激烈。

【原文】

贞观十五年，遣使诣西域立叶护可汗①，未还，又令人多赍②金帛，历诸国市马③。魏徵谏曰："今发使以立可汗为名，可汗未定立，即诣诸国市马，彼必以为意在市马，不为专立可汗。可汗得立，则不甚怀恩，不得立，则生深怨。诸蕃闻之，且不重中国。但使彼国安宁，则诸国之马，不求自至。昔汉文帝有献千里马者，曰：'吾吉行④日三十，凶行⑤日五十，鸾舆⑥在前，属车在后，吾独乘千里马，将安之乎？'乃偿其道里所费而返之。又光武⑦有献千里马及宝剑者，马以驾鼓车，剑以赐骑士。今陛下凡所施为，皆邈过三王之上，奈何至此欲为孝文、光武之下乎？又魏文帝⑧求市西域大珠，苏则曰：'若陛下惠及四海，则不求自至，求而得之，不足贵也'陛下纵不能慕汉文之高行，可不畏苏则⑨之正言耶？"太宗遽令止之。

【译文】

贞观十五年，唐太宗派遣使者到西域立叶护为可汗。使者还未归国，太宗又派人多准备些金银布匹，到各个国家去购买好马。魏徵进谏说："我们现在以拥立可汗的名义派遣使者，可是可汗还没有确立。现在又马上派人到各国买马，会让他们认为我们去的目的在于买马，而不是为立可汗的事而来的。可汗如果登上宝座，他们就不会感谢皇恩；如果没有登上宝座，就会为此恼火，仇视我们。其他部落知道了这件事，也不会尊重我们的国家。只要让那些国家和睦相处、安宁无事，那些国家的好马用不着我们费心，别人就会自动送来。过去有一个人向汉文帝进献千里马，汉文帝说：'我出去巡游每天走三十里，出兵打仗每天走五十里，我乘坐的车子走在前面，随从的车子跟在后面，如果我一个人骑着千里马，要跑到哪里去呢？'于是汉文帝送给献马人往返路上所需要的银两，把他打发走了。后来，又有人送千里马和宝剑给汉光武帝，光武帝用马来拉装有战鼓的车子，把剑赐给了骑马作战的勇士。现在陛下所做的一切事，都远远地超过了三皇时代，为什么举动反而不如汉文帝、光武帝了呢？还有魏文帝想要买西域的大珍珠，苏则说：'要是陛下的恩惠广布四海，即使不买别人也会送来，要是通过四处寻找买卖得到，那就不显得珍贵了。'陛下即使不羡慕汉文帝高贵的品格，难道就不顾虑苏则忠正的言论吗？"太宗于是下令，取消了派人买马这件事。

【注释】

①叶护可汗：叶护，突厥大臣的号。原称叶护统叶护，因继承其兄射匮可汗之位，于是号叶护可汗。这年，叶护曾数次派使者到长安，秋七月，朝廷遣使至突厥，立为可汗。

②赍(jī 击)：带着。

③市马：购买马匹。

④吉行：指皇帝巡行各地或举行祭祀活动。

⑤凶行：本文指出兵兴师。

⑥鸾舆：皇帝仪仗中的旗载于车上，大驾出而先行，称为鸾舆。

⑦光武：东汉光武帝刘秀。

⑧魏文帝：即曹丕。

⑨苏则：字文师。扶风(今陕西乾县西)人，在魏做侍中。

【原文】

贞观十七年，太子右庶子高季辅[1]上疏陈得失。特赐钟乳[2]一剂，谓曰："卿进药石之言，故以药石相报。"

【译文】

贞观十七年，太子右庶子高季辅上奏章指出朝政的得失。太宗特地赏给他一剂钟乳，并对他说："你的言论像治病的良药，所以我也回赠良药作为回报。"

【注释】

①高季辅：名冯。德州人。贞观初，拜监察御史，不避权要。累转中书舍人，后迁吏部侍郎。

②钟乳：即钟乳石，可作药用。

【原文】

贞观十八年，太宗谓长孙无忌等曰："夫人臣之对帝王，多顺从而不逆，甘言以取容。朕今发问，不得有隐，宜以次言朕过失。"长孙无忌、唐俭等皆曰："陛下圣化道致太平，以臣观之，不见其失。"黄门侍郎刘洎[1]对曰："陛下拨乱创业，实功高万古，诚如无忌等言。然顷有人上书，辞理不称者，或对面穷诘[2]，无不惭退。恐非奖进言者。"太宗曰："此言是也，当为卿改之。"

【译文】

贞观十八年，太宗对长孙无忌等大臣说："臣子对皇上，大多数都是顺从而不敢冒犯，喜欢用好听的话来博得皇帝的欢心。我今天向你们发问，你们每个人都来说说我的过错。"长孙无忌、唐俭等大臣说："陛下英明教化，天下太平无事。在我们看来，没有什么过错。”黄门侍郎刘洎回答说：“陛下平定天下建立基业，的确如长孙无忌等人说的那样，功高无比。可是有时有人上书，凡有言辞不当的，陛下就当面质问，因此大家都感到羞愧。臣认为，这恐怕不像是在奖励向陛下进言的人吧。”太宗说：“你说得对，我以后就为你改掉这种毛病。”

【注释】

①刘洎(jì)：字思道，荆州人。贞观年间在朝为官，后因获罪被赐死。
②穷诘：追问到底。

【原文】

太宗尝怒苑西监[1]穆裕，命于朝堂斩之。时高宗[2]为皇太子，遽犯颜进谏，太宗意乃解。司徒长孙无忌曰：“自古太子之谏，或乘间从容而言。今陛下发天威之怒，太子申犯颜之谏，诚古今未有。”太宗曰：“夫人久相与处，自然染习。自朕御天下，虚心正直，即有魏徵朝夕进谏。自徵云亡，刘洎、岑文本[3]、马周、褚遂良等继之。皇太子幼在朕膝前，每见朕心说谏者，因染以成性，故有今日之谏。”

【译文】

太宗曾经对苑西监穆裕大为恼火，下令在朝堂上杀掉他。当时高宗皇帝还是太子，他冒着顶撞太宗的罪名进行规劝，太宗的怒气才平息下来。司徒长孙无忌说：“自古太子向皇帝进言，都是在皇上心情高兴时才不慌不忙地讲。今天陛下十分生气，太子却敢冒着触怒你的危险进言，的确古今未有。”太宗听了，十分高兴地说：“人与人相处久了，行为自然就会互相影响。自我统治天下，心襟坦荡，虚怀若谷，身边有魏徵早晚进言。自从魏徵死后，刘洎、岑文本、马周、褚遂良等也效仿进谏，络绎不绝。皇太子从小生活在我身边，每次都能看到我是从心底里欢迎进谏的人，这种相互影响潜移默化，形成了习惯，所以才有今天这种结果呀！”

【注释】

①苑西监：唐时掌宫苑之官。
②高宗：即太宗之子李治。起初封为晋王，贞观十七年立为皇太子。
③岑文本：字景仁，邓州(今河南伏牛山以南)人。贞观初，擢中书舍人，迁侍郎。后迁中书令。

直　谏(附)

【原文】

贞观二年，隋通事舍人[1]郑仁基女年十六七，容色绝姝[2]，当时莫及，文德皇后[3]访求得之，请备嫔御[4]，太宗乃聘为充华[5]。诏书已出，策使未发。魏徵闻其已许嫁陆氏，方遽进而言曰："陛下为人父母，抚爱百姓，当忧其所忧，乐其所乐。自古有道之主，以百姓之心为心，故君处台榭，则欲民有栋宇[6]之安；食膏粱，则欲民无饥寒之患；顾嫔御，则欲民有室家之欢。此人主之常道也。今郑氏之女，久已许人，陛下取之不疑，无所顾问，播之四海，岂为民父母之道乎？臣传闻虽或未的，然恐亏损圣德，情不敢隐。君举必书，所愿特留神虑。"太宗闻之大惊，手诏答之，深自克责，遂停策使，乃令女还旧夫。左仆射房玄龄、中书令温彦博、礼部尚书王珪、御史大夫韦挺等云："女适陆氏，无显然之状，大礼既行，不可中止。"又陆氏抗表云："某父康在日，与郑家往还，时相赠遗资财，初无婚姻交涉亲戚。"并云："外人不知，妄有此说。"大臣又劝进。太宗于是颇以为疑，问徵曰："群臣或顺旨，陆氏何为过尔分疏？"徵曰："以臣度之，其意可识，将以陛下同于太上皇。"太宗曰："何也？"徵曰："太上皇初平京城，得辛处俭妇，稍蒙宠遇。处俭时为太子舍人[7]，太上皇闻之不悦，遂令出东宫为万年县，每怀战惧，常恐不全首领。陆爽[8]以为陛下今虽容之，恐后阴加谴谪[9]，所以反复自陈，意在于此，不足为怪。"太宗笑曰："外人意见，或当如此。然朕之所言，未能使人必信。"乃出敕曰："今闻郑氏之女，先已受人礼聘，前出文书之日，事不

详审，此乃朕之不是，亦为有司之过。授充华者宜停。”时莫不称叹。

【译文】

贞观二年，隋朝通事舍人郑仁基有个女儿，年方十六七岁，国色天香，当时没有谁比得上她美丽贤淑。文德皇后得知有此人后，便召她入后宫，以备妃嫔之选，唐太宗于是选她为充华。诏书拟好了，还没有派使者宣布，魏徵听说这个女子已被许配给陆氏，于是向唐太宗进言道：“陛下是老百姓的衣食父母，爱护百姓，应当以他们的忧虑为忧虑，以他们的快乐为快乐。自古以来有道义的君主，都能够体恤百姓，了解他们的喜怒哀乐。所以他自己住在宫中，就希望百姓有安稳的住处；自己享受盛宴，就希望百姓不受饥寒之苦；自己有嫔妃侍候，就希望百姓都能享受家室的欢愉，这是为人君必须知道的道理。现在郑家的女儿，已经许配给别人，可是陛下却毫无顾忌地把她召入宫中，对她以往的情况不闻不问，这对天下的老百姓来说，难道是身为百姓父母应该做的事吗？虽然我听说诏令还没有发布出去，但是我怕陛下这样做了有损您的圣德，所以不敢不进言。皇帝的一举一动都会被史官记入史册，所以请陛下千万要慎重。”唐太宗听后，非常吃惊，亲自写信回复，深表自责，阻止使者传达诏书，并让那个女子回到夫家。事后，左仆射房玄龄、中书令温彦博、礼部尚书王珪、御史大夫韦挺等都说：“此女许配给陆家，大家并不知道。现在入宫的大礼已经行过了，再终止诏令恐怕不妥。”陆家的人也上书说：“家父在世时，与郑家有往来，他们不时赠送给我们一些财产，可是并没有婚约。”并且陆家的人还说：“外面的人不知道内情，婚约是他们胡乱的猜测。”大臣们也对送女子回家的事进行劝阻。唐太宗非常疑惑，问魏徵：“大臣们可能是顺从我的意思，可是陆家又为什么上书呢？”魏徵说：“依我看，他们的心情是可以理解的，他们是把陛下当作太上皇了。”唐太宗追问缘故，魏徵说：“太上皇当初平定了京城，得到了辛处俭的内人，对她加以宠幸。当时辛处俭是太子舍人，太上皇知道后非常不高兴，不久就将他逐出东宫，任万年县县官，可是辛处俭还是心怀恐惧，常常担心有杀身之祸。陆家认为陛下虽然现在不计较，将来恐怕要暗中贬谪他们，所以反复上书开脱此事，他们的用意不足为怪。”唐太宗听后笑道：“别人的意见可能如此，可是我的话别人未必全信。”于是又下了一道诏书：“听说郑氏之女已经许配了人家，先前出的诏书，不知详情，这是我的过错，有关部门也有责任。召此女进宫作充华一事废止。”事后，人们对唐太宗的行为无不交口称赞。

【注释】

①通事舍人：朝廷的传令官。

②姝(shū)：美好。

③文德皇后：即太宗皇后长孙氏。

④嫔御：皇帝的妾侍。

⑤充华：唐时女官名，为皇帝九嫔之一。

⑥栋宇：泛指房舍屋宇。

⑦太子舍人：官名。唐时东宫右春坊置舍人，掌行令书表肩。

⑧陆爽：即文中所提陆氏的姓名。

⑨谴谪：责贬。

【原文】

贞观三年，诏关中[1]免二年租税，关东给复[2]一年。寻有敕：“已役已纳，并遣输纳，明年总为准折。”给事中魏徵上书曰：“伏见八月九日诏书，率土皆给复一年，老幼相欢，或歌且舞。又闻有敕，丁已配役，即令役满折造，余物亦遣输了，待明年总为准折。道路之人，咸失所望。此诚平分百姓，均同七子。但下民难与图始，日用不足，皆以国家追悔前言，二三其德。臣窃闻之，天之所辅者仁，人之所助者信。今陛下初膺大宝[3]，亿兆观德。始发大号，便有二言，生八表[4]之疑心，失四时[5]之大信。纵国家有倒悬之急，犹必不可，况以泰山之安，而辄行此事！为陛下为此计者，于财利小益，于德义大损。臣诚智识浅短，窃为陛下惜之。伏愿少览臣言，详择利益。冒昧之罪，臣所甘心。”

【译文】

贞观三年，唐太宗下令免除关中地区两年租税，关东地区免除一年徭役。不久，太宗又下诏更改说：“已经服过的劳役，已经交纳的税收，今年依旧，明年再行减免。”魏徵上书说：“陛下八月九日下的诏书，让关中、关东地区免徭役一年，百姓男女老少无不欢欣鼓舞，可是后来听说又下了一道诏书，明年才实行减免，老百姓对此都非常失望。这其实是剥夺老百姓的利益啊。人民难以统治，很多时候是因为他们平时的生活没有保障、国家言而无信，以及不断更换政令造成的。我认为，仁义的人老天才会保佑他，讲信用的人人民才会拥立他。现在陛下继位不久，黎民百姓都在观望，看陛下有什么样的政绩让他们安居乐业。可是陛下刚下了令，就要改变，这不是让老百姓起疑心吗？即使在国家危亡的时候，都不可以这样做，更何况现在国家安定呢？陛下此举对国家的财政收入也许会带来一些收益，但对于朝廷的信义确是个莫大的损失。我虽然才疏学浅，可还是替陛下感到痛惜，只希望陛下接受下臣的意见，权衡利弊，即使我现在犯下冒昧之罪，臣也心甘情愿。”

【注释】

①关中：唐时指函谷关或潼关以西地区。关东则指其以东地区。
②给复：给予免除徭役的优待。
③初膺大宝：即初登皇位之意。
④八表：八方，指全国各地。
⑤四时：春，夏，秋，冬，也指朝，暮、昼，夜。

【原文】

（贞观三年）简点使右仆射封德彝等，并欲中男[1]十八已上，简点入军。敕三四出，徵执奏以为不可。德彝重奏："今见简点者云，次男内大有壮者。"太宗怒，乃出敕："中男已上，虽未十八，身形壮大，亦取。"徵又不从，不肯署敕。太宗召徵及王珪，作色而待之，曰："中男若实小，自不点入军；若实大，亦可简取。于君何嫌？过作如此固执，朕不解公意！"徵正色曰："臣闻竭泽取鱼，非不得鱼，明年无鱼；焚林而畋，非不获兽，明年无兽。若次男已上，尽点入军，租赋杂徭，将何取给？且比年国家卫士，不堪攻战。岂为其少？但为礼遇失所，遂使人无斗心。若多点取人，还充杂使，其数虽众，终是无用。若精简壮健，遇之以礼，人百其勇[2]，何必在多？陛下每云，我之为君，以诚信待物，欲使官人百姓，并无矫伪之心。自登极已来，大事三数件，皆是不信，复何以取信于人？"太宗愕然曰："所云不信，是何等也？"徵曰："陛下初即位，诏书曰：'逋租宿债[3]，欠负官物，并悉原免。'即令所司，列为事条，秦府国司，亦非官物。陛下自秦王为天子，国司不为官物，其余物复何所有？又关中免二年租调，关外给复一年。百姓蒙恩，无不欢悦。更有敕旨：'今年白丁多已役讫，若从此放免，并是虚荷国恩，若已折已输，令总纳取了，所免者皆以来年为始。'散还之后，方更征收，百姓之心，不能无怪。已征得物，便点入军，来年为始，何以取

信？又共理所寄，在于刺史、县令，常年貌税④，并悉委之。至于简点，即疑其诈伪。望下诚信，不亦难乎？"太宗曰："我见君固执不已，疑君蔽此事。今论国家不信，乃人情不通。我不寻思，过亦深矣。行事往往如此错失，若为致理？"乃停中男，赐金瓮一口，赐珪绢五十匹。

【译文】

（贞观三年）简点使右仆射封德彝等大臣，想把尚未成丁的、十八岁以上男丁都征召入伍。命令还没下达，魏徵认为这样做不妥当。封德彝又向太宗上奏道："听负责征兵的人说，即使在家中小一点的男子，也有身体强壮的。"太宗非常生气，于是下了一道命令说："尚未成丁的男子，即使没有满十八岁，只要身体强壮的，也征兵入伍。"魏徵又不同意，不肯签署发布这道命令。太宗召见魏徵和王珪，怒形于色，并对他们说："尚未成丁的男子如果太小，自然不征召入伍；如果实在强壮，也可以参军，这对于你们来说有何不妥？你们过分固执，我不能理解你们的想法。"魏徵严肃地说："我听说把池塘的水放干来捕鱼，这样做的后果当然不是捕不到鱼，而是第二年没有鱼可捕了；放火焚烧森林来打猎，并不是打不到野兽，而是第二年再也没有野兽可以捕获了。如果家中尚未成丁的男子全都应召入伍，国家的租税徭役，又由谁来承担呢？慢慢地，国家的兵士将失去战斗力，是因为兵士少吗？不是，是因为国家礼乐教化不行，造成人们没有斗志。如果只是一味地想多征兵，有的还充当杂役，即使人数再多，也没有战斗力。不如精挑细选一些强壮的男子，尊重他们，厚待他们。一个人就可以发挥出百倍的勇气，哪里用得着人数众多呢？陛下每次都说，我待人诚恳，是想使官吏和百姓都没有虚伪的心里。可是自从陛下即位以来，所做的几件大事，都不让人信服，又凭什么取信于人呢？"太宗若有所悟，吃惊地问："你所说的失信于民的事，指的是哪些事呢？"魏徵说："陛下刚即位的时候，下了一道诏书说：'过去各种拖欠官府的债务，都全部免除。'命令下达不久，马上又命令管理财务的官吏，把这些列为条目。陛下作为秦王时所拥有的财物，也不是官府的。陛下从秦王继位，你的东西不是官家的财物，那其他的官家财物又从何而来呢？还有在关中一带免二年的租税，关外的免一年。百姓一听说这件事，个个都感觉沐浴皇恩，没有谁不高兴。可是没过多久，陛下又更换了一道圣旨：'今年百姓的赋税都已缴完了，如果现在执行这项政策，有的人并没有享受皇恩。因此不管哪种情况，今年的赋税让他们全部交纳，所免的赋税都从明年开始。'收与不收，朝令夕改，百姓的心怎么能踏实呢？凡已征收的财物，都用以充军，所颁布的措施又要从第二年开始执行，凭什么取信于民？一个地方的治理，在于刺史、县令，每年类似赋役的事情，都是委托他们办理，至于挑选统计从军人员，又怀疑他们虚伪欺诈，'用人不疑，疑人不用'。陛下如此希望他们诚实可信，不是很困难吗？"太宗说："我见你们一个个十分固执，怀疑你们心中有什么被蒙蔽了。今天你讲的国家所做的事不让人信服，是人与人的沟通做得不好。这些事情我没认真思考，犯的错误也就大了。做事情如果每每犯这样的错误，国家又岂能得到治理呢？"于是停止征召家中尚未成丁的人入伍，并赏赐给魏徵金缸一个，赏赐王珪五十匹丝绢。

【注释】

①中男：尚未成丁的男子。唐初法令，十五以上、二十以下为中男。
②人百其勇：指一人可当百夫。
③逋租宿债：拖欠很久的租税债务。
④貌税：古代为防脱漏户口和隐瞒年龄，逃避赋役，由官员阅其相貌以验老小之实。

【原文】

贞观五年，治书侍御史权万纪、侍御史李仁发，俱以告讦谮毁，数蒙引见，任心弹射，肆其欺罔，令在上震怒，臣下无以自安。内外知其不可，而莫能论诤。给事中魏徵正色而奏之曰："权万纪、李仁发并是小人，不识大体，以谮毁①为是，告讦为直，凡所弹射，皆非有罪。陛下掩其所短，收其一切，乃骋其奸计，附下罔上，多行无礼，以取强直之名。诬房玄龄，斥退张亮，无所肃厉②，徒损圣明。道路之人，皆兴谤议。臣伏度圣心，必不以为谋虑深长，可委以栋梁之任，将以其无所避忌，欲以警厉群臣。若信狎回邪，犹不可以小谋大，群臣素无矫伪，空使臣下离心。以玄龄、亮之徒，犹不可得伸其枉直，其余疏贱，孰能免其欺罔？伏愿陛下留意再思。自驱使二人以来，有一弘益，臣即甘心斧钺，受不忠之罪。陛下纵未能举善以崇德，岂可进奸而自损乎？"太宗欣然纳之，赐徵绢五百匹。其万纪又奸状渐露，仁发亦解黜，万纪贬连州司马③。朝廷咸相庆贺焉。

【译文】

贞观五年，治书侍御史权万纪、侍御史李仁发依靠欺诈的手段，多次被皇帝召见。但是他们欺上瞒下，任意弹劾别人，这行为既让皇上对其他臣子的所作所为感到震怒，也让大臣们惊恐不安。朝廷内外的官员都知道他们的丑行劣迹，但没有谁敢指出。魏徵这时挺身而出，向太宗上书仗义执言："权万纪、李仁发都是小人，不识大体，以诋毁损害别人的名声为能事，他们所弹劾的人，都没有罪过。陛下对他们的劣行却视而不见，纵容他们的罪行，使他们胡作非为，明目张胆，肆无忌惮。他们诬陷房玄龄，贬谪张亮，为所欲为，损害了陛下的圣明。这造成人们之间互相诽谤、不信任的恶

劣风气。我猜想陛下不会因此认为他们谋虑深长，是可以委以重任的栋梁之才。陛下任用他们该不会是因为他们做事无所避讳，想借此来警醒百官吧。如果陛下一直信任奸佞小人，这会使百官人心离散。像房玄龄、张亮这样一些很有才能的大臣都不能申述冤情，更何况一般官员，他们谁能够避免惩罚呢？希望陛下三思。自从那二人被任用以来，如果在哪一个方面对国家有利，臣都甘愿受刑罚处置，承担不忠的罪名。陛下纵然不能够表彰善良的行为以弘扬道德，又怎么可以任用奸臣来损害自己的名声呢？"唐太宗听后，欣然接受了意见，赏赐给魏徵绢五百匹。不久，权万纪的奸情败露，被贬官为连州司马，李仁发也被贬官，满朝文武对此都欢欣鼓舞，拍手称快。

【注释】

①谮毁：进谗言，说别人的坏话。

②肃厉：整肃激励。

③司马：官名。唐代各州的佐官有司马，后成为空名，用以安置朝廷贬斥的官吏。

【原文】

贞观六年，有人告尚书右丞魏徵，言其阿党[1]亲戚。太宗使御史大夫温彦博案验其事，乃言者不直。彦博奏称，徵既为人所道，虽在无私，亦有可责。遂令彦博谓徵曰："尔谏正我数百条，岂以此小事，便损众美。自今已后，不得不存形迹。"居数日，太宗问徵曰："昨来在外，闻有何不是事？"徵曰："前日令彦博宣敕语臣云：'因何不存形迹？'此言大不是。臣闻君臣同气，义均一体。未闻不存公道，惟事形迹。若君臣上下，同遵此路，则邦国之兴丧，或未可知！"太宗瞿然[2]改容曰："前发此语，寻已悔之，实大不是，公亦不得遂怀隐避。"徵乃拜而言曰："臣以身许国，直道而行，必不敢有所欺负。但愿陛下使臣为良臣，勿使臣为忠臣。"太宗曰："忠良有异乎？"徵曰："良臣使身获美名，君受显号[3]，子孙传世，福禄无疆。忠臣身受诛夷[4]，君陷大恶，家国并丧，独有其名。以此而言，相去远矣。"太宗曰："君但莫违此言，我必不忘社稷之计。"乃赐绢二百匹。

【译文】

贞观六年，有人告发尚书右丞相魏徵，说他利用官职徇私，为自己的亲戚谋取好处。唐太宗派御史大夫温彦博去调查核实这件事，发现所说的情况都是无中生有。温彦博说："魏徵的为人被大家所称道，虽然他很无私，可还是有美中不足的地方。"唐太宗于是让温彦博转告魏徵说："你给我提了几百条正确的意见，怎么可能因为这件小事，就把你的美誉损害了呢？从今以后，你做事还是要顾及一下形式。"几天后，唐太宗问魏徵："这几天你在宫外，听到什么关于你的不好的事了吗？"魏徵意味深长地说："前几天陛下让温彦博告诉我，叫我做事要顾及形式。我认为这话说得太不恰当了。我听说君臣同心，就应只关心事情做的是否正确。任何事情的道理都是一致的，我没听说国家不注重公道，只斤斤计较于形式。如果君臣上下都能够遵守我说的这个道理，那么国家兴盛，是必然的事情。"唐太宗听后，大惊失色地说："前几天我说了这番话，过后就非常后悔。我的话有失公允，请你不要记在心上。"魏徵向太宗行跪拜礼，诚恳地说："我把自己献给了朝廷，凡事秉公办理，不敢欺上瞒下。但愿陛下让我成为一个良臣，不要只让我成为一个忠臣。"唐太宗很诧异，不解地问："良臣和忠臣有什么不同吗？"魏徵说："良臣是使一个臣子获得美名，君主也赢得盛誉，子孙后代获得利益，享受财富和名望。然而忠臣却招来杀身之祸，君主臭名昭著，家庭和国家都不能保全，留下的只有忠臣的名声。从这点来看，它们的差别实在太大了。"唐太宗听了，恍然大悟地说："希望你不要违背这个信条，我也决不会忘记治国的道理。"于是赐给魏徵绢二百匹。

【注释】

①阿党：偏袒，庇护，结党营私。
②瞿然：惊讶醒悟的样子。
③显号：荣耀。
④诛夷：治罪或杀死的意思。

【原文】

贞观六年，匈奴①克平，远夷②入贡，符瑞③日至，年谷频登。岳牧④等屡请封禅，群臣等又称述功德，以为"时不可失，天不可违，今行之，臣等犹谓其晚"。惟魏徵以为不可。太宗曰："朕欲得卿直言之，勿有所隐。朕功不高耶？"曰："高矣。""德未厚耶？"曰："厚矣。""华夏未安耶？"曰："安矣。""远夷未慕⑤耶？"曰："慕矣。""符瑞未至耶？"曰："至矣。""年谷未登耶？"曰："登矣。""然则何为不可？"对曰："陛下功高矣，民未怀惠。德厚矣，泽未旁流。华夏安矣，未足以供事。远夷慕矣，无以供其求。符瑞虽臻，而罻罗⑥犹密。积岁丰稔，而仓廪⑦尚虚。此臣所以窃谓未可。臣未能远譬，且借近喻于人。有人长患疼痛，不能任持，疗理且愈，皮骨仅存，便欲负一石米，日行百里，必不可得。隋氏之乱，非止十年。陛下为之良医，除其疾苦，虽已乂安，未甚充实，告成天地，臣窃有疑。且陛下东封，万国咸萃，要荒之外，莫不奔驰。今自伊、洛之东，暨乎海、岱⑧，萑莽巨泽，茫茫千里，人烟断绝，鸡犬不闻，道路萧条，进退艰阻。宁可引彼戎狄，示以虚弱？

竭财以赏，未厌远人之望；加年给复，不偿百姓之劳。或遇水旱之灾，风雨之变，庸夫邪议，悔不可追。岂独臣之诚恳，亦有舆人之论。”太宗称善，于是乃止。

【译文】

贞观六年，大唐王朝降伏了匈奴，远方的少数民族也都纷纷前来朝见纳贡，吉祥的征兆时时显现，五谷丰登。州府大吏们多次上书，要唐太宗到泰山实行封禅的大礼。其他臣子也都称颂唐太宗英明圣德，认为机不可失，天意不可违背，现在实行封禅之礼，已经为时过晚了。只有魏徵认为不可，唐太宗问魏徵：“我想听到你的实话，请你不要对我有所隐瞒。我的功绩到底高不高呢？”魏徵说：“高。”唐太宗又问：“德行厚不厚呢？”魏徵说：“厚。”“华夏安不安定呢？”魏徵说：“安定。”“远方的少数民族归顺了吗？”魏徵说：“归顺了。”“吉祥的征兆来了吗？”魏徵说：“来了。”唐太宗问：“粮食丰收了吗？”魏徵说：“丰收了。”唐太宗感到迷惑不解，于是问道：“既然国家得到了治理，那么为什么不能封禅呢？”魏徵说：“陛下功劳虽然很高，但是老百姓并没有感恩戴德。陛下虽然仁德广播，但并不是天下所有的人都享受了陛下的恩泽。华夏虽然安宁了，但其他民族并没能共同分享太平的喜悦。远方的少数民族归顺了，但朝廷还不能满足他们的要求。吉祥的征兆虽然出现了，但恶兆依然很多。粮食虽然丰收了，但粮仓还依然很空虚。这就是我所说的不可封禅的原因。远的例子我不举，就近以人为例。有个人长期浑身疼痛，不能够抬起东西，经过精心治疗刚刚痊愈，却要一下子背一担米，并且要求他一天行一百里路，这是不可能的。隋末的战乱持续了不止十年，对天下百姓造成的损失十分惨重。陛下是百姓的良医，就应一心一意帮助老百姓除去战争给他们生活造成的疾苦。现在虽然天下已经太平，但是国家还不富足，这个时候敬天拜地，炫耀功业已经完成，我认为这件事本身就值得怀疑。并且陛下要到东方遥远的泰山进行封禅，各地的臣子也都要到那里会集，尤其是身处边远蛮荒地区的人，肯定免不了一番奔波劳顿之苦。如今从伊水、洛水以东，到临近海边的泰山，隔着万水千山，路途遥远，再加上中间道路崎岖，人烟稀少，行路非常艰难。况且怎么可以让远方少数民族也进入境内，让他们看到大唐的虚实呢？为了抚慰他们的辛劳，陛下就是用尽国家的钱财赏赐他们，也不能够满足这些历尽千辛万苦远道而来的人们的愿望。同时，兴师动众的封禅会加重老百姓的负担，如果这时遇到自然灾害，再加上别有用心的人散布谣言，后果肯定不堪设想，到时候恐怕追悔莫及。其实这不仅仅是我的意见，老百姓已经有这样的议论了。”唐太宗听后点头称是，于是就中止了封禅这件事。

【注释】

①匈奴：中国古族名，也称胡。
②夷：泛指边远地区的少数民族。
③符瑞：祥瑞征兆。
④岳牧：古代传说中的四岳和十二州牧的合称。后来泛指州府大吏。
⑤慕：本文是归服的意思。
⑥罻罗：原意是网，本文引申为牢狱。
⑦仓廪(lǐn)：米仓。
⑧海、岱：渤海和泰山。

【原文】

贞观七年，蜀王[①]妃父杨誉，在省竞婢，都官郎中[②]薛仁方留身勘问，未及予夺。其子为千牛[③]，于殿庭陈诉云："五品以上非反逆不合留身，以是国亲，故生节目，不肯决断，淹留岁月。"太宗闻之，怒曰："知是我亲戚，故作如此艰难。"即令杖仁方一百，解所任官。魏徵进曰："城狐社鼠皆微物，为其有所凭恃，故除之犹不易。况世家贵戚，旧号难理，汉、晋以来，不能禁御，武德之中，以多骄纵，陛下登极，方始萧条。仁方既是职司，能为国家守法，岂可枉加刑罚，以成外戚之私乎！此源一开，万端争起，后必悔之，将无所及。自古能禁断此事，惟陛下一人。备豫不虞，为国常道，岂可以水未横流，便欲自毁堤防？臣窃思度，未见其可。"太宗曰："诚如公言，向者不思。然仁方辄禁不言，颇是专权，虽不合重罪，宜少加惩肃。"乃令杖二十而赦之。

【译文】

贞观七年，蜀王妃子的父亲杨誉违反当时的法令，都官郎中薛仁方留他下来盘查讯问，未及时给予判决。他的儿子是千牛卫将军，在上朝的时候向皇帝禀报道："唐朝的制度规定，凡是五品以上的官员，只要不是反抗朝廷，都不宜留下询问。因为这件事涉及皇帝的亲戚，所以地方官生下许多枝节，不肯判决，已经拖延了很长时间。"太宗听后非常生气地说："明明知道是我的亲戚，可见他是故意装得如此艰难。"于是下令杖击薛仁方一百杖，免去所任官职。魏徵觉得太宗的做法有失偏颇，于是向唐太宗进谏道："连城边的狐狸、庙里的老鼠这些小动物，除去它们都尚且不容易，更何况这事涉及皇上你的亲戚呢？这些关系在古代都难以处理，自从魏晋以来，可谓屡禁不止。武德年间，皇亲国戚大都骄横自大、不守法度。陛下登上皇位，一切都是从萧条开始入手，做事应多加斟酌。仁方作为国家的官吏，能为国家奉公守法，怎么能够无端随意地加以处罚，从而来满足外戚的非法私欲呢？如果陛下开了这个先例，各种争端

就会产生，以后皇上就会后悔的，到那时就没有什么方法可以治理。自古能禁绝这类事情的，我想只有陛下一人。对那些意料不到的事情做好准备措施，这是治理国家最常见的方法，哪有因为洪水没有泛滥就自己想毁掉堤岸的道理呢？我暗自思量，觉得陛下刚才的做法是不对的。”太宗说：“你说得很对，可是仁方什么也不说就把杨誉禁闭起来，他太擅作主张。他的行为虽然构不成大的罪过，但也应该稍加惩罚，以严肃国纪。”于是命令打了仁方二十大板后赦免了他。

【注释】

①蜀王：即唐太宗李世民的第六个儿子李愔。
②都官郎中：唐时掌刑狱的官职。
③千牛：官名。唐制，左右千牛卫将军掌宫殿侍卫等事。

【原文】

贞观八年，左仆射房玄龄、右仆射高士廉①于路逢少府②监窦德素，问北门③近来更何营造。德素以闻。太宗乃谓玄龄曰：“君但知南衙④事，我北门少有营造，何预⑤君事？”玄龄等拜谢⑥。魏徵进曰：“臣不解陛下责，亦不解玄龄、士廉拜谢。玄龄既任大臣，即陛下股肱耳目⑦，有所营造，何容不知？责其访问官司，臣所不解。且所为有利害，役工有多少，陛下所为善，当助陛下成之；所为不是，虽营造，当奏陛下罢之。此乃君使臣、臣事君⑧之道。玄龄等问既无罪，而陛下责之，臣所不解；玄龄等不识所守，但知拜谢，臣亦不解。”太宗深愧之。

【译文】

贞观八年，左仆射房玄龄、右仆射高士廉在路上遇到少府监窦德素，问近来京城北门附近在修建什么，窦德素将这件事情如实告诉太宗。(左仆射房玄龄、右仆射高士廉就此事询问太宗)唐太宗对房玄龄等人说：“你只管负责南衙内的事情，我北门上有一些小的修建，和你有什么关系呢？”房玄龄等人向唐太宗跪拜谢罪。魏徵说：“臣不理解陛下的责怪，也不理解房玄龄、高士廉为什么跪拜谢罪。房玄龄既然担任大臣之职，那么就是陛下的臂膀和耳目，京城北门附近在修建什么建筑，为什么不能知道呢？陛下责怪他询问有关人员，我确实不明白。他们问皇上修建的目的，动用了多少工匠，如果陛下所修的东西是有益的，他们会帮助陛下完成它，如果所修的东西无益，虽然它已经在修建，他们也会上书请求陛下停止施工。这是君主支配臣下，臣下侍奉君主之道。房玄龄他们询问并没有过错，可是陛下却责备他们，我不能理解；而房玄龄他们不知道这是他们的职责，只知道跪拜谢罪，我也不能理解。”听了魏徵这一席话，唐太宗感到非常惭愧。

【注释】

①高士廉：唐初大臣，封许国公。此时房玄龄为左仆射，他是右仆射，也就是左右宰相。

②少府：唐初专管工程修建的官署，监为主职，少监为副职。

③北门：指玄武门，此门是唐大明宫的北门。

④南衙：皇宫南面的国家各官府。

⑤预：涉及。

⑥拜谢：伏拜谢罪。

⑦股肱耳目：股是大腿，肱是手臂。足行手取，耳听目视，四者是人体最得力的器官，借喻房玄龄、高士廉两宰相是君王的最得力的辅佐。

⑧君使臣、臣事君：这句话引自《论语》。原话是“君使臣以礼，臣事君以忠。”意思是君王应按礼义使用大臣，臣应该以忠诚侍奉君王。

【原文】

贞观十年，越王①，长孙皇后所生，太子介弟②，聪敏绝伦，太宗特所宠异。或言三品以上皆轻蔑王者，意在谮侍中魏徵等，以激上怒。上御齐政殿，引三品已上入坐定，大怒作色③而言曰：“我有一言，向公等道。往前天子，即是天子，今时天子，非天子耶？往年天子儿，是天子儿，今日天子儿，非天子儿耶？我见隋家诸王，达官④已下，皆不免被其踬顿⑤。我之儿子，自不许其纵横，公等所容易过，得相共轻蔑。我若纵之，岂不能踬顿公等！”玄龄等战栗，皆拜谢。徵正色而谏曰：“当今群臣，必无轻蔑越王者。然在礼，臣、子一例，《传》称，王人虽微，列入诸侯之上。诸侯用之为公，即是公；用之为卿，即是卿。若不为公卿，即下士于诸侯也。今三品以上，列为公卿，并天子大臣，陛下所加敬异。纵其小有不是，越王何得辄加折辱？若国家纪纲废坏，臣所不知。以当今圣明之时，越王岂得如此。且隋高祖不知礼义，宠树诸王，使行无礼，寻以罪黜，不可为法，亦何足道？”太宗闻其言，喜形于色，谓群臣曰：“凡人言语理到，不可不伏。朕之所言，当身私爱；魏徵所论，国家大法。朕向者忿怒，自谓理在不疑，及见魏徵所论，始觉大非道理。为人君言，何可容易！”召玄龄等而切责之，赐徵绢一千匹。

【译文】

贞观十年，越王李泰，长孙皇后所生，是太子的兄弟，聪明绝伦，唐太宗特别宠爱他。有谣言说三品以上的官员都看不起越王，其用意在于中伤魏徵等人，因此激怒唐太宗。有一次，唐太宗到齐政殿，把三品以上的官员安置入坐，非常生气地对他们说：“我有一句话要对你们说。以往的天子就是天子，现在的天子就不是天子了吗？以往天子的儿子就是天子的儿子，现在天子的儿子就不是天子的儿子了吗？我看见隋朝的王子们，达官贵人都不免受他们喝斥。我的儿子，我当然不许他们飞扬跋扈，你们难道就可以轻慢他们，看不起他们吗？我如果放纵他们，难道他们不也可以喝斥你们吗？"房玄龄等人听后都吓得面如土色，都向唐太宗下跪谢罪。魏徵听了仍正襟危坐，向太宗郑重其事地说："当今的各位大臣，肯定没有谁轻慢越王的。然而，对于礼，君臣是一样的。《左传》说："王子虽然低微，但地位在诸侯之上。诸侯像公卿那样对待他们，他们就是公卿；像大臣那样对待他们，他们就是大臣。如果他们得不到公卿的待遇，那么他们的地位就不如诸侯。现在三品以上的官员，就被列为公卿，陛下赋予了他们尊贵的地位。即使他们有一些小过失，越王怎么就可以侮辱他们呢？如果是国家纲纪败坏，那么下臣就不知道了。现在陛下如此圣明，越王怎么可以这么做呢？并且，隋高祖不知道礼义，宠信诸王子，使他们胡作非为，后来他们都因罪被废黜。隋高祖这样的人怎么可以效法呢？"唐太宗听后转怒为喜，微笑着对大臣们说："魏徵说的话合情合理，不得不让人心服。我说的话，是出自于偏爱私心；魏徵说的话，是出于治国的大法。我开始时非常愤怒，认为我自己很有道理，等到听了魏徵的话，才知道我的想法很是值得怀疑。向君主进言规劝，谈何容易。"于是召见房玄龄等人，对他们进行了严肃批评，太宗赏赐给魏徵绢一千匹。

【注释】

①越王：名泰，太宗第四子。
②介弟：介，大。对别人兄弟的敬称。
③大怒作色：怒气冲冲，声色俱厉。
④达官：显贵的官吏。
⑤踬(zhì 至)顿：踬，被绊倒；顿，停息。引申为事情不顺。

【原文】

贞观十一年，所司奏凌敬乞贷之状，太宗责侍中魏徵等滥进人。徵曰："臣等每蒙顾问①，常具言其长短。有学识，强谏诤，是其所长；爱生活，好经营，是其所短。今凌敬为人作碑文，教人读《汉书》，因兹附托，回易求利，与臣等所说不同。陛下未用其长，惟见其短，以为臣等欺罔②，实不敢心伏③。"太宗纳之。

【译文】

贞观十一年，有人上奏唐太宗说凌敬贪财，于是唐太宗责备魏徵等人滥用人才。魏徵回答道："每次陛下问起官员的情况，我们就把官员们的长处和短处都说给你听。有学识，敢于进谏，是凌敬的长处。喜欢享受，爱好经营生意，是他的短处。现在凌敬只是替别人写碑文，教别人读《汉书》，因为是事先受别人的托付，所以收取了一点回报，与我所说的短处还不同。陛下看人不看他的长处，只看他的短处，因此认为我们欺骗了你，臣等实在不能心服。”唐太宗听后觉得魏徵的话有道理，就接受了他的意见。

【注释】

①顾问：本文指君主垂问臣下。

②欺罔：欺骗蒙蔽。

③心伏：即心服。

【原文】

贞观十二年，太宗谓魏徵曰：“比来所行得失政化，何如往前？”对曰：“若恩威所加，远夷朝贡，比于贞观之始，不可等级而言①。若德义潜通，民心悦服，比于贞观之初，相去又甚远。”太宗曰：“远夷来服，应由德义所加。往前功业，何因益大？”徵曰：“昔者四方未定，常以德义为心。旋以海内无虞，渐加骄奢自溢。所以功业虽盛，终不如往初。”太宗又曰：“所行比往前何为异？”徵曰：“贞观之初，恐人不言，导之使谏。三年已后，见人谏，悦而从之。一二年来，不悦人谏，虽黾勉②听受，而意终不平，谅有难色③。”太宗曰：“于何事如此？”对曰：“即位之初，处元律师死罪，孙伏伽④谏曰：‘法不至死，无容滥加酷罚。’遂赐以兰陵公主园，直钱百万。人或曰：‘所言乃常事，而所赏太厚。’答曰：‘我即位来，未有谏者，所以赏之。’此导之使言也。徐州司户⑤柳雄于隋资妄加阶级。人有告之者，陛下令其自首，不首与罪。遂固言是实，竟不肯首。大理⑥推得其伪，将处雄死罪，少卿⑦戴胄奏法止合徒。陛下曰：‘我已与其断当讫，但当与死罪。’胄曰：‘陛下既不然，即付臣法司。罪不合死，不可酷滥。’陛下作色遣杀，胄执之不已，至于四五，然后赦之。乃谓法司曰：‘但能为我如此守法，岂畏滥有诛夷。’此则悦以从谏也。往年陕县丞皇甫德参上书，大忤圣旨，陛下以为讪谤。臣奏称上书不激切，不能起人主意，激切即似讪谤。于时虽从臣言，赏物二十段，意甚不平，难于受谏也。”太宗曰：“诚如公言，非公无能道此者。人皆苦不自觉，公向未道时，都自谓所行不变。及见公论说，过失堪惊。公但存此心，朕终不违公语。”

【译文】

贞观十二年，唐太宗问魏徵：“现在朝廷推行的政治，跟以前相比，是好还是坏呢？”魏徵回答说：“如果就朝廷的恩德和威信而言，现在远方的少数民族都来朝贡，这与贞观初年相比，不可同日而语。如果说到用仁德和道义潜移默化，让老百姓心悦

诚服，那又远远比不上贞观初年。”唐太宗听后非常诧异，问：“远方的少数民族前来归顺，应该是朝廷实施仁德的结果。以往的功业，为什么反而更大呢？”魏徵说：“以前天下没有平定，所以德义之心不敢忘。不久，天下太平无事了，骄傲自满的情绪也就渐渐滋长起来了。所以现在朝廷的功业虽然隆盛，但终究比不上以前。”唐太宗又问：“现在和以前的差别究竟在哪儿呢？”魏徵说：“贞观初年，陛下唯恐没有人进谏，所以千方百计劝导鼓励大臣们提意见。三年过后，陛下见有人进言，都能够高兴地接受。可是这一两年来，陛下已经不高兴有人提意见了，虽然也勉强接受，心里终究不以为然，并且常常面有难色。”唐太宗惊讶地问：“是什么事情让你这样说呢？”魏徵回答：“贞观初年，判处元律师死罪，孙伏伽进谏说：‘依照国家的法律他不该判死刑，滥用酷刑是不应该的。’陛下采纳了孙伏伽的意见，还赐给他价值百万的兰陵公主园。有人不理解地说：‘他进言的事情很一般，而陛下的赏赐却太丰厚了。’陛下你却说：‘自从我即位以来，还没有人进谏，为了鼓励这种行为，所以厚赏了他。’这是陛下鼓励大臣提意见。徐州司户柳雄，私自加高自己在隋朝时的官阶，有人告发他，陛下让他自首，不自首就判罪。柳雄坚持说情况属实，不肯自首。大理寺审查结果，确属作伪，将柳雄判处死刑。大理寺少卿戴胄上奏说，按法律只能判流放。而陛下却说：‘我已经决定了，应该判死刑。’戴胄坚持说：‘陛下既然认为他有罪，就应该把他交给有关部门依法处置。他的罪还够不上死刑，陛下不应该滥用酷刑。’就这样陛下坚决要杀他，戴胄也据理力争，争执了四五次，最后陛下才赦免了他。事后陛下对吏部说：‘有这样的大臣为我严格执法，哪还需要担心滥用刑法呢？’从这件事情可以看出陛下是乐意接受意见的。前些年陕西县官皇甫德参上书，触犯了陛下，陛下认为他是在毁谤。我认为并非如此，如果臣子的奏书语言不激切，就不会引起陛下的注意，而激切的语言表面上看起来像是在毁谤。陛下虽然事后接受了我的意见，赏给德参丝绸二十段，可是陛下心里其实并不是心悦诚服地接受我的观点。”唐太宗听了，感叹地说道：“你说得对呀，只有你能说出这番话。人人都有失去自知之明的时候，你不说，我还认为我对于意见的态度和过去一样，你一说，我才惊讶我的过失竟这样严重。难得有你这样的大臣，我不会辜负你的

一片苦心。”

【注释】

①等级而言:意即同日而语。

②黾(mǐn 敏)勉听受:勉强听取接受。

③谅有难色:因固执而表现得很不自在。

④孙伏伽:贝州(相当于今河北清河,山东临清一带)人。武德中,上言谏事,帝称之为“谊臣”。贞观中,拜御史,迁大理卿。

⑤司户:州属户曹。

⑥大理:即大理寺。相当于现在的最高法院。

⑦少卿:这里指大理寺少卿,相当于最高法院副院长。

史鉴新得

海纳百川之流

这一篇名为《纳谏》,实际上是对《求谏》篇的引申与补充,对于帝王来说,求谏容易纳谏难。帝王求谏的真伪,要看能否纳谏或接受诤谏,只有真正将臣子的诤谏付诸行动,言必行,行必果,才能切实达到求谏的目的。

本章详细叙述关于唐太宗纳谏的具体事迹。作为至高无上的帝王,能够在谏臣魏徵、王珪、张玄素,李大亮以及长孙皇后,皇太子李治等人的劝诫下接受诤谏,改进政务,承认“此乃朕之不是”、“我不寻思,过亦深矣”,并切实地加以改正,的确可算是中国历史上一位值得称道的纳谏之君。反观我们今天的企业管理者,“求谏”者或许不在少数,但真正敢于“纳谏”或者接受“诤谏”的又有几人呢?一些所谓的“内部讨论”最终成了一纸空文,看似人性化地“征求意见”,实际上只是走过场、看热闹的形式。这就导致下属中很多富有创意的设想和建议不能真正被采纳和执行,长此以往,大家甘于沉寂,唯领导的意图是从,不再有智慧的火花闪现,这实在是企业发展过程中一件十分可悲的事情。

长江具有纳百川之流的气势,才能滔滔不绝绵延千里。李嘉诚以长江实业作为企业的命名其意义就在于以海纳百川的容才之量大胆使用人才。李嘉诚由一个出身微贱的打工仔成为香港首富,“长江”企业由一间破旧不堪的小厂成为庞大的跨国集团公司,他的巨大成功离不开其用人之道。李嘉诚的企业取名“长江”,就是基于其不择细流,有容乃大。

精于用人之道的李嘉诚，不仅在企业发展的不同阶段大胆起用不同才能的人，而且在企业发展的同一阶段注重任用经验丰富、极具专长的“客卿”。他的“智囊团”里既有朝气蓬勃、精明强干的年轻人，又有一批老谋深算的“客卿”。香港商界盛传李嘉诚左右手与“客卿”并重。李嘉诚身边有300员虎将，其中100个是外国人，200个是年富力强的香港人。300员虎将，除李嘉诚的“近臣”外，便是总部与分公司的负责人，以及在长江挂职或未挂职的“客卿”。在诸多“客卿”中，其中最令人瞩目的是精明过人、集律师与会计于一身的李业广和叱咤股坛的杜辉廉，后者为李嘉诚在股票发行、二级市场上的收购立下了汗马功劳，特别是在1987年香港股灾之前，为李嘉诚的长江集团成功融资100亿港元。

李嘉诚认为，企业家用人，首先要有“海纳百川”的容才之量。企业家有容纳人才的心胸，才能吸引人才，任用人才，否则，人才就会离他而去。古语说得好，此处不容人，自有容人处。企业家应善于任用各方面的“能人”，企业家应该清楚地认识到，手下的人才超过自己的能力越多，越说明你会培养人、使用人，越能够吸引人才；有众多人才凝聚在你身边，你的事业才会不断发展，成就才会不断扩大。

以柔克刚的“诤谏”

在这一篇章中，还出现了一个非常有历史亮点的人物——长孙皇后，她作为唐太宗身边唯一的一个女性“诤谏”者，起着春风化雨、点石成金的作用。长孙皇后(公元601—公元636)，长安人，祖先为北魏拓跋氏，出生于官宦之家，父亲长孙晟在隋朝时官至右骁卫将军。她从小爱好读书，通达礼仪，十三岁就嫁给李世民为妻。长孙皇后贵为“国母”，掌管六宫，不仅在德、言、容、工等方面堪称表率，更是李世民政治生命中不可多得的“贤内助”。长孙皇后生性节俭，她所使用的一切物品，都以够用为限，从不铺张。唐太宗知道她深明大义，因此下朝以后经常想和她谈论国家大事，但她却很郑重地说：“我是妇道人家，怎能随意议论国家大事?”太宗不听，还是对她说得滔滔不绝，但她却始终沉默不语。尽管她从不过多地干预朝政，

却能够在关键时刻，智慧而委婉地为太宗把握方向，保护太宗身边的贤臣良将。据史书记载，太宗皇帝有一次对魏徵的直言诤谏非常不满，正欲治罪于他，长孙皇后知道后特意身着盛装来参见太宗，太宗不解其意，便问："一非册封，二非朝会，为何如此盛装？"长孙皇后回答道："臣妾是为陛下能得到像魏徵这样敢于直言不讳、对国家忠心耿耿的人才而高兴，所以才特地盛装见驾，以表庆贺的。"太宗听后，明白了皇后的良苦用心，也宽容了魏徵对自己的冒犯。

贞观八年(公元 634 年)，长孙皇后身染疾病，且愈来愈重，服用了许多药物仍未缓解。这时，服侍在侧的太子李承乾，建议母亲用赦免囚犯和度人入道等方法来祈求保佑，但却遭到皇后的坚决反对。她说："大赦是国家的大事，佛、道二教也自有教规。如果可以随便赦免囚犯和度人入道，必定会损害国家的政体，而且也是你父皇所不愿见到的，我岂能以一妇人而乱天下之法。"太子听了之后，不敢向太宗奏告，只是把他母亲的话告诉了房玄龄，房玄龄又转告太宗。太宗听后，感动得涕泪交流，泣不成声。

贞观十年六月，长孙皇后弥留之际，与唐太宗最后诀别。她用尽气力对太宗说："我的家族没有建立什么大的功勋、德行，只是有缘与皇上结为姻亲，才身价百倍。为了永久保持这个家族的名誉、声望，我请求陛下今后不要让我的任何一个亲属担任朝廷要职，这是我对陛下最大的期望。我活着的时候对国家并没有丝毫功绩，所以死后也千万不要厚葬，只要靠山而葬，不起坟墓，不用棺椁，所需器物，都用木、瓦制作，俭薄送终。如能这样，就是陛下对我的最大纪念。"说完不久，就死在后宫立政殿。同年十一月，葬于昭陵。

用现代社会的话来说，一个成功男人的背后一定有一个知书达理、审时度势的妻子做他坚强的后盾，那么，唐太宗能成为千古一帝，开创唐朝江山，并成就"贞观之治"，长孙皇后对他的支持是绝不可少的。

朕克己为政，仰企前烈。至于积德、累仁、丰功、厚利，四者常以为称首，朕皆庶几自勉。人苦不能自见，不知朕之所行，何等优劣？

徵对曰：『德、仁、功、利，陛下兼而行之。然则内平祸乱，外除戎狄，是陛下之功。安诸黎元，各有生业，是陛下之利。由此言之，功利居多，惟德与仁，愿陛下自强不息，必可致也。』

君臣鉴戒第六

【题解】

论“君臣鉴戒”，重点是以历史为镜子，引用历史上的经验教训，来说明“君臣本同治乱，共安危，若主纳忠谏，臣进直言，斯故君臣合契，古来所重”的道理。君臣之间利益攸关，可以说是一个利益共同体。国家兴旺，君臣共享荣华；国家混乱，君臣同受其害。贞观君臣以史为鉴，相互劝诫，同心同德，肝胆相照，其情义与成就足以彪炳青史。

【原文】

贞观三年，太宗谓侍臣曰：“君臣本同治乱，共安危，若主纳忠谏，臣进直言，斯故君臣合契，古来所重。若君自贤，臣不匡正，欲不危亡，不可得也。君失其国，臣亦不能独全其家。至如隋炀帝暴虐，臣下钳口，卒令不闻其过，遂至灭亡，虞世基等寻亦诛死。前事不远，朕与卿等可得不慎，无为后所嗤！”

【译文】

贞观三年，唐太宗对侍臣说：“无论国家安定还是混乱，安全还是危险，君臣都应该同舟共济。如果君主能接受忠言，臣子能够直言进谏，那么君臣之间就会非常默契，这是自古以来治国所重视的方法。如果君主贤明，而臣子却不匡正辅佐，想要不亡国，是不可能的。君主要是失掉了江山，臣子也就不能保全自己的家族。像隋炀帝，他为人非常暴虐，臣下不敢进言，这使他不知道自己的过失，最后国破家亡，大臣虞世基等人不久也被杀死。这个惨痛的教训离我们并不远，我和各位大臣能不谨慎吗，我们不能被后人所耻笑啊。”

【原文】

贞观四年，太宗论隋日。魏徵对曰：“臣往在隋朝，曾闻有盗发，炀帝令於士澄[1]捕逐。但有疑似，苦加拷掠，枉承贼者二千余人，并令同日斩决。大理丞[2]张元济怪之，试寻其状。乃有六七人，盗发之日，先禁他所，被放才出，亦遭推勘，不胜苦痛，自诬行盗。元济因此更事究寻，二千人内惟九人逗遛[3]不明。官人有谙识者，就九人内四人非贼。有司以炀帝已令斩决，遂不执奏，并杀之。"太宗曰："非是炀帝无道，臣下亦不尽心。须相匡谏，不避诛戮，岂得惟行谄佞[4]，苟求悦誉[5]？君臣如此，何得不败？朕赖公等共相辅佐，遂令囹圄[6]空虚。愿公等善始克终，恒如今日！"

【译文】

贞观四年，唐太宗和大臣们谈到隋朝的兴亡，魏徵说："我在隋朝的时候，听说有一次有人盗窃，隋炀帝让於士澄追查。只要有可疑的人，就严加拷打，最后屈打成招的人数达到两千多，隋炀帝就下令一天之内将他们全部处死。大理丞张元济感到奇怪，便试着查阅这些人的案卷，发现其中有六七个人，在盗贼闹事那天还被关在别的地方，刚刚被放出来，就也遭到审讯。因为受不住严刑拷打，被迫自认是盗贼。张元济从这件事上查起，结果两千人中只有九人形迹可疑。官员中有人认出这九人中有四人不是盗贼。负责监斩的部门认为隋炀帝已经下令处斩，就不将实情上奏，将这些人全都杀了。"唐太宗听后感慨地说："不仅仅只是隋炀帝残暴无道，他手下的臣子也没有尽到责任。臣子应该纠正君主的过错，不要明哲保身，害怕遭到惩罚，怎么能只知道谄媚逢迎君主，博得君主的欢心？君臣之间如此，国家怎么能不灭亡呢？我有幸得到各位大臣的辅佐，所以全国犯罪的人很少。愿你们能够善始善终，一如既往地大胆进言。"

【注释】

①於士澄：原为隋将，后降唐。
②大理丞：大理，大理寺，即最高法院。大理丞，隋时大理寺的副职。
③逗遛：本文是地址不明，形迹可疑的意思。
④谄佞：奉承，谄媚。
⑤悦誉：本文指得到君上的欢心和称誉。
⑥囹圄(líng yǔ)：牢狱。

【原文】

贞观六年，太宗谓侍臣曰："朕闻周、秦初得天下，其事不异。然周则惟善是务[1]，积功累德，所以能保八百之基。秦乃恣其奢淫，好行刑罚，不过二世而灭。岂非为善者福祚[2]延长，为恶者降年不永？朕又闻桀、纣[3]帝王也，以匹夫比之，则以为辱；颜、闵[4]匹夫也，以帝王比之，则以为荣。此亦帝王深耻也。朕每将此事以为鉴戒，常恐不逮，为人所笑。”魏徵对曰：“臣闻鲁哀公[5]谓孔子曰：‘有人好忘者，移宅乃忘其妻。’孔子曰：‘又有好忘甚于此者，丘见桀、纣之君乃忘其身。’愿陛下每以此为虑，庶免后人笑尔。”

【译文】

贞观六年，唐太宗对侍臣说：“我听说周朝与秦朝刚得到天下的时候，治理国家的方法是一样的。但是周朝推行仁政，积累功德，所以能够将自己的基业保持八百年。而秦朝恣意妄为，骄奢淫逸，所以只经历了两代帝王就灭亡了。这难道不是行善可以延长福祚，作恶可使国运衰败吗？我又听说桀、纣是帝王，但是凡夫俗子都对他们的行为感到羞耻，颜回、闵损是普通百姓，但帝王却以他们的言行为荣耀。我时常用这些事对照自己的行为，并经常告诫自己，担心自己哪里做得不好，被人耻笑。”魏徵听后，意味深长地说：“我听说鲁哀公对孔子说：‘有个人很健忘，他换了住宅就把自己的妻子给忘了。’孔子说：‘还有比这个人更健忘的，我看桀、纣这些君主，他们就非常健忘，连自己都给忘了。’希望陛下以此为戒，以免被后人耻笑。”

【注释】

①惟善是务：凡是好事，就认真去做。

②福祚(zuò)：江山基业。

③桀、纣：桀，夏末代国王，名履癸。剥削残酷，暴虐荒淫。后被商汤所败，出奔南方而死，夏亡。纣，商末代国王，名受辛。嗜酒好色，残暴无道。周武王伐之，兵败自焚而死，商亡。

④颜、闵：指孔子的弟子颜回、闵损，二人以德行著称。

⑤鲁哀公：春秋时鲁国君，名蒋。公元前477年秋，鲁哀公被鲁大夫三桓(孟孙、叔孙、季孙三家贵族)赶出国外。不久回国，死于有山氏。

【原文】

贞观十四年，太宗以高昌[1]平[2]，召侍臣赐宴于两仪殿，谓房玄龄曰：“高昌若不失臣礼，岂至灭亡？朕平此一国，甚怀危惧，惟当戒骄逸以自防，纳忠謇[3]以自正。黜邪佞，用贤良，不以小人之言而议君子，以此慎守，庶几于获安也。”魏徵进曰：“臣观古来帝王拨乱创业，必自戒慎，采刍荛之议，从忠谠之言。天下既安，则恣情肆欲，甘乐谄谀，恶闻正谏。张子房[4]，汉王计画之臣，及高祖为天子，将废嫡立庶[5]，子房曰：‘今日之事，非口舌所能争也。’终不敢复有开说。况陛下功德之盛，以汉祖方之，彼不足准。即位十有五年，圣德光被[6]，今又平殄[7]高昌。屡以安危系意，方欲纳用忠良，开直言之路，天下幸甚。昔齐桓公与管仲、鲍叔

牙、宁戚⑧四人饮，桓公谓叔牙曰：'盍起为寡人⑨寿乎？'叔牙奉觞而起曰：'愿公无忘出在莒时，使管仲无忘束缚于鲁时，使宁戚无忘饭牛车下时。'桓公避席而谢曰：'寡人与二大夫能无忘夫子之言，则社稷不危矣！'"太宗谓徵曰："朕必不敢忘布衣时，公⑩不得忘叔牙之为人也。"

【译文】

贞观十四年，唐太宗因为平定了高昌，在两仪殿招待各位大臣。席间，唐太宗对房玄龄说："高昌如果不丧失作为臣子的礼节，怎么会遭到灭亡呢？我每次平定了一个地方，都心怀畏惧，勉励自己切莫骄奢淫逸，应该把接纳忠言、纠正自己的错误作为自己的责任。治理国家就要任用贤良正直的人，罢免奸邪谄媚的人，不要听信小人的谣言，以免误解了正人君子。无论做什么都要谨慎，国家就可望得到太平。"魏徵趁机进言道："我观察自古以来的帝王，他们在创业的时候，都能够有所警戒，倾听老百姓的呼声，采纳忠臣的意见。天下太平之后，他们就开始穷奢极欲，只喜欢听谄媚讨好的话，厌恶逆耳的忠言。张良是汉代的开国元勋，汉高祖称帝之后，想废掉嫡出的太子另立庶出的公子，张良说：'这件事不是口头说说就可以决定的。'之后，张良就再也不敢开口提这件事了。况且陛下目前功德这样卓越，汉高祖还不足以与你相提并论。陛下即位已有十五年，圣德广播，现在又平定了高昌，还能够心怀忧患意识，采纳忠言，广开言路，真是国家的大幸。过去齐桓公和管仲、鲍叔牙、宁戚四个人一起饮酒，齐桓公对鲍叔牙说：'我的国家能够长寿吗？'鲍叔牙举起酒杯站立着说：'愿主公不忘过去逃亡在莒时的情形，管仲不忘在鲁国被囚禁的情形，宁戚不忘当年在车下喂牛时的情形。'齐桓公听后，站起来感激地说：'我和管仲、宁戚如果能不忘你这番话，那么国家就不会有危险了。'"唐太宗听了，感激地对魏徵说："我一定不会忘记自己身为平民的时候，你也一定不要忘记鲍叔牙的为人，那我们的江山就不会有危险了。"

【注释】

①高昌：西域国名。

②平：征讨平定的意思。

③忠謇(jiǎn)：正直的言论。

④张子房(？—公元前186)：即汉初大臣张良。

⑤废嫡立庶：嫡，宗法制度下指家庭的正支，跟庶出相对。本文中废嫡立庶是指汉高祖刘邦打算废掉妻生的太子盈，立妾生的赵王如意为太子。

⑥圣德光被：君王的恩德像阳光一样普照天下。

⑦平殄(tiǎn)：平定消灭。

⑧管仲、鲍叔牙、宁戚：三人都是春秋时期齐桓公的大臣。

⑨寡人：古时帝王、诸侯的自称，意谓寡德之人。

⑩公：对人的尊称。

【原文】

贞观十四年，特进魏徵上疏曰：

臣闻君为元首①，臣作股肱，齐契同心，合而成体，体或不备，未有成人。然则首虽尊高，必资手足以成体；君虽明哲，必藉股肱以致治。《礼》云："民以君为心，君以民为体，心庄则体舒，心肃则容敬②。"《书》云："元首明哉！股肱良哉！庶士康哉！""元首丛脞③哉！股肱惰哉！万事堕哉！"然则委弃股肱，独任胸臆，具体成理，非所闻也。

夫君臣相遇，自古为难。以石投水④，千载一合，以水投石，无时不有。其能开至公之道，申天下之用，内尽心膂⑤，外竭股肱，和若盐梅⑥，固同金石者，非惟高位厚秩，在于礼之而已。昔周文王游于凤凰之墟，袜系解，顾左右莫可使者，乃自结之。岂周文之朝尽为俊乂⑦，圣明之代独无君子者哉？但知与不知，礼与不礼耳！是以伊尹⑧，有莘之媵臣；韩信，项氏之亡命。殷汤致礼，定王业于南巢，汉祖登坛，成帝功于垓下。若夏桀不弃于伊尹，项羽垂恩于韩信，宁肯败已成之国，为灭亡之虏乎？又微子，骨肉也，受茅土于宋；箕子，良臣也，陈《洪范》于周，仲尼称其仁，莫有非之者。《礼记》称："鲁穆公问于子思曰：'为旧君反服，古欤？'子思曰：'古之君子，进人以礼，退人以礼，故有旧君反服之礼也。今之君子，进人若将加诸膝，退人若将队诸渊。毋为戎首，不亦善乎，又何反服之礼之有？'"齐景公问于晏子曰："忠臣之事君如之何？"晏子对曰："有难不死，出亡不送。"公曰"裂地以封之，疏爵而待之，有难不死，出亡不送，何也？"晏子曰："言而见用，终身无难，臣何死焉？谏而见纳，终身不亡，臣何送焉？若言不见用，有难而死，是妄死也；谏不见纳，出亡而送，是诈忠也。"《春秋左氏传》曰："崔杼弑齐庄公，晏子立于崔氏之门外，其人曰：'死乎？'曰：'独吾君也乎哉！吾死也？'曰：'行乎？'曰：'吾罪也乎哉！吾亡也？故君为社稷死，则死之；为社稷亡，则亡之。若为己死，为己亡，非其亲昵，谁敢任之？'门启而入，枕尸股而哭，兴，三踊而出。"孟子曰："君视臣如手足，臣视君如腹心；君视臣如犬马，臣视君如国人；君视臣如粪土，臣视君如寇仇。"虽臣之事君无二志，至于去就之节，当缘恩之厚薄，然则为人主者，安可以无礼于下哉？

【译文】

贞观十四年，特进魏徵上书说：

为臣听说国君就像是一个人的脑袋，大臣就像是一个人的四肢，只有同心协力地配合起来，才能构成一个人的整体。缺少任何一部分，都不能算是一个完整的人。脑袋虽然高贵重要，但必须有四肢的配合，才能成为一个整体。国君虽然英明，但必须依靠大臣的辅佐才能把国家治理好。《礼记》上说："百姓把国君看成是自己的心，国君把百姓看成是自己的体，内心端正，身体才会舒畅健康，内心肃穆，面容才会恭敬。"《书经》上说："国君英明！大臣贤良！百姓安康！"又说："国君无能，大臣懒惰，万事不成！"所以，国君抛开大臣而独断专行地把国家治理得很有条理，这样的事从来没有听说过。

君臣要配合协调相得益彰，自古以来就是一件难事。就像把石头投进水中，让石头顺从流水，千年才能碰上一回；而让流水顺从石头，则时刻都在发生。君臣能够秉持公正的道义，让天下人才发挥各自的才能，国君在内尽心尽力，大臣在外竭力辅佐，二者融洽得就像汤中的盐和梅，坚固得就像金石一样。达到这样的境界，不是靠高官厚禄，而在于以礼相待。过去周文王游凤凰台时，系袜的带子开了，他看了看周围的人没有一个可以使唤的，便自己把袜带系好了。难道周文王的朝臣全都贤良，而今天的圣明时代倒没有君子吗？只不过是了解不了解，礼遇不礼遇罢了。伊尹是有宰国的陪嫁之臣，韩信是从项羽手下逃亡的大将，商汤给伊尹以礼遇，在伊尹的帮助下，成就了帝业。如果夏桀不嫌弃伊尹，项羽施恩于韩信，难道会丧失已成之国而做亡国之虏吗？还有微子，他是商纣王的骨肉同胞，武王灭商以后受封于宋；箕子是位良臣，为周武王陈述《洪范》，孔子称赞他的仁德，没有人不赞成。《礼记》上说："鲁穆公问子思：'被放逐的朝臣，仍为原来的君主服丧，古来有这种情况吗？'子思说：'古代的君主，用人时以礼相待，辞退时也以礼相待，所以虽不在朝，仍有为君主服丧的礼仪。然而现在的君主，用人时恨不得搂在怀里，辞退时恨不能推下深渊。不兴兵讨伐他就不错了，还谈得上什么服丧之礼？'"齐景公问晏子："忠臣是如何对待君主的？"晏子说："君主有难不以身殉，君主流亡不相送。"齐景公说："君主为臣子分封土地，加官晋爵，为什么臣子要这样对待君主呢？"晏子说："忠臣的建议被采纳，君主就会终身无难，忠臣还为谁而死呢？忠臣的规劝被接受，君主就会终身太平，臣子又去

为谁送行呢？如果忠言不被采纳，有难而死，这是妄死；如果臣子不进献良言，等君主死了去相送，那是虚伪的忠诚。”《春秋左氏传》上说：“崔杼杀死了齐庄公，晏子站在崔府大门外，有人问他：‘齐庄公死了吗？’晏子说：‘难道只是我的君主死了吗，我也死了。’那人又问：‘送别了吗？’晏子说：‘是我的罪吗？君主为了国家而死，我也会跟着死。如果君主是为了自己死的，不是他的亲戚，谁会为他痛哭，为他而死呢？’于是开门而入，抱着齐庄公的尸体痛哭，过后，又站起来大步离去。”孟子说：“君主把臣子看成手足，臣子就会视君主如心腹；君主把臣子看作犬马，臣子就会把君主视作陌路人；君主把臣子看作粪土，臣子就会把君主视作仇敌。”虽然臣子对待君主没有二心，至于进退的礼节，应当以君主对臣子的恩德而定，然而作为君主，怎么可以对臣下无礼呢？

【注释】

①元首：本文指人的头。

②容敬：容仪端庄。

③丛脞：细碎，无雄才大略。

④以石投水：把石头投到水中，遇不到什么阻逆。借喻君臣关系协调。

⑤心膂：本文指聪明才智和浑身力气。

⑥盐梅：盐味咸，梅味酸，皆为调味所需。比喻国家需要各种人才。也用来赞美做宰相的人。

⑦俊乂(yì)：有才德的人。

⑧伊尹：商初大臣。名伊，尹是官名。一说名挚。传说奴隶出身，原为有莘氏女的陪嫁之臣。汤用为“小臣”，后来任以国政。帮助汤攻灭夏桀。汤去世后，历佐卜丙(即外丙)、仲壬二王。仲壬死后，其侄太甲当立，他篡位自立，放逐太甲；七年后，太甲潜回，把他杀死。一说仲壬死后，由太甲即位，因太甲破坏商汤法制，不理国政，被他放逐，三年后太甲悔过，又接回复位。死于沃丁时。

【原文】

窃观在朝群臣，当主枢机之寄者，或地邻秦、晋，或业与经纶[①]，并立事立功，皆一时之选，处之衡轴[②]，为任重矣。任之虽重，信之未笃，则人或自疑。人或自疑，则心怀苟且。心怀苟且，则节义不立。节义不立，则名教不兴。名教不兴，而可与固太平之基，保七百之祚，未之有也。又闻国家重惜功臣，不念旧恶，方之前圣，一无所间。然但宽于大事，急于小罪，临时责怒，未免爱憎之心，不可以为政。君严其禁，臣或犯之，况上启其源，下必有甚，川壅而溃，其伤必多，欲使凡百黎元，何所措其手足？此则君开一源，下生百端之变，无不乱者也。《礼记》曰：“爱而知其恶，憎而知其善。”若憎而不知其善，则为善者必惧；爱而不知其恶，则为恶者实繁。《诗》曰：“君子如怒，乱庶遄沮，”然则古人之震怒，将以惩恶，当今之威罚，所以长奸。此非唐、虞之心也，非禹、汤之事也。《书》曰：“抚我则后，虐我则仇。"荀卿子曰："君，舟也，民，水也。水所以载舟，亦所以覆舟。"故孔子曰："鱼失水则死，水失鱼犹为水也。"故唐、虞战战栗栗，日慎一日。安可不深思之乎？安可不熟虑之乎？

【译文】

"我私下观察在朝身任要职的众大臣，有的是在西北地区担任过边防的重臣，有的是在朝廷参与朝政的要员。他们都建功立业，功勋卓著，都是当代优秀的人才。他们处在最关键的重要地位，责任非常重大。朝廷给他们的责任虽然重，但对他们的信任却不深。这样就会使人有时产生疑虑，有疑虑就会怀有得过且过的态度，怀有得过且过的态度，就树立不起忠君报国的节义，节义树立不起来，纲常名教就不能振兴，名教不能振兴，而想巩固太平基业，保住七百年的大唐国运，是不可能的事。我又听说国家爱惜功臣，对他们过去的过错不在计较。这与以前圣明的国君所做的没有什么区别。但是陛下对大事宽大，对小过错反而严厉处理，有时发脾气训斥人，不免带有偏见。这样是不能处理好朝政的。国君法令严厉，还有些臣子敢于触犯，更何况在上位的人带头违犯，下面就更加不可收拾了。就像河水冲垮堤坝，泛滥成灾，伤害的人一定很多。那黎民百姓又该怎么办呢？这就是说，国君开启了一个弊端，下面就会出现一百个弊端，这样一来，天下就没有不乱的地方。《礼记》上说："喜欢一个人要知道他的缺点，不喜欢的人要知道他的优点。"如果憎恶一个人就抹杀了他的优点，那么做善事的人一定会产生恐惧情绪；如果喜爱一个人就包庇他的缺点，那么做坏事的人就会越来越多。《诗经》上说："国君如果发起怒来，作乱者就会很快收敛。"然而，古人的震怒，是为了惩处邪恶的人，当今的严厉惩罚，却助长了奸邪的风气。这不是尧、舜那样圣明君主的本意，也不是禹、汤那样贤明的国君所应该做的事。《尚书》中说："爱抚我的人就是我的国君，残暴地对待我的人就是我的仇人。"荀子说："君主是船；百姓是水。水可以载船，也可以覆船。"所以孔子说："鱼失去了水就会死，水里没有了鱼还是水。"所以，尧、舜这样圣明的君主总是小心翼翼地治理国家，一天比一天谨慎。因此，治理国家怎么可以不深思？怎么可以不熟虑呢？

【注释】

①经纶：整理丝缕。引申为处理国家大事。也指政治才能。

②衡轴：本文指中枢岗位。

【原文】

夫委大臣以大体①，责小臣以小事，为国之常也，为治之道也。今委之以职，则重大臣而轻小臣；至于有事，则信小臣而疑大臣。信其所轻，疑其所重，将求至治，岂可得乎？又政贵有恒，不求屡易。今或责小臣以大体，或责大臣以小事，小臣乘非所据，大臣失其所守，大臣或以小过获罪，小臣或以大体受罚。职非其位，罚非其辜[②]，欲其无私，求其尽力，不亦难乎？小臣不可委以大事，大臣不可责以小罪。任以大官，求其细过，刀笔之吏，顺旨承风，舞文弄法，曲成其罪。自陈也，则以为心不伏辜；不言也，则以为所犯皆实。进退惟谷，莫能自明，则苟求免祸。大臣苟免，则谲诈萌生。谲诈萌生，则矫伪成俗。矫伪成俗，则不可以臻至治矣。

【译文】

“让大臣负责国家大事，让小臣负责具体的小事，这是治国的普遍道理，也是处理政务的正确法则。现在委任职权时，却是重视大臣而轻视小臣，遇到事情时，又轻信小臣而怀疑大臣。这是信任自己所轻视的而怀疑自己所重视的。这种做法，怎么能实现天下大治呢？再者，朝政贵在有稳定的规范，不能经常变化。现在有时责令小臣办大事，有时又责令大臣去管理小事，小臣处在他不该占据的位置，而大臣又失去他应当担当的职责。大臣或者因为小过错而获罪，小臣或者因为大事故而受罚。职责和职位不相符合，所惩罚的事情，不属于他们各自的职责。要求他们没有私心，竭尽全力，岂不是很难吗？小臣不可以让他们做大事，对大臣不能因为小过错就治罪。给予很高的职位，追究细小的罪过，于是那些刀笔小吏就会顺着陛下的旨意，捕风捉影，舞文弄法，曲成其罪。大臣为自己辩解表白，就认为他是不肯服罪；不辩解表白，就以为都是事实。真是进退两难，不能自己分辨，于是只好苟且免祸。大臣苟且免祸就会谲诈萌生，谲诈萌生就会虚伪成风，虚伪成风就不能实现天下大治啊！

【注释】

①大体：本文指重要的，关系大局的事情。

②辜：罪。

【原文】

又委任大臣，欲其尽力，每官有所避忌不言，则为不尽。若举得其人，何嫌于故旧。若举非其任，何贵于疏远。待之不尽诚信，何以责其忠恕哉！臣虽或有失之，君亦未为得也。夫上之不信于下，必以为下无可信矣。若必下无可信，则上亦有可疑矣。《礼》曰：“上人疑，则百姓惑。下难知，则君长劳。”上下相疑，则不可以言至治矣。当今群臣之内，远在一方，流言三至而不投杼者[①]，臣窃思度，未见其人。夫以四海之广，士庶之众，岂无一二可信之人哉？盖信之则无不可，疑之则无可信者，岂独臣之过乎？夫以一介庸夫结为交友，以身相许，死且不渝，况君臣契合，寄同鱼水。若君为尧、舜，臣为稷、契②，岂有遇小事则变志，见小利则易心哉！此虽下之立忠未有明著，亦由上怀不信，待之过薄之所致也。岂君使臣以礼，臣事君以忠乎！以陛下之圣明，以当今之功业，诚能博求时俊，上下同心，则三皇可追而四，五帝可俯而六矣。夏、殷、周、汉，夫何足数！"

太宗深嘉纳之。

【译文】

朝廷任命大臣，都是想让他们竭尽全力。而大臣却有所避讳不敢讲话，这就叫未尽全力。如果选拔的官员得当，即使是故旧又有什么关系。如果选拔的官员不得当，即是关系疏远也不算可贵。自己不给予别人充分的信任，又怎能要求别人忠恕呢？臣子虽然有时会犯过错，可是国君如此对待也不算得当！皇上既然对臣下不信任，那么必然认为臣下无可信之处。如果臣下都不值得信任，那么皇上必然也有让人可疑的地方。《礼记》上写道："地位高的人互相猜疑，那么百姓就感到无所适从；臣子言行莫测，那么国君就会不放心。"国君与臣子之间互相不信任，就谈不上天下大治了。如今诸位臣子天各一方，相距遥远，对于三番五次的谣言而不信以为真的人，据我所知还未曾有过。我国疆域辽阔，人口众多，难道连一两个值得信赖的人都没有

吗？用信任的态度去选择人，就没有绝对不能用的人；用怀疑的态度去选择人，就选不到信得过的人，难道这只是臣子的过失吗？即使普通人，一旦结为朋友，都可以用生命来报答，纵然死也不会改变，更何况君臣之间默契得如同鱼和水的关系呢。如果国君像尧、舜那样，臣子像稷、契一样，怎么会有遇到小的事情就改变志向，碰到小的利益就变心的道理呢？这虽然是由于臣下不够忠心耿耿，也是由于国君心怀猜疑、对待下属过于苛求的缘故造成的。这怎么谈得上君以礼待臣、臣以忠事君呢？凭陛下的聪明才智和现在的成就，要是能诚恳广泛地寻求贤能的人，君臣同心

同德，就会天下大治，就可以与三皇五帝相提并论了。夏、商、周、汉，又算得了什么！"太宗十分赞许并采纳了这个意见。

【注释】

①流言三至而不投杼者：杼，织布的梭子。这句话出自这样一段史实：秦甘茂告诉秦王说："鲁人有与曾参同姓名者杀人，有人把这件事告诉了曾参的母亲，其母正织着布，听后泰然自若。后来第三次有人来报告这个消息，其母扔下梭子，越墙而走。臣之贤赶不上曾参，王之信不如曾母，怀疑臣的人也不止三个人，臣恐怕大王"'投杼'啊。"借喻流言经多次重复就会令人相信。

②稷、契：稷，古代主管农事的官。契，传说中商的始祖，曾助禹治水有功，被舜任为司徒，掌管教化。

【原文】

贞观十六年，太宗问特进魏徵曰："朕克己为政[1]，仰企前烈[2]。至于积德、累仁、丰功、厚利，四者常以为称首[3]，朕皆庶几[4]自勉。人苦不能自见，不知朕之所行，何等优劣？"徵对曰："德、仁、功、利，陛下兼而行之。然则内平祸乱，外除戎狄[5]，是陛下之功。安诸黎元，各有生业，是陛下之利。由此言之，功利居多，惟德与仁，愿陛下自强不息，必可致也。"

【译文】

贞观十六年，太宗问特进魏徵："我克制个人的私欲，仰慕效法前代圣贤。至于积德、累仁、丰功、厚利，我时常把他们放在首位，用于勉励自己。世上每个人都苦于不能全面的了解自己，不知这四个方面，我哪些做得好哪些做得差呢？"魏徵回答说："德、仁、功、利四个方面，陛下都在做。在我看来，陛下对内平定各种祸乱，对外消灭了戎狄对边疆的威胁，这是陛下的功劳。安抚百姓，使他们生活有依靠，这是陛下的功德。从这方面看，陛下的功利占了多数，只是德与仁这两方面，希望陛下自强不息，必定可以做到。"

【注释】

①克己为政：克制自己的私欲，努力治理朝政。

②仰企前烈：仰慕效法前代圣贤。

③称首：做为首要之务。

④庶几：也许可以。表示希望。

⑤戎狄：泛指边远地区的少数民族。

【原文】

贞观十七年，太宗谓侍臣曰："自古草创之主，至于子孙多乱，何也？"司空[1]

房玄龄曰：“此为幼主生长深宫，少居富贵，未尝识人间情伪，治国安危，所以为政多乱。”太宗曰：“公意推过于主，朕则归咎于臣。夫功臣子弟多无才行[2]，藉祖父资荫遂处大官，德义不修，奢纵是好。主既幼弱，臣又不才，颠而不扶，岂能无乱？隋炀帝录宇文述在藩之功，擢化及[3]于高位，不思报效，翻行弑逆[4]。此非臣下之过欤？朕发此言，欲公等戒勖子弟，使无愆过，即家国之庆也。”太宗又曰：“化及与玄感[5]，即隋大臣受恩深者子孙，皆反，其故何也？”岑文本对曰：“君子乃能怀德荷恩，玄感、化及之徒，并小人也。古人所以贵君子而贱小人。”太宗曰：“然。”

【译文】

贞观十七年，唐太宗对侍臣说：“从古以来，朝政从草创之主传到子孙手中，大多成了乱政，这是什么原因？”司空房玄龄说：“这是由于太子从小生长在宫里，过着荣华富贵的生活，不能识别人间的真假以及国家安危的道理，所以他们一旦坐上国君的位置，就容易发生祸患，甚至国破家亡。”太宗说：“你把亡国的过错归于幼主，我却把它怪罪于大臣。王公大臣的子弟大多数品行不端，没有才能，全凭借前辈的功劳做大官，不注意加强品德修养，一味放纵奢侈。国君年小懦弱，臣子又没有才德，国家危险而不去辅佐，国家焉能不乱？隋炀帝为表彰宇文述的功劳，提拔他的儿子宇文化及做高官，宇文化及不但不报恩，反而杀害了国君，这不是做臣子的过错吗？我这样说，是想让你们勉励告诫子弟，使他们不要重蹈覆辙，这就是国家值得庆贺的事呀。”太宗又说：“宇文化及和杨玄感，都是受隋朝恩惠最多的大臣子孙，可他们却都造反了，是什么原因呢？”岑文本回答说：“凡是品德高尚的君子都能永远记住别人的恩德并知恩图报，但玄感、化及都是小人。这是古人之所以尊敬君子而轻视小人的原因。”太宗说：“你说的对！”

【注释】

①司空：唐时司空为大臣崇高的虚衔。

②才行：才能德义。

③化及：即宇文化及。隋相宇文述之子，为右屯卫将军。武德初，杀炀帝于江都，立秦王浩。后又杀浩自立，称许帝。二年，窦建德破宇文化及于聊城，将他杀死。

④弑逆：杀君、反叛。

⑤玄感：即杨玄感。隋相杨素之子，曾为大将。大业九年，起兵黎阳，围东都。隋主命宇文述等讨伐他，后被杀死。

史鉴新得

用人如器应辨才

论君臣鉴戒，重点是以历史为镜子，引用历史上的经验教训，来说明“君臣本同治乱，共安危，若主纳忠谏，臣进直言，斯故君臣合契，古来所重”的道理。唐太宗从多方面引用历史事件，提醒臣下竭尽为臣之道；魏徵等大臣也以历史鉴戒，要唐太宗做一位善始善终的有道明君，要他看清“首虽尊高，必资手足以成体，君虽明哲，必藉股肱以致治”的道理。其中对于孟子“君视臣如手足，臣视君如腹心。君视臣如犬马，臣视君如国人。君视臣如粪土，臣视君如寇仇。”的名言进行引用，认为“臣之事君无二志，至于去就之节，当缘恩之厚薄”，蕴涵了深刻的哲理。

联系实际来说，一个企业要发展，领导和下属就像“君”与“臣”的关系一样，必须群策群力，互相监督，互相借鉴，形成上下一心、互相促进、共同提高的企业风气。如果仅仅依靠一方面的力量，领导事必躬亲，下属懒散怠慢，得过且过；或下属兢兢业业，领导不闻不问，都不能使企业成为一个有凝聚力的整体。另外，不论是企业的领导还是下属员工，都应该具备丰富且广博的历史知识，能够从前人的经验教训中及时总结，“以史为镜”。

这一章节中对于“大臣大用”与“小臣小用”的论述非常精辟。所谓“大材小用”是指企业中一种将高级人才“小用”的现象。所谓“小材大用”则是指企业中一种将某些低水平、低能力的人员“大用”、“重用”的现象。

有一句歇后语，“庞统当知县——大材小用”。周瑜病死后，鲁肃向孙权推荐庞统，孙权不用他。鲁肃就推荐庞统去投奔刘备，庞统没有交出鲁肃及诸葛亮的荐举信，以致刘备大材小用，误任他为耒阳县令。庞统不悦，他到了任上，“不理政事，终日饮酒为乐，一应钱粮词讼，并不理会。”刘备得知，特派张飞去荆南诸县巡视。庞统衣冠不整，扶酒而至。张飞见状大怒，“汝焉敢尽废县事？”庞统佯笑曰：“百里小县，些小公事，何难断决？”当着张飞的面处理积压的公文，曲直分明，并无分毫差错。不到半日，将百余日之事尽断了毕。张飞回去细说庞统之才，刘备顿悟，遂拜庞统为副军师中郎将。庞统的才华出类拔萃，与诸葛亮并称“卧龙”、“凤雏”。而刘备只让他做了个小小县令，对这种“大材小用”的任用，庞统自然怀有不满，实际上这是一种人才的浪费。

关于大材小用的危害，著名管理学家理查·柯乃洛曾说过："将小问题交到'解决大问题'的人的手里，比之将大问题交到'解决小问题'的人的手里还要糟。将小问题交给'解决大问题'的人物，他们必将厌烦乏味，不仅把兴趣转移到别的方面，而且还会离你而去，那就等于糟蹋人才。"

在我们的企业管理中，也经常有这样的现象：真正有能力的人怀才不遇，做着非常琐碎基础的工作，而那些才干平庸的人却被委以重任、呼风唤雨，论资排辈、任人唯亲等观念在一些人的头脑中作怪。对"大臣"求全责备，斤斤计较，对"小臣"则估量过高，最终一事无成，这就造成了"大材小用"与"小材无用"的结果。

以美国王安公司为例，这家公司从一间单人经营的工厂发展成为拥有 30 多亿美元资本、3 万多名员工、在国际上享有盛誉的、生产全套电子计算机设备的跨国公司，在 20 世纪 90 年代初却提出了破产保护申请。王安公司由盛及衰的原因之一就在于用人不当——小材大用。王安身为华裔，像大多数移居海外的华人一样，望子成龙意识相当强烈。虽然王安生活在市场经济相当发达的美国，但他却执意把公司大权交给大儿子王列，而不管其子是否具备这种才能或者是否有这方面的培养前途。1986 年 11 月，36 岁的王列被其父委任为公司总裁，此举使数名追随王安多年的老干部愤然辞职，使其公司管理层元气大伤。王列的工作表现平庸，但由于王安的支持，加之王安健康状况恶化，王列成为自然的接班人。这位公子第一次以代主席身份代父主持董事局会议时，根本就不知道公司发生了什么事情。当时公司已出现财务危机，王列却大谈其他风马牛不相及之事，令董事局对他大失信心。加之王列接班，使公司内部公平与效率原则丧失殆尽，员工们的工作热情锐减，公司的财政状况由不佳变为恶劣。公司在 1987—1988 年度的亏损额已达 4.24 亿美元。成为王安公司走向衰败的转折点。

因此，从用人者的角度看，应善于把握一个人的能力大小和擅长领域，从而给他一个合适的职位。小材大用，大材小用，都不是理想的用人之策，唯有因才施用，才能发挥人的最大能量。

择官第七

【题解】

《择官》这一篇在强调帝王任人唯贤、敢于采纳谏诤的基础上，具体论述了如何用人，如何合理分配官职等问题，进一步阐述了"致安之本，惟在得人"的治国思想。官吏担负管理百姓的职责，任用不当，就会祸国殃民。太宗强调选择官吏要德才兼备，并特意精简官员人数，这也是贞观年间天下大治的重要原因之一。

【原文】

贞观元年，太宗谓房玄龄等曰："致治之本，惟在于审[1]。量才授职，务省官员。故《书》称：'任官惟贤才。'又云：'官不必备，惟其人。'若得其善者，虽少亦足矣；其不善者，纵多亦奚为[2]？古人亦以官不得其才，比于画地作饼，不可食也。《诗》曰：'谋夫孔多，是用不就。'又孔子曰：'官事不摄，焉得俭？'且'千羊之皮，不如一狐之腋[3]。'此皆载在经典，不能具道。当须更并省官员，使得各当所任，则无为而治矣。卿宜详思此理，量定庶官员位。"玄龄等由是所置文武总六百四十员。太宗从之，因谓玄龄曰："自此倘有乐工杂类，假使术逾侪[4]辈者，只可特赐钱帛以赏其能，必不可超授官爵，与夫朝贤君子比肩而立，同坐而食，遣诸衣冠以为耻累[5]。"

【译文】

贞观元年，唐太宗对房玄龄等人说："治理国家的根本在于审慎。要根据一个人能力的大小授予官职，务必使官员人数精简。所以《尚书》说：'只选取贤良和有才能的人做官。'同时《尚书》还说：'官员不在多，在于用人得当。'如果任用了好官，尽管人数不多也可以让天下得到治理；用了不好的官，人数再多又有什么用呢？古人说不根据才能选择官员，就像在地上画饼不能充饥一样。《诗经》有句话：'参谋的人如果多了，决策的时候反而不知所从。'孔子说：'官员不处理政务，官吏怎么会得到精简呢？'孔子还说：'一千头羊的皮，不如一只狐狸的毛。'这些至理名言都载入史册，数不胜数。现在应当审查官吏，让他们都能够发挥各自的作用，那么国家就可以无为而治了。你应该仔细考虑一下这个问题，确定官员的人数。"房玄龄等人于是拟定出文武官员共六百四十人，唐太宗接受了这个数额，并对房玄龄说："从今以后，如果谁有音乐、杂艺等一技之长，超过一般人的，只可以赏赐给他们钱财丝帛，一定不可奖赏过度，授予他们官职。从而让他们和朝廷的栋梁之才并肩而站，同桌而食。致使绅士、大夫引以为耻。"

【注释】

①审：审察。

②奚为：奚，疑问词。奚为即有何用处。

③腋：狐腋下的皮毛，纯白珍美。

④侪(chái)辈：同辈，同一类的人。

⑤耻累：负担，包袱，拖累。

【原文】

贞观二年，太宗谓房玄龄、杜如晦曰："公为仆射①，当助朕忧劳，广开耳目，求访贤哲。比闻公等听受辞讼②，日有数百。此则读符牒③不暇，安能助朕求贤哉？"因敕尚书省，细碎务皆付左右丞④，帷冤滞大事合闻奏者，关于仆射。

【译文】

贞观二年，唐太宗对房玄龄、杜如晦说："你们身为仆射，应当帮助我排忧解难，广开耳目，求访贤能之人。听说你们每天要处理几百件诉讼，这样整天阅读公文都来不及，怎么能够帮助我寻访贤才呢？"于是唐太宗下令尚书省把细碎的事情交给左右丞处理，只有冤案被延误应该奏请皇上这样的大事，才交给仆射处理。

【注释】

①仆射：唐时负责行政的尚书省最高长官，左，右仆射各一人。

②辞讼：诉讼状文。

③符牒：公文。

④左右丞：唐时尚书省仆射之下的官职。

【原文】

贞观二年，太宗谓侍臣曰："朕每夜恒思百姓间事，或至夜半不寐。帷恐都

督[①]、刺史[②]堪养百姓以否。故于屏风上录其姓名，坐卧恒看，在官如有善事，亦具列于名下。朕居深宫之中，视听不能及远，所委者惟都督、刺史，此辈实治乱所系[③]，尤须得人。”

【译文】

贞观二年，唐太宗对侍臣说：“我每天晚上都要思考百姓的事情，有时候到了深夜都无法入睡。害怕都督、刺史不能够体恤百姓，所以我就把他们的姓名写在屏风上，不管是坐着还是躺着都能够看到。如果哪位官员有好的政绩，也全都记录在他的名字下面。我居住在深宫之中，所见所闻都非常有限，治理国家所依靠的就是都督、刺史这些地方长官，他们的工作关系着国家的太平与动乱，尤其需要用人得当。”

【注释】

①都督：唐武德七年，改总管叫“都督”，掌督诸州兵，马、甲、械，粮廪等，总判府事。

②刺史：官名。隋初罢郡，以州统县，州的长官，除雍州称牧外，其余称刺史。唐时改郡为州则称刺史，改州为郡则称太守。

③治乱所系：关系国家的太平和动乱。

【原文】

贞观二年，太宗谓右仆射封德彝曰：“致安之本，惟在得人。比来命卿举贤，未尝有所推荐。天下事重，卿宜分朕忧劳，卿既不言，朕将安寄？”对曰：“臣愚岂敢不尽情，但今未见有奇才异能。”太宗曰：“前代明王使人如器，皆取士于当时，不借才于异代。岂得待梦傅说[①]，逢吕尚[②]，然后为政乎？且何代无贤，但患遗而不知耳！”德彝惭赧[③]而退。

【译文】

贞观二年，唐太宗对右仆射封德彝说：“天下太平的根本，在于得到合适的人才。近来我让你向我推荐人才，却不见你有所行动。天下的事情如此繁重，你应当为我分担忧虑，你不向我推荐贤才，那我又能向谁询问呢？”封德彝回答说：“下臣虽然不才，怎么敢不尽心尽力呢？只是现在我还没有发现出类拔萃的俊杰。”唐太宗说：“过去圣明的君主很善于使用人才，从众多的人才中选拔杰出者加以重用，不一味地依靠前朝的遗老遗少。哪里像商代的国君武丁在梦中见到了他以后的丞相傅说，周文王占卜到了将要辅佐他的姜太公，然后才开始治理国家呢？况且哪一个朝代没有贤才，恐怕是被遗漏不被发现罢了。”封德彝听后，惭愧地退了下去。

【注释】

①傅说(yuè):商代贤相。相传原是傅岩地方从事板筑的奴隶。商王武丁梦中得一圣人叫傅说,乃派人寻访,果得到傅说。传说被任为大臣,治理朝政。

②吕尚:本姓姜,名望,又称姜子牙。其祖原居东方,与禹一起治水有功,封于吕,遂从其封姓。传说,吕尚早年贫穷,曾在商都朝歌(今河南淇县)宰牛卖肉,虽有才华,然怀才不遇。后听说文王求贤,遂到渭水支流钓鱼,果为文王所赏识。民间常称他为"姜太公"。

③惭赧(nǎn):因羞愧而脸红。

【原文】

贞观三年,太宗谓吏部尚书杜如晦曰:"比见吏部择人,惟取其言词刀笔①,不悉其景行②。数年之后,恶迹始彰,虽加刑戮,而百姓已受其弊。如何可获善人?"如晦对曰:"两汉取人,皆行著乡闾③,州郡贡之,然后入用,故当时号为多士。今每年选集,向数千人,厚貌饰词,不可知悉,选司但配其阶品而已。铨简之理④,实所未精,所以不能得才。"太宗乃将依汉时法令,本州辟召,会功臣等将行世封事,遂止。

【译文】

贞观三年,唐太宗对吏部尚书杜如晦说:"我发现吏部选择官员,只看他文才是否出众,而不看他的道德品行。几年之后,这些人的劣迹渐渐败露,虽然对他们进行了处罚,但是对老百姓已经造成了伤害。那么,如何才能够选拔到优秀的官员呢?"杜如晦说:"西汉和东汉选择的官员,他们的美德闻名乡里,成为众人的楷模,然后他们被州郡推荐,最后才被任用,所以两汉以选拔人才出众而著称。现在每年所选的人才,多达数千人,这些人外表谨慎忠厚、言语巧加掩饰,不可能很全面地了解他们。吏部只能做到授予他们品级和职位而已。选补官员的规章制度,实在不够完善,所以不能得到真正的人才。"太宗于是打算依照两汉时的法令,改由各州郡推荐人才,但因为功臣等人将实行世袭封官授爵制,这件事就中止了。

【注释】

①刀笔:本文泛指文章。

②景行:崇高的德行。

③乡闾:即乡里。

④铨简之理:选补官员的规章制度。

【原文】

贞观六年,太宗谓魏徵曰:"古人云,王者须为官择人,不可造次①即用。朕今行一事，则为天下所观；出一言，则为天下所听。用得正人，为善者皆劝；误用恶人，不善者竞进。赏当其劳，无功者自退；罚当其罪，为恶者戒惧。故知赏罚不可轻行，用人弥须慎择②。”徵对曰：“知人之事，自古为难，故考绩③黜陟，察其善恶。今欲求人，必须审访其行。若知其善，然后用之，设令此人不能济事，只是才力不及，不为大害。误用恶人，假令强干，为害极多。但乱世惟求其才，不顾其行。太平之时，必须才行俱兼，始可任用。”

【译文】

贞观六年，唐太宗对魏徵说：“古人说，君王必须根据官职选择官员，不可以轻率地任命官员。现在我每做一件事情，都会被天下人看见；每说一句话，都会被天下人听见。用人得当，做善事的人就会受到鼓励；误用一个坏人，其他的坏人就会都来投机取巧。依据功劳行赏，无功之人自然会退却；根据罪过进行惩罚，作恶的人自然会受到警戒。所以赏罚都不可以轻易实行，用人特别要慎重选择。”魏徵回答说：“正确地了解一个人，自古以来就是很难的，所以用考察政绩的办法来观察人品善恶，决定升迁或是降职。现在要访求人才，必须审察他的品行。只有品行好，才可以任用。即使不能做成大事，那只是因为他的能力不够，不会造成大的危害；如果误用了坏人，倘若他又精明强干，那么危害就极大了。在天下大乱的时候，用人只求才能，不用过多地考虑品行。天下太平的时候，用人必须德才兼备，才可以任用。”

【注释】

①造次：鲁莽、轻率。
②弥须慎择：特别要慎重选择。
③考绩：考察政绩。

【原文】

贞观十一年，侍御史①马周上疏曰：“治天下者以人为本，欲令百姓安乐，惟在刺史、县令。县令既众，不可皆贤，若每州得良刺史，则合境苏息。天下刺史悉称圣意，则陛下可端拱岩廊之上，百姓不虑不安。自古郡守、县令，皆妙选贤德，欲有迁擢为将相,必先试以临人,或从二千石②入为丞相及司徒③、太尉④者。朝廷必不可独重内臣,外刺史、县令,遂轻其选。所以百姓未安,殆由于此。"太宗因谓侍臣曰:"刺史朕当自简择;县令诏京官五品已上,各举一人。"

【译文】

贞观十一年,侍御史马周上书说:"人才是治理好天下的根本。要想让百姓安居乐业,关键是选好刺史和县令。县令那么多,不可能都是贤才,如果每个州都能有一个好的刺史,那么整个州就可以安定繁荣了。如果全州的刺史都符合皇上的心意,那么陛下就可以高枕无忧,百姓就不用忧虑不能安居乐业了。自古以来,郡守、县令都是精心挑选德才兼备的人担任,打算提拔为将军或宰相的,一定先让他们做一段地方官进行考察,有的从郡州官员升为宰相、司徒或太尉。朝廷千万不要只注意皇帝身边大臣的选拔,而忽视州县两级主要官员的选拔。百姓不能安居乐业,恐怕与此有关。"于是太宗对侍臣说:"刺史由我亲自挑选,县令就由在京五品以上的官员每人推荐一人。"

【注释】

①侍御史:为御史台中的官员,主管审讯案件,弹劾百官。

②二千石:汉时称郡守为二千石。

③司徒:官名。西汉哀帝时,改丞相为大司徒,与大司空、大司马合称"三公"。东汉时改称司徒,与司空、太尉合称三公,历代相因。在汉代,大司徒(司徒)身居宰相要职,国有大事,三公共议。三国以后多以丞相掌握实权,司徒成为虚衔,授予有资望的大臣,无实职。

④太尉:武官名。秦朝时中央设太尉,掌全国军事,以后历代都设太尉,辅佐皇帝处置军政要事,掌握兵权。

【原文】

贞观十一年,治书侍御史刘洎以为左右丞宜特加精简,上疏曰:"臣闻尚书万机,实为政本①,伏寻此选,授任诚难。是以八座比于文昌②,二丞方于管辖,爰至曹郎,上应列宿,苟非称职,窃位兴讥。伏见比来尚书省诏敕稽停,文案壅滞,臣诚庸劣,请述其源。贞观之初,未有令、仆③,于时省务繁杂,倍多于今。而左丞戴胄、右丞魏徵并晓达吏方,质性平直,事应弹举,无所回避,陛下又假以恩慈,自然肃物④。百司匪懈⑤,抑此之由。及杜正伦续任右丞,颇亦历下。比者纲维不举,并为勋亲在位,器非其任,功势相倾。凡在官寮,未循公道,虽欲自强,先惧嚣谤⑥。所以郎中⑦予夺,惟事咨禀⑧;尚书依违⑨,不能断决。或纠弹闻奏,故事稽延,案虽理穷,仍更盘下。去无程限,来不责迟,一经出手,便涉年载。或希旨⑩失

情，或避嫌抑理。勾司[11]以案成为事了，不究是非；尚书用便僻为奉公，莫论当否。互相姑息，惟事弥缝。且选众授能，非才莫举，天工人代[12]，焉可妄加？至于懿戚元勋，但宜优其礼秩，或年高及耄，或积病智昏，既无益于时宜，当置之以闲逸。久妨贤路，殊为不可。将救兹弊，且宜精简尚书左右丞及左右郎中。如并得人，自然纲维备举，亦当矫正趋竞，岂惟息其稽滞哉！”疏奏，寻以洎为尚书左丞。

【译文】

贞观十一年，治书侍御史刘洎认为尚书左右丞应该格外慎重选任，于是上书说："我听说尚书政务繁重，对国家政务影响很大，因此尚书的任命确实是一件很不容易的事情。所以八座，即左右仆射被比喻为文昌星，左右二丞被比喻为管辖，至于曹郎，被比喻为天上的各个星宿，如果众官员不称职，滥用职权，就会遭到天下人非议。近来我发现尚书省连陛下的通令指示都不能及时发出，文件堆积如山。我虽然才能有限，但还是想向陛下分析一下弊病的根源。贞观初年，没有设置尚书令和仆射这些职位，当时尚书省政务繁杂，是现在的几倍。但是左丞相戴胄、右丞相魏徵二人断处有方，性格方正耿直，凡应弹动举荐之事，都不回避，陛下又施加恩德和仁慈于天下，这自然让百官肃然起敬。各部官吏没有懈怠的，就是这个原因。一直到杜正伦接任了右丞相一职，还是很有威信。可是后来国家的纲纪法规开始废弛，都是因为皇亲国戚占据了官位，他们的才能并不能胜任这些职位，并且还利用权势互相争斗。这使得官员们无可奈何，无法秉公办事，虽然他们想摆脱这种影响，却害怕被人诽谤。所以郎中的职权被剥夺了，凡事只知向上司禀报；尚书被别人的意图所左右，对政务不能决断，或者有意拖延办案的时间，案子虽然已经清楚了，但是还要下面再三盘查。要下面查案子却不规定期限，等到下面的人终于交差了，也不责备他们办事太拖沓。就这样一件案子一经审查，往往要拖上好几年的时间，或者审查的结果与实情不符，或者为了避免嫌疑故意歪曲事实。有关部门只求事情了解，根本不管情况是否属实。尚书省把皇亲国戚徇私舞弊当作理所当然之事，也不管是否问心无愧。就这样官官相护，彼此包庇纵容，风气越来越坏。官员应该由大家推举出来，只有有才能的人才可以被授以官职，君主治理国家是替天办事，官员所处理的事情也是上天委派的事情，怎么可以胡乱地交给别人去办理呢？至于皇亲国戚、开国元勋这些人，应该在礼仪上给予优厚的待遇，他们现在不是年事已高，就是体弱多病，已无法为国家效力，应该让他们处于闲职，很久以来，他们阻碍了后来者中贤能人才的选拔，这样对国家是非常不利的。要消除这种弊端，应当精简尚书左右丞和左右郎中。如果各个职位都能做到人尽其用，国家就可以纲纪严明，而且朝廷应当肃清风气，让那些为自己的利益奔波的蝇营狗苟之辈偃旗息鼓，只是改变臃肿无效的官僚机构还是不够的。”看过这篇奏书，唐太宗很是欣赏，不久就封刘洎为尚书左丞。

【注释】

①政本：施政的根本。
②文昌：星官名。
③令、仆：指尚书令和仆射。
④肃物：本文是整肃和顺的意思。
⑤匪懈：不敢懈怠。
⑥嚣谤：浮薄的诽谤。
⑦郎中：官名。唐代在六部各设四司，每司置郎中一人主事。
⑧咨禀：请示汇报。
⑨依违：犹豫不决，模棱两可。
⑩希旨：观望、顺从上司的旨意。
⑪勾司：审案的官吏。
⑫天工人代：指君主代天理物，官员所做的事都是天事。

【原文】

贞观十三年，太宗谓侍臣曰：“朕闻太平后必有大乱，大乱后必有太平。大乱之后，即是太平之运也。能安天下者，惟在用得贤才。公等既不知贤，朕又不可遍识①，日复一日，无得人之理。今欲令人自举，于事何如？”魏徵对曰：“知人者智，自知者明。知人既以为难，自知诚亦不易。且愚暗之人，皆矜能伐善②，恐长浇竞③之风，不可令其自举④。”

【译文】

贞观十三年，唐太宗对侍臣说：“我听说，太平之后必然天下大乱，大乱之后，必然又复归太平。大乱之后，即是太平之运。要想使国泰民安，只有任用贤才。你们既然不知道贤才，我又不可能一一加以考察，这样下去是永远得不到贤才的。现在我下令让人才自我推荐，你们看怎么样呢？”魏徵回答说：“了解别人的人聪明，了解自己的人明智。了解别人很不容易，了解自己就更为艰难。并且愚昧无知的人，都自以为了不起，时常打击比自己有才能的人。这样恐怕会助长世人攀比竞争的不良风气，我认为陛下不可这样做。”

【注释】

①遍识：一一考察。

②矜能伐善：以为自己有才能而忌恨别人。
③浇竞：轻浮地竞争。
④自举：自我举荐。

【原文】

贞观十四年，特进魏徵上疏曰：

臣闻知臣莫若君，知子莫若父。父不能知其子，则无以睦一家；君不能知其臣，则无以齐万国。万国咸宁，一人有庆，必藉忠良作弼，俊乂在官，则庶绩其凝，无为而化矣。故尧、舜、文、武见称前载，咸以知人则哲，多士盈朝①，元、凯②翼巍巍之功，周、召③光焕乎之美。然则四岳、九官、五臣、十乱④，岂惟生之于曩代⑤，而独无于当今者哉？在乎求与不求，好与不好耳！何以言之？夫美玉明珠，孔翠犀象，大宛之马⑥，西旅之獒⑦，或无足也，或无情也，生于八荒之表，途遥万里之外，重译入贡⑧，道路不绝者，何哉？盖由乎中国之所好也。况从仕者怀君之荣，食君之禄，率之以义，将何往而不至哉？臣以为与之为孝，则可使同乎曾参、子骞⑨矣；与之为忠，则可使同乎龙逄、比干矣；与之为信，则可使同乎尾生、展禽矣；与之为廉，则可使同乎伯夷、叔齐矣。

【译文】

贞观十四年，特进魏徵上书说：

我听说，了解臣子莫若君主，了解孩子莫若父亲。父亲不了解自己的孩子，就无法使家庭和睦；君主不了解自己的臣子，就不能治理国家。而要使天下太平，皇帝无忧无患，那就要忠臣辅佐。贤臣在朝就会政绩卓越，这样就可以无为而治了。所以尧、舜、文王、武王能名存千古，他们都有知人之明，使贤才汇聚于朝廷。舜派八凯管理农耕，制定历法，让八元散布教化，使国家内外归顺，建立了赫赫功业。周公、召公辅佐周成王成就一代帝业，美名传扬。难道'四岳'、'九官'、'五臣'、'十乱'这样的贤臣，只能生活在前朝，而当今唯独没有吗？这只是在于国君求与不求、喜好与不喜好而已。为什么这样说呢？像那些美玉明珠、孔雀翡翠、犀牛大象、大宛的宝马、西夷国的獒，它们不是没有手足，就是无情之物，出产在蛮荒的地方，离这里有万里之遥，但是还是有人源源不断地把这些东西带进来，为什么呢？是因为这里的人喜好它们罢了。况且做官的人都仰慕陛下的盛德，享受君主赐予的俸禄，如果君主用道义引导他们，他们怎么会不尽职尽责呢？我认为如果导之以孝，那么就可以使他们像孝子曾参、子骞那样加以重用；如果导之以忠，就可以把他们当作龙逄和比干那样的臣子而加以提拔；导之以信，就可使他们像尾生、展禽一样，导之以廉，就可以使他们像伯夷、叔齐一样。

【注释】

①盈朝：充满朝廷。
②元、凯：八元、八凯，传说为舜的贤臣。
③周、召：周，周公，名旦，武王之弟。召，召公，名奭，为周太保。二公曾辅成王。
④四岳、九官、五臣、十乱：均指古代传说中的著名贤臣。
⑤曩(náng 攮)代：从前的朝代。
⑥大宛之马：大宛，古代西域国名。汉武帝时，李广利破其国，得汗血马献于朝。
⑦西旅之獒(áo 熬)：西旅，西夷国。獒，大犬，武王时，西旅贡獒。
⑧重译入贡：指言语不通，借助翻译而献贡。
⑨曾参、子骞：曾参，字子舆。子骞，姓闵名损。二人都是孔子的弟子，以孝著称。

【原文】

然而今之群臣，罕能贞白卓异者，盖求之不切，励之未精故也。若勖之以公忠，期之以远大，各有职分，得行其道；贵则观其所举，富则观其所养，居则观其所好，习则观其所言，穷则观其所不受，贱则观其所不为；因其材以取之，审其能以任之，用其所长，掩[1]其所短；进之以六正，戒之以六邪，则不严而自励，不劝而自勉矣。

【译文】

然而今天的群臣，洁身自好、才能出众的人非常少有，恐怕是因为朝廷求贤之心不急切，没有鼓励劝勉他们的缘故。如果用公正忠诚去要求他们，用建功立业去激励他们，让他们各尽其职，各安其位，处高位看其举荐的人，身富则看其养育的人，闲居时看其所好，学习时看其言语，穷困时看其气节，卑贱时看其德行，量才录用，发挥他们的长处，克服他们的短处，用“六正”去勉励他们，用“六邪”去警戒他们，那么，即使不严厉地对待他们，他们自己也会振奋，不用苦口婆心地劝勉，他们也会自己努力。

【注释】

①掩(yǎn 眼)：掩盖，遮蔽。

【原文】

故《说苑》曰："人臣之行，有六正六邪。行六正则荣，犯六邪则辱。何谓六正？一曰萌芽未动，形兆未见，昭然独见存亡之机，得失之要，预禁乎未然之前，使主超然立乎显荣之处，如此者，圣臣也。二曰虚心尽意，日进善道，勉主以礼义，谕主以长策，将顺其美，匡救其恶，如此者，良臣也。三曰夙兴夜寐，进贤不懈，数称往古之行事，以厉主意，如此者，忠臣也。四曰明察成败，早防而救之，塞其间，绝其源，转祸以为福，使君终以无忧，如此者，智臣也。五曰守文奉法，任官职事，不受赠遗，辞禄让赐，饮食节俭，如此者，贞臣也。六曰家国昏乱，所为不谀，敢犯主之严颜，面言主之过失，如此者，直臣也。是谓六正。何谓六邪？一曰安官贪禄，不务公事，与世浮沉，左右观望，如此者，具臣①也，二曰主所言皆曰善，主所为皆曰可，隐而求主之所好而进之，以快主之耳目，偷合苟容②，与主为乐，不顾其后害，如此者，谀臣也。三曰内实险诐③，外貌小谨④，巧言令色，妒善嫉贤，所欲进，则明其美、隐其恶，所欲退，则明其过、匿⑤其美，使主赏罚不当，号令不行，如此者，奸臣也。四曰智足以饰非，辩足以行说，内离骨肉之亲，外构朝廷之乱，如此者，谗臣也。五曰专权擅势，以轻为重，私门成党，以富其家，擅矫主命，以自贵显，如此者，贼臣也。六曰谄主以佞邪，陷主于不义，朋党比周，以蔽主明，使白黑无别，是非无间，使主恶布于境内，闻于四邻，如此者，亡国之臣也。是谓六邪。贤臣处六正之道，不行六邪之术，故上安而下治。生则见乐，死则见思，此人臣之术也。"《礼记》曰："权衡诚悬，不可欺以轻重。绳墨诚陈，不可欺以曲直。规矩诚设，不可欺以方圆。君子审礼，不可诬以奸诈。"然则臣之情伪，知之不难矣。又设礼以待之，执法以御之，为善者蒙赏，为恶者受罚，安敢不企及乎？安敢不尽力乎？

国家思欲进忠良，退不肖，十有余载矣，徒闻其语，不见其人，何哉？盖言之是也，行之非也。言之是，则出乎公道，行之非，则涉乎邪径。是非相乱，好恶相攻。所爱虽有罪，不及于刑；所恶虽无辜，不免于罚。此所谓爱之欲其生，恶之欲其死者也。或以小恶弃大善，或以小过忘大功。此所谓君之赏不可以无功求，君之罚不可以有罪免者也。赏不以劝善，罚不以惩恶，而望邪正不惑，其可得乎？若赏不遗疏远，罚不阿亲贵，以公平为规矩，以仁义为准绳，考事以正其名，循名以求其实，则邪正莫隐，善恶自分。然后取其实，不尚其华，处其厚，不居其薄，则不言而化，期月而可知矣。若徒爱美锦，而不为民择官，有至公之言，无至公之实，爱而不知其恶，憎而遂忘其善，徇私情以近邪佞，背公道而远忠良，则虽夙夜不怠，劳神苦思，将求至理，不可得也。

书奏，甚嘉纳之。

【译文】

因此汉代刘向在《说苑》中写道："臣子的行为，表现为六正六邪。实行六正则臣子光荣，犯了六邪之罪则臣子耻辱。什么是六正呢？一是有先见之明，在事情还没有发生之前，臣子能够预见到得失存亡的利害，使君主免于祸患，永保江山稳固，这样的臣子，是圣臣。二是虚心进谏，劝告君主实行礼义，帮助君主成就善事，避免君主犯错误，这样的臣子，是良臣。三是废寝忘食，兢兢业业，不断地为朝廷举荐贤才，不断用古代圣贤的楷模来勉励君主，励精图治，这样的臣子，是忠臣。四是明察秋毫，防微杜渐，断绝祸患产生的根源，转危为安，使君主高枕无忧，这样的臣，是智臣。五是奉公守法，不收贿赂，谦让节制，这样的臣子，是贞臣。六是国家混乱，敢冒天下之大不韪，当面指出君主的过错，这样的臣子，是直臣。那么六邪是什么呢？一是贪得无厌，不务正业，苟且偷生，没有立场，这样的臣子，是具臣。二是认为君主说的话都是好的，君主的行为都是对的，只会趋炎附势，助长君主的逸乐，不顾严重后果，这样的臣子，是谀臣。三是内心阴险，外表拘谨，八面玲珑，嫉贤妒能，要想提拔谁，就只说好的，隐瞒过失，要想排挤谁，就夸大他的缺点，掩盖他的优点，致使君王赏罚不明，下达的命令又不被执行，这样的臣子，是奸臣。四是凭着自己的机巧辩才，掩过饰非，对内离间骨肉之情，对外制造朝廷混乱，这样的臣子，是谗臣。五是专权霸道，不可一世，私结友党，聚敛财富，伪造君主的诏令，以显贵自居，这样的臣子，是贼臣。六是用邪道歪门迷惑君主，陷君主于不仁不义之境，蒙蔽君主，使他不辩是非曲直，臭名昭彰，这样的臣子，是亡国之臣。如果贤臣做到六正，避免六邪，那么朝廷就会安宁，国家也会太平。生为百姓造福，死后被人追忆思念，这就是为臣之道。"此外，《礼记》说："秤杆一提，物体的轻重就称出来了；绳墨一拉，曲直就显示出来了；规矩一比，方圆也就清楚了。有德之人都明白事理，不能妄说他们奸诈。"可见臣子尽忠与否，其实不难辨别，如果朝廷能够对他们以礼相待，以法约束，行善的能够加以褒奖，作恶的能够处以刑罚，他们怎么会不尽力呢？

朝廷想要提携忠正善良的大臣，贬斥不贤之臣，已经有十几年了，但是为什么没有落实呢？是因为只说不做。表面上是行公道，实际上行为不端。自己喜欢的人即使有罪，也不会受到处罚，自己不喜欢的人即使清白无辜，总会有罪名上身。这就是喜欢他就会使他存活，憎恨他就会将其置于死地。或者因为小小的过失而忘记巨大

的功劳，因小小的缺点而忽略良好的品行，所以君主不可以奖赏无功之人，君主的刑罚不可以漏掉有罪的人。赏赐的目的是为了鼓励善行，刑罚的目的是为了惩治恶迹，从而希望臣下明白忠奸正邪。如果赏赐时不忘被疏远的臣子，处罚时不庇护亲近的人，做到公平仁义，实事求是，那么邪恶就会无处藏身，善恶自然泾渭分明。崇尚质实，不慕虚华，观察官员是否仁厚，不到一个月就会清清楚楚。那些不诚实的臣子，他们的大公无私只表现在言语上而不落实在行动上，这样的官员是不会为民着想的。如果喜欢臣子，就对他们的缺点视而不见，厌恶他们就认为他们一无是处，被一己私欲驱使亲近奸邪的臣子，背离公正之道而疏远忠臣良将。一旦如此，即使夜以继日地为政务操劳，对治国也是于事无补。

看过奏书后，唐太宗欣然接受。

【注释】

①具臣：白吃饭的大臣。
②偷合苟容：装样子迎合讨好别人。
③险诐(bì)：邪恶不正。
④小谨：小心谨慎。
⑤匿：隐藏。

【原文】

贞观二十一年，太宗在翠微宫①，授司农卿②李纬户部尚书③。房玄龄是时留守京城。会有自京师来者，太宗问曰："玄龄闻李纬拜尚书，如何？"对曰："但云'李纬大好髭须'，更无他语。"由是改授洛州刺史。

【译文】

贞观二十一年，唐太宗在翠微宫加授司农卿李纬为户部尚书。房玄龄当时留守在京城任职。有个官员从京城来，唐太宗问他："房玄龄听说李纬出任尚书之后，有什么意见呢？"那个官员回答："只听到房玄龄说李纬喜欢留胡子，再没有其他评语。"唐太宗听后，改任李纬为洛州刺史。

【注释】

①翠微宫：在长安县，武德八年建，贞观十年废，贞观二十一年复修。
②司农卿：唐时掌仓储等事的官职。
③户部尚书：户部长官。

优化人才组合

《择官》这一篇在强调帝王任人唯贤、敢于采纳谏诤的基础上，具体论述了如何用人，如何合理分配官职等问题，进一步阐述了“致安之本，惟在得人”的治国思想。为了实施“公为仆射，当助朕忧劳，广开耳目，求访贤哲。”的原则，唐太宗下令尚书省把细碎的工作交给左右丞，以掌握好从中央到地方各级官吏的选拔、管理。他认为：“朝廷必不可独重内臣，外刺史、县令，遂轻其选。所以百姓未安，殆由于此。”

这一篇实际上强调的是工作整体部署与具体分配的问题。我们现在有些企业中仍然存在“扎堆干活”的现象，岗位分工不合理、职责范围不明确，导致企业内部人浮于事，不能各司其职，这对企业稳定发展非常不利。“择官”所体现的就是太宗皇帝善于整体布局、合理分配的管理才能，不仅“知人”，还要“善任”，最大限度地发挥每一个员工的潜力，达到优化整合的目的。在企业运营过程中，有些部门之间的工作职责是交叉进行的，如市场部门要负责产品的策划、调查、推广，销售部门要在充分掌握市场信息的基础上，制定有目的性的营销战略，这就需要高层领导者具备“择官”的战略性思想，合理精简，重新整合，避免臃肿庞大、权责不明、相互干扰制约的用人模式出现。另外，对于固定不变的岗位，要根据个人的实际情况随时进行调换、轮岗，以便更好地挖掘每一个员工的内在潜能。

日本的西武集团的掌门人堤义明晚年总结了一套影响自己一生的经验和教训，其中一条是“1+1=0”法则，这源于他 20 世纪 70 年代经营管理中的一个教训。20 世纪 70 年代中的一年，西武集团在加拿大多伦多创建了一家叫王子酒店的大型五星级酒店。对于这样一家豪华酒店，必然要有一个强有力的领导班子。委派谁去管理,无疑是一个重要问题。堤义明经过长时间考虑,决定从集团本部的三个部门各抽一名部长去任王子酒店的会长、社长和常务董事。 对于这三名部下,堤义明了如指掌,他们都是各自部门里独当一面的重量级人物,在西武可谓身经百战、屡建奇功,堤义明一向对他们相当器重。如不是多伦多王子酒店占据举足轻重的地位,堤义明也舍不得将这三员爱将放到海外。临行前,堤义明为他们设宴饯行。宴席上,其乐融融,觥筹交错,堤义明和许多人一样,相信他钦点的三员虎将此去一定会大展宏图,将西武的事业在海外发扬光大。只有西武化学社社长森田重光有些不以为然,甚至忧心忡忡不发一言。目光敏锐的堤义明发现了这一点,他想森田肯定有什么不同的想法。于是,悄悄告诉森田重光:宴会结束后请稍留步。宴会结束已晚,堤义明把森田重光请到了自己的办公室。他问森田重光在宴会上何以面色有异。森田重光直言不讳地说:“我认为您将那三人派到多伦多去经营王子酒店是完全不合适的。”森田重光说:“正是由于他们三个都是杰出的人才,所以我才觉得他们不合适。恕我直言,社长先生,您没注意到如何配搭他们,他们不但不能同心协力共同发挥作用,反而可能互相拆台,最终不可收拾。您知道,这三人都是集团三个部门的领导,一向在自己的业务范围内自己作主,他们最大的优点是有很强的创造性,缺点则是比较自以为是,拙于合作和协调。而现在您将他们三人绑在一起,就好像是三匹骏马各自都可以驰骋千里,追风逐月,但如果是把它们绑在一起去拉车,它们肯定还不如三条愚笨的牛管用。”堤义明觉得森田重光的话有些危言耸听,所以没有采纳他的建议。 两月后,多伦多酒店亏损的情况不断传来。堤义明这才觉得森田重光的预言是何等正确。堤义明很快召开集团高层会议,这次会议的中心议题就是更换多伦多酒店管理人员。多伦多王子酒店原社长被调回国内任另一家酒店社长。多伦多王子酒店新社长则由原来的会长出任,原常务董事则出任会长一职。也是两个月后,两家酒店的生意都空前兴隆,营业额提高到了原来的 1.5 倍。

现代企业管理的理论与实践都证明:合理的人才组合是企业人力资源规划的关键,也是一个企业能否对外发挥最大潜能的关键。合理的人才组合可以使人才个体在总体的引导和激励下释放出最大的能量,从而产生良好的组织效应。

封建第八

【题解】

分封制与郡县制，对于巩固中央政权各有利弊，历代争论不休。自秦朝之后，历代都以郡县制为主。贞观元年，太宗推行世袭刺史制，此后群臣多次争论，反对者日渐增多，太宗终于在贞观十三年废止了分封政策。

【原文】

贞观元年，封中书令[1]房玄龄为邗国公，兵部尚书[2]杜如晦为蔡国公，吏部尚书长孙无忌为齐国公，并为第一等，食邑实封一千三百户。皇从父[3]淮安王神通上言："义旗[4]初起，臣率兵先至，今玄龄等刀笔之人，功居第一，臣窃不服。"太宗曰："国家大事，惟赏与罚。赏当其劳，无功者自退；罚当其罪，为恶者咸惧。则知赏罚不可轻行也。今计勋行赏，玄龄等有筹谋帷幄、画定社稷之功，所以汉之萧何，虽无汗马[5]，指踪推毂[6]，故得功居第一。叔父于国至亲，诚无爱惜，但以不可缘私滥与勋臣同赏矣。"由是诸功臣自相谓曰："陛下以至公，赏不私其亲，吾属何可妄诉[7]。"初，高祖举宗正籍，弟侄、再从、三从孩童已上封王者数十人。至是，太宗谓群臣曰："自两汉已降，惟封子及兄弟，其疏远者，非有大功，如汉之贾、泽[8]，并不得受封。若一切封王，多给力役，乃至劳苦万姓，以养己之亲属。"于是宗室先封郡王其间无功者，皆降为县公。

【译文】

贞观元年，唐太宗封中书令房玄龄为邗国公，兵部尚书杜如晦为蔡国公，吏部尚书长孙无忌为齐国公，官品都列为一等，享受一千三百户的俸禄。太宗的堂叔淮安王李神通上奏道："在太原初举义旗时，我便带兵首先赶来响应，现在房玄龄这些舞弄文墨的人，却功居第一等，我私下不服。"太宗说："国家大事，只在赏罚。所赏的人和他的

功劳相当，无功的人自然退避不争，所罚的人和他的恶行相当，做坏事时人们才会感到畏惧。可知赏罚不能轻率施行。如今论功行赏，房玄龄等有运筹帷幄，安抚社稷的功勋，就像汉代的萧何一样，虽没有汗马战功，但能制订策略、推荐贤能，所以应该功居第一。叔父是国家至亲，要封赏我当然无所吝惜，但不能因为亲私关系就随意与功勋大臣同样封赏！”因此功臣们相互之间说：“陛下秉公封赏，不偏袒亲眷，我们怎么可以胡乱申诉猜疑呢。”当初，高祖把同宗子弟和三代之内的旁系弟侄分封为王的有几十人。太宗对臣下们说：“从两汉以来，只封子和兄弟，宗室中疏远的，除非有大功如汉代的刘贾、刘泽那样，否则一律不得受封。如果所有的宗室都封王，就会劳苦万民。”于是把郡王宗室中没有功劳的都降封为县公。

【注释】

①中书令：官名。在唐代，中书令地位很高，居其他二省(门下，尚书)长官之首。因此，没有特殊资望者不授此官，实际上任宰相者多仅授以中书或门下侍郎，同中书门下平章事。

②兵部尚书：官名。唐代确定六部之名为吏，户，礼，兵，刑、工，由六部尚书分掌政务。

③从父：父亲的兄弟，即伯父，叔父。

④义旗：隋大业十三年五月，高祖起兵太原，六月，传檄称义师，故称“义旗。”

⑤汗马：喻征战的劳苦，因称战功为汗马之劳。

⑥指踪推毂：指踪，打猎时指示兽所在处，以便追踪，毂，车轮，推毂即推车前进。指踪推毂喻运筹谋划，协助决策。

⑦妄诉：胡说乱道。

⑧汉之贾、泽：指汉高祖从兄弟刘贾，从祖昆弟刘泽。刘贾曾被封为荆王，刘泽被封为燕王，并为将军有功。

【原文】

贞观十一年，太宗以周封子弟，八百余年，秦罢诸侯，二世而灭，吕后欲危刘氏，终赖宗室获安，封建亲贤，当是子孙长久之道。乃定制，以子弟荆州都督荆王元景、安州都督吴王恪等二十一人，又以功臣司空赵州刺史长孙无忌、尚书左仆射宋州刺史房玄龄等一十四人，并为世袭刺史。礼部侍郎李百药[1]奏论驳世封事曰：

臣闻经国庇民，王者之常制[2]；尊主安上，人情之大方[3]。思阐治定之规，以弘长世之业，万古不易，百虑同归。然命历有赊促之殊[4]，邦家有治乱之异，遐观载籍，论之详矣。咸云周过其数[5]，秦不及期[6]，存亡之理，在于郡国。周氏以鉴夏、殷之长久，遵皇王之并建，维城磐石，深根固本，虽王纲弛废，而枝干相持，故使逆节不生，宗祀不绝。秦氏背师古之训，弃先王之道，践华恃险，罢侯置守，子弟无尺土之邑，兆庶罕共治之忧，故一夫号呼而七庙隳圮⑦。

【译文】

贞观十一年，太宗认为周朝实行分封诸侯的制度，执掌江山八百余年，秦朝废除了分封制度，只经历了两代就灭亡了。汉代吕后想篡夺汉室天下，最后靠刘姓宗室的力量获得安定。分封子弟的方法应该是子孙保全江山的最好办法。于是定下制度，分封子弟荆王元景、吴王属等二十一人为都督，功臣长孙无忌、房玄龄等十四人为刺史，并且世袭爵位。礼部侍郎李百药上书表示反对说：

我听说治理国家造福百姓，是历代帝王的一贯做法。尊重皇上使他高枕无忧，这是人之常情。考虑安定国家的方策，以开辟未来大业，这是所有帝王万古不变的想法。然而，王朝的命运有长有短，国家有治有乱，认真考察历代的典籍，对这个问题讲述得很详细。人们都说周朝的统治超过了他的命数，秦的统治还没达到他应该享有的期限，国家存亡的原因，是由于是否分封诸侯。周朝借鉴夏殷统治长久的经验，遵循前代的统治经验，实行皇帝与诸侯并存的制度，加强统治力量，注意保全根本，即使王道废弛，可是各个朝代统治祭祀却没有断绝。秦朝违背先王的遗训，舍弃先王的统治方法；倚仗华山一带地形险要，废除诸侯，只设置郡守。结果子孙没有一寸土地的封邑，百姓很难与之共处，所以陈涉揭竿起义，秦朝就迅速灭亡了。

【注释】

①李百药：字重规，定州人，幼时多病，祖母为他取名百药。贞观初年，官拜中书舍人，后迁礼部侍郎，复授右庶子。

②常制：成规，老例。

③大方：本文指根本的法则。

④赊促之殊：赊，长、远；促，短、近。赊促之殊即长短之别。

⑤周过其数：相传周成王卜定周世三十，历七百载，结果经历了三十七世，八百六十七年。所以说过其数。

⑥秦不及期：秦始皇欲传位万世，结果二世而亡。所以说不及期。

⑦隳(huī 灰)圮：毁坏坍塌。

【原文】

臣以为自古皇王，君临宇内①，莫不受命上玄②，册名帝录，缔构遇兴王之运，殷忧属启圣之期。虽魏武携养之资③，汉高徒役之贱④，非止意有觊觎，推之亦不能去也。若其狱讼不归，菁华⑤已竭，虽帝尧之光被四表，大舜之上齐七政，非止情存揖让，守之亦不可焉。以放勋、重华之德，尚不能克昌厥后，是知祚之长短，必在于天时，政或兴衰，有关于人事。隆周卜世三十，卜年七百，虽沦胥之道斯极，而文、武之器尚存，斯龟鼎之祚，已悬定于杳冥也。至使南征不返，东迁避逼，禋祀阙如，郊畿不守，此乃陵夷之渐，有累于封建焉。暴秦运距闰余，数终百六，受命之主，德异禹、汤，继世之君，才非启、诵，借使李斯、王绾之辈盛开四履，将闾、子婴之徒俱启千乘，岂能逆帝子之勃兴，抗龙颜之基命者也！

【译文】

我认为自古以来帝王统治天下，没有哪一个不是受命于天的。建邦立国是天命转移的缘故，心忧百姓是有道明君的高贵品德。即使资质像曹操这样的养子，身份像汉高祖那样的役徒，他们也不是有意夺取天下，即使想逃脱也逃脱不掉的。相反，像尧、舜这样的皇帝，像放勋、重化这样的德行，他们也守不住基业，不能永保国家兴隆。从这里可以看出，治远的长短，在于天时，政治的兴衰，在于人事。周代的统治卜算起来，已经历三十余代七百多年。虽然历经浮沉兴衰，但周代开国的宏大气象还存在，这些通过卜筮所展示的祥瑞的法果，早已在冥冥之中注定了。至于后来发生的一系列祸患，那是由于国运渐衰，灭亡的日子将至的缘故，与当时的分封没有太大关系。暴秦的运数，算起来有一百六十多年，是受命于天的君主，他的才德与禹、汤相去甚远，后来的继承者，才能也远远比不上启、涌。即使李斯，王绾等功臣，将闾、子婴诸子弟广受封土，列为诸侯，又怎能抗拒汉朝的兴起，阻止汉高祖称帝呢。

【注释】

①宇内：四海之内，泛指天下。
②上玄：上天，天帝。
③魏武携养之资：魏武帝曹操，其父嵩为汉中常侍曹腾的养子。
④汉高徒役之贱：汉高祖刘邦，起初为泗上亭长，为县送徒役往骊山，途中起兵。
⑤菁华：精华。

【原文】

然则得失成败，各有由焉。而著述之家，多守常辙，莫不情忘今古，理蔽浇淳①，欲以百王之季，行三代之法，天下五服②之内，尽封诸侯，王畿千里之间，俱为采地。是则以结绳之化行虞、夏之朝，用象刑之典治刘、曹之末，纪纲弛紊，断可知焉。锲船求剑，未见其可；胶柱成文，弥多所惑。徒知问鼎请隧，有惧霸王之师；白马素车，无复藩维之援。不悟望夷之衅，未堪羿、浞之灾；既罹高贵之殃，宁异申、缯之酷。此乃钦明昏乱，自革安危，固非守宰公侯，以成兴废。且数世之后，王室浸微，始自藩屏，化为仇敌。家殊俗，国异政，强陵弱，众暴寡，疆场彼此，干戈侵伐。狐骀之役，女子尽髽；崤陵之师，只轮不反。斯盖略举一隅，其余不可胜数。陆士衡方规规然云："嗣王委其九鼎，凶族据其天邑，天下晏然，以治待乱。"何斯言之谬也！而设官分职，任贤使能，以循良之才，膺共治之寄，刺举分竹，何世无人。至使地或呈祥，天不爱宝，民称父母，政比神明。曹元首方区区然称："与人共其乐者人必忧其忧，与人同其安者人必拯其危。"岂容以为侯伯则同其安危，任之牧宰则殊其忧乐？何斯言之妄也！

【译文】

然而，得失成败各有其本身的原因，而写书的人大多墨守成规，分辨不出古今的差别，弄不明白时代风气虚伪与淳厚的区别。想在众多朝代之后，实行夏、商、周三代的办法，将天下五服之内的国土全部分封给诸侯，千里王畿也都分给卿大夫做采地。这是要在虞舜、夏禹的时代实行上古结绳记事的古老方法，在汉魏时代推行远古象刑法典，这样的做法，必定造成纪纲松弛、社会混乱。刻舟求剑是行不通的，胶柱鼓瑟更是弹不出乐章。大家只知道楚庄王问鼎的蛮横和晋文公想得到王者葬礼的野心，惧怕霸王的军队，秦王子婴白马素车投降汉高祖时，没有诸侯出来援助。未能从望夷宫秦二世被弑事件中有所领悟：像夏朝后羿推翻太康、寒浞杀害后羿所带来的灾难，更是不堪回首；魏朝的高贵乡公遭遇的杀身之祸，与周幽王被申侯与缯勾结犬戎所杀那样悲惨的遭遇，是谁也不愿碰上的。这都是帝王自己昏乱，自己把自己由太平引向覆亡，与郡县制与分封制都没有关系。皇室一旦建立，几代之后，逐渐衰微，原来作为屏障的诸侯，都变成仇敌，以至于各诸侯家庭传统不一样，国家政治各自不同，以强凌弱，以众侵寡，彼此互相攻城夺地，干戈相见。狐骀之战使邾国妇女全部用麻束发送葬；崤陵之战，秦军全军覆没，连一只车轮也未能返回秦国。这里只略举数例，其余的不可胜数。陆士衡却一本正经地写道："继位的国君虽然抛弃九鼎而出逃，凶恶的外族占据了京城，但天下却太平无事，终究会扭转乾坤，化乱世为太平。"这话真是荒谬透顶。实行郡县制，设官分职，任用贤能，用贤良的人才，担负起共同治理国家的重任，分别担任刺史、太守。哪个朝代没有贤良的人才？任用这些贤才做官，就会使土地呈现祥瑞、上天赐予宝物，百姓就会称颂国君为人民的父母，把朝廷奉为神明。而曹元首却说什么："与人(指诸侯)能共享其乐的，人必为他(指君主)分忧；与人能共享安逸的，人必能为他解

难。"怎能说分封诸侯就能共同承担安危，而任命刺史、县官，他们就不能与国君同忧共乐？这是何等荒谬啊！

【注释】

①浇淳：浇，社会风气浮薄，淳，质朴敦厚。

②五服：虞、夏制，王城之外四面各五百里叫甸服，甸服之外又各五百里叫侯服，侯服之外又各五百里叫绥服，绥服之外又各五百里叫要服，要服之外又各五百里叫荒服。五服即指甸、侯、绥、要、荒。

【原文】

封君列国，藉其门资①，忘其先业之艰难，轻其自然之崇贵，莫不世增淫虐，代益骄侈。离宫别馆，切汉凌云，或刑人力而将尽，或召诸侯而共乐。陈灵则君臣悖礼，共侮徵舒②；卫宣则父子聚麀，终诛寿、朔。乃云为己思治，岂若是乎？内外群官，选自朝廷，擢士庶以任之，澄水镜以鉴之，年劳优其阶品，考绩明其黜陟。进取事切，砥砺情深，或俸禄不入私门③，妻子不之官舍④。班条之贵，食不举火；剖符之重，居惟饮水⑤。南阳太守，弊布裹身；莱芜县长，凝尘生甑。专云为利图物，何其爽欤！总而言之，爵非世及，用贤之路斯广；民无定主，附下之情不固。此乃愚智所辨，安可惑哉？至如灭国弑君，乱常干纪，春秋二百年间，略无宁岁。次睢咸秩，遂用玉帛之君；鲁道有荡⑥，每等衣裳之会。纵使西汉哀、平之际，东洛桓、灵之时，下吏淫暴，必不至此。为政之理，可以一言蔽焉。

【译文】

被封的皇亲国戚，无不凭借门第，忘掉祖先创业的艰辛，自以为生下来就应享荣华富贵，一代比代更骄奢淫逸。他们修筑别馆，驱使民力为其效劳，召诸侯共同玩乐。夏朝大臣陈灵违背君臣之礼，和臣下一起侮辱皇子徵舒。卫宣公违背父子之道，纳子之妻，最终将两个儿子杀死，还说自己想使国家安定，难道就这个样子吗？朝廷百官，都是经过选拔的，他们的政绩，应该通过审核才能决定。那么人们的进取之心就会日益迫切，并经常自我激励，有的计日受俸，其余分文不取；有的只身赴任，不带妻儿。有的因为珍惜柴薪，索性就吃干饭；有的感激朝廷的信任，只饮当地之水。羊续官为南阳太守，却布衣裹身，范丹身为莱芜县令却家贫如洗。总而言之，只要爵位俸禄不是世袭，任用贤才的路子就会很宽广；百姓要是没有一个固定的国君，他们就人心惶惶。这个道理是聪明的人和愚昧的人都懂得的，怎么会迷惑不解呢？至于像灭国弑君、败坏纲纪一类的事，在春秋二百年间从来就没有断过。到睢水祭祀，就杀掉小国国君做祭品；鲁国无道，庄公夫人姜氏私自与齐侯幽会。纵然是西汉哀帝、平帝年间，东汉桓帝、灵帝之时，也不至于荒淫无道到这种程度。为政的道理可以用这句话加以概括。

【注释】

①门资：门第，资望。

②共侮徵舒：据《左传》载，陈灵公与孔宁、仪行父均与夏姬私通。三人曾在夏姬家饮酒，陈灵公指着夏姬的儿子徵舒对仪行父说："他长得像你。"仪行父回答："也像君王。"故称"共侮徵舒"。

③不入私门：原指后汉时豫章太守杨秉，为官清廉，计日受禄，余俸不入私门。

④妻子不之官舍：原指后汉时巨鹿太守魏霸、颍川太守何并，为官不带妻儿。

⑤居惟饮水：原指晋吴太守邓攸，载米居官，惟饮吴水而已。

⑥鲁道有荡：意思是鲁国大道平坦，本文用来讽刺荒淫的行为。

【原文】

伏惟陛下握纪御天，膺期启圣，救亿兆之焚溺，扫氛祲于寰区。创业垂统，配二仪以立德；发号施令，妙万物而为言。独照神衷，永怀前古，将复五等而修旧制，建万国以亲诸侯。窃以汉、魏以还，余风之弊未尽；勋、华既往，至公之道斯乖。况晋氏失驭，宇县崩离；后魏乘时，华夷杂处。重以关河分阻，吴、楚悬隔，习文者学长短纵横之术，习武者尽干戈战争之心，毕为狙诈之阶，弥长浇浮之俗。开皇[①]在运，因藉外家。驱御群英，任雄猜之数；坐移明运，非克定之功。年逾二纪，民不见德。及大业[②]嗣立，世道交丧，一时人物，扫地将尽。虽天纵神武，削平寇虐，兵威不息，劳止未康。

【译文】

陛下手握纲纪、掌管天下，开创帝业，拯救亿万百姓于水火之中，扫除邪气凶灾于四海之内。开创大业，传承子孙，媲美天地以立德；发布号召，施行政令，言行顺应万物之理。圣心独察，永远缅怀古代先贤。如今将恢复"公、侯、伯、子、男"五等爵位，建立众多的诸侯国分封子弟、封赏诸侯。我认为自从汉、魏以来，流弊未歇，从尧、舜时代以后，至公之道就已经背离很远了。晋代失去权柄，国家分崩离析，后魏趁机兴起，致使华夏民族与异族杂居。纵然南北分治，相隔遥远，文人还在学习经国之术，武将仍是壮心不已，但毕竟江山已失，故土难返。隋文帝是后周外戚，在战乱中成为乱世枭雄。他的统治持续了二纪，百姓没有感受到他的恩德。等到隋炀帝即位，世道败坏、道德沦丧，当时的人物，几乎全都被摧毁。虽然陛下用自己天赋的神勇，平定了四方祸乱，然而战争的创伤并未愈合，百姓的疲弊也尚未安宁。

【注释】

①开皇：隋文帝年号。

②大业：隋炀帝年号。

【原文】

自陛下仰顺圣慈，嗣膺宝历，情深致治，综核前王。虽至道无名，言象所纪，略陈梗概，安所庶几。爱敬烝烝，劳而不倦，大舜之孝也。访安内竖，亲尝御膳，文王之德也。每宪司谳罪，尚书奏狱，大小必察，枉直咸举，以断趾之法，易大辟之刑，仁心隐恻，贯彻幽显，大禹之泣辜也。正色直言，虚心受纳，不简鄙讷，无弃刍荛，帝尧之求谏也。弘奖名教，劝励学徒，既擢明经于青紫，将升硕儒于卿相，圣人之善诱也。群臣以宫中暑湿，寝膳或乖，请移御高明，营一小阁，遂惜十家之产，竟抑子来之愿，不吝阴阳之感，以安卑陋之居。顷岁霜俭，普天饥馑，丧乱甫尔，仓廪空虚。圣情矜愍，勤加赈恤，竟无一人流离道路，犹且食惟藜藿，乐彻簨虡，言必凄动，貌成癯瘦。公旦喜于重译，文命矜其即叙。陛下每见四夷款附，万里归仁，必退思进省，凝神动虑，恐妄劳中国，以求远方，不藉万古之英声，以存一时之茂实。心切忧劳，志绝游幸，每旦视朝，听受无倦，智周于万物，道济于天下。罢朝之后，引进名臣，讨论是非，备尽肝膈，惟及政事，更无异辞。才日昃，必命才学之士，赐以清闲，高谈典籍，杂以文咏，间以玄言，乙夜忘疲，中宵不寐。此之四道，独迈往初，斯实生民以来，一人而已。弘兹风化，昭示四方，信可以期月之间，弥纶天壤。而淳粹尚阻，浮诡未移，此由习之久，难以卒变。请待斫雕成器，以质代文，刑措之教一行，登封之礼云毕，然后定疆理之制，议山河之赏，未为晚焉。《易》称："天地盈虚，与时消息，况于人乎？"美哉斯言也。

【译文】

自从陛下顺应太上皇的旨意，继承大统，将全部精力用于治理国家，统观前代君王的经验得失。虽然您的至善之道难以名状，但就某些方面的具体表现来说，也可以粗略地陈述出梗概。陛下爱敬敦厚，对待父母操劳侍奉不知疲倦，这是大舜一样的孝道。陛下亲自进宫询问太上皇起居，亲自为太上皇品尝饭菜，这是周文王的德行。陛下每有官司，必定亲自审查。以免产生冤情。用断趾的刑法代替斩刑，可见陛下的恻隐之心，这是大禹见罪人而流泪的襟怀。陛下表情庄重、言行率直，虚怀若谷、肯于纳谏，对鄙俗之言不怠慢，对山野之人不忽视，像帝尧一样乐于接受意见。陛下推崇教化，鼓励求学，通过科举选拔人才，并将大儒任命为卿相，像圣人一样的循循善诱。由于夏天宫中湿热，不利于食宿，臣子们请陛下换个宽敞明亮的地方居住，陛下却害怕浪费钱财，违背了臣民的心愿，不顾及自身的寒暑，安于简陋的居所。最近几年又遇霜灾歉收，饥荒四起，仓库空虚。陛下怜惜百姓，开粮仓拯济灾民，使全国没有一个人流离失所，而您自己却只吃粗淡的饮食，停止钟鼓之乐不听，时刻想着百姓疾苦，容貌日渐消瘦。古时周公因为远方有人前来朝贡而欣喜，夏禹也因为四方安定而感到自豪。陛下即位后，四方少数民族纷纷臣服，万里迢迢归顺仁德之君，但陛下依然谨慎小心，没有驱使百姓开拓疆土。陛下心怀贤德，不图千古英名，只求为百姓赢得安宁的生活。陛下因为天下的忧患劳苦而心急如焚，而杜绝自身的巡行玩乐。每次上朝听政，听取接纳百官的诤谏却毫无倦意，智慧遍及万物，道义惠及天下。罢朝之后，还要与亲近的大臣讨论政教得失，言谈出于肺腑，只涉及政事，其余一概不谈。午后太阳偏西，必定下令才学之士进宫，赐予闲职，与其畅谈典籍，或作诗谈玄，以至深夜，到了废寝忘食的地步。在这四个方面，您已经超越了历史上的圣贤，当居首位了。弘扬这样的风气教化，昭示四方百姓，定能在很短的时间内改换天地。而现在淳朴的德行之所以没有推行开来，浮夸诡诈的风气没有去除，是因为积习太久，难以一下子改变的缘故。请耐心等待移风易俗，质朴取代浮华，刑法不再使用、教化大行天下，登上泰山、举行封禅的大典进行完毕，然后再去制定划分疆域、治理天下的制度，讨论诸侯土地的分封问题，也为时不晚。《周易》有言："天地浩大，充满了四季更替变化的规律，更何况人事呢？"这句话说得多好啊！

【原文】

中书舍人马周又上疏曰：

伏见诏书令宗室勋贤作镇藩部，贻厥子孙，嗣守其政，非有大故，无或黜免。臣窃惟陛下封植之者，诚爱之重之，欲其绪裔承守，与国无疆。何则？以尧、舜之父，犹有朱、均[1]之子。况下此以还，而欲以父取儿，恐失之远矣。倘有孩童嗣职，万一骄逸，则兆庶被其殃，而国家受其败。政欲绝之也，则子文之治犹在；政欲留之也，而栾黡之恶已彰。与其毒害于见存之百姓，则宁使割恩于已亡之一臣，明矣。然则向之所谓爱之者，乃适所以伤之也。臣谓宜赋以茅土，畴其户邑，必有材行，随器方授，则翰翮②非强，亦可以获免尤累。昔汉光武不任功臣以吏事，所以终全其世者，良由得其术也。愿陛下深思其宜，使夫得奉大恩，而子孙终其福禄也。

太宗并嘉纳其言。于是竟罢子弟及功臣世袭刺史。

【译文】

中书舍人马周又上书说：

我见陛下下诏让王公贵族和有功的大臣都做镇藩统帅，并且可以传位给子孙，使他们世袭刺史的职位，没有大的变故，不被罢免。我认为陛下分封皇族，是爱护重视他们，让他们的王位得到世袭，与大唐的政权一样万寿无疆。（但这样很不妥），为什么呢？像尧、舜这样圣明的君王，尚且有丹朱、商均这样无能的儿子，更何况普通的君王呢？还要像对待他们的父辈那样对待他们，恐怕会造成很大的失误。如果后辈继承父业，万一骄奢放纵，那么不仅百姓遭殃，也会连累国家。如果取消他的封国，而其先祖的功业还在；如果保留他的封国，而他本人已经罪恶昭彰。与其像这样危害百姓，还不如割爱一个已故的功臣，这才是明智的做法。如此一来，过去的所谓爱重，恰恰成了伤害。所以，我认为应该对宗亲和功臣只分封土地、犒赏封邑就足够了；确实有才能的，就根据其特长授予官职，那么就算其能力不强也可以免除过失。过去汉光武帝不让功臣担任官职，所以忠臣得以保全名节性命，实在是因为方法得当。望陛下深思，使宗亲和功臣能够蒙受大恩，同时使其后代也能终生享受福禄。

太宗皇帝非常赞许并接纳了这些意见，于是下令废除了子弟及功臣世袭刺史的制度。

【注释】

①朱、均：指尧的儿子丹朱，舜的儿子商均，都是不肖之子。

②翰翮(hé)：原指羽毛，本文指德行、能力。

史鉴新得

合理分配善激励

这一篇论述了古代帝王分封宗室、建立诸侯国的问题，是贞观年间唐太宗加强统治的一个特殊做法。自秦汉以后，历代封建统治者为了巩固中央集权的统治，对分封制度不断改革，封国的权力、地位逐渐削弱，以致出现了有名无实的虚封。贞观之初，唐太宗虽然也曾力图改变武德年间过滥、缘私分封宗室与功臣的弊端，但纵观贞观元年“始议封建”到贞观十三年“诏停封建”的过程，十余年中，君臣对于“封建”进行过多次激烈的争论。建议者仅萧瑀，支持者仅唐太宗，而反对者则包括魏徵、李百药、马周、于志宁等大臣，每次争议都有反对者增加，最后连被世封的功臣也联名反对。唐太宗一生处世行事，从未遭到如此众多大臣的抵制，于是，唐太宗不得不废除了这种分封制度。

联系实际来说，这一章主要讲的是合理奖赏、避免滥用职权的问题。当然，封建社会的分封制度以及权利的世袭在今天的企业管理中已经不复存在了，但是我们仍然可以从中总结一些可供警觉与借鉴的经验教训。比如，员工的绩效奖励、福利待遇、业绩提成等问题，不仅关系着员工自身的权利保障、工作热情，也影响着企业的人心稳定与大局发展。只有在保障员工的基本权益不受损害的基础上，适当地对其进行激励、奖赏，才能最大限度地调动员工的主观能动性，使自身的利益与企业的效益达到双赢。在一些小型企业中做市场营销的业务员，基本都是靠销售业绩提成的，这就造成了很多偶然因素的产生，比如，有的业务员兢兢业业、早出晚归，跑断了腿却收效甚微，而有的人仅凭人脉关系就轻而易举地做成了一笔“大单”，得到了公司的丰厚奖励，长此以往，很容易挫伤一部分人的工作热情，产生守株待兔、投机取巧的思想。因此，企业的奖励制度合理与否，对于调动员工的工作热情、树立竞争意识至关重要，不可轻视。

现代心理学研究表明，及时激励的有效度为 80%，滞后激励的有效度仅为 7%。实践也一再证明，应该表扬的行为得不到及时的鼓励，会使人气馁，丧失积极性；错误的行为受不到及时惩罚，会使错误行为更加泛滥，造成积重难返的局面。因此，优秀的管理者在实施激励措施时，应把及时激励放在第一位。

美国一家名为福克斯波罗的公司，专门生产精密仪器设备等高技术产品。在创业初期，在技术改造上碰到了若不及时解决就会影响企业生存的难题。一天晚上，正当公司总裁为此冥思苦想时，一位科学家拿着产品的设计方案闯进办公室阐述他的解决办法。总裁听罢，觉得其构思确实非同一般，便想立即给予嘉奖。他在抽屉中翻找了好一阵，最后拿着一件东西躬身递给科学家说："这个给你！"这东西非金非银，而仅仅是一只香蕉。这是他当时所能找到的唯一奖品了，而科学家也深受感动。因为这表示他所取得的成果已得到了领导的承认。从此以后，该公司授予攻克重大技术难题的技术人员一只金制香蕉形别针，也成了公司员工取得成绩的象征。

上智之人，自无所染，但中智之人无恒，从教而变，况太子师保，古难其选。成王幼小，周、召为保傅。左右皆贤，日闻雅训，足以长仁益德，使为圣君。

秦之胡亥，用赵高作傅，教以刑法，及其嗣位，诛功臣，杀亲族，酷暴不已，旋踵而亡。故知人之善恶，诚由近习。朕今为太子、诸王精选师傅，令其式瞻礼度，有所裨益。公等可访正直忠信者，各举三两人。

太子诸王定分第九

【题解】

太子身为皇室继承人，将来必定君临天下，统治万民。因此，君王应早日确定太子与诸王的名分，确立太子崇高的地位，断绝他人的非分之想，避免发生兄弟间争权夺势的惨剧，这也是使国家长治久安的良策。

【原文】

贞观七年，授吴王恪齐州都督。太宗谓侍臣曰："父子之情，岂不欲常相见耶？但家国事殊，须出作藩屏。且令其早有定分，绝觊觎之心，我百年后，使其兄弟无危亡之患也。"

【译文】

贞观七年，唐太宗封吴王李恪为齐州都督。唐太宗对侍臣们说道："父子之间，哪有不想经常团聚在一起的呢？但家事国事有所不同，必须让他们出去担当重任，作为国家的屏障。并且要让他们及早明白自己的职责，断绝他们对太子位置的野心。这样，我死了之后，也能让他们兄弟之间没有危亡的祸患。"

【原文】

贞观十一年，侍御史马周上疏曰："汉、晋以来，诸王皆为树置失宜，不预立定分，以至于灭亡。人主熟知其然，但溺于私爱，故前车既覆而后车不改辙也。今诸王承宠遇之恩有过厚者，臣之愚虑，不惟虑其恃恩骄矜也。昔魏武帝宠树陈思，及文帝即位，防守禁闭，有同狱囚，以先帝加恩太多，故嗣王从而畏之也。此则武帝之宠陈思①，适所以苦之也。且帝子何患不富贵，身食大国，封户不少，好衣美食之外，更何所须？而每年别加优赐，曾无纪极。俚语曰：'贫不学俭，富不学奢。'言自然也。今陛下以大圣创业，岂惟处置见在子弟而已，当须制长久之法，使万代遵行。”疏奏，太宗甚嘉之，赐物百段。

【译文】

贞观十一年，侍御史马周上书说：“汉、晋以来，所分封的诸王都因为所给的权势不合适，没有预先定好各自的地位，才会有灭亡的灾祸。君主大都很清楚这种情况，但沉溺于私爱，因而没有借鉴‘前车之鉴，后车之覆’的教训。现在诸王当中，有的过于受宠，我担心的不仅是他们倚仗宠爱而骄奢自大。从前魏武帝曹操宠爱陈思王曹植，到文帝曹丕即位后，对陈思王监视禁闭，把他当成监狱里的囚犯，这是由于先皇加恩太多，继位的君主加倍提防他的缘故。这说明魏武帝宠爱陈思王，反而害了他啊！而且皇帝的儿子何愁不富贵，身封大国，食邑户数不少，衣食无愁，还需要什么呢？而且陛下每年还另外给予他们优厚的赏赐，全无规定限制。俗话说：‘穷了不用学节俭，富了不用学奢侈。’这是自然而然的道理。如今陛下创业的目的，难道仅仅是处理安置现在的子弟吗？陛下现在应该制定长远的规章，让万世遵照执行。”疏奏呈上后，太宗相当赞赏，于是赏赐马周绢帛百段。

【注释】

①陈思：即陈思王曹植(公元 192—公元 232)。曹操第三子，因聪明多才，备受曹操宠爱，一度欲立为太子。及曹丕、曹叡相继为帝后，备受猜忌，郁郁而死。

【原文】

贞观十三年，谏议大夫褚遂良以每日特给魏王泰府料物，有逾①于皇太子，上疏谏曰：“昔圣人制礼，尊嫡卑庶②。谓之储君③，道亚霄极，甚为崇重，用物不计，泉货财帛，与王者共之。庶子体卑，不得为例，所以塞嫌疑之渐，除祸乱之源。而先王必本于人情，然后制法，知有国家，必有嫡庶。然庶子虽爱，不得超越嫡子，正体特须尊崇。如不能明立定分，遂使当亲者疏，当尊者卑，则佞巧之徒承机而动，私恩害公，惑志乱国。伏惟陛下功超万古，道冠百王，发施号令，为世作法。一日万机，或未尽美，臣职谏诤，无容静默。伏见储君料物，翻少魏王，朝野见闻，不以为是。《传》曰：‘臣闻爱子教以义方。’忠、孝、恭、俭，义方之谓。昔汉窦太后④及景帝并不识义方之理，遂骄恣梁孝王⑤，封四十余城，苑方三百里，大营宫室，复道弥望，积财镪巨万计，出警入跸⑥，小不得意，发病而死。宣帝亦骄恣淮阳王⑦，几至于败，赖其辅以退让之臣，仅乃获免。且魏王既新出閤，伏愿恒存礼训，妙择师傅，示其成败。既敦之以节俭，又劝之以文学。惟忠惟孝，因而奖之道德齐礼，乃为良器。此所谓圣人之教，不肃而成者也。”太宗深纳其言。

【译文】

贞观十三年,谏议大夫褚遂良因为每天供给魏王府的东西远远超过了太子,于是向唐太宗进谏说:"古代圣人制定的礼义,是尊重嫡子,不重旁支的。作为太子,地位极其尊贵,日用的东西与钱财货物不加限制,跟君主没有什么两样。庶子地位低下,不得与太子一样享受同样多的俸禄,这也是用来防止嫌疑,以便根除祸乱的根源。可是古代的圣王以人与人之间的感情为基础,然后才制定国家法律。他们知道有国家,必然有亲疏贵贱,虽然一般人的子女也值得疼爱,但不得超过尊贵的太子,这种法体必须尊崇。如果不能确立各人的名分,就会造成应当亲近的人却被疏远,应当尊敬的人却被冷落的局面。这样,谄媚取巧之徒就会乘机兴风作浪,以个人恩怨危害国家,捕风捉影。臣希望陛下为国家制定明确的法令,颁布执行,让你的功勋流传千代,成为后世帝王的楷模。陛下每天日理万机,或许还有些事情做得不够完美。我的职责是指正您的过失,不容许有沉默不言的时候。我发觉供奉给太子的东西比魏王还少,朝廷上下听说了这件事后,都觉得做的不妥。古书上说:"我听说爱孩子要用礼义来教导他。'忠、孝、恭、俭',这是做人的基本准则。过去汉代窦太后和汉景帝不知道'义'中所蕴含的道理,于是娇宠梁孝王,封给他四十余座城池,封地达到方圆三百余里。梁孝王娇纵奢侈,大肆修建宫室,他的宫室四处可见,所费钱财更是数以万计,他出入都城威风凛凛,不可一世;谁知他遇上不得意的事情,竟然发病而死。宣帝也娇惯淮阳王,差点造成汉的败落,最后仰赖退让之臣的辅佐,才获得幸免。何况魏王年龄还小,涉世未深,我希望皇上经常用礼义加以训导,选择良师教他兴亡成败的道理。既接受礼义方面的教导,又接受文学方面的熏陶。这样既通过忠孝进行教育,又用道德礼义加以约束,必然能使他成为有用的人才。这就是我们所说的圣人的教化方法。"太宗听了他的话,十分赞许。

【注释】

①逾:超过。

②尊嫡卑庶:嫡,宗法社会中称正妻为嫡,正妻所生之子女叫嫡生。后引申为正宗的意思。与嫡相对的是庶,即妾。妾生子女为庶子。尊嫡卑庶意思是尊重正宗,不重旁支。

③储君:即皇太子。

④窦太后:汉文帝之后。

⑤梁孝王:汉文帝与窦太后所生,名武,谥曰孝。

⑥出警入跸(bì):帝王出称警,入称跸。出警入跸泛指帝王的车驾护卫。

⑦淮阳王:名钦,汉宣帝的庶子。

【原文】

贞观十六年,太宗谓侍臣曰:"当今国家何事最急?各为我言之。"尚书右仆射高士廉曰:“养百姓最急。”黄门侍郎刘洎曰:“抚四夷急。”中书侍郎岑文本曰:“《传》称:‘道之以德,齐之以礼。’由斯而言,礼义为急。”谏议大夫褚遂良曰:“即日四方仰德,不敢为非,但太子、诸王,须有定分,陛下宜为万代法以遗子孙,此最当今日之急。”太宗曰:“此言是也。朕年将五十,已觉衰怠①。既以长子守器东宫,诸弟及庶子数将四十,心常忧虑在此耳。但自古嫡庶无良佐②,何尝不倾败家国。公等为朕搜访贤德,以辅储宫,爰及诸王,咸求正士。且官人事王,不宜岁久。岁久则分义情深,非意窥窬③,多由此作,其王府官寮,勿令过四考。”

【译文】

贞观十六年,太宗对侍臣们说:“当今国家哪些事情最为迫切?请你们每个人对我说说。”尚书右仆射高士廉说:“使百姓得到休养。”黄门侍郎刘洎说:“安抚边境的少数民族”。中书侍郎岑文本说:“《传》上说:‘用德来感化他们,用礼来规范他们。’从这方面来说,礼仪最为紧迫。”谏议大夫褚遂良说:“不久整个中国都会慑服于陛下的恩威,一个个循规蹈矩,不敢胡作非为。但太子诸王,都必须有个各自的名分,陛下应该制定一个法令,留给子孙万代,这是当今最为紧迫的。”太宗说:“这话说得对。我快五十岁了,已经感觉精力不足,身体日渐衰老。将我的长子立为东宫太子,另外我的弟兄和儿子将近四十人,我常常为此担忧。但自古以来,无论亲疏都没有好的办法。你们得为我寻访有才德的人,来辅佐太子,还有各个皇子,也都需要正直之士来辅佐。不过侍奉诸王的官员,时间不宜过长。时间一久就会加深情感。王室祸乱,大多因此而产生。所以,诸王府的官员,不要让他们的任期超过四年。”

【注释】

①衰怠:衰老、疲惫。
②良佐:贤良的助手。
③窥窬(yú):窥伺可乘之隙。本文指图谋当太子。

史鉴新得

各有定分莫羡人

《太子诸王定分》的内容都是围绕储君太子。封建社会中的皇权,系以家天下的形式表现。文中探讨怎样确定一种名正言顺的储君传位法则,期以“长久之法,使万代遵行”。解决的办法,无非是立嫡立长,早有定分,以绝觊觎之心。在此,唐太

宗十分欣赏褚遂良的回答："太子、诸王，须有定分，陛下宜为万代法以遗子孙，此最当今日之急。"

在现代企业管理中，除了极少数家族企业（如：某氏集团等）之外，很少有涉及子女、亲属等问题的。但我们至少可以从这篇论述中得出这样的观点：企业内部应正确处理好"人情"与"制度"之间的矛盾关系，既要体现人性化的企业风尚，又不能违背规章与原则；员工之间"各有定分"，实行"岗位薪金制"，按照权责、职务来制定相应的薪酬，并且将这种制度公开化，透明化；企业领导不能依据个人好恶对下属进行随意、过度的奖励，以免造成员工之间的矛盾与猜忌，影响内部团结；对于一些实行"秘薪制"的私营企业来说，即使领导特别赏识某一个员工，也不能在正常的工作中表现出明显的倾向性，还要顾及大多数员工的心理感受，尽量做到公正、平等、赏罚分明；另外，企业员工如果心里常常抱有某种优越感，凡事都希望得到上级的特殊关照和理解，不能正确认清自己的位置，那么势必会重蹈覆辙，上演"梁孝王"的悲剧，在工作的挫败与困境面前一蹶不振。

西洛斯·梅考克是美国国际农机商用公司的老板。他是一个坚持原则的人，如果有人违反了公司的制度，他一定毫不犹豫地按章处罚。但这并不意味着他不讲人情，相反，他非常体贴员工的疾苦，能够设身处地地为员工着想。有一次，一位跟梅考克干了10年的老员工违反了工作制度，酗酒闹事，迟到早退，还因此跟工头大吵了一场。在公司所定的规章制度中，这是最不能容忍的事情，不管是谁违反了这一条，都会被坚决地开除。当工厂的工头把这位老员工闹事的材料报上来后，梅考克迟疑了一下，但仍提笔批写下了"立即开除"四个字。梅考克毕竟与这位老员工有过患难之交的感情，他本想下班后到这位老员工家去了解一下情况。不料这位老员工接到公司开除的决定后，立刻火冒三丈。他找到梅考克，气呼呼地说："当年公司债务累累时，我与你患难与共。三个月不拿工资也毫无怨言，而今犯这点错误就把我开除，真是一点情分也不讲！"听完老员工的叙说，梅考克平静地说："你是老员工了，公司制度你不是不知道，应该带头遵守……再说，这不是你我两个人的私事，我只能按规矩办事，不能有一点例外。"

尊敬师傅第十

【题解】

太子与诸王地位高贵，尽享荣华，教育不当便会骄奢淫逸，自取灭亡。太宗十分重视对太子与诸王的教育，任用正直忠信的大臣，担任太子与诸王的师傅，并要求他们像尊敬自己一样尊敬师傅，太宗希望子弟们能谨慎自持，永葆富贵。

【原文】

贞观三年，太子少师李纲①有脚疾，不堪践履。太宗赐步舆，令三卫②举入东宫，诏皇太子引上殿，亲拜之，大见崇重。纲为太子陈君臣父子之道，问寝视膳之方，理顺辞直，听者忘倦。太子尝商略古来君臣名教，竭忠尽节之事，纲懔然曰："托六尺之孤，寄百里之命，古人以为难，纲以为易。"每吐论发言，皆辞色慷慨，有不可夺之志，太子未尝不耸然礼敬。

【译文】

贞观三年，太子少师李纲患有脚痛的疾病，不能穿鞋走路。于是唐太宗赏赐给他一辆代替步行的"车子"，并命令侍卫抬他进入东宫，还下诏命令皇太子亲自迎接他上殿，亲自行礼作揖，以示对他的敬重。李纲为太子讲述君臣父子之间的礼仪，还有日常饮食起居方面的礼节，道理明畅，言语直白，让听者不知疲倦。太子曾经与李纲商讨自古以来君臣之间的伦理纲常，以及效忠尽节之事，李纲正气凛然地说："受托于先王，身负辅佐储君的使命，古人认为这件事十分困难，臣却以为十分容易。"每当论起此事，李纲一脸正气，言语激昂，透露出一种刚正坚定的志向，太子每次都为之肃然起敬。

【注释】

①李纲：字文纪，观州人。隋时曾做过太子洗马，升为尚书右丞。唐高祖时拜礼部尚书兼太子詹事，频谏太子不听。贞观初，拜为太子少师。

②三卫：唐制，东宫六率府分为上、中、下三等，掌宿卫之事，称为三卫。

【原文】

贞观六年，诏曰："朕比寻讨经史，明王圣帝曷尝无师傅哉？前所进令遂不睹三师①之位，意将未可，何以然？黄帝学大颠，颛顼学录图，尧学尹寿，舜学务成昭，禹学西王国，汤学威子伯，文王学子期，武王学虢叔。前代圣王，未遭此师，则功业不著乎天下，名誉不传乎载籍。况朕接百王之末，智不同圣人，其无师傅，安可以临兆民者哉？《诗》不云乎：'不愆不忘，率由旧章。'夫不学，则不明古道，而能政致太平者，未之有也。可即著令，置三师之位。"

【译文】

贞观六年，唐太宗下诏说："我近来研读经典，知道古代英明的帝王，圣贤的君子都不能没有师傅。前时进上待批的诏令未设三师之位，我认为这样不好，为什么呢？昔日，黄帝向大颠求教，颛顼向录图问学，尧以尹寿为师，此外，舜向成昭学习，禹在西王国求学，汤学威子伯，文王学子期，武王学虢叔。前代圣明的君王，如果没有遇到这些名师的点化，他们的功绩就不能广布天下，自己的声名也不能名垂史册。何况我在百王之后统领天下，才智与圣人有所差别，要是没有师傅，怎么能够君临天下呢？《诗经》上不是说：'要想不犯错误不忘教训，都必须从旧的规章制度入手。'不学习，就不能明白古时治国的道理。像现在这样没有名师的教导就能统领天下，获得太平的，历史上还不曾有过啊。应马上发布命令，设立三师的职位。"

【注释】

①三师：北魏以后称太师、太傅，太保为三师，品级列正一品，但仅为虚衔，无实职。后偶有废置之时，贞观十一年复置。

【原文】

贞观八年，太宗谓侍臣曰："上智之人，自无所染，但中智之人无恒，从教而变，况太子师保①，古难其选。成王幼小，周、召为保傅。左右皆贤，日闻雅训，足以长仁益德，使为圣君。秦之胡亥，用赵高作傅，教以刑法，及其嗣位，诛功臣，杀亲族，酷暴不已，旋踵而亡。故知人之善恶，诚由近习。朕今为太子、诸王精选师傅，令其式瞻礼度，有所裨益。公等可访正直忠信者，各举三两人。"

【译文】

贞观八年，唐太宗对侍从的大臣们说："上等智能的圣人，当然不会沾染恶习，但中等智能的人不稳定，他们的性情会随着教育而变化，况且太子的师傅，在古代就很难挑选。周成王即位时年纪幼小，周公、召公做他的太保太傅，左右都是贤人，每天他都能听到有益的教诲，这足以增长他的仁义道德，使他成为圣君。秦二世胡亥，用赵高作师傅，赵高教他刑法，到胡亥继位后，就诛戮功臣，屠杀亲族，残酷暴虐到了极点，结果秦国很快就灭亡了。由此可知人的善恶确实受身边人的影响。我如今要给太子、诸王精心挑选师傅，让他们耳濡目染礼仪法度，对自身的修养有所补益。诸位大臣，你们可求访正直忠信的人，各自推荐三两个人作为候选。”

【注释】

①师保：古代辅导天子和太子，诸侯子弟的官员，有太师、太保、太傅等，统称为师保或保傅。

【原文】

贞观十一年，以礼部尚书王珪兼为魏王师。太宗谓尚书左仆射房玄龄曰：“古来帝子，生于深宫，及其成人，无不骄逸，是以倾覆相踵[1]，少能自济。我今严教子弟，欲皆得安全。王珪，我久驱使，甚知刚直，志存忠孝，选为子师。卿宜语泰：每对王珪，如见我面，宜加尊敬，不得懈怠。”珪亦以师道[2]自处，时议善之也。

【译文】

贞观十一年，太宗任命礼部尚书王珪兼任魏王的老师。唐太宗对尚书左仆射房玄龄说：“自古以来的帝王之子，生长于深宫之中，等到他们长大成人，没有一个不是骄奢淫逸的，因此相继灭亡，很少有能够自救的。我现在严格教育子弟，希望他们都能够保全自己。王珪是我长期任用的人，我非常了解他刚直的个性，他心存忠孝，因此选择他来担任皇子的老师。你应该告诉魏王李泰：每次见到王珪，就如同见到我一样，应该倍加尊敬，不能懈怠。”王珪也用为师之道来要求自己，得到了当时的好评。

【注释】

①倾覆相踵：相继败亡的意思。
②师道：为师之道。

【原文】

贞观十七年，太宗谓司徒长孙无忌、司空房玄龄曰：“三师以德道人者也。若师体卑，太子无所取则。”于是诏令撰太子接三师仪注[1]。太子出殿门迎，先拜三师，三师答拜，每门让三师。三师坐，太子乃坐。与三师书，前名惶恐[2]，后名惶恐再拜。

【译文】

贞观十七年，唐太宗对司徒长孙无忌、司空房玄龄说：“三师是以德行来教导太子的人。如果三师的身份卑下，太子就没有学习的榜样。”于是下诏，让人编撰太子接待三师的礼仪制度，太子要走出殿门迎接师父，先礼拜三师，然后三师答拜，每当过门时要让三师在前。三师坐下后，太子才能坐。写给三师的书信，前边称“惶恐”，后边再写上“惶恐再拜”。

【注释】

①仪注：礼仪制度。

②惶恐：意为恐惧不安，是一种谦词。

【原文】

贞观十八年，高宗①初立为皇太子，尚未尊贤重道，太宗又尝令太子居寝殿之侧，绝不往东宫。散骑常侍刘洎上书曰：

臣闻郊迎四方，孟侯②所以成德，齿学三让，元良③由是作贞。斯皆屈主祀之尊，申下交之义。故得刍言咸荐，睿问旁通，不出轩庭，坐知天壤，率由兹道，永固鸿基者焉。至若生乎深宫之中，长乎妇人之手，未曾识忧惧，无由晓风雅。虽复神机不测，天纵生知，而开物成务，终由外奖。匪夫崇波干籥，听兹谣颂，何以辨章庶类，甄核彝伦？历考圣贤，咸资琢玉。是故周储上哲，师望、奭而加裕；汉嗣深仁，引园、绮而昭德。原夫太子，宗祧是系，善恶之际，兴亡斯在，不勤于始，将悔于终。是以晁错上书，令通政术，贾谊献策，务知礼教。窃惟皇太子玉裕挺生，金声夙振，明允笃诚之美，孝友仁义之方，皆挺自天姿，非劳审谕，固以华夷仰德，翔泳希风矣。然则寝门视膳，已表于三朝，艺宫论道，宜弘于四术。虽富于春秋，饬躬有渐，实恐岁月易往，堕业兴讥，取适晏安，言从此始，臣以愚短，幸参侍从，思广储明，暂愿闻彻，不敢曲陈故事，切请以圣德言之。

【译文】

贞观十八年，高宗刚被立为太子时，还不尊贤重道，太宗又曾经命令太子居住在自己寝宫的旁边，并且不准太子住到东宫去。散骑常侍刘洎上书说：

我听说太子要多方学习，才能成就德名；通过学习懂得礼义“三让”的法则，国家就能享受太平。历代皇子都不怕降低自己的身份，推行广泛的大义。所以，不管是粗浅的言论，还是睿智的学问，只要是有益的，就要学习，以求触类旁通。虽然足不出户，却能知道天下大事，大概就是通过学习来获得的。对于从小生长在皇宫中的太子，他一直在侍女的身边长大，从未经历过忧患恐惧，也不懂得雅正之道。即使生性聪明，然而要成就大业，终需别人帮助。如果不重视诗书礼乐的教化，那他凭什么去辨别世理人伦？历代成就圣王的过程，就像雕琢玉器一样。周成王崇尚贤明，以太公、召公为师，美德得以保全；惠帝仁义，引园、绮里奇等四位贤人让他的威德显扬。太子维系着国家和宗庙的兴亡，国家的命运与他的善恶息息相关。如果一开始就不勤于世事，最终必定后悔。所以晁错上书，是为了要求太子通晓治国方略；贾宜进献策论，是想让太子辨明礼敬，教化天下。我认为，皇太子天资聪明、德性仁和、具备明察笃厚诚信文美，忠考仁义之德，这些来自他的天性，而不是通过受教育得来的，国家的江山社稷都须仰仗其德行加以巩固。太子在陛下身边侍奉寝食，在朝中已做出了表率，他在谈论艺术时体现出的聪明才智，也应在诗书礼乐方面加以弘扬。太子虽然年轻气盛，有充分的时间修养性情，但我实在担心随着岁月的流逝，他荒废了学业，引起讥谤，安逸之风从此开始。我见识短小，有幸侍奉太子，想要使太子思虑开阔，使其在不久的将来闻名四方。我不敢故意陈述旧事，只是希望以陛下的圣明为例来作为说明。

【注释】

①高宗：名治(公元628—公元683)，唐太宗之子，长孙皇后所生，贞观十七年四月，被立为太子，贞观二十三年继位。

②孟侯：即世子。

③元良：太子的代称。

【原文】

伏惟陛下庭睿膺图，登庸历试。多才多艺，道著于匡时；允文允武，功成于纂祀。万方即叙，九围清晏。尚且虽休勿休，日慎一日，求异闻于振古，劳睿思于当年。乙夜观书，事高汉帝；马上披卷，勤过魏王。陛下自励如此，而令太子优游弃日，不习图书，臣所未谕一也。加以暂屏机务，即寓雕虫。纡宝思于天文，则长河韬映；摛玉华于仙札，则流霞成彩。固以锱铢万代，冠冕百王，屈、宋①不足以升堂，钟、张②何阶于入室。陛下自好如此，而太子悠然静处，不寻篇翰，臣所未谕二也。陛下备该众妙，独秀寰中，犹晦天聪，俯询凡识。听朝之隙，引见群官，降以温颜，访以今古，故得朝廷是非，闾里好恶，凡有巨细，必关闻听。陛下自行如此，而令太子久趋入侍，不接正人，臣所未谕三也。陛下若谓无益，则何事劳神；若谓有成，则宜申贻厥。蔑而不急，未见其可。伏愿俯推睿范，训及储君，授以良书，娱之嘉客。朝披经史，观成败于前踪；晚接宾游，访得失于当代。间以书札，继以篇章，则日闻所未闻，日见所未见。副德愈光，群生之福也。

【译文】

陛下雄才伟略、蒙受天命，荣登帝位、身经百战。多才多艺，匡补时弊；文武双才，建功立业。万方有序，天下太平。即使这样，陛下仍不敢懈怠，一日比一日谨慎，从历史兴亡中获得新知，像当年那样终日劳神苦思于政务。陛下夜夜阅读典籍，比汉武帝还卓著；在马上阅览经史，比魏武帝还勤勉。陛下能自我鞭策，如此勤奋，可却让太子整日悠闲，荒废时间，不修习书文，这是臣子我第一个不明白的地方。另外，陛下一搁下政务，马上投入文学写作。文章构思之妙，使长河顿失光彩，书法结构之精，令流霞飞彩黯然。因此称得上万世稀有之作，百王望尘莫及，即使屈原、宋玉都不足以相比，钟繇、张芝也难以入室。陛下能够如此，而太子却悠然自处，无所事事，不修习书文，这是我第二个不明白的地方。陛下博采众长，亘古未有，虚怀若谷，不耻下问，朝会之余，接见百官，和颜悦色，广闻博取，询问古今之理。所以能知道朝廷上的对错，民间的好恶，事不论大小，都必须亲自过问。陛下身体力行，却让太子长久地陪伴自己左右，不接触正人君子，这是我第三个不明白的地方。陛下如果认为这些没有好处，为何还对此事费尽心思呢；如果认为这些有益，那就应该加以申明，为子孙作出榜样。陛下轻视了此事，对此不加以重视，恐怕是不可以的。我希望陛下推行您的风范，教诫太子，用好书教授他，使他与有才能的人交往。使太子能在早晨披阅经史，探索前朝成败的经验；夜里接待宾客，考察当代社会的得失。有时间经常写文章，那么太子就会日渐进益，增加见闻、开阔眼界。他的德行就会愈来愈完美，这真是百姓的洪福啊！

【注释】

①屈、宋：指屈原、宋玉。二人均善辞赋。

②钟、张：指钟繇、张芝。二人均善书法。

【原文】

窃以良娣①之选，遍于中国。仰惟圣旨，本求典内，冀防微，慎远虑，臣下所知。暨乎证简人物，则与聘纳相违，监抚二周，未近一士。愚谓内既如彼，外亦宜然者，恐招物议，谓陛下重内而轻外也。古之太子，问安而退，所以广敬于君父；异宫而处，所以分别于嫌疑。今太子一侍天闱，动移旬朔，师傅已下，无由接见。假令供奉有隙，暂还东朝，拜谒既疏，且事俯仰，规谏之道，固所未暇。陛下不可以亲教，宫寀无因以进言，虽有具寮，竟将何补？

伏愿俯循前躅，稍抑下流，弘远大之规，展师友之义，则离徽克茂，帝图斯广，凡在黎元，孰不庆赖！太子温良恭俭，聪明睿哲，含灵所悉，臣岂不知，而浅识勤勤，思效愚忠者，愿沧溟②益润，日月增华也。

太宗乃令洎与岑文本、马周递日往东宫，与皇太子谈论。

【译文】

我认为太子嫔妃的选择，遍及全国。而了解陛下的圣旨，在于寻找出掌管太子宫内事务的适合之人，希望能够防微杜渐，慎重做好长远打算，这些是我所知道的。如果是选拔人才，就跟聘娶太子嫔妃有所不同了，太子已经监国抚军两年，却没有接近过一个贤士。我以为选取内宫的妃嫔都如此重视，那么选拔朝野的人才也应该如此。否则恐怕招致非议，说陛下重内轻外呀！古代的太子，向皇上问安后就退回，从而更加孝敬君父；皇上和太子居住在不同的地方，是为了避免嫌疑。现在太子侍奉陛下，动辄十多天，太师、太傅等人都无从接见。即使太子在侍奉的空隙时间，暂时回到东宫，拜访和接见官员的时间也很少。只能例行公事，对规谏之事无暇顾及。陛下不能亲自教导太子，官员又没有机会进言，虽然朝廷辅佐人员众多，但有什么用呢？

我恳请陛下教导太子遵循前人的足迹，稍微放弃一些不重要的事，以弘扬远大的志向，使师友切磋的情义和道理得以伸张。那么太子的美德就会更盛，宏图帝业将会更加宽广，普天之下的百姓，有谁会不庆幸信赖呢。太子性情温和、谦逊节俭、聪明睿智，尽人皆知，对此，我怎么会不知道呢？我才识疏浅，但希望仿效古代忠臣，愿为沧海添一滴水，给日月增一丝光华。

唐太宗于是下诏命令刘洎、岑文本、马周轮流到东宫，与皇太子谈论经世治国之道。

【注释】

①良娣：太子之妾。

②沧溟：大海。

史鉴新得

师友之功

《尊敬师傅》这一篇所指的“师傅”，不是一般意义上的“老师”，而是专为辅助太子做好继承皇位准备工作的师傅，即唐太宗所说：“自古嫡庶无良佐，何尝不倾败家国。公等为朕搜访贤德，以辅储宫，爰及诸王，咸求正士。”师傅的职责是要求太子具备“有所取则”的典范，学会“可以临兆民”的本领，“为太子陈君臣父子之道，问寝视膳之方”。

唐太宗总结了历史上的经验教训，要求大臣：“可访正直忠信者，各举三两人，为太子、诸王精选师傅，令其式瞻礼度，有所裨益。”唐太宗认为李纲、王珪、刘洎等人都是比较合格、称职的师傅人选，并要求他的儿子们见师傅：“如见我面，宜加尊敬，不得懈怠。”

这一篇主要讲的是“良师”在我们每个人加强自身学习、修养的过程中所起到的重要作用。孔子说：三人行，必有我师。刚刚走出校门的大学毕业生，社会经验有限，处理问题、思考问题的能力尚未成熟，如果想在企业中站稳脚跟、求得发展，就绝对不能离开“老师”的提携与帮助。当然，这里指的“老师”已经超出了在课堂上为我们“传道、受业、解惑”的狭义的概念，而是泛指在工作生活中比我们资历高、年纪长、阅历广的前辈。俗话说：千里马常有，而伯乐不常有。人才的应用，不仅要靠自身的努力，更要靠伯乐的挖掘。如何处理好与“老师”的关系，在工作中亦师亦友，如切如磋，遇到千头万绪的问题时，虚心向前辈

求教，及时得到他们的点化，这对于人才的成长与自身价值的实现大有裨益。

南宋教育家朱熹说过："师友之功，但能示之于始而正之于终耳，若中间三十分工夫，自用吃力去做。"在中国古代，老师的地位很高，位列天、地、君、亲、师之一，而尊敬师长的典故也是举不胜举。

宋朝时，岳武穆王的老师周同的力气很大，可以拉开三百斤的弓箭。当周同死了之后，每到初一、十五，岳武穆王一定到老师的墓前祭拜，并且痛哭一番。在痛哭后，必定会拿起老师所送的三百斤的弓发出三支箭才回去。他这份念念不忘师恩的真情，正是他日后精忠报国的忠心。

宋朝时，还有一则"程门立雪"的故事，被后人传为佳话。相传，游酢、扬时两人跟着程颐老夫子学习，他们对老师非常的恭敬。在冬季的某一天，这两位学生陪着老师，并听老师教诲。说了一会儿，夫子便闭目养神，不知不觉地睡着了。他们两个不敢离开，又怕吵醒夫子，就静静地站在两旁等夫子醒来。夫子醒来见他们两位还站在旁边，便说了："你们还没走啊！"他们两个回答："我们是因为先生睡着了，没有请命，不敢离去！"于是再把书中有疑问的地方请教夫子，最后才向夫子拜辞。出门的时候他们才发现雪已经积了三尺深了。这两位学生，后来也都成为很有名的人。

举凡弟子能够成材，首先要懂得向老师虚心求教，而在跟随老师的同时，就应该要明白恭敬侍奉师长的道理。须知父母养育我们，师长教导我们，是一样的恩泽，怎么可以不尊敬呢！而且，一个能尊敬老师的人，也就能重视学业；相对的，也就是尊重自己。游酢、扬时尊师重道的精神，值得大家去体会、学习。

教诫太子诸王第十一

【题解】

自古以来,国君王侯能保全自己的,为数不多。他们自幼富贵,不知民间疾苦,贪图享受,以至违法乱纪,自取灭亡。太宗对于子弟严加教诫,力图使他们谨慎修身,自守分际。

【原文】

贞观七年,太宗谓太子左庶子于志宁、杜正伦曰:“卿等辅导太子,常须为说百姓间利害事。朕年十八,犹在民间,百姓艰难,无不谙练[①]。及居帝位,每商量处置,或时有乖疏[②],得人谏诤,方始觉悟。若无忠谏者为说,何由行得好事?况太子生长深宫,百姓艰难,都不闻见乎!且人主安危所系,不可辄为骄纵。但出敕云,有谏者即斩,必知天下士庶无敢更发直言。故克己励精[③],容纳谏诤,卿等常须以此意共其谈说。每见有不是事,宜极言切谏,令有所裨益也。”

【译文】

贞观七年,唐太宗对太子左庶子于志宁、杜正伦说:“你们辅导太子,平常应该为他讲述百姓生活在民间的种种艰苦。我十八岁时还在民间,对百姓的艰难困苦非常清楚。登上帝位后,每逢商议事情如何处理的时候,有时还会出现疏漏,由于得到他人的谏诤,才有所醒悟。如果没有忠心的人对我直言进谏,我如何能做到为百姓办好事呢?何况太子长期生长在深宫之中,看不见、听不到百姓的艰难困苦。而且君主是关系到天下安危的人,更不能动辄就骄奢放纵。只要发个敕命,治罪大胆谏诤的人,那么天下官员百姓肯定没有人敢直言了。所以要克制私欲,励精图治,容纳别人的忠言直谏。你们应该经常把这些道理讲给太子听,每当看到他有做得不对的地方,应该勇敢直谏,使他能有所获益。”

【注释】

①谙练：熟练，熟悉。

②乖疏：违背礼义，出现疏漏。

③克己励精：克制私欲，励精图治。

【原文】

贞观十八年，太宗谓侍臣曰："古有胎教世子[1]，朕则不暇。但近自建立太子，遇物必有诲谕。见其临食将饭，谓曰：'汝知饭乎？'对曰：'不知。'曰：'凡稼穑艰难，皆出人力，不夺其时，常有此饭。'见其乘马，又谓曰：'汝知马乎？'对曰：'不知。'曰：'能代人劳苦者也，以时消息，不尽其力，则可以常有马也。'见其乘舟，又谓曰：'汝知舟乎？'对曰：'不知。'曰：'舟所以比人君，水所以比黎庶[2]，水能载舟，亦能覆舟。尔方为人主，可不畏惧！'见其休于曲木之下，又谓曰：'汝知此树乎？'对曰：'不知。'曰：'此木虽曲，得绳则正，为人君虽无道，受谏则圣。此傅说所言，可以自鉴。'"

【译文】

贞观十八年，唐太宗对侍从的大臣们说："古时候有胎教世子的说法，我却没有时间考虑这事。但最近自设立太子以来，遇到事情都要对他教诲晓谕。见他准备吃饭时，便问他：'你知道饭是怎样来的吗？'太子回答说：'不知道。'我说：'凡是播种、收获等农事都很艰难辛苦，这些活儿全靠农民努力耕种。只有不去占用他们劳作的时间，才会常有这样的饭吃。'看到他骑马，又问他：'你知道马是用来干什么的吗？'太子回答说：'不知道。'我说：'这是能够替人代劳的东西，要使它既劳作又得到休息，不耗尽它的气力，这样就可以常有马骑。'看到他乘船，又问他：'你知道船是怎样运行的吗？'太子回答说：'不知道。'我说：'船好比君主，水好比是百姓，水能浮载船，也能推翻船，你不久将做君主了，能不畏惧吗！'我看到他在弯曲的树下休息，又问他：'你知道这弯曲的树如何能正直吗？'太子回答说：'不知道。'我说：'这树虽然弯曲，打上墨线就可以正直成材。做君主的虽然有时难免会做出一些荒唐的事，但是虚心接受谏诤就可以圣明，这是傅说讲的道理，可以对照自己的行为作为鉴戒。'"

【注释】

①古有胎教世子：相传周文王之母，为人端庄，很有德操。在怀孕期间，"目不视恶色，耳不听淫声，口不出傲言。"生下文王之后，聪敏异常。人称文王之母为能胎教。

②黎庶：黎民百姓。

贞观七年,太宗谓侍中魏徵曰:“自古侯王能自保全者甚少,皆由生长富贵,好尚骄逸,多不解亲君子远小人故尔。朕所有子弟欲使见前言往行,冀其以为规范。”因命徵录古来帝王子弟成败事,名为《自古诸侯王善恶录》,以赐诸王。其序曰:

观夫膺期受命,握图御宇,咸建懿亲,藩屏王室,布在方策,可得而言。自轩分二十五子,舜举一十六族,爰历周、汉,以逮陈、隋,分裂山河,大启磐石者众矣。或保乂王家,与时升降;或失其土宇,不祀忽诸。然考其隆替,察其兴灭,功成名立,咸资始封之君,国丧身亡,多因继体之后。其故何哉?始封之君,时逢草昧,见王业之艰阻,知父兄之忧勤,是以在上不骄,夙夜匪懈,或设醴以求贤,或吐飧而接士。故甘忠言之逆耳,得百姓之欢心,树至德于生前,流遗爱于身后。暨夫子孙继体,多属隆平,生自深宫之中,长居妇人之手,不以高危为忧惧,岂知稼穑之艰难?昵近小人,疏远君子,绸缪哲妇,傲狠明德,犯义悖礼,淫荒无度,不遵曲宪,僭差越等。恃一顾之权宠,便怀匹嫡之心;矜一事之微劳,遂有无厌之望。弃忠贞之正路,蹈奸宄①之迷途。愎谏违卜,往而不返。虽梁孝、齐冏②之勋庸,淮南、东阿之才俊,摧摩霄之逸翮,成穷辙之涸鳞,弃桓、文之大功,就梁、董之显戮。垂为炯戒,可不惜乎!皇帝以圣哲之资,拯倾危之运,耀七德以清六合,总万国而朝百灵,怀柔四荒,亲睦九族,念华萼于《棠棣》,寄维城于宗子。心乎爱矣,靡日不思,爰命下臣,考览载籍,博求鉴镜,贻厥孙谋。臣辄竭愚诚,稽诸前训。凡为藩为翰,有国有家者,其兴也必由于积善,其亡也皆在于积恶。故知善不积不足以成名,恶不积不足以灭身。然则祸福无门,吉凶由己,惟人所召,岂徒言哉!今录自古诸王行事得失,分其善恶,各为一篇,名曰《诸王善恶录》,欲使见善思齐,足以扬名不朽;闻恶能改,庶得免乎大过。从善则有誉,改过则无咎。兴亡是系,可不勉欤!

太宗览而称善,谓诸王曰:“此宜置于座右,用为立身之本。”

【译文】

贞观七年,太宗对侍中魏徵说:“自古以来,君王能够自我保全的很少,都是由于他们从小生长在富贵的环境中,骄傲懒惰,贪图个人享受,不了解亲近君子、疏远小人的道理。我想让所有的子女都能够见识古人的言行,希望他们以此作为自己的行为规范”。于是命令魏徵辑录古代帝王子弟成功与失败的事迹,编成《自古诸侯王善恶录》,把它赠送给各个王子。序中写道:

看那些接受天命，统治国家的君王，没有一个不是分封自己的宗亲，来守卫王室的。这些都记载于史册，可以拿来讨论探究。自黄帝分封二十五子，舜帝任命八元、八凯，经过周朝、汉代，直到陈代、隋朝，分裂河山，大封宗室皇亲的非常多。这些被分封的诸侯有的得以保全，随时代沉浮；有的失去封地，瞬间衰亡。然而考察他们的兴衰成败，那些功成名就的，都是开国时受封的王；国破家亡的，大都是后世继位的子孙。原因何在呢？建国时封的王，经历乱世，知道王国创建的艰难，知道父兄为建立国家所付出的辛勤劳苦，所以即使在位时也不骄纵。不论白天夜晚，从不懈怠政务，礼贤下士，厚遇人才，有的像汉楚元王那样求贤，有的像周公那样纳士，即使忠心的话听起来刺耳，也能虚心接受。这种做法得到了百姓的欢心。生前道德高尚，身后万古流芳。到了子孙继承王位的时候，天下太平兴盛，他们从小深居宫中，备受妇人呵护长大，顾虑不到处于高位的危险，哪里还能知道老百姓的苦乐呢？亲近小人，疏远君子，宠爱美妾，轻视道德，违背礼法，胡作非为，藐视法令，不顾身份。自恃皇帝的恩宠，萌生抗击嫡子的野心；倚仗一事的细微功劳，生出无穷的欲望。他们不遵循忠贞的正道，误入为非作歹的歧途。武断专横，违背天命，迷而不返。虽然有汉代梁孝王刘武、晋代齐王司马冏那样的功勋，有汉代淮南王刘安、曹魏东阿王曹植那样的才华，也不免摧折凌云之翅，沉入涸辙之鲋的尴尬。丢弃齐桓公、晋文公那样的丰功伟业，落得梁冀、董卓那样斩首示众的下场。成为后世的警戒，不可惜吗？皇上以圣人般的天赋，挽救危亡，功耀千秋，廓清宇宙，统一中原，民众拥戴，安抚四方，亲睦九族。吟诵《棠棣》之诗来增进兄弟之情，把维系宗庙的责任系于子孙。爱子之情，没有一天不充满胸怀。于是命令下臣，考证历代历史记载，用来作为行为处事的标准，交与子孙。我尽自己的愚忠，收集古代遗训。凡诸侯君王有国有家者，他们的兴盛是从不断做善事开始，他们的衰亡也是从不断作恶引起的。所以从中可以知道，不行善不足以成就一个人的声名，不作恶不至于让自己灭亡。可是祸与福都没有定数，一个人吉凶的关键在于自己，是自己造成的，这仅仅是空话而已吗？现在我收录自古以来各个帝王做事的得失情况，根据善恶不同分类，一百家为一类，书名叫作《诸王善恶录》，目的是想使太子和诸王子看到善的地方就不断修正自己，可以扬名百代，永垂不朽；看到不好的地方就及时加以改正，免得造成更大的错误。跟从好的东西就能获得好的名声，改正过错就没有什么危害。这些东西都关系着国家的兴亡，岂能不以此共勉呢？

太宗看了连声称好，对诸位王子说："此书应放在你们书桌的座右，用作你们立身处事的根本。"

【注释】

①奸宄(guǐ)：犯法作乱之人。

②梁孝、齐冏(jiǒng):梁孝即汉文帝之子梁王。齐冏即晋齐王。二人都建立过功业。

【原文】

贞观十年,太宗谓荆王元景、汉王元昌、吴王恪、魏王泰等曰:"自汉已来,帝弟帝子,受茅土、居荣贵者甚众,惟东平①及河间王②最有令名,得保其禄位,如楚王玮③之徒,覆亡非一,并为生长富贵,好自骄逸所致。汝等鉴诫,宜熟思之。拣择贤才,为汝师友,须受其谏诤,勿得自专④。我闻以德服物,信非虚说。比尝梦中见一人云虞舜,我不觉竦然敬异,岂不为仰其德也!向若梦见桀、纣,必应斫之。桀、纣虽是天子,今若相唤作桀、纣,人必大怒。颜回、闵子骞⑤、郭林宗、黄叔度⑥,虽是布衣,今若相称赞道类此四贤,必当大喜。故知人之立身,所贵者惟在德行,何必要论荣贵。汝等位列藩王,家食实封,更能克修德行,岂不具美也?且君子小人本无常,行善事则为君子,行恶事则为小人,当须自克励,使善事日闻,勿纵欲肆情,自陷刑戮。"

【译文】

贞观十年,唐太宗对荆王元景、汉王元昌、吴王恪、魏王泰等王子说:"从汉代以来,帝王的兄弟儿子处于荣华富贵之中的很多,唯有东汉的东平和西汉的河间王最有名,他们能够保全自己的禄位。如西晋的楚王司马玮这等奸佞之人,死亡的不止一个,原因是他们都生长于富贵之中,骄傲自大、好逸恶劳造成的。你等应引以为戒,深思熟虑。我挑选有才能的人,作为你们的师友,你们必须听从他们的敬告规劝,不要擅作主张,自以为是。我听说只有德行能使人信服,相信这都不是信口乱说。我不久前曾梦见一人叫作虞舜,不禁肃然起敬,这不是因为我敬仰他品德的缘故吗?要是梦见桀、纣,我一定会感到愤慨而砍死他。桀、纣虽然是天子,要是今天称别人为桀、纣,他一定会十分生气。颜回、闵子骞、郭林宗、黄叔度等人,虽然是普通老百姓,今天要是大家称赞别人像这四个贤人,别人一定会大喜。可见,一个人立身处世,可贵的是德行,哪用得着谈及富贵呢?你们位列王公,衣食丰足,更应能够加强德行修养,这岂不两全其美?况且君子小人本来就不是永远固定不变的。做善事就是君子,做恶事就是小人。你们应当自我克制、自我勉励,使你们的善行一天天地递增,不要放纵自己的私欲,使自己陷入刑戮之中。"

【注释】

①东平:即东平王刘苍,汉光武帝之子。好经书,有智思,文称典雅。明帝问他处家何事最乐?他答道:"为善最乐。"

②河间王:刘德,汉景帝之子。以博学有德著称。

③楚王玮：晋武帝之子，曾掌兵权，刚狠好杀，犯罪被斩首。
④自专：自以为是，独断专行。
⑤颜回、闵子骞：二人都是孔子的学生，以德行著称。
⑥郭林宗、黄叔度：二人都是后汉时的高尚之士。

【原文】

贞观十年，太宗谓房玄龄曰：“朕历观前代拨乱创业之主，生长民间，皆识达情伪，罕至于败亡。逮乎继世守文之君，生而富贵，不知疾苦，动至夷灭①。朕少小以来，经营多难，备知天下之事，犹恐有所不逮。至于荆王诸弟，生自深宫，识不及远，安能念此哉？朕每一食，便念稼穑之艰难；每一衣，则思纺绩之辛苦，诸弟何能学朕乎？选良佐以为藩弼②，庶其习近善人，得免于愆过尔。”

【译文】

贞观十年，唐太宗对房玄龄说：“我看历代平乱创业的帝王，都生长在民间，都通情达理，能识别人情真假，少有导致败亡的。到了后来继承王位的君主，生下来享受荣华富贵，不知道人间疾苦，导致国家动乱灭亡。我从小以来，经历了很多艰难险阻，知道天下很多的事情，但仍然害怕自己还有做得不够的地方。至于像荆王他们这些人，从小在宫中长大，见识短浅，哪能想到这些问题呢？我每天一吃饭，就要想到耕种的艰难，每天一穿衣，就想到纺线的辛苦，我那些王子兄弟能学我吗？选一些贤良的人作为他们的老师，使他们习惯与品德高尚的人接近，这样才能使他们少犯错误。”

【注释】

①夷灭：灭亡。
②藩弼：保护教导辅助之意。

【原文】

贞观十一年，太宗谓吴王恪曰：“父之爱子，人之常情，非待教训而知也。子能忠孝则善矣。若不遵诲诱，忘弃礼法，必自致刑戮，父虽爱之，将如之何？或汉武帝既崩，昭帝嗣立，燕王旦素骄纵，诪张①不服，霍光遣一折简诛之，则身死国除。夫为臣子不得不慎。”

【译文】

贞观十一年，太宗对吴王恪说：“父亲疼爱子女，这是人之常情，是不通过教育就可以知道的。儿子能尽忠尽善就对了。若儿子不遵循教诲，废弃礼法，必然自取灭亡，父亲即使疼爱他，那又有什么办法呢？从前汉武帝驾崩了以后，昭帝继位，燕王旦向来自高自大，不愿服人。霍光辅佐昭帝以御书诛杀了他，身亡国灭。所以作为臣子的不得不谨慎。”

【注释】

①诪张：欺诳，狂妄。

【原文】

贞观中，皇子年小者多授以都督、刺史，谏议大夫褚遂良上疏谏曰：“昔两汉以郡国治人，除郡以外，分立诸子，割土封疆，杂用周制。皇唐郡县，粗依秦法。皇子幼年，或授刺史。陛下岂不以王之骨肉，镇扞四方，圣人造制，道高前古？臣愚见有小未尽。何者？刺史师帅，人仰以安。得一善人，部内苏息[①]；遇一不善人，阖州劳弊。是以人君爱恤百姓，常为择贤。或称河润九里，京师蒙福；或与人兴咏，生为立祠。汉宣帝云：‘与我共理者，惟良二千石乎！’如臣愚见，陛下子内年齿尚幼，未堪临民者，请且留京师，教以经学。一则畏天之威，不敢犯禁；二则观见朝仪，自然成立。因此积习，自知为人，审堪临州，然后遣出。臣谨按汉明、章、和三帝，能友爱子弟，自兹以降，以为准的。封立诸王，虽各有土，年尚幼小者，召留京师，训以礼法，垂以恩惠。讫三帝世，诸王数十百人，惟二王稍恶[②]，自余皆冲和深粹。惟陛下详察。”太宗嘉纳其言。

【译文】

贞观年间，年龄小的皇子都被授以都督、刺史的爵位。谏议大夫褚遂良上书进谏道：“过去两汉都用郡国的方法治理国家，除郡国外，分封诸子，一个个割地封爵，原袭周代的作法。现在我们唐代采用郡县制，沿用的是秦的体制。皇子年龄小，都授以刺史的爵位。陛下难道是想用骨肉亲情来安定四方，认为圣人创设的制度，都很高明吗？但是我认为这种方法有一些不完善的地方。为什么呢？刺史和都督，人们仰仗他得以安宁。这些职位若遇上好人担任，那么辖境之内就太平；如果遇到一个不好的人来管理，整个州县就民生凋敝。所以皇上爱抚体恤百姓，常常选择贤能的人。有的被称为如同河流一样泽被一方，使京城享受到他的好处；有的被百姓歌颂赞美，并且立下生祠纪念。汉宣帝说：‘与我一同治理国家的，是享受两千石俸禄的有才能的人。’按我的想法，陛下皇子中年龄尚小，还不能统领百姓的，请暂时留在京城，用经学教导他们。一则他们畏惧你的威严，不敢违法乱纪；二则出入观习朝堂仪式，自然的成长自立。时间长了，自然养成习惯，懂得为人处世的方法。能符合条件的，再派遣他们到州郡任职。我认为汉明帝、章帝和三个帝王，能够友爱子弟，此后，后世以它作

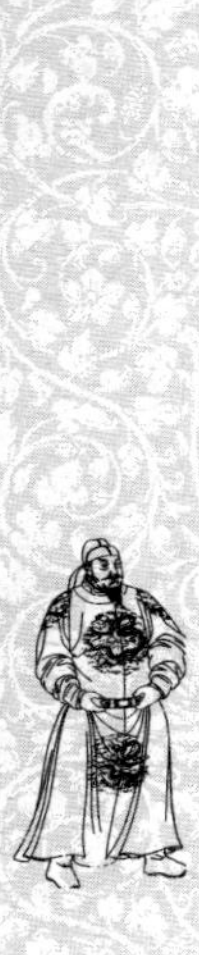

为准则。从帝王三代来看，诸王数百人当中，只有两个王稍微不好，其余的性格都正直谦和，希望陛下详察。”太宗赞扬并且采纳了褚遂良的言论。

【注释】

①苏息：宁息，平安。

②二王稍恶：二王指楚王英、广陵思王荆。二王都以谋逆自杀。

史鉴新得

泽被后人，贵在教化

《教诫太子诸王》是继前篇之后继续讨论教诫太子和诸王继承王业应该注意的问题。这里讲到了一些立身的准则，诸如“人之立身，所贵者惟在德行，何必要论荣贵”，“君子小人本无常，行善事则为君子，行恶事则为小人，当须自克励，使善事日闻，勿纵欲肆情，自陷刑戮”、“卿等辅导太子，常须为说百姓间利害事”等。为了以史为鉴，李世民命魏徵辑录历代帝王子弟成败的事迹，名为《自古诸侯王善恶录》，作为教诫太子诸王的专用教材。魏徵在序言中说：“欲使见善思齐，足以扬名不朽，闻恶能改，庶得见乎大过。从善则有誉，改过则无咎。兴亡是系，可不勉欤？”

中国有句古话叫“富不过三代”：爷爷艰苦奋斗打江山；儿子坐享其成、勉力维持；孙子挥金如土，坐吃山空。这是历史的教训！要使企业长盛不衰，使企业家后继有人，首先是企业家要不断提升自身素质，另外，还要选好接班人，教育好子女。

全球首富比尔·盖茨是美国微软公司总裁，总资产466亿美元。他和妻子美琳达都十分疼爱孩子，但他们认为：“再富也不能富孩子”，“在钞票中长大的孩子，他们在无忧无虑中将会一事无成。”比尔·盖茨公开表示：“我不会将自己的所有财产留给自己的继承人，因为这样对他们没有一点好处。”他和妻子捐了几百亿给慈善事业，但对儿子罗瑞和女儿珍妮佛却相当“吝啬”，连儿子想买一辆玩具车都不答应。

类似比尔·盖茨的事例很多，像美国有线电视公司约翰·马隆就准备把15亿美元的家产全部捐给慈善事业，不给子女留下半个子儿，他的理由是：太多的财产不但不利于孩子们的成长，反而会毁了他们。

香港一代船王董浩云对儿子董建华寄予厚望：“以中国人为骄傲再创中华”。董浩云有二子三女。长子董建华19岁考入英国利物浦大学机械系。当时在欧美留

学的富家子弟常比高级轿车，比穿着时髦，比出手阔绰，而董浩云却要求董建华过简朴生活，与普通留学生一样，乘公共汽车或骑自行车上学，潜心学业，做到自律自强。

董建华大学毕业后，父亲没有安排他去美国深造，也没在董家海运王国任职，而是安排到美国去打工——到通用汽车公司最基层去当普通职员。董浩云问董建华："你能明白我为什么让你进'通用'吗？"董建华答："因为'通用'是全球最大的汽车公司，其总裁阿尔弗雷德·斯隆创立的现代企业管理原则，我想也肯定适用于我们这个国际型的航运企业。我相信，我在'通用'可以学到许多东西。"

董浩云点了点头，他还觉得儿子理解不深，就说："我并不怀疑你是个有理想的人，但担心你刻苦精神不够。你不要想到自己有依靠，你必须自己主动去找苦吃，磨炼自己的意志，接受生活的挑战，所以你必须全面锻炼自己，从最底层做起。只有先当好一名普通的职员，今后才可能明白应该怎样对待你下面的职员；在这以后，你才能充分考虑学习别人的经验，为将来开创新的事业打下良好的基础。"董建华听从安排，在美国勤勤勤恳恳干了四年。后来，董建华子承父业，经营海运王国，并走上政坛，成为香港特别行政区首届政府首脑。国际舆论评论：董建华是其父董浩云刻意雕琢的一颗明珠。

上面举的一些事例，给了我们很多启示：企业家要重视教育子女，并从小使他们养成勤劳俭朴的习惯，确立爱国思想，潜心学习，有强烈的社会责任感和乐善好施的高尚品德，诚实守信，自尊自强，切勿娇生惯养，奢侈浪费。

另外，企业在对员工进行定期培训的过程中，不能只重视行业技能与专业知识的训练，应该首先将"德行"放在首位，重视员工的思想道德教育，树立良好的企业文化风尚，并总结一些兄弟企业在经营发展过程中的经验教训，以事例说话，鼓励员工"见善思齐"，及时纠正自身的不足，为企业的发展谏言献策。另外，一部内涵丰富、博古通今、实用性强的企业内训教材，对员工加强自身的道德修养非常有利，在鲜活而真实的事例中，对比、反思、融会贯通，比起单纯地形式上的说教，将起到事半功倍的效果。

规谏太子第十二

【题解】

太宗选择贤臣，作为太子李承乾的师傅。李百药、孔颖达等大臣，忠于职守，屡屡直言规劝太子，可惜不被太子所采纳。在文治、纳谏、用人等方面，太子都不符合太宗的期望，因此渐被疏远，最终酿成政变阴谋，被废黜致死。

【原文】

贞观五年，李百药为太子右庶子。时太子承乾①颇留意典坟，然闲宴之后，嬉戏过度。百药作《赞道赋》以讽焉，其词曰：

下臣侧闻②先圣之格言，尝览载籍之遗则③。伊天地之玄造，洎皇王之建国，曰人纪与人纲，资立言与立德。履之则率性成道，违之则罔念作忒。望兴废如从钧，视吉凶如纠纆。至乃受图膺箓，握镜君临。因万物之思化，以百姓而为心。体大仪之潜运，阅往古于来今。尽为善于乙夜，惜勤劳于寸阴。故能释层冰于瀚海，变寒谷于蹛林。总人灵以胥悦，极穹壤而怀音。

【译文】

贞观五年，李百药为太子右庶子。当时太子承乾对三坟五典这些古代典籍颇为留心，可是闲饮宴乐之后，游乐嬉戏稍微过分。于是李百药作《赞道赋》来进行讽谏规劝，里面写道：

我听说过古代圣贤遗留下来的格言，也曾经看过记载在典籍上的遗训。自从开天辟地以来，直到帝王建国立邦，都是依靠君主的德性言行，建立和巩固社会的纪纲。按照法则办事就能依附本性成就大道，违背了它就会思想混乱，作恶酿祸。看待历史的兴亡如同自然的天工造化，观察人事的吉凶如同绳索的缠绕纠结。现在我们大唐帝国承受天命，应运而生，秉承清明之道，君临天下。应根据事物变化的规律，把老百姓放在自己心中。体会天下暗藏的变化规律，细细地研读古往今来的历史。尽量为天下多做好事，珍惜分分秒秒的光阴。这样才能融化浩瀚海洋中的坚冰，将阴冷的山谷变成祭祀的秋林。让生灵万民欢悦，让天地都沐浴您的恩宠。

【注释】

①承乾：字高明，太宗长子。因生于承乾殿，故得此名。贞观初立为皇太子。贞观十七年，承乾谋反事发，被废。

②侧闻：从旁闻知，表示曾有所闻。

③遗则：前人遗训。

【原文】

赫矣圣唐，大哉灵命；时维大始，运钟上圣。天纵皇储，固本居正；机悟宏远，神姿凝映。顾三善而必弘，祗四德而为行。每趋庭而闻礼，常问寝而资敬。奉圣训以周旋，诞天文之明命。迈观乔而望梓，即元龟与明镜。自大道云革，礼教斯起，以正君臣，以笃父子。君臣之礼，父子之亲，尽情义以兼极，谅弘道之在人。岂夏启①与周诵②，亦丹朱③与商均。既雕且琢，温故知新。惟忠与敬，曰孝与仁。则可以下光四海，上烛三辰。昔三王之教子，兼四时以齿学；将交发于中外，乃先之以礼乐。乐以移风易俗，礼以安上化人。非有悦于钟鼓，将宣志以和神。宁有怀于玉帛，将克己而庇身。生于深宫之中，处于群后之上，未深思于王业，不自珍于匕鬯。谓富贵之自然，恃崇高以矜尚，必恣骄狠，动违礼让，轻师傅而慢礼仪，狎奸谄而纵淫放。前星之耀遽隐，少阳之道斯谅。虽天下之为家，蹈夷俭之非一。或以才而见升，或见谗而受黜。足可以省厥休咎，观其得失。请粗略而陈之，觊披文而相质。

【译文】

我盛唐赫赫天威，上承天命；开创帝业，遇到圣明的贤人。天派遣你作为皇位的继承人，巩固国家的根本，居于正位；心地聪颖，光彩照人。凡三善之事必予光大，用四德来规范自己的行为，常拜谒父王听取教训，奉孝君父问安致敬。按照圣训待人接物，发扬光大上天之命，勤勉励行父子之道，以此作为元龟明镜。自从大道消失以后，礼就兴起来了，这使君臣各得其所，使父与子之间的感情更加笃厚。君臣之间的礼义，父子之间的亲情，达到情义兼至，都在于人为。怎能说夏启、周诵与丹朱、商均是一样的呢？你要通过反复不断地琢磨，来温习旧的知识，让心灵受到启发而获得的新的知识。忠、敬、孝、仁，用它来治理国家，就可以使国家安定与兴盛。过去三王教育子

女，用四时之法按年来学习；将要让太子出宫就位，都是先用礼乐来教育他们。乐用来改变风俗，礼用来安定统治、教化大众。学习音乐并非是喜欢乐音，而是用它来表明志向，使心神安宁。学习礼法难道是想要得到玉帛吗？只是为了用其来克制自己的贪欲而让自己得以保全。太子生长在宫廷之中，地位处于诸侯之上，如果不认真思考帝王的基业得之不易，就不会去珍惜，认为富贵天定，自高自大，必然产生骄横，从而使行为违背礼节，产生像轻视师傅、怠慢礼仪、亲近奸佞谄媚之人而放纵淫乱等可耻行为。如果这样，那么先王的光芒就会隐没，充满阳光的大道就会阴暗，即使天下表面仍是一家，但所处的安全、危险情况却不一样。有的人可能凭借才华得到任用，有的却可能因为诬陷而遭到贬谪。这就完全可以从中看出吉凶祸福，悟出得失成败。让我粗略地陈述一下过去的历史，让你从中得到公正的评断。

【注释】

①夏启：传说中夏代国王。姒姓。禹之子。传禹曾选定东夷族的伯益做继承人。禹死后，他即继王位，与伯益发生争夺，杀伯益，确立传子制度。有扈氏不服，也被他攻灭。一说禹去世后，伯益推让，他被拥戴继位。

②周诵：即周成王。即位时年幼，由周公旦摄政。

③丹朱：相传为尧之子，不肖，唯漫游是好。

【原文】

在宗周之积德，乃执契而膺期；赖昌、发而作贰，启七百之鸿基。逮扶苏①之副秦，非有亏于闻望，以长嫡之隆重，监偏师于亭障。始祸则金以寒离，厥妖则火不炎上；既树置之违道，见宗祀之遄丧。伊汉氏之长世，固明两之递作。高②惑戚而宠赵③，以天下而为谑。惠结皓而因良，致羽翼于寥廓。景有惭于邓子，成从理之淫虐；终生患于强吴，由发怒于争博。彻居储两，时犹幼冲，防衰年之绝议，识亚夫之矜功，故能恢弘祖业，绍三代之遗风。据开博望，其名未融。哀时命之奇舛，遇谗贼于江充，虽备兵以诛乱，竟背义而凶终。宣嗣好儒，大猷行阐，嗟被尤于德教，美发言于忠謇。始闻道于匡、韦，终获戾于恭、显。太孙杂艺，虽异定陶，驰道不绝，抑惟小善。犹见重于通人，当传芳于前典。中兴上嗣，明、章济济，俱达时政，咸通经礼，极至情于敬爱，惇友于于兄弟，是以固东海之遗堂，因西周之继体。五官在魏，无闻德音。或受讥于妲己，且自悦于从禽。虽才高而学富，竟取累于荒淫。暨贻厥于明皇，构崇基于三世。得秦帝之奢侈，亚汉武之才艺。遂驱没于群臣，亦无救于凋弊。中抚宽爱，相表多奇。重桃符而致惑，纳巨鹿之明规。竟能扫江表之氛秽，举要荒而见羁。惠处东朝，察其遗迹。在圣德其如初，实御床之可惜。悼愍怀之云废，遇烈风之吹沙。尽性灵之狎艺，亦自败于凶邪。安能奉其粢盛，承此邦家！

【译文】

周代以德服人，于是能把握时机承受天命。依靠文王、武王开创了七百年的宏伟基业。扶苏作为秦国的太子，并不是声名有什么贬损之处。而是自己作为嫡长子，却被派去监视守边之军。祸患由此产生，太子被疏远，灾难降临，太子被杀害。由于册立君主违背了正道，秦朝基业很快就遭到灭亡。汉代统治久远，实则是因为太子继起的缘故。汉高祖被戚夫人迷惑而宠爱其子赵王，竟把国家大事视同玩笑。惠帝用张良的计策结交商山四皓，使得自己羽翼丰满得以翱翔九天之上。汉景帝正因为侍奉父皇比不上宠臣，造成了邓通的淫乱暴虐；从而终生以强大的吴国为患，由于博弈的争执错杀了吴太子。汉武帝刘彻为太子时，年纪尚幼，就能提防老年不听劝谏而被人非议，疏远了周亚夫。因此他能够巩固拓展国家疆土，使三代遗风更加明显。武帝为太子刘据设立博望苑广交宾客，名望尚未张显。可叹的是他的命运不济，遇到谗臣江充的诽谤，虽然诛杀了引起内乱的江充，但也因违背礼仪而遭到杀身之祸。汉元帝喜爱儒术，大道得以昌明。感叹他因为施行道德教化而被指责，赞赏他所发表的意见忠诚正直。起初任用匡衡、韦玄成为丞相，使他能够闻取治国正道，但他又因为任用弘恭、石显从而导致滥杀忠臣的错误行为。汉元帝太子成帝的才艺虽然不及元帝庶子定陶，但仁义为重，身为太子时不敢在御道上奔跑，不失为一些小的优点。仍得到当时贤者的辅助，从而流芳史册。东汉的诸太子中，汉明帝、汉章帝端庄诚敬，都通晓政务和儒术。个个情感笃厚，兄弟和睦。因此能使东海王的遗业稳固，继承了西周的传位制度。魏文帝曹丕为魏世子时，没有听到他好的德行。不是因为喜爱美女而遭到别人指责，就是放纵于打猎游玩。虽然才能高、学问好，但却被自己的荒淫所牵连。到魏明帝时，在御花园中建筑土山长达三年。他有秦始皇那样的奢侈，却无汉武帝那样的才艺。于是驱使群臣负土筑山，导致国家衰落，百姓凋疲。晋武帝司马炎宽厚仁德，相貌奇伟。其父虽然当初因为重视其弟司马悠，因为立世子之事而产生疑惑，但又最终接受了大臣裴秀的规劝，立司马炎为世子。最后司马炎终于取代魏国平定东吴，一统天下。晋惠帝为太子时，观察他的言行，其品行还和原来一样的昏愚，继承帝位实在让人感到痛惜。我伤悼晋惠王的长子慰怀被废掉太子之位，如同狂风吹沙般溃散无迹。但是他却因此自暴自弃，将聪明才智全都用于嬉戏，面对奸谄谗狞而自毁前程。这样的人又怎么能够保其祖业，担当国家重任。

【注释】

①扶苏(？—前210)：秦始皇长子。因劝阻秦始皇镇压儒生，被派往上郡监大将蒙恬军。始皇死后，宦官赵高、丞相李斯伪造始皇诏书，命他自杀，拥立其弟胡亥。

②高：指汉高帝刘邦。

③赵：指赵王如意。赵王如意是刘邦最喜爱的儿子，刘邦几次想让他做太子。刘邦死了刚刚半年，吕后就把这个才十几岁的孩子从邯郸骗到了长安，用毒药害死了。

【原文】

惟圣上之慈爱，训义方于至道。同论政于汉幄，修致戒于京邸。鄙《韩子》之所赐，重经术以为宝。咨政理之美恶，亦文身之黼藻。庶有择于愚夫，惭乞言于遗老。致庶绩于咸宁，先得人而为盛。帝尧以则哲垂谟，文王以多士兴咏。取之于正人，鉴之于灵镜。量其器能，审其检行。必宜度机而分职，不可违方以从政。若其惑于听受，暗于知人，则有道者咸屈，无用者必伸。谗谀竞进以求媚，玩好不召而自臻。直言正谏，以忠信而获罪；卖官鬻狱，以货贿而见亲。于是亏我王度，斁我彝伦。九鼎遇奸回而远逝，万姓望抚我而归仁。盖造化之至育，惟人灵之为贵。狱讼不理，有生死之异涂，冤结不伸，乖阴阳之和气。士之通塞，属之以深文；命之修短，悬之于酷吏。是故帝尧画像，陈恤隐之言；夏禹泣辜，尽哀矜之志。因取象于《大壮》，乃峻宇而雕墙。将瑶台以琼室，岂画栋以虹梁。或凌云以遐观，或通天而纳凉。极醉饱而刑人力，命痿蹶而受身殃。是以言惜十家之产，汉帝以昭俭而垂裕；虽成百里之囿，周文以子来而克昌。彼嘉会而礼通，重旨酒之为德。至忘归而受祉，在齐圣而温克。若其酗醟以致昏，酖湎而成忒，痛殷受与灌夫，亦亡身而丧国。是以伊尹以酣歌而作戒，周公以乱邦而贻则。咨幽闲之令淑，实好逑于君子。辞玉辇而割爱，固班姬之所耻；脱簪珥而思愆，亦宣姜之为美。乃有祸晋之骊姬，丧周之褒姒。尽妖妍于图画，极凶悖于人理。倾城倾国，思昭示于后王；丽质冶容，宜永鉴于前史。复有蒐狩之礼，驰射之场，不节之以正义，必自致于禽荒。匪外形之疲极，亦中心而发狂。夫高深不惧，胥靡之徒；韝緤为娱，小竖之事。以宗社之崇重，持先王之名器，与鹰犬而并驱，凌艰险而逸辔。马有衔橛之理，兽骇不存之地，犹有靦于获多，独无情而内愧。

【译文】

当今圣上慈祥仁爱，用最好的道德准则来对殿下进行教诫。以前代的教训作为鉴戒。鄙视晋元帝好用刑法，以《韩非子》赐太子的做法，看重儒家的经世致用之术将

它作为治国的法宝。学习儒学，可以了解政事的得失，也可以提高自身的修养；因为知书达理而欣喜，可以用来识辨愚蠢的人；因为不知道典故而惭愧，需要去请教有学问的长者。要让国家政通人和，最关键的是得人心、得人才。尧帝懂得知人善任而成为世代的楷模，文王广揽贤才而为世人赞颂。从正人君子中选取人才，然后用慧眼来加以鉴别对照。正确地判断一个人的才能，检验其德行。必须根据其人之实际情况来确定职位，不可以违背原则。如果被偏听迷惑，不能正确地了解人，那么有道行的人必然会受到压抑，没有才德的人必然能得到显贵。奸谗之人竞相去献媚讨好来寻求宠幸，玩乐之物不招自来。正直忠谏的人，可能因为他的忠心而招致罪过；卖官徇私之人，可能因为贿赂而得以亲近。这就会使王道亏损，人伦败坏。国家遇到奸臣就要遭到灭亡，黎民百姓都希望得到安抚而愿意归顺仁义之人。天地生育的万种生灵，只有人最为宝贵。诉讼判断不合理，使人的生死适得其反；冤情得不到伸张，就会违背阴阳之气的调和。贤才是否被任用，交付于苛责的刑法；百姓生命的长短，全维系在酷吏的身上。所以尧帝画五刑图像的目的，正是为了表达对违法者的一种安抚；夏禹为哀怜犯人之心，在道路上哭泣是为了反省自身。根据《大壮》卦象的启发，于是建造楼宇亭台、雕梁画栋。像桀那样作瑶台，像纣王那样作琼室，怎会是单单的雕梁画栋呢！魏文帝修建凌云台远望，汉武帝修建通天台纳凉。穷奢极欲而使黎民遭受苦难，而最后必遭天怒人怨，性命遭殃。所以汉文帝听说造露台要耗费十家人的家产而罢手，他以俭约的美名促使了国家的富强；周文王虽然修建成了方圆百里的园苑，却因为老百姓的自愿帮助而更加强大。至于美好的宴会应用礼来加强往来，喜欢美酒也应注重酒德。酒酣忘返却能得福的境界，在于自身的聪明和自制。如果沉溺于酒色，因酗酒而酿成错误，就会像殷纣与灌夫那样因酒妄为、国亡身死，令人感到痛惜。所以伊尹以酣歌为名作出训诫，周公因为酒能使国家混乱，而确立了行为的准则。温婉贤淑的女子，实在是君子的美好伴侣。坚决不愿与汉帝同车游览，这是班婕妤知道仅仅作为宠妾的耻辱；拔掉簪子思考皇上沉溺后宫的罪过，这也是宣姜的美德。但也有让晋国发生内乱的骊姬，让周幽王丧命的褒姒。这些人极其妖艳，赛过美丽的图画，但行为却极其违背人的纲常伦理。面对倾城倾国的美貌，应想想这些给后王留下的启示，应该永远以前代的历史为鉴。至于狩猎驰射，如果不用道义加以节制，必然导致沉迷于此。这样不但形体疲惫，而且内心也会放纵失常。高山深谷都不害怕，这是无知囚徒；以打猎作为人生的欢乐，这是庸俗之辈所为。自己身系宗庙社稷等崇高的事情，担负着先王传下来的治国重任，却与打猎的鹰犬并排奔跑，翻越危险之地策马飞奔。而马也有失前蹄的时候，连野兽也会为没有生存之地而变得恐慌好斗，自己却不念及于此，反而贪得无厌，内心难道真的不感到惭愧吗？

【原文】

以小臣之愚鄙，忝不赀之恩荣。擢无庸于草泽，齿陋质于簪缨。遇大道行而两仪泰，喜元良会而万国贞。以监抚之多暇，每讲论而肃成。仰惟神之敏速，叹将圣之聪明。自礼贤于秋实，足归道于春卿。芳年淑景，时和气清。华殿邃兮帘帏静，灌木森兮风云轻，花飘香兮动笑日，娇莺啭兮相哀鸣。以物华之繁靡，尚绝思于将迎。犹允蹈而不倦，极耽玩以研精。命庸才以载笔，谢摛藻于天庭。异洞箫之娱侍，殊飞盖之缘情。阙雅言以赞德，思报恩以轻生。敢下拜而稽首，愿永树于风声。奉皇灵之遐寿，冠振古之鸿名。

太宗见而遣使谓百药曰："朕于皇太子处见卿所作赋，述古来储贰事以诫太子，甚是典要。朕选卿以辅弼太子，正为此事，大称所委，但须善始令终耳。"因赐厩马一匹，彩物三百段。

【译文】

我见识短小浅陋，有愧于圣君如此隆恩。皇上从草野之中把我这没才能的人提拔上来，鄙陋之躯竟然冠饰簪缨。有幸遇到大道即行而国泰民安，欣喜与太子相会而使四海归正。我在作监抚的空闲时间，每每在书房讨论学问。对您如神的敏捷而仰慕，对您如圣的聪慧而赞叹。如果想要在道德方面礼贤下士，就要在礼仪方面归于道德。你正值美好年华，一切光阴都值得珍惜。宫殿深邃，帘帷清净；灌木苍盛，飞云轻绕；花香四溢，笑语盈盈；莺歌燕舞，互相和鸣。面对生活的富贵奢华，您尚且无心留恋。仍然能做到恪守德行孜孜不倦，沉迷于学问而精于钻研。命不才的我执笔作文，在朝廷之上铺陈词藻。这不同于文帝时王褒上的《洞箫赋》那样讨人欢心，也不同于曹植"飞盖相追随"的诗赋。我不擅长用优美的言词来赞美您高尚的德行,只是想着报答知遇之恩而不惜牺牲自己的生命。请允许我下拜稽首,愿你英名永树。努力侍奉皇上,美名千古流传。

太宗看了这篇词赋后,派遣使者对李百药说:"我在皇太子居住的地方看到了你所作的词赋,叙述古往今来太子的事情来告诫太子,十分简明得当。我选用你来辅佐太子,正是为了这件事。你很称职,但你必须让自己有始有终。"于是赏赐百药骏马一匹,彩帛三百段。

【原文】

贞观中,太子承乾数亏礼度,侈纵日甚,太子左庶子于志宁撰《谏苑》二十卷讽之。是时太子右庶子孔颖达[①]每犯颜进谏。承乾乳母遂安夫人谓颖达曰:"太子长成,何宜屡得面折?"对曰:"蒙国厚恩,死无所恨。"谏诤愈切。承乾令撰《孝经义疏》,颖达又因文见意,愈广规谏之道。太宗并嘉纳之,二人各赐帛五百匹,黄金一斤,以励承乾之意。

【译文】

贞观年间,太子承乾屡次违犯礼仪法度,一天比一天奢侈放纵。太子左庶子于志宁撰写了《谏苑》共二十卷对他进行劝谏。当时太子右庶子孔颖达经常冒犯威严进行谏诤。承乾的乳母遂安夫人对孔颖达说:"太子已长大成人,怎好屡次当面指责他?"孔颖达回答:"我蒙受国家的厚恩,即使死也无怨恨。"于是谏诤得更加激切。承乾命孔颖达撰写《孝经义疏》,孔颖达又通过经文表达自己的意见,获得了更多的劝谏机会。太宗对两人的做法都很称赏,赏赐这两位大臣帛各五百匹,黄金各一斤,借此来勉励承乾。

【注释】

①孔颖达(公元574—公元648):唐经学家。字仲远。冀州衡水(今属河北)人。生于北朝,少时聪明。隋大业初,选为"明经",授河内郡博士。到唐代,历任国子博士、国子司业、国子祭酒诸职。曾奉唐太宗之命,主编《五经正义》,唐代用其书作为科举取士的标准。

【原文】

贞观十三年,太子右庶子张玄素以承乾颇以游畋废学,上书谏曰:

臣闻皇天无亲,惟德是辅,苟违天道,人神同弃。然古三驱之礼,非欲教杀,将为百姓除害,故汤罗一面,天下归仁。今苑内娱猎,虽名异游畋,若行之无恒,终亏雅度[①]。且傅说曰:"学不师古,匪说攸闻。"然则弘道在于学古,学古必资师训。既奉恩诏，令孔颖达侍讲，望数存顾问，以补万一。仍博选有名行学士，兼朝夕侍奉。览圣人之遗教，察既往之行事，日知其所不足，月无忘其所能。此则尽善尽美，夏启、周诵焉足言哉！夫为人上者，未有不求其善，但以性不胜情，耽惑成乱。耽惑既甚，忠言尽塞，所以臣下苟顺，君道渐亏。古人有言："勿以小恶而不去，小善而不为。"故知祸福之来，皆起于渐。殿下地居储贰，当须广树嘉猷。既有好畋之淫，何以主斯匕鬯？慎终如始，犹恐渐衰，始尚不慎，终将安保！

【译文】

贞观十三年，太子右庶子张玄素因为太子李承乾喜欢打猎，荒废了学业，于是上书进谏，他说：

我听说老天不会偏私，只会辅佐有德之人。如果违背了天道，不管是人是神都会遗弃他。古代打猎三驱的礼治，并不是要人杀生，只是为老百姓除害而已。所以商汤撤除捕捉野兽的四面网，只用一面网，如此仁义之举终于使百姓归心。如今您在御苑之内打猎，虽然名义上不同于在野外游猎，但是如果放纵无度，终究有失体统。所以商代贤相傅说说："学习不遵循古训，这是闻所未闻的。"因此要弘扬道性必须学习古礼，学习古礼必须依靠老师教诲。现在我既然奉旨教太子读书，让孔颖达讲授学问，是希望您能询问古代的事迹和学问，以弥补学问的不足。另外再选一些博学多才之士，朝夕侍奉太子。阅读圣人的遗训，知道历史变迁，发现国亡的原因，每天都能发现自己不足的地方，每月都能不忘记自己所学的东西。这样就尽善尽美了，那么夏启、周诵这样的贤太子又何足称道呢！为人君主，没有谁不追求善美的，只是因为理智难以胜过感情，沉溺惶惑才造成了昏乱。沉溺惶惑过于厉害，就会使忠言全部堵塞，从而使臣下苟且偷生、投其所好，损害为君之道。古人说："不要因为是小的过失就不加以改正，也不要因为小优点就不愿去做。"应该知道，祸福都是渐渐产生的。您身为皇储，应该树立自己美好的形象。既然有喜爱打猎的癖好，如何能专心主持国事呢？谨慎从事，善始善终，尚且担心会逐渐衰退；何况一开始就不谨慎，最终又如何去保持呢！

【注释】

①雅度：典章法度。

【原文】

承乾不纳。玄素又上书谏曰：

臣闻称皇子入学而齿胄者，欲令太子知君臣、父子、尊卑、长幼之道。然君臣之义，父子之亲，尊卑之序，长幼之节，用之方寸之内，弘之四海之外者，皆因行以远闻，假言以光被。伏惟殿下，睿质已隆，尚须学文以饰其表。窃见孔颖达、赵弘智等，非惟宿德鸿儒①，亦兼达政要。望令数得侍讲，开释物理，览古论今，增辉睿德。至如骑射畋游，酣歌妓玩，苟悦耳目，终秽心神。渐染既久，必移情性。古人有言："心为万事主，动而无节即乱。"恐殿下败德之源，在于此矣。

承乾览书愈怒，谓玄素曰："庶子患风狂耶？"

【译文】

李承乾不接受张玄素的意见，于是他又呈上一篇奏书：

我听说皇子入学按年龄长幼排序，这样是为了使太子知晓君臣、父子、尊卑、长幼之间的道理。然而君臣之间的礼义，父子之间的亲情，尊卑的等级，长幼的秩序，要从内心去奉行，使之广大于天下，都要依靠自身的行为使自身闻名久远，凭借言词而使其广泛传播。殿下已经长大成人，且天姿聪慧，但仍需要学习知识以提高自身修养。我认为孔颖达、赵弘智等人，不仅是当今鸿儒，具有很高的德行修养，而且他们通晓政治之道。希望您时常听他们授课，让他们讲授人情物理，谈古论今，以增加你的智能。至于骑马射击，音乐美女之类的逸乐，只会满足一时的耳目之娱，终将会扰乱心神。如果过多沉溺其中，必将改变您的性情。古人说："心是万事的主宰，如果心无节制地骚动必然会产生祸乱。"我是害怕这些逸乐会成为败坏殿下德性的根源啊！

李承乾看了奏书，更加愤怒，对张玄素说："你是害了疯病吗？"

【注释】

①宿德鸿儒：很有道德很有学问的人。

【原文】

十四年，太宗知玄素在东宫频有进谏，擢授银青光禄大夫，行太子左庶子。时承乾尝于宫中击鼓，声闻于外，玄素叩閤请见，极言切谏。乃出宫内鼓对玄素毁之，遣户奴伺玄素早朝，阴以马檛击之，殆至于死。是时承乾好营造亭观，穷极奢侈，费用日广。玄素上书谏曰：

臣以愚蔽，窃位两宫，在臣有江海之润，于国无秋毫之益，是用必竭愚诚，思尽臣节者也。伏惟储君之寄，荷戴殊重，如其积德不弘，何以嗣守成业？圣上以殿下亲则父子，事兼家国，所应用物不为节限。恩旨未逾六旬，用物已过七万，骄奢之极，孰云过此？龙楼之下，惟聚工匠；望苑之内，不睹贤良。今言孝敬，则阙侍膳问竖之礼；语恭顺，则违君父慈训之方；求风声，则无学古好道之实；

观举措，则有因缘诛戮之罪。宫臣正士，未尝在侧，群邪淫巧，昵近深宫。爱好者皆游伎杂色，施与者并图画雕镂。在外瞻仰，已有此失；居中隐密，宁可胜计哉！宣猷禁门，不异闤闠①，朝入暮出，恶声渐远。右庶子赵弘智经明行修，当今善士，臣每请望数召进，与之谈论，庶广徽猷。令旨反有猜嫌，谓臣妄相推引。从善如流，尚恐不逮；饰非拒谏，必是招损。古人云："苦药利病，苦口利行。"伏愿居安思危，日慎一日。

书入，承乾大怒，遣刺客将加屠害，俄属宫废。

【译文】

贞观十四年，唐太宗得知张玄素在太子东宫频频进谏，于是授予他银青光禄大夫，兼任太子左庶子。一次李承乾在宫中击鼓作乐，声音传至宫外，张玄素敲宫门求见太子，极力劝谏。太子气急败坏，把宫中的鼓拿出来，当着张玄素的面毁掉。他又派奴仆等张玄素上早朝的时候，暗中用马袭击他，差点将他置于死地。那时李承乾喜好营造楼阁，穷奢极欲，耗资一天比一天增加。张玄素又上书进谏：

我身性愚钝，却担当朝廷和东宫的要职，皇恩浩荡，而我却对国家没有一丝一毫的好处。所以一定要尽职尽忠，想要尽到人臣的责任。太子的使命，责任十分重大，如果积德不深厚，又怎么能担当守护祖宗基业的大任呢？圣上与您是父子之亲，您的言行于家于国关系重大，所以对你的日常用度没有限制。圣上圣旨颁布不到六十天，而殿下的东宫之内的财物用度已超过七万，骄奢至极，到了无以复加的地步。太子宫殿下聚集无数工匠，内苑之中却不见贤才良臣半点踪影。论孝敬，殿下有违晚辈向长辈问寒问暖的礼节；论恭顺，殿下则与慈父的训导背离；论名声，殿下没有学习古道的事实；论行为，殿下又凭借权势滥施刑罪。正直的人，没在身边，而哗众取宠的弄臣，却不离左右。您喜欢的不外乎是声色犬马，所赏赐的都是图画雕刻。从表面看，殿下已有如此多的过失；何况朝中隐秘的大事，可能已经不可胜数了。宣布法令的宫门无异于街市，形形色色的人时刻出入其中，坏名声已经传播得很广了。右庶子赵弘智精通经术，德行高尚，是当今贤才。我常常劝告殿下，希望经常召见他，与他谈论，以增进您的美德。如今殿下却对他猜疑嫌弃，认为错用了人才。一个人从善如流，恐怕还来不及，如果掩饰过错，拒绝进谏，必然会招来损失。古人说："良药苦口利于病，忠言逆耳利于行。"希望殿下居安思危，千万谨慎啊。

奏书送入东宫，李承乾看后大怒，想派刺客加害张玄素。不久李承乾被废黜。

【注释】

①阛阓(huán huì)：泛指市区街巷。

【原文】

贞观十四年，太子詹事于志宁，以太子承乾广造宫室，奢侈过度，耽好声乐，上书谏曰：

臣闻克俭节用，实弘道之源；崇侈恣情，乃败德之本。是以凌云概日①，戎人于是致讥②；峻宇雕墙③，《夏书》以之作诫④。昔赵盾匡晋，吕望师周，或劝之以节财，或谏之以厚敛。莫不尽忠以佐国，竭诚以奉君，欲使茂实播于无穷，英声被乎物听。咸著简策，用为美谈。且今所居东宫，隋日营建，睹之者尚讥其侈，见之者犹叹甚华。何容于此中更有修造，财帛日费，土木不停，穷斤斧之工，极磨砻⑤之妙？且丁匠官奴入内，比者曾无复监。此等或兄犯国章，或弟罹王法，往来御苑，出入禁闱，钳凿缘其身，槌杵在其手。监门本防非虑，宿卫以备不虞，直长既自不知，千牛又复不见。爪牙在外，厮没在内，所司何以自安，臣下岂容无惧？

【译文】

贞观十四年，太子詹事于志宁因太子李承乾大造宫室，奢侈无度，又沉溺于声色犬马，于是上书进谏：

我听说克制节俭，是弘扬德性的根本；穷奢极致，是败坏品德的根源。所以秦穆公夸耀自己豪华的宫殿，遭到西戎人的耻笑；高楼雕墙，《夏书》将其作为国家危亡的警戒。过去赵盾匡扶晋灵公，姜太公辅佐周文王，或者劝告他们节约财物，或者建议他们免征重税。无不尽忠竭力为国效劳、为君分忧，希望使功业流传无穷，英名广播；载入史册，成为千古美谈。今天殿下居住的东宫，乃隋代所建，看到的人已经觉得奢侈非常，感叹其过于富丽堂皇了。为什么还要再修宫室，天天浪费资财，大兴土木，极尽雕琢精妙之能事？而且如此多的工匠出入东宫，又没人监视。这些人是犯法之人的兄弟，却可以自由出入于东宫禁地，他们身上携带有斧凿等器具。守门值班的人是为了防止意外发生，然而这种情况负责守卫的直长和千牛这些官员都不知道也看不见。武官们在宫外，奴隶们在宫内，负责禁卫的部门怎么能够安心，又怎么不让我感到恐惧忧虑呢？

【注释】

① 凌云概日：形容宫殿高大。

② 讥：讥笑。

③ 峻宇雕墙：形容殿堂豪华雕丽。

④ 诫：禁戒。

⑤ 磨砻：雕琢。

【原文】

又郑、卫之乐，古谓淫声。昔朝歌之乡，回车者墨翟[①]；夹谷之会，挥剑者孔丘[②]。先圣既以为非，通贤将以为失。顷闻宫内，屡有鼓声，大乐伎儿，入便不出。闻之者股栗，言之者心战。往年口敕，伏请重寻，圣旨殷勤，明诫恳切。在于殿下，不可不思；至于微臣，不得无惧。

【译文】

另外，郑国、卫国的音乐，自古以来就被称作是亡国的靡靡之音。过去墨子经过商代的朝歌之地，由于地名不符合他的‘非乐’思想，便回车转向；鲁定公与齐侯会于夹谷，孔子挥剑斩杀戏子，因为他们用乐舞侮惑诸侯。歌舞失去礼法，古代圣人认为是大逆不道的，通达的贤者也认为是过失。而如今的东宫，时常传出寻欢作乐的鼓乐声，歌伎舞伎只见进不见出。听说这件事的人都双腿发抖，心惊胆战。往年陛下对太子的教谕，请您重新温习。圣旨关注，殷勤有加。这些对于殿下不可不深思，对于我来说也不能不感到害怕。

【注释】

① 墨翟(dí)：墨子，生卒年不详，约在公元前468年至公元前376年，名翟，汉族，鲁国人(今山东省滕州市)，墨家学派的创始人。

② 孔丘：孔子，公元前551年至公元前479年，字仲尼，我国古代最伟大的教育家、思想家。

【原文】

臣自驱驰宫阙，已积岁时，犬马尚解识恩，木石犹能知感，臣所有管见，敢不尽言。如鉴以丹诚，则臣有生路；若责其忤旨，则臣是罪人。但悦意取容，臧孙方以疾疢[①]；犯颜逆耳，《春秋》比之药石[②]。伏愿停工巧之作，罢久役之人，绝郑、卫之音，斥群小之辈。则三善允备，万国作贞矣。

承乾览书不悦。

【译文】

我自从承蒙圣恩，为朝廷效劳已有多年。犬马尚且知道感恩，木石尚且能够感知情义；我所有的狭小见识，怎敢不去竭尽所能进言。如果我能承蒙您的明察，看到我的忠诚，那么我就有了生路；如果您指责我违抗旨意，那么我就罪名难逃。只是阿谀逢迎，鲁国大夫臧仲武将它比作疾病；冒犯尊严，逆耳忠言，《春秋》里面将它比作良药。希望殿下停止营造宫殿，释放那些久做劳役的人，不听郑卫之音，斥退卑鄙小人。

这样，就会使事君、事父、事长这三种善行完备了，家国天下也将归于中正。

李承乾看过奏书很不高兴。

【注释】

① 疢疢(chèn)：热病。泛指疾病。

② 药石：良药。

【原文】

十五年，承乾以务农之时，召驾士等役①，不许分番②，人怀怨苦。又私引突厥群竖入宫。志宁上书谏曰：

臣闻上天盖高，日月光其德；明君至圣，辅佐赞其功。是以周诵升储，见匡毛、毕③；汉盈居震，取资黄、绮。④姬旦抗法于伯禽，贾生陈事于文帝，咸殷勤于端士，皆恳切于正人。历代贤君，莫不丁宁于太子者，良以地膺上嗣，位处储君。善则率土沾其恩，恶则海内罹其祸。近闻仆寺、司驭、驾士、兽医，始自春初，迄兹夏晚，常居内役，不放分番。或家有尊亲，阙于温凊；或室有幼弱，绝于抚养。春既废其耕垦，夏又妨其播殖。事乖存育，恐致怨嗟。倘闻天听，后悔何及？又突厥达哥支等，咸是人面兽心，岂得以礼义期，不可以仁信待。心则未识于忠孝，言则莫辩其是非，近之有损于英声，昵之无益于盛德。引之入閤，人皆惊骇，岂臣庸识，独用不安？殿下必须上副至尊圣情，下允黎元本望，不可轻微恶而不避，无容略小善而不为。理敦杜渐之方，须有防萌之术。屏退不肖，狎近贤良。如此，则善道日隆，德音自远。

承乾大怒，遣刺客张师政、纥干承基就舍杀之。是时丁母忧，起复为詹事。二人潜入其第，见志宁寝处苫庐，竟不忍而止。及承乾败，太宗知其事，深勉劳之。

【译文】

贞观十五年，李承乾在百姓农忙之时，摊派杂役，不许他们轮流换班，臣民无不心怀怨恨，苦不堪言，后来他私自将突厥童仆带入宫中，于是于志宁上书进谏：

我听说苍天高远，日月显耀它的德行；君王圣明，臣下匡扶他的功业。所以周朝姬诵升为太子，有毛叔、郑毕公的鼎力辅佐；西汉的刘盈位居太子，得到夏黄公、绮里季等四位贤士的帮助。周成王有过失，丞相周公旦就鞭打自己的儿子伯禽，以告诫成王；汉代贾谊多次上书文帝谈论国家大事，他们都是品德高尚的贤臣，真诚正直的人。历代的君王无不再三叮嘱太子，因为太子身为王储，将要担当继承帝业的大任。

太子良善，那么老百姓都会感谢他的恩德；太子作恶，那么就会殃及万民。现在，我听说仆寺、司奴、驾士、兽医等人，从初春到夏末，长期居住在宫内服役，不让他们轮番值勤。他们中有的人家中双亲尚在，但是却因此得不到应有的侍奉；有的人家中有幼小的儿女，也因此得不到父亲的照顾抚育。这样做荒废了他们的春耕，又妨碍了他们的夏种。这样做与抚养百姓之道相违背，久而久之恐怕遭来怨言。如果民怨传到圣上耳中，只怕您悔之晚矣。另外，突厥达哥支等人，都是人面兽心，怎么能够用仁义诚信来期望和对待他们？他们的本心不知忠孝，言行不辨是非，接近他们会败坏自己的英名，宠信他们也对增加您的盛德毫无益处。现在把他们带入宫中，没有人不惊恐万分，岂止是我一个人的见识平庸，独自忧虑。殿下做事应该符合至尊的身份，与黎民百姓的愿望相符，勿以小恶而为之，勿以小善而不为。您理应遵守防微杜渐之道。斥退小人，任用忠良。如果能做到这样，那么美德就能日见昌盛，美名也会自然远扬。

李承乾看后大怒，派刺客张师政、纥干承基到于志宁家刺杀他。当时于志宁正在为母守丧，期限未到又被任命为太子詹事。两个刺客偷偷潜入于府，看见他睡着草苫、枕着土块为亡亲服丧，最终不忍心下手。

等到后来李承乾劣迹败露，唐太宗得知于志宁的事迹，勉励慰劳了他。

【注释】

① 役：抬轿驾车的力夫。

② 分番：轮流换班。

③ 毛、毕：毛，毛叔。毕，郑毕公。

④ 黄、绮：黄，夏黄公。绮，绮里季。

史鉴新得

风物长宜放眼量

《规谏太子》记录了大臣李百药、于志宁、孔颖达、张玄素等人谏规太子承乾的一些言论。这里选载以李百药《赞道赋》为代表的谏书，在当时就受到唐太宗的赏识，唐太宗称之为："述古来储式事以戒太子，甚是典要。"它较为详明地叙述了周秦以来正反两方面的教训，"足可以省厥休咎，观其得失"。这些上书与于志宁《谏苑》、孔颖达《孝经义疏》等同被视为规谏太子的好教材，收进了《贞观政要》。

通过这一篇的论述，我们可以看到，唐太宗在对太子承乾的思想、道德教育上

颇费苦心,期望将他培养成李唐帝国合格的接班人。但是,承乾在文治、纳谏,用人等方面都不符合太宗的心愿,进而酿成太子与其党羽的政变阴谋,终至被废贬死。从太子承乾的悲剧中,我们看到了大浪淘沙的皇权竞争中,个体与时代之间存在着多么残酷、现实的矛盾。即使承乾身为长子,是理所当然的王室继承人,但由于自身的能力与条件不能担此重任,还是被太宗皇帝所废。从中我们也能看出,太宗对于皇位继承人的资质、能力、修养是相当看重的,他要对江山社稷、天下百姓负责,而不拘于一己私情。

由此可见,社会的发展是不以个人意志为转移的,人才的选择更不是一劳永逸、一成不变的。优胜劣汰无时不在我们身边,企业员工如果不能防微杜渐,及时加强自身的学识与修养,与企业同步发展,那么即使拥有再特殊化的地位与人际关系,也终会被激烈的人才竞争淘汰出局。市场的竞争,是技术的竞争,其实质更是人才的竞争。人才是创新之本,离开了人才,创新便会成为无源之水,无本之木,难以为继。因此,作为企业,抓技术创新首先要从人才抓起。然而,人才不是天生的,需要培养;人才也不是一次成型、一劳永逸的。今天是人才,却无法保证明天是人才,永远是人才。必须树立全程培养的观念,随着知识和技术装备的不断更新,给人才充分的个人学习时间,并让人才有多次受教育的机会,帮助他们不断提高素质,增强胜任本职工作的能力。对于人才的使用,一定要“风物长宜放眼量”,不能只图眼前之需,更不能计较一时的得失,而是要采取有效措施舍得投入,促进人才的可持续发展。

朕看古来帝王以仁义为治者，国祚延长，任法御人者，虽救弊于一时，败亡亦促。既见前王成事，足是元龟。今欲专以仁义诚信为治。望革近代之浇薄也。

朕谓乱离之后，风俗难移，比观百姓渐知廉耻，官民奉法，盗贼日稀，故知人无常俗，但政有治乱耳。是以为国之道，必须抚之以仁义，示之以威信，因人之心，去其苛刻，不作异端，自然安静，公等宜共行斯事也。

仁义第十三

【题解】

苛政猛于虎，仁政是士大夫传统的政治理想。太宗认为，用仁义治国，国家就会气运长久。他甚至认为，广修仁义，则灾害不生。本篇紧紧围绕李唐王朝长治久安这个中心展开，论述了唐太宗对广修仁义的一些基本观点："古来帝王以仁义为治者，国祚延长"，"林深则鸟栖，水广则鱼游，仁义积则物自归之"，甚至认为"行仁义则灾害不生"。

【原文】

贞观元年，太宗曰："朕看古来帝王以仁义为治者，国祚延长，任法御人者，虽救弊于一时，败亡亦促。既见前王成事，足是元龟①。今欲专以仁义诚信为治。望革近代之浇薄②也。"黄门侍郎王珪对曰："天下凋丧日久，陛下承其余弊，弘道移风，万代之福。但非贤不理，惟在得人。"太宗曰："朕思贤之情，岂舍梦寐！"给事中杜正伦进曰："世必有才，随时听用，岂待梦傅说，逢吕尚，然后为治乎？"太宗深纳其言。

【译文】

贞观元年，太宗说："我看古代的帝王，凡以仁义治理国家的，都国运久远。用严刑酷法统领人民的，虽然能挽救一时的弊端，但国家很快就会灭亡。既然我们看到了前代帝王成事的方法，就可以把它们用作统治国家的典范。现在，我们要以诚信、仁义作为治理国家的方针，希望这有助于铲除近代的虚伪之风。"黄门侍郎王珪回答说："天下荒废凋疲的时间已经很长了，陛下在天下积弊之时统领国家，弘扬古代圣贤的遗风，实乃万民之福。但没有贤才是治理不好国家的，关键在于用人得当。"太宗说："我求贤若渴，即使夜晚做梦都梦到贤才。"给事中杜正伦说："哪个时代都

有人才，随时等候陛下的发掘任用，哪里用得着去梦傅说，遇吕尚，然后才治理天下呢？”太宗十分赞赏他的话。

【注释】

① 元龟：大龟，古代用以占卜。引申为借鉴的意思。

② 浇薄：刻薄狡诈的社会风气。

【原文】

贞观二年，太宗谓侍臣曰：“朕谓乱离之后，风俗难移，比观百姓渐知廉耻，官民奉法，盗贼日稀，故知人无常俗，但政有治乱耳。是以为国之道，必须抚之以仁义，示之以威信，因人之心，去其苛刻，不作异端，自然安静，公等宜共行斯事也。”

【译文】

贞观二年，唐太宗对侍从的大臣们说：“我原来认为在离乱之后，民间的风俗习惯会很难改变，近来我发现百姓逐渐懂得了廉洁和羞耻，官员庶民都能遵守法纪，盗贼一天比一天少，我才知道民间没有一成不变的风俗习惯，关键要看施政是治还是乱。所以，治理国家，必须用仁义来抚慰百姓，同时还要显示出朝廷的威信，顺应民心，废除苛刻的法令，不做背离道义的事情，这样社会自然会平定安静。你们应该共同来做好这件事。”

【原文】

贞观四年，房玄龄奏言：“今阅武库甲仗，胜隋日远矣。”太宗曰：“饬兵备寇虽是要事，然朕唯欲卿等存心理道，务尽忠贞，使百姓安乐，便是朕之甲仗。隋炀帝岂为甲仗不足，以至灭亡？正由仁义不修，而群下怨叛故也。宜识此心。”

【译文】

贞观四年，房玄龄上奏说：“最近，我检查武器库里的铠甲兵器，发现已远远超过隋朝了。”唐太宗说：“整修兵器防御寇乱，虽然是紧要的事情，但我要求你们把心思用于治国之道，各自务必竭尽忠贞，使老百姓安居乐业，这才是我真正的铠甲兵器。隋炀帝难道是因为铠甲兵器不足，才遭到灭亡的吗？正是由于他不修仁义，群臣才会怨恨叛离他。你们应该理解我的想法啊！”

【原文】

贞观十三年，太宗谓侍臣曰：“林深则鸟栖，水广则鱼游，仁义积则物自归之。人皆知畏避灾害，不知行仁义则灾害不生。夫仁义之道，当思之在心，常令相继，若斯须懈怠，去之已远。犹如饮食资身，恒令腹饱，乃可存其性命。"王珪顿首曰："陛下能知此言，天下幸甚！"

【译文】

贞观十三年，唐太宗对侍从的大臣们说："树林广袤就有飞鸟栖息，水域深广就有鱼儿游弋，多施仁义百姓自然会归顺，人们都知道恐惧而躲避灾害，却不知施行仁义，灾害就不会产生。仁义之道，一刻也不能忘记，我们要不断地将仁义推行下去，如有片刻懈怠，就会远离仁义之道。这就好比用饮食来滋养身体，要让肚子经常吃饱，就能够维持生命。"王珪叩头说："陛下能知道这些道理，真是天下的大幸啊！"

史鉴新得

仁义不可失

本篇紧紧围绕李唐王朝长治久安这个中心展开，论述了唐太宗对广修仁义的一些基本观点："古来帝王以仁义为治者，国祚延长"，"林深则鸟栖，水广则鱼游，仁义积则物自归之"，甚至认为"行仁义则灾害不生"。

仁义，既是一个国家的立国之本，也是一个人的立身之本，即使拥有再雄厚的实力、再广博的学识，如果丧失了最基本的"仁义"，也不能得到别人的尊重与赏识，更不可能在社会上立于不败之地。对于一个企业来说，"仁义"其实就是一种企业信誉和企业形象，是在特定的企业文化中产生的，反映了一个企业的整体精神风貌。

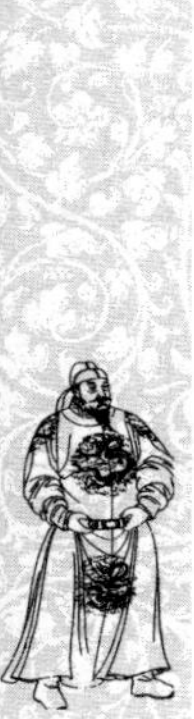

反观当今企业的得失成败，有多少曾经声名远扬的大企业最终在信誉与仁义的考验面前一败涂地，永远失去了消费者的信任，甚至成为千古罪人。正像太宗皇

帝总结历史经验教训时说的那样:"隋炀帝岂为甲仗不足,以至灭亡,正由仁义不修,而群下怨叛故也"。因此,大至国家、民族,小至企业、个人,都要始终把"仁义"放在首位,国家不能失信于民,企业不能失信于消费者,这是亘古不变的信条与准则。

作为企业领导,首先应树立以"仁"为本的经营管理思想:"仁"是《论语》伦理哲学的中心范畴与最高道德准则,其本义是友爱、互助、同情。作为名牌企业,要想在社会上享有较高的声誉和知名度,应树立为民、为国、服务社会的企业理想,把仁爱之德施于人民大众,真诚、友好地对待别的企业或客户,加强双方的沟通、理解和联系。当受到别的企业帮助后,应当铭记不忘,寻找机会给予报答,当别人有难之时,卓越的企业家则会主动伸出援助之手,帮其排忧解难。只有这样,才能赢得广大用户的真情厚谊,建立牢不可破的关系,为企业营造和谐的环境,并会得到别人的鼎力支持和热心关照,从而促进本企业的蓬勃发展。

其次,应运用以"义"为特征的经营管理手段:"义"是《论语》重要的道德规范之一,指人的思想和行为要符合一定的标准。在当今商海中,大凡是功勋卓著,业绩辉煌的企业家,都非常注重"义"在企业行为中的作用和效果,把"义"视为企业精神支柱的主要方面,既谈赚钱又讲友谊,既重经济效益,又重社会效益。在现代商海经营中,既要承认对物质利益的追求是合乎人情的,又要注重这一追求必须符合社会公认的道德准则和法理。《论语》并不一概地反对利,它强调的是要先义后利,见利思义、以义求利,主张"君子爱财,取之有道",不发不义之财,不做不义之事,坚决反对的是重利轻义、见利忘义、不仁不义,甚至不择手段的唯利是图。在《论语》看来,管理者的职责就是要正确地处理好"义"与"利"的关系,确立"义利合一"的企业方针,这才是企业制胜的策略和法宝。

就企业来说,一方面求利是正当的,必要的;另一方面求利又只是手段而不是目的。有强烈社会责任感的现代企业家,必须把发展企业,谋求利润的日常行为,服从于国家兴旺、民众幸福的大局,懂得为国效力,为民造福,为社会办实事。经营者万万不可以"追求利润"为至高无上的目标,否则,企业就很难在大众中塑造良好的形象。当然,企业为了生存和发展,非有利润不可,乃至追求巨额利润。但是,绝对不可"利令智昏",利润至上,不择手段赚昧心钱。可见,"义"对规范企业行为,提高企业形象至关重要。

忠义第十四

【题解】

忠义，是皇帝对臣下百姓提出的最重要的道德要求之一。唐太宗表彰宣传了一切对君王忠诚的言行。如冯立之对于隐太子，姚思廉之对于隋代王，都被认为是值得推崇赞美的。同时还下令表彰历代“固守忠义，克终臣节”的官吏及其子孙，以此鼓励当代和后世臣民誓死效忠君王。

【原文】

冯立，武德中为东宫率[1]，甚被隐太子亲遇[2]。太子之死也，左右多逃散，立叹曰：“岂有生受其恩，而死逃其难！”于是率兵犯玄武门，苦战，杀屯营将军敬君弘。谓其徒曰：“微以报太子矣。”遂解兵遁于野[3]。俄而来请罪，太宗数之曰：“汝昨者出兵来战，大杀伤吾兵，将何以逃死？”立饮泣而对曰：“立出身事主，期之效命，当战之日，无所顾惮[4]。”因歔欷悲不自胜，太宗慰勉之，授左屯卫中郎将。立谓所亲曰：“逢莫大之恩幸而获免，终当以死奉答。”未几，突厥至便桥，率数百骑与虏战于咸阳，杀获甚众，所向皆披靡，太宗闻而嘉叹之。时有齐王元吉府左车骑谢叔方率府兵与立合军拒战，及杀敬君弘、中郎将吕衡，王师不振，秦府护军尉尉迟敬德乃持元吉首以示之，叔方下马号泣，拜辞而遁。明日出首，太宗曰：“义士也。”命释之，授右翊卫郎将。

【译文】

冯立，武德年间担任东宫禁军统率，隐太子李建成对他十分厚待。隐太子死后，左右的人四处逃散，冯立叹息着说：“岂能在别人活着的时候，享受别人的恩惠；而在别人死了的时候，为了避难而跑呢！”于是率领军队攻打玄武门，苦苦激战，杀死屯营将军敬君弘。然后，冯立对他的手下说：“我略微报答了太子的知遇之恩。”于是扔掉

武器，逃到野外。不久，冯立来请罪，太宗罗列他的罪状说："你先前出兵与我作战，杀死了我军中很多人，你凭什么要我免你一死呢？"冯立泪流满面地回答说："我侍奉主人，只是希望为他效命，作战的时候，根本无所顾忌。"冯立越说越悲伤，几乎不能克制自己。太宗安慰鼓励他，并封他为左屯中郎将。冯立对他所亲近的人说："我蒙受皇恩，获得幸免，这种知遇之情应当以死来报答。"没过多久，突厥侵犯至便桥，冯立率领数百人与外虏战于咸阳，杀死了很多敌人。所到之处，敌人纷纷投降。太宗听说这件事后，对他大加赞扬。当时齐王元吉府左车骑谢叔方，曾率兵与冯立一道抵抗太宗的军队。当他们杀了敬君弘、中郎将吕衡时，太宗的军队士气低落，秦王府护军尉迟敬德拿着元吉的头给他看，谢叔方于是下马大哭，行礼之后就逃跑了。第二天谢叔方出来自首，太宗说："义士呀。"于是下令释放了他，授予他右卫郎将。

【注释】

①东宫率：唐制，在东宫掌兵仗宿卫的官职。
②亲遇：亲近敬重。
③遁于野：逃往乡野。
④顾惮：顾忌害怕。

【原文】

贞观元年，太宗尝从容言及隋亡之事，慨然叹曰："姚思廉不惧兵刃，以明大节，求诸古人，亦何以加也！"思廉时在洛阳，因寄物三百段，并遗其书曰："想卿忠节之风，故有斯赠。"初，大业末，思廉为隋代王侑①侍读，及义旗克京城时，代王府僚多骇散，惟思廉侍王，不离其侧。兵士将升殿，思廉厉声谓曰："唐公②举义兵，本匡王室，卿等不宜无礼于王！"众服其言，于是稍却，布列阶下。须臾，高祖至，闻而义之，许其扶代王侑至顺阳阁下，思廉泣拜而去。见者咸叹曰："忠烈之士，仁者有勇，此之谓乎！"

【译文】

贞观元年，太宗曾经谈论到隋朝灭亡的事情，感慨地说："姚思廉不顾及生命危亡，用来表明臣子应有的节操，即使拿古人与他相比，也没有人能超过他。"当时姚思廉正在洛阳，太宗寄给他三百段丝帛，并写了一封信："想着你忠孝大节的风骨，因此有这些馈赠。"隋朝末年，姚思廉担任隋代王侑的侍读，到义军攻克京城时，代王府的许多幕僚都逃散了。只有姚思廉侍奉代王，不离左右。兵士要到殿上捉拿代王，思廉严厉地叫道："唐公举义兵，本义在于匡复王室，你等在代王面前不得无礼！"众人敬服他的言行，稍稍退却后排列在殿堂的台阶下。没过多久，高祖来了，听了别人的讲述后认为他很忠义，允许他扶代王侑到顺阳阁，思廉哭泣着拜谢而去。看到这事的人都感叹地说："真是忠义刚烈的人啊！人们说仁义的人有勇气，不就是说他吗？"

【注释】

①代王侑：隋元德太子之子，炀帝十三年南巡，以侑留守长安，李渊攻克长安，立侑为帝。

②唐公：唐高祖起初的封号。

【原文】

贞观二年，将葬故息隐王建成、海陵王元吉，尚书右丞魏徵与黄门侍郎王珪请预陪送①。上表曰："臣等昔受命太上，委质东宫，出入龙楼，垂将一纪。前宫结衅宗社，得罪人神，臣等不能死亡，甘从夷戮②，负其罪戾③，置录周行④，徒竭生涯，将何上报？陛下德光四海，道冠前王，陟冈有感⑤，追怀棠棣，明社稷之大义，申骨肉之深恩，卜葬二王，远期有日。臣等永惟畴昔⑥，忝⑦曰旧臣，丧君有君，虽展事君之礼；宿草将列，未申送往之哀。瞻望九原，义深凡百，望于葬日，送至墓所。"太宗义而许之，于是宫府旧僚吏，尽令送葬。

【译文】

贞观二年，唐太宗将要埋葬息隐王建成、海陵王元吉，尚书右丞魏徵与黄门侍郎王珪请求陪灵送葬。并向太宗上表说："我等受命于太上皇，在东宫作事，出入东宫将近十二年。隐太子与皇室中的一些人勾结叛乱，得罪了百姓和神灵，我们都甘愿受罚受死，担负罪过，但却没有如愿。陛下既往不咎，反而赐予官职，臣等怎样报答呢？陛下德义广播，道义超过历代国君，想着过去之情，能够明晓国家大义，展示骨肉间的深情，重新安葬二王。现在离安葬的日子不远了，我们是二王旧臣，旧君死后又事奉新君，已施行了事奉新君的礼节，而旧君的坟上长满了野草，万事尽毕，可是我们还没表达送葬的哀思。瞻望墓地，希望在安葬的当天，我们能送二王的灵柩到墓地。"太宗感于魏徵等人的情义，允许了他们。于是太宗下令，凡是二王宫中的官吏都去送葬。

【注释】

①陪送：陪灵送葬的意思。

②夷戮：被杀死。

③罪戾：罪过。

④周行(háng)：本文指仕宦的行列。

⑤陟冈有感：意谓思念兄弟。《诗经·陟岵》："陟彼冈兮，瞻望兄兮。兄曰嗟，予弟行役，夙夜必偕。"

⑥畴(chóu)昔：往昔。

⑦忝(tiǎn)曰旧臣：有愧于称为旧臣。

【原文】

贞观五年，太宗谓侍臣曰："忠臣烈士，何代无之，公等知隋朝谁为忠贞？"王珪曰："臣闻太常丞元善达在京留守，见群贼纵横，遂转骑远诣江都，谏炀帝，令还京师。既不受其言，后更涕泣极谏，炀帝怒，乃远使追兵，身死瘴疠之地①。有虎贲郎中②独孤盛在江都宿卫，宇文化及起逆，盛惟一身，抗拒而死。"太宗曰："屈突通为隋将，共国家战于潼关，闻京城陷，乃引兵东走。义兵追及于桃林，朕遣其家人往招慰③，遽杀其奴。又遣其子往，乃云：'我蒙隋家驱使，已事两帝，今者吾死节之秋，汝旧于我家为父子，今则于我家为仇雠。'因射之，其子避走，所领士卒多溃散。通惟一身，向东南恸哭尽哀，曰：'臣荷国恩，任当将帅，智力俱尽，致此败亡，非臣不竭诚于国。'言尽，追兵擒之。太上皇授其官，每托疾固辞④。此之忠节，足可嘉尚⑤。"因敕所司，采访大业中直谏被诛者子孙闻奏。

【译文】

贞观五年，太宗对侍臣们说："忠臣烈士，哪一个朝代没有呢？你们知道隋朝谁是忠孝贞良的人？"王珪说："我听说太常丞元善达留守京城，见群贼乘机叛乱，于是到江都，向隋炀帝进谏，让他还师京城。炀帝不听劝告，元善达哭着极力劝谏，炀帝大怒，于是派遣他到边塞从军，最后死在瘴疠横行的地方。还有虎贲郎中独孤盛在江都作卫士，当宇文化及起兵叛逆时，独孤盛一人，抗拒而死。"太宗说："屈突通为隋将，在潼关作战，听说京城陷落，便领兵向东逃窜。当我们的军队追到桃林的时候，我派遣他的家人前去招安，他就杀掉他的家奴。后来我们又派遣他儿子去，他却说：'我蒙受隋朝任用，已经侍奉两代帝王。现在是我以死保全节的时候，你我过去是父子关系，现在我们是仇敌。'于是拿箭射他儿子，他的儿子只好逃走了。最后他所带领的士兵全都逃走，只剩他一人。屈突通向东南方向大声痛哭着说：'我承受国恩，担当统帅，智能与力量都用完了，导致今天的失败，不是我对国家不忠诚。'话没说完，我们追上的兵士就擒住了他。太上皇授给他官职，他托病拒绝了。这种忠义操守，足堪嘉奖。"于是下令有关部门，查访在隋炀帝大业年间因敢于直谏而被诛者之子孙，上奏朝廷。

【注释】

①瘴疠之地：湿热疫病地区。

②虎贲郎中：在皇帝身边担任卫戍的官员。

③招慰：招安抚慰。

④托疾固辞：假说有病而坚辞不受。

⑤嘉尚：赞赏之意。

【原文】

贞观六年，授左光禄大夫陈叔达礼部尚书，因谓曰："武德中，公曾进直言于太上皇，明朕有克定大功，不可黜退云。朕本性刚烈，若有抑挫，恐不胜忧愤，以致疾毙之危。今赏公忠謇，有此迁授。"叔达对曰："臣以隋氏父子自相诛戮，以致灭亡，岂容目睹覆车，不改前辙？臣所以竭诚进谏。"太宗曰："朕知公非独为朕一人，实为社稷之计。"

【译文】

贞观六年，唐太宗加封左光禄大夫陈叔达为礼部尚书，对他说："武德年间，你曾向太上皇直言进谏，申明我有打败敌人平定疆土的功劳，不可以罢免我。我本性刚烈，如碰到挫折，恐怕承受不起忧愤之情，从而导致疾病终至死亡。今天为了表彰你的忠心正直，所以将升迁你。"陈叔达回答："我认为隋朝父子自相残害，是导致灭亡的灾祸，我那时怎能容许眼看车要倾覆，而不管后车不改前辙呢？这正是我极力进谏的原因。"太宗说："我知道你并不是为我一个人，而是为了整个国家大计。"

【原文】

贞观八年，先是桂州都督李弘节以清慎①闻，及身殁后，其家卖珠。太宗闻之，乃宣于朝曰："此人生平，宰相皆言其清，今日既然，所举者岂得无罪？必当深理②之，不可舍也。"侍中魏徵承间③言曰："陛下生平言此人浊，未见受财之所，今闻其卖珠，将罪举者，臣不知所谓。自圣朝以来，为国尽忠，清贞慎守，终始不渝，屈突通、张道源而已。通子三人来选，有一匹羸马④，道源儿子不能存立，未见一言及之。今弘节为国立功，前后大蒙赏赉，居官殁后，不言贪残，妻子卖珠，未为有罪。审其清者，无所存问，疑其浊者，旁责举人，虽云疾恶不疑，是亦好善不笃。臣窃思度，未见其可，恐有识闻之，必生横议。"太宗抚掌曰："造次不思，遂有此语，方知谈不容易。并勿问之。其屈突通、张道源儿子，宜各与一官。"

【译文】

贞观八年，桂州都督李弘节以清廉谨慎闻名，李弘节死后，他的家里要变卖珠宝。太宗听了这件事，在朝堂上说："此人在世的时候，宰相都说他清廉，今天既然这样，那么推举他的人怎能没有罪过呢？必须好好地查证一下，不可掉以轻心呀。"侍中魏徵私下对太宗说道："陛下一直说这个人不清白，但没有看到他接受财物。现在听说他的妻子卖珠宝，又要治他的罪。我不知道这是什么原因。自圣朝以来，为国尽忠，清廉谨慎，自始至终不改的，只不过是屈突通、张道源罢了。突通三个儿子来应选，只有一匹不好的马，张道源的儿子穷得无法维持生计，没有见陛下有一句话涉及这件事。现在弘节为国家立下汗马功劳，前前后后都大受奖赏，弘节死后，并没有什么关于他贪婪的言论，妻子卖掉珠宝首饰，并没有什么罪过。认为一个人清白，就什么都好；怀疑一个人不清白，就连举荐的人都要受到责备，虽然说痛恨邪恶没有什么过错，但是喜欢善行却也不见得深厚。我暗暗思量这种做法，没有见到其中可以值得称道的，我担心有见识的人听到这些事，必然产生许多不好的议论。"太宗听了拍手称赞道："这是我做事不好，没有思考成熟，说错了话，现在才知道一个人要不说错话也不容易呀，李弘节的事不要过问了。像屈突通、张道源的儿子，都应该各授予一个官职。"

【注释】

①清慎：小心为官，清正廉洁。
②深理：认真追究。
③承间：抓住空隙。
④羸马：病弱的马。

【原文】

贞观八年，太宗将发诸道[1]黜陟使[2]，畿内道[3]未有其人，太宗亲定，问于房玄龄等曰："此道事最重，谁可充使？"右仆射李靖曰："畿内事大，非魏徵莫可。"太宗作色曰："朕今欲向九成宫，亦非小，宁可遣魏徵出使？朕每行不欲与其相离者，适为其见朕是非得失。公等能正朕不？何因辄有所言，大非道理[4]。"乃即令李靖充使。

【译文】

贞观八年，太宗准备派遣各道黜陟使，唯独关内道这个地方没有找到合适的人选，太宗决定亲自确定这方面的人选，太宗问房玄龄："这个地方的事务最为重要，谁可以担当这个重任。"右仆射李靖说："关内道的事务重大，只有魏徵才行。"太宗严肃地说："我要到九成宫，这也不是小事，怎么可以派遣魏徵出使？我每次出行都不想与其分开，实在是为了让他观察我的是非得失。你们能够匡正我的错误吗？为什么说出这样的话来，太没有道理了。"于是命令李靖担任关内道黜陟使。

【注释】

①诸道：唐分天下为十道：一日关内，二曰河南，三日河东，四日河北，五曰山南，六日陇右，七曰淮南，八曰江南，九曰剑南，十曰岭南。

②黜陟使：皇帝特派到各道去考察官吏好坏，给予升降的大员。

③畿内道：唐建都的地方，即关内道。

④大非道理：太没有道理。

【原文】

贞观九年，萧瑀为尚书左仆射。尝因宴集，太宗谓房玄龄曰："武德六年已后，太上皇有废立之心，我当此日，不为兄弟所容，实有功高不赏之惧。萧瑀不可以厚利诱之，不可以刑戮惧之，真社稷臣也。"乃赐诗曰："疾风知劲草，板荡识诚臣。"瑀拜谢曰："臣特蒙诫训，许臣以忠谅，虽死之日，犹生之年。"

【译文】

贞观九年，萧瑀担任尚书左仆射。一次，与一些大臣在一起宴饮时，太宗对房玄龄说："武德六年以后，太上皇有废立诸君的意思。我在这个时候的确功劳很大，却不能够被兄弟们容忍，的确有害怕赏罚不分明的担忧。萧瑀这个人不能用财物引诱他，不能用刑罚威胁他，真是国家的人才啊。"于是赐诗写道："大风能够知晓劲草的品格，患难能够考验大臣的忠心。"萧瑀拜谢说："诚蒙你的训诫，赞许我的忠贞，我虽死犹生。"

【原文】

贞观十一年，太宗行至汉太尉杨震①墓，伤其以忠非命，亲为文以祭之。房玄龄进曰："杨震虽当年夭枉，数百年后方遇圣明，停舆驻跸，亲降神作，可谓虽死犹生，没而不朽。不觉助伯起幸赖欣跃于九泉之下矣。伏读天文，且感且慰，凡百君子，焉敢不勖励名节，知为善之有效！"

【译文】

贞观十一年，太宗行至汉太尉杨震墓，为他的忠贞而死于非命感到十分悲伤，亲自撰文祭奠他。房玄龄进言道："杨震当年死得冤枉，数百年后才遇到英明的圣主，圣主停下高贵的车马，与神一同拜祭他，这真是虽死犹生。他在九泉之下也会感到高兴。拜读陛下的祭文，既感动，又欣慰。凡是有德行节操的君子，怎敢不勉励名节，知道为善终有好报。"

【注释】

①杨震(？—公元124)：东汉弘农华阴(今属陕西)人，字伯起。少好学，博览群经，当时称为"关西孔子"。历任荆州刺史、涿郡太守，司徒、太尉等职。他曾多次上书切谏，后被诬自杀。

【原文】

贞观十一年，太宗谓侍臣曰："狄人杀卫懿公，尽食其肉，独留其肝。懿公之臣弘演呼天大哭，自出其肝，而内懿公之肝于其腹中。今觅此人，恐不可得。"特进魏徵对曰："昔豫让为智伯①报仇，欲刺赵襄子②，襄子执而获之，谓之曰：'子昔事范、中行氏③乎？智伯尽灭之，子乃委质智伯，不为报仇；今即为智伯报仇，何也？'让答曰：'臣昔事范、中行，范、中行以众人遇我，我以众人报之。智伯以国士④遇我，我以国士报之。'在君礼之而已。亦何谓无人焉？"

【译文】

贞观十一年，太宗对侍臣们说："夷狄杀掉卫懿公，吃掉他身上所有的肉，只留下他的心肝。懿公的臣子弘演呼天抢地的大哭，用刀取出自己的心肝，而把懿公的心肝藏在自己的腹中，今天要找到这类人，恐怕不容易了。"特进魏徵回答说："古代豫让为智伯报仇，想刺杀赵襄子，襄子抓获了他，对他说：'你曾经在范氏、中行氏的名下作臣子，可是智伯把他们全杀光了，你于是投身智伯，你不为你的主人报仇；现在却要为智伯报仇，这是为什么呢？'豫让回答说：'我辅佐范氏和中行氏时，他们像对待普通人那样对待我，所以我用普通人报答人的方法报答他。智伯用对待贤士的礼节对待我，当然我也要以贤士的方式报答他。'这一切都取决于国君对臣子的态度，怎么能说没有这种人呢？"

【注释】

①智伯：名瑶，号襄子，晋智宣子之后，为韩、赵，魏所灭。文中提到的豫让是智伯之臣。

②赵襄子：名无恤，晋赵简子之后。

③范、中行氏：春秋之世，晋有范氏、中行氏、智氏、韩氏、魏氏、赵氏，称为六卿。春秋末年，六卿日强，各据采地，互相攻伐。

④国士：旧称一国杰出的人物。

【原文】

贞观十二年，太宗幸蒲州，因诏曰："隋故鹰击郎将①尧君素②，往在大业，受任河东，固守忠义，克终臣节。虽桀犬吠尧③，有乖倒戈之志，疾风劲草，实表岁寒之心。爰践兹境，追怀往事，宜锡宠命，以申劝奖。可追赠蒲州刺史，仍访其子孙以闻。"

【译文】

贞观十二年，太宗游幸蒲州，下诏说："隋朝已故鹰击郎将尧君素，大业年间受命守护黄河以东的地区，他恪守忠义，尽忠臣节。虽然他明珠暗投，确实违背了弃恶投明的做法，但疾风之中方见劲草，寒冬季节才显松柏。对隋朝来说，毕竟表现出他的一片忠心。现在重蹈旧境，回忆往事，想起来应该给予他奖励。可追封他为蒲州刺史，寻访调查一下他子孙的情况报上来。"

【注释】

①鹰击郎将：隋制，亲侍置鹰扬府，设鹰扬郎将之职，后将副将改为鹰击郎将。

②尧君素：魏郡人。隋炀帝为晋王时，尧君素守侍左右。炀帝嗣位后，擢为鹰击郎将，及至天下大乱，尧君素所部独全。后来屈突通守河东，败后诱尧君素投降，君素指斥屈突通不义，其妻来劝，又引弓将她射死。后为左右所害。

③桀犬吠尧：桀为夏代暴君，他养的狗也会向尧这样圣明之君狂吠，因为它只听命于自己的主子，不问谁善谁恶。

【原文】

贞观十二年，太宗谓中书侍郎岑文本曰："梁、陈名臣，有谁可称？复有子弟堪招引否？"文本奏言："隋师入陈，百司奔散，莫有留者，惟尚书仆射袁宪独在其主之傍。王世充将受隋禅，群僚表请劝进，宪子国子司业承家，托疾独不署名。此之父子，足称忠烈。承家弟承序，今为建昌令，清贞雅操，实继先风。"由是召拜晋王友，兼令侍读，寻授弘文馆①学士。

【译文】

贞观十二年，唐太宗对中书侍郎岑文本说："梁、陈两朝有名望的大臣，有谁可以值得称道？他们还有子弟可以推荐任用吗？"岑文本启奏道："隋军攻入陈朝时，陈朝百官逃奔散离，没有几个留下来的，只有尚书仆射袁宪独自留在他的主子身边。王世充将要接受隋越王杨侗的禅让，百官纷纷上表劝他当皇帝，只有袁宪的儿子袁承

家借口有病未在劝进表上签名。这样的父子，足可称为忠烈。袁承家的弟弟袁承序，现做建昌县令，为官清廉，情操雅正，的确能继承父兄的风骨。”于是太宗召进袁承序任命为晋王友，并叫他陪侍指导晋王读书，不久又升任他为弘文馆学士。

【注释】

①弘文馆：唐武德四年(公元621年)置修文馆于门下省。九年，太宗即位，改名弘文馆。聚书二十余万卷。置学士，掌校正图籍，教授生徒，并参议政事。置校书郎，掌校理典籍，勘正错谬。设馆主二人，总领馆务。学生皆选自皇族贵戚及高级京官子弟。

【原文】

贞观十五年，诏曰：“朕听朝之暇，观前史，每览前贤佐时，忠臣徇国，何尝不想见其人，废书钦叹！至于近代以来，年岁非远，然其胤绪①，或当见存，纵未能显加旌表②，无容弃之遐裔③。其周、隋二代名臣及忠节子孙，有贞观已来犯罪配流者，宜令所司具录奏闻。”于是多从矜宥④。

【译文】

贞观十五年，唐太宗下诏说：“我处理朝政的空闲时间，阅读前朝史书，每看到古代的贤臣辅助国家，忠义的臣子以死为国效命，我真恨不得与他们相见，然而只能掩卷叹息！近代以来，时间距离现在还不算久远，我们还可以找到忠臣烈士的子孙加以表彰，就不要有所遗弃。周、隋两代名臣和以忠尽节的臣子的后代，在贞观以后犯了罪被流放发配的，命令负责管辖他们的人把情况整理好报上来。”于是对这些人从轻发落，并予以抚慰。

【注释】

①胤绪：后代，后嗣。
②旌表：旧时对所谓忠孝节义之人，用立牌坊、赐匾额等方式加以表彰叫做“旌表”。
③遐裔：僻远之地。
④矜宥：怜悯宽宥。

史鉴新得

忠义与责任

“忠义”是皇帝对臣下百姓提出的最重要的道德要求之一。在本篇中，唐太宗表彰宣传了一切对君王忠诚的言行。如冯立之对于隐太子,姚思廉之对于隋代王,都被认为是值得推崇赞美的。同时还下令表彰历代“固守忠义,克终臣节”的官吏及其子孙,以此鼓励当代和后世臣民誓死效忠君王。

当然,封建君臣在对忠义的理解上是有出入的,如唐太宗十分欣赏春秋战国时卫懿公的臣子弘演,此人竟忠义到“自出其肝,而内懿公之肝于其腹中”的程度。他感慨地说:“今觅此人,恐不可得。”而魏徵则认为忠义应是君臣双方面的事,他以当年豫让之语对之:“臣昔事范、中行,范、中行以众人遇我,我以众人报之。智伯以国士遇我,我以国士报之。所以在君礼之而已,亦何谓无人焉。”可见,忠义是君臣双方互动的结果。

“忠义”在今天的企业管理中可以被引申为“责任”。我们看到很多企业在招聘员工时首先强调“具有很强的责任心”这一必要条件。在这个人才流动性很强的社会,如果企业员工不具备强烈的责任感,认为企业的效益盈亏是“老板”的事,与自己无关,每天抱着“混日子”的思想得过且过,那么对于企业与个人的稳定、发展都是相当不利的。另外,企业与员工之间的责任感建立也像魏徽所说的那样,是双方互动的结果。只有企业重视员工的自身价值,设身处地地为员工谋福利,员工才能以大局为重,自觉担负企业责任,从而达到企业与个人的良性发展。

美国加利福尼亚州一家钢铁公司,出现了令人头痛的员工蓄意怠工的问题。老板心急如焚,他又给员工加薪,又给员工授权,可没有产生丝毫激励效果。情急之下,公司老板请来一位管理专家,让他帮忙解决这个棘手的问题。这位专家来到公司后,不到一个小时就找到了问题的根源。当时,公司的老板对专家说到:“好吧!让我们在厂里转一圈,你就会知道这些肮脏的懒种们出了什么毛病!”听了这话,专家立刻就知道毛病出在哪儿了。他开出的“药方”很简单:“你们所需要的,就是把每个男员工当做绅士一样对待,把每个女员工当做女士一样对待。这样做了,你的问题不消一夜就会解决。”工厂老板对专家的建议半信半疑,甚至不以为然。专家说:“诚恳地试上一星期吧。如果不见效果或不能使情况好转,你可以不付给我什么。”工厂老板点点头同意了。10天以后,该专家收到一张条,上面写着:“万分感谢，詹姆斯先生。你会认不出这个地方了，这儿有了奋发向上的激情，有了和睦共处的新鲜空气。”韦尔奇总结自己几十年的管理经验认为，尊重别人是经理人的基本素质，要想成为一名成功的经理人，就必须从尊重你的员工开始。

IBM 可能是最早积极实施以员工为重心的美国公司。IBM 的历史就是一部强烈尊重、重视员工的历史。即使在最细微的小地方，也反映着这一特色。当你一走进纽约的 IBM 经销分处，第一眼就可看到一大块从地面到天花板的大型布告栏，贴满了各部门全体员工的相片，下面附道："纽约的……最有特色的员工。""员工是我们最宝贵的财富"，"我们要使员工与企业一起成长"，类似的话被太多的企业写进自己公司的手册里、宣传刊物中、公司网站上，但也仅仅是标榜一下而已。然而沃森却真正地把"尊重员工"这个信念融入了 IBM 的血液当中！ 在 IBM 公司，人人都是最重要的，人人受到尊重。老沃森这样做，清楚地表明他知道在现代企业中重要的资产是什么。不是机器，不是资金，而是每个员工。正是有了备受重视的员工，才有了 IBM 的昨天和今天，也才能有 IBM 的明天。正如沃森所言："通过我们对人们的尊重和帮助人们自己尊重自己这样的简单信念，我们的公司就肯定能赢利。"

尊重员工是人性化管理的必然要求，只有员工的私人身份受到了尊重，他们才会真正感到被重视、被激励，做事情才会真正发自内心，才愿意和管理者打成一片，站到管理者的立场，主动与管理者沟通，想法探讨工作，完成管理者交办的任务，心甘情愿为工作团队的荣誉付出。

孝友第十五

【题解】

忠、孝历来被古人视为道德标准的最高境界。唐太宗大肆嘉奖房玄龄、虞世南、韩王元嘉、霍王元轨等人的忠孝仁义，以此倡导封建伦理道德，维护封建秩序，巩固封建统治。

【原文】

司空房玄龄事继母，能以色养①，恭谨过人。其母病，请医人至门，必迎拜垂泣。及居丧，尤甚柴毁②。太宗命散骑常侍刘洎就加宽譬，遗寝床、粥食、盐菜。

【译文】

司空房玄龄侍奉继母，能顺承继母的脸色，恭敬谦谨超过一般人。继母生病时，他每次请大夫上门，总会流泪迎拜大夫。在居丧期间，房玄龄更是悲伤过度，骨瘦如柴。太宗叫散骑常侍刘洎前往安慰劝解，并送去寝床、粥食和盐菜。

【注释】

①色养：顺承脸色，态度亲切。

②柴毁：面容憔悴，骨瘦如柴的样子。

【原文】

虞世南，初仕隋，历起居舍人①。宇文化及杀逆之际，其兄世基时为内史侍郎，将被诛，世南抱持号泣，请以身代死，化及竟不纳。世南自此哀毁骨立者数载，时人称重焉。

【译文】

虞世南，起初在隋朝做官，担任起居舍人。当宇文化及杀死隋炀帝的时候，他的

哥哥虞世基任内史侍郎，也要被一同诛杀。见到这种情况，虞世南抱着哥哥号啕痛哭，一再请求让自己代替哥哥去死，宇文化及却不同意。从此以后的好几年，虞世南都悲痛万分，并且消瘦得只剩骨架，他的这种品行被当时人所尊重推崇。

【注释】

①起居舍人：隋制，负责记录帝王言行的官职。

【原文】

韩王元嘉[1]，贞观初，为潞州刺史。时年十五，在州闻太妃[2]有疾，便涕泣不食，及至京师发丧，哀毁过礼。太宗嘉其至性，屡慰勉之。元嘉闺门修整，有类寒素士大夫，与其弟鲁哀王灵夔[3]甚相友爱，兄弟集见，如布衣之礼。其修身洁己，内外如一，当代诸王莫能及者。

【译文】

韩王李元嘉，在贞观初年，任潞州刺史。当时他十五岁，在潞州听说他的母亲生病，于是痛哭流涕，不能饮食，后来到京城为母发丧，悲伤超过了丧礼的礼仪。唐太宗称赞他至情至性，常常安慰劝勉他。李元嘉家里非常朴素简洁，像寒门士大夫的家一样，他和弟弟鲁哀王李灵夔手足情深，每次兄弟相见，就像普通百姓一样亲切随便。他这样洁身自好，内外如一，当时诸王没有人比得上。

【注释】

①元嘉：唐高祖第十一子。少年好学，藏书万卷。
②太妃：韩王李元嘉之母。
③灵夔：唐高祖第十九子。韩王李元嘉的同母弟弟。

【原文】

霍王元轨[1]，武德中，初封为吴王。贞观七年，为寿州刺史，属高祖崩，去职，毁瘠过礼。自后常衣布服，示有终身之戚。太宗尝问侍臣曰："朕子弟孰贤？"侍中魏徵对曰："臣愚暗，不尽知其能，惟吴王数与臣言，臣未尝不自失。"太宗曰："卿以为前代谁比？"徵曰："经学文雅，亦汉之间、平[2]，至如孝行，乃古之曾、闵[3]也。"由是宠遇弥厚，因令妻徵女焉。

【译文】

霍王李元轨，在武德年间，被封为吴王。贞观七年，任寿州刺史，唐高祖死后，他放弃了官职，并且常常穿粗布衣服，以此表示对高祖的悲戚和怀念。唐太宗曾经问侍臣："皇族中，谁最贤德?"魏徵回答说："我愚钝，不能完全了解他们。我和许多皇叔交谈过，只有吴王和我谈的那几次话，让我感到汗颜。"唐太宗说："你可以把他比作前代的哪位贤人呢?"魏徵说："论经通礼仪，博学文雅，他相当于汉代河间献王德，东平献王苍。若论孝道，他可与古代的曾参、闵子骞相媲美。"从此，唐太宗对霍王更加宠爱信任，并把魏徵的女儿嫁给了他。

【注释】

①元轨：唐高祖第十四子。好读书，多才艺。

②间、平：汉河间献王刘德、东平献王刘苍。

③曾、闵：指孔子弟子曾参和闵子骞。

【原文】

贞观中，有突厥史行昌直玄武门，食而舍肉，人问其故，曰："归以奉母。"太宗闻而叹曰："仁孝之性，岂隔华夷?"赐尚乘马一匹，诏令给其母肉料。

【译文】

贞观年间，有个突厥人史行昌在玄武门做看守，吃饭时留下肉不吃，别人问他什么原因，他说："带回家去奉献给母亲。"唐太宗听到这事后感叹地说："仁孝之本性，哪分汉人和夷人呢?"于是赐他一匹皇上养的马，还下令为他母亲送去肉食。

史鉴新得

百善孝为先

《孝友》可以说是《忠义》的姊妹篇。忠、孝历来被古人视为道德标准的最高境界。在文中，我们可以看到唐太宗大肆嘉奖房玄龄、虞世南、韩王元嘉、霍王元轨等人的忠孝仁义，以此倡导封建伦理道德，维护封建秩序，巩固封建统治。

太宗推行德化，鼓励忠贞，大力提倡孝悌。长孙王妃成了母仪天下的长孙皇后以后，一如既往地保持着贤良恭俭的美德。对于年老赋闲的太上皇李渊，她十分恭敬而细致地侍奉，每日早晚必去请安，时时提醒太上皇身旁的宫女怎样调节他的生活起居，像一位普通的儿媳那样力尽着孝道。

开国功臣房玄龄是个大孝子。他生母早逝，父亲续了弦。他真心实意，孝敬继母，顺从超过了一般人。继母生病，请医诊视，必定拜迎流泪。丁忧期间，为继母哀伤

过度，身体消瘦，像一把干柴。太宗为了奖励他的孝行，派散骑常侍刘洎前往宽慰劝解，赠送许多礼物。堂堂宰相房玄龄，带头尽孝，有利于教化百姓，不愧为世人的楷模。

百善孝为先，孝道是中国古代社会的基本道德规范。一般指社会公德要求子女对父母应尽的义务，包括尊敬、关爱、养老送终等等。在中国，孝的观念源远流长，甲骨文中就出现了“孝”字，就是说在公元前11世纪以前，华夏先民就已经有了“孝”的观念。《诗经》中亦有“哀哀父母，生我劬劳”、“哀哀父母，生我劳瘁”的咏叹。

孝道作为中华民族的一种传统文化，随着中国社会文明的发展而不断地被丰富和赋予新的内容，在当今社会，孝道仍然是衡量一个人思想道德标准的“刻度尺”，更是企业文化建设中的一块“金子招牌”。试想，一个人如果连含辛茹苦养育自己成人的父母都不孝顺，又怎么可能去关爱身边的其他人，以致于为企业尽职尽责、甘于奉献呢？试想，一个企业家没有孝悌，他怎能与企业共发展，爱员工、尊他人呢？

北京九鼎轩国际投资置业公司董事长，北京台资企业协会副理事长李元发，是大陆改革开放后来京的第一代台商。他在回答记者的“您的中国式管理是怎样体现的”时说：“用孝道进行管理。”李元发说：“我在九鼎轩设立了一项‘孝养基金’，每月将员工薪酬的10%提取出来，员工和公司各承担一部分，公司统一管理，直接汇给员工的父母。当他们的父母收到钱时，就意味着小孩在北京收入是稳定的。当然这也是两代人保持联系的机会。”当记者问及为什么有此举？李元发说出自己的初衷：“企业的责任不仅是赚钱，而是影响一个族群和群体，企业稳定了员工稳定了，家庭也会稳定；而家庭稳定了，社会也就稳定了。作为企业领导人，我的责任就是为员工创造一个在行业内可以长期稳定发展的环境。”

李嘉诚自幼丧父，在这段最艰难的岁月里，母亲起早贪黑含辛茹苦操持家务，抚养家中幼儿。李嘉诚有了自己的事业后，尊敬母亲，力尽孝道。李嘉诚曾数次捐资，以老母亲的名义在家乡潮州整修开元护国禅寺。他耗巨资买了一座花园别墅，让母亲安度晚年。每天忙碌于商务的他,也总要定期参拜高堂,聆听教诲。为给母亲补养身体,他每天都叮嘱管家烹煮活鱼汤。只要收到有母亲中意的美食,或喜欢的家乡土产,李嘉诚一定要毕恭毕敬地先让母亲品尝。母亲因病重需住院治疗,李嘉诚极尽孝道,小心翼翼亲自抱母亲上下救护车,希望能减轻母亲的痛苦。即使每日商务缠身,他也在母亲住院治疗期间,日夜守护在母亲床前,以尽孝道。他遵从母亲的教诲,尽全力帮助弟妹开创自己的事业。李嘉诚力尽孝道,让母亲度过了幸福的晚年生活。

企业虽然是盈利性的组织,但也是社会教育的场所之一,企业文化的建立不是一件简单的事情,对于内部员工的培训与教育,就如同对自己的父母、兄弟、子女一样,应当晓之以情,动之以理。如何对父母尽孝道,就如何对员工尽"孝道",将员工、客户视为衣食父母,想他们之所想,急他们之所急,企业才可能成为一个具有凝聚力的大家庭,企业文化才会真正得到发展。由此可见,孝道文化是一切企业文化的基础。

公平第十六

【题解】

君王处理政事，贵在客观公正。处事不公正，奸邪之人就会有机可乘，正直之人难免蒙受冤屈；处事公正，人心归顺统一，久而久之，社会风气就会焕然一新。太宗秉公无私，主持公正，不优先照顾自己的旧部下与亲眷，减少公主的嫁妆，表现出不徇私情的平允作风。

【原文】

太宗初即位，中书令房玄龄奏言："秦府旧左右未得官者，并怨前宫及齐府左右处分之先己。"太宗曰："古称至公者，盖谓平恕无私。丹朱、商均，子也，而尧、舜废之[①]。管叔、蔡叔，兄弟也，而周公诛之[②]。故知君人者，以天下为公，无私于物。昔诸葛孔明，小国之相，犹曰'吾心如称，不能为人作轻重'，况我今理大国乎？朕与公等衣食出于百姓，此则人力已奉于上，而上恩未被于下，今所以择贤才者，盖为求安百姓也。用人但问堪否，岂以新故异情？凡一面尚且相亲，况旧人而顿忘也！才若不堪，亦岂以旧人而先用？今不论其能不能，而直言其嗟怨，岂是至公之道耶？"

【译文】

唐太宗刚即位时，中书令房玄龄上奏说："秦王府的老部下没有做上官的，他们都埋怨陛下，说前太子宫和齐王府的部下都比他们早先安排了官职。"太宗说："古时候所谓的大公无私，是指宽容公正而无私心。丹朱、商均是尧、舜的儿子，而尧、舜却废黜了他们，管叔、蔡叔是周公的兄弟，而周公却把他们杀掉。由此可知，作为治理百姓的君主，要以天下为公，不存偏私之心。从前诸葛孔明，只是蜀国的丞相，他还说'我的心就像秤那样公平，不能因人而轻重有别。'何况我如今治理一个泱泱大国呢？

我们的衣食都出自百姓，这就是说，百姓的人力已奉献给了朝廷，而我们的恩泽却没有遍及民间，如今朝廷之所以要选择贤才，就是要安抚百姓。用人只问是否有能力胜任，怎能因亲疏、新旧关系而区别对待呢？凡是见过一面的人尚且感到亲近，何况是旧的下属，怎会一下子就忘掉呢？如果才能不堪胜任，怎能因为是旧的下属而先任用？如今你们不谈论他们能不能胜任，而只说他们有怨言，这难道是至公之道吗？”

【注释】

①丹朱、商均，子也，而尧、舜废之：尧知道儿子丹朱不肖，不足授天下，所以将帝位传给了舜。舜之子商均亦不肖，舜就将帝位传给了禹。

②管叔、蔡叔，兄弟也，而周公诛之：管叔名鲜，蔡叔名度，都是文王的儿子。后因挟商纣之子武庚作乱，周公便杀了管叔，流放了蔡叔。

【原文】

贞观元年，有上封事者，请秦府旧兵并授以武职，追入宿卫。太宗谓曰："朕以天下为家，不能私于一物，惟有才行是任，岂以新旧为差？况古人云：'兵犹火也，弗戢将自焚。'汝之此意，非益政理。"

【译文】

贞观元年，有人上书请求把秦府旧兵都授予武职，补充进宫中做侍卫。太宗说："我以天下为家，不能偏私于一人。只要有才能德行的人就任用，怎能因为新旧关系而有所分别呢？况且古人说：'士兵就像火一样，不控制就会把自己烧死。'你的提议，对治理国家没有好处。"

【原文】

贞观元年，吏部尚书长孙无忌尝被召，不解佩刀入东上阁门，出阁门后，监门校尉始觉。尚书右仆射封德彝议，以监门校尉不觉，罪当死，无忌误带刀入，徒二年，罚铜二十斤。太宗从之。大理少卿戴胄驳曰："校尉不觉，无忌带刀入内，同为误耳。夫臣子之于尊极，不得称误，准律[①]云：'供御汤药、饮食、舟船，误不如法者，皆死。'陛下若录其功，非宪司所决；若当据法，罚铜未为得理。"太宗曰："法者非朕一人之法，乃天下之法，何得以无忌国之亲戚，便欲挠法[②]耶？"更令定议。德彝执议如初，太宗将从其议，胄又驳奏曰："校尉缘无忌以致罪，于法当轻，若论其过误，则为情一也，而生死顿殊，敢以固请。"太宗乃免校尉之死。

是时，朝廷大开选举，或有诈伪阶资者，太宗令其自首，不首，罪至于死。俄有诈伪者事泄，胄据法断流以奏之。太宗曰："朕初下敕，不首者死，今断从法，是示天下以不信矣。”胄曰：“陛下当即杀之，非臣所及，既付所司，臣不敢亏法。”太宗曰：“卿自守法，而令朕失信耶？”胄曰：“法者，国家所以布大信于天下，言者，当时喜怒之所发耳。陛下发一朝之忿，而许杀之，既知不可，而置之以法，此乃忍小忿而存大信，臣窃为陛下惜之。”太宗曰：“朕法有所失，卿能正之，朕复何忧也！”

【译文】

贞观元年，吏部尚书长孙无忌在一次被召见时，没有解下佩刀就进入了东上阁门。出阁门时，监门校尉才发觉。尚书右仆射封德彝说监门校尉没有发觉，罪当处死；长孙无忌误带刀入内，应处徒刑两年，并罚铜二十斤。唐太宗同意这样处置。大理少卿戴胄反驳说：“长孙无忌带刀入内与校尉没有及时察觉是一样的错误。臣子对于皇上，是不能有过失，按照律文的规定，供皇上用的汤药、饮食、舟船，因错误而不符合规定的，都处以死刑。可是，如果按照长孙无忌的功劳，司法部门是不能对他进行判决的，根据法律，对他实行罚铜处置也不算合理。”太宗说：“法不是我一个人的法，是天下人的法，怎能因长孙无忌是皇亲国戚，就要改变法律呢？”于是叫人重新拟议论罪。封德彝坚持原议，太宗准备接受他的主张时，戴胄又上奏反驳道：“校尉因长孙无忌而获罪，从法律上讲应当从轻处理，如果论他们的过错，那情节是一样的，但他们不应该是一生一死差别如此之大，因此，请陛下一定要考虑我的意见。”太宗终于免除了监门校尉的死罪。

当时，朝廷大力选拔举荐人才，有人伪造官阶资历，太宗命令他们自首，若不自首，便要判处死罪。不久，有个伪作官阶资历的人泄漏了，戴胄根据法律判处他们流刑，并上奏太宗。太宗说：“当初我下令说不自首的人要被处以死刑，但如今你依法律判处他们流刑，这不是向天下宣布我言而无信吗？”戴胄说：“陛下发布的命令，臣不敢干预，不过既然交付我部处置，臣就不敢不依法办事。”太宗说：“你这是自己守法，却叫我失信吗？”戴胄说：‘法律是国家用来规范天下、取信于民的，而话只是凭一时的喜怒说出来的，这二者是有差别的。在处理政务时，陛下也知道不能因一时的喜怒随便实施刑法，这是克制小怒而存大信。我私下也为陛下感到庆幸。”太宗说：“我在法律上有所失误，你能纠正，我还有什么可以担忧的呢？”

【注释】

①准律：法律规定。
②挠法：徇私枉法。

【原文】

贞观二年，太宗谓房玄龄等曰：“朕比见隋代遗老，咸称高颎[1]善为相者，遂观其本传，可谓公平正直，尤识治体，隋室安危，系其存没。炀帝无道，枉见诛夷，何尝不想见此人，废书钦叹！又汉、魏已来，诸葛亮为丞相，亦甚平直，尝表废廖立、李严于南中，立闻亮卒，泣曰：‘吾其左衽矣！’严闻亮卒，发病而死。故陈寿②称：‘亮之为政，开诚心，布公道，尽忠益时者，虽仇必赏；犯法怠慢者，虽亲必罚。’卿等岂可不企慕及之？朕今每慕前代帝王之善者，卿等亦可慕宰相之贤者，若如是，则荣名高位，可以长守。”玄龄对曰：“臣闻理国要道，在于公平正直，故《尚书》云：‘无偏无党，王道荡荡。无党无偏，王道平平。’又孔子称‘举直错诸枉，则民服’。今圣虑所尚，诚足以极政教之源，尽至公之要，囊括区宇，化成天下。”太宗曰：“此直朕之所怀，岂有与卿等言之而不行也？”

【译文】

贞观二年，唐太宗对房玄龄等人说：“我近来见到隋代的旧臣遗老，他们都称赞高颎是做宰相的人才，于是我就去翻阅他的本传。此人真可说是公平正直，能识大体，治国方面尤其突出。隋室的安危，跟他的生死关系密切。可惜遇到隋炀帝这样的无道昏君，却被冤枉诛杀了。我何尝不想见到这样的人呢？就连读书时也时常放下书来对他钦仰、叹息。再者，汉、魏以来，诸葛亮做丞相，也非常公平正直，他曾经上表把廖立、李严罢官放逐到南中，后来廖立听到诸葛亮逝世，哭着说：‘我们大概要亡国了！’李严听到诸葛亮逝世，也发病而死。所以陈寿称‘诸葛亮执政，开诚心，布公道，尽忠国家，在当时做了不少有益于国家的事，虽是仇人，该赏的也必须奖赏，对违犯法纪玩忽职守的人，虽是最亲近的人也必须惩罚。’你们难道不仰慕学习他们吗？我如今常仰慕前代那些贤德的帝王，你们也可仰慕那些贤德的宰相，如果能这样做，那么荣耀的名声和高贵的地位，就可以长久保持了。”房玄龄对答道：“臣听说治理国家的关键，在于公平正直，所以《尚书》说：‘不结党营私，王道就浩浩荡荡，不结党营私，王道就平平坦坦。’此外，孔子还说：‘举用正直的人而废弃邪恶的人，百姓就心服归顺。’如今圣上推崇的治国原则，确实体现了政教的根本，极尽至公的要义，可以用来囊括宇内，教化天下。”太宗说：“这正是我所想的，但我怎能只对你们说说而不去实行呢？”

【注释】

①高颎(jiǒng 窘)(？—公元 607)：隋渤海蓨(今河北景县)人，一名敏，字昭玄。北周末，受杨坚(隋文帝)罗致，为相府司录。隋建立后，任尚书左仆射，执掌朝政。炀帝即位后，任太常卿。后因议论朝政，为人告发，被炀帝诛杀。

②陈寿(公元 233—公元 297)：西晋史学家。字承祚，安汉(今四川南充北)人。少好学，在蜀汉为观阁令史，因不愿屈事宦官黄皓，多次遭谴黜。入晋后，历任著作郎、治书侍御史。晋灭吴后，集合三国时官私著作，著成《三国志》，还编有《蜀相诸葛亮集》等书。

【原文】

长乐公主[1],文德皇后所生也。贞观六年将出降,敕所司资送,倍于长公主。魏徵奏言:"昔汉明帝欲封其子,帝曰:'朕子岂得同于先帝子乎?可半楚、淮阳王。'前史以为美谈。天子姊妹为长公主,天子之女为公主,既加长字,良以尊于公主也,情虽有殊,义无等别。若令公主之礼有过长公主,理恐不可,实愿陛下思之。"太宗称善。乃以其言告后,后叹曰:"尝闻陛下敬重魏徵,殊未知其故,而今闻其谏,乃能以义制人主之情,真社稷臣矣!妾与陛下结发为夫妻,曲蒙礼敬,情义深重,每将有言,必俟颜色,尚不敢轻犯威严,况在臣下,情疏礼隔?故韩非谓之说难,东方朔称其不易,良有以也。忠言逆耳而利于行,有国有家者深所要急,纳之则世治,杜之则政乱,诚愿陛下详之,则天下幸甚!"因请遣中使赍帛五百匹,诣徵宅以赐之。

【译文】

长乐公主是太宗文德皇后所生。贞观六年将要出嫁,太宗敕令有司陪送的财礼,比当年高祖之女永嘉长公主出嫁时高出一倍。魏徵上奏说:"以前东汉明帝准备封赏他的儿子,说道:'我的儿子怎么能跟先帝的儿子得到同样多的封赏呢?参照先帝之子楚王、淮阳王的一半去封赏吧。'以前的史家以此作为美谈。现在皇帝的姊妹称为长公主,女儿称为公主,既然在前面多了一个长字,那么就说明要比公主的身份尊贵,虽然在感情上不尽相同,可是道理却是一样的,没有什么差别。如果公主的礼节逾越了长公主,道理上恐怕是不妥的,希望您能够三思。"太宗十分赞同。于是将这些话告诉了皇后,皇后听完赞叹道:"曾经听说您对魏徵十分敬重,可是对于其中的缘故知之甚少,现在听到他进谏的这番话,可见他能够用道义来抑制帝王的私欲,真是国家社稷忠臣啊!我和您结发作了夫妻,承蒙您的敬重礼待,情深意重,每当有话要说的时候,也要察言观色,尚且不敢轻易触怒您的威严,何况作为臣下,和陛下情谊疏远、礼仪相隔呢?因此韩非子将此称为'说难',东方朔将其称为'不易',真的是非常有道理的。忠言逆耳利于行,对于拥有家国的人来说是最重要的事,如果能采纳这些忠言,国家就能长治久安,如果杜绝这些忠言,政局就会混乱不堪,我希望您能够仔细体会其中的含义,那就是天下的大幸了。"于是,长孙皇后请求太宗派遣中使带五百匹锦帛送到魏徵家中赏赐他。

【注释】

①长乐公主：太宗第五女，封长乐郡。

【原文】

刑部尚书张亮坐谋反下狱，诏令百官议之，多言亮当诛，惟殿中少监李道裕奏亮反形未具，明其无罪。太宗既盛怒，竟杀之。俄而刑部侍郎有阙，令宰相妙择其人，累奏不可。太宗曰："吾已得其人矣。往者李道裕议张亮云'反形未具'，可谓公平矣。当时虽不用其言，至今追悔。"遂授道裕刑部侍郎。

【译文】

刑部尚书张亮因谋反罪被关进监狱，唐太宗下诏，命令百官商议惩处他的办法，许多人都说张亮应该杀头，只有殿中少监李道裕上奏说张亮谋反的证据不足，应赦免其无罪。但唐太宗当是正处在盛怒之下，竟把张亮给杀掉了。不久，刑部侍郎空缺，唐太宗叫宰相精心选择称职的人，可宰相多次上奏推荐人才，唐太宗都没有同意。太宗说："其实，我已找到合适的人了，先前李道裕在拟议处置张亮的办法时，说他谋反证据不足，可见此人很公平。我当时没有采用他的意见，至今仍追悔莫及。"于是就任命李道裕为刑部侍郎。

【原文】

贞观初，太宗谓侍臣曰："朕今孜孜求士，欲专心政道，闻有好人，则抽擢驱使。而议者多称'彼者皆宰臣亲故'，但公等至公，行事勿避此言，便为形迹。古人'内举不避亲，外举不避仇'，而为举得其真贤故也。但能举用得才，虽是子弟及有仇嫌，不得不举。"

【译文】

贞观初年，唐太宗对侍臣说："我现在孜孜不倦地寻找贤才，想要把心思都用在治理国家政治上，一听说哪里有贤能的人才，就派使者前去打探。但人们还是议论纷纷，说那些官员都是朝廷重臣的亲戚、朋友。但是你们做事不要因此而有所忌讳和回避，古人说，'推举人才对内不避亲，对外不避仇'，只要推举的人是真正的贤才。唯才是举，只要是人才，即使是自己的子弟或仇人，也不可不推举。"

【原文】

贞观十一年，时屡有阉宦①充外使，妄有奏，事发，太宗怒。魏徵进曰："阉竖虽微，狎近②左右，时有言语，轻而易信，浸润之谮，为患特深。今日之明，必无此虑，为子孙教，不可不杜绝其源。”太宗曰：“非卿，朕安得闻此语？自今已后，充使宜停。”魏徵因上疏曰：

臣闻为人君者，在乎善善而恶恶，近君子而远小人。善善明，则君子进矣；恶恶著，则小人退矣。近君子，则朝无粃政；远小人，则听不私邪。小人非无小善，君子非无小过。君子小过，盖白玉之微瑕；小人小善，乃铅刀之一割。铅刀一割，良工之所不重，小善不足以掩众恶也；白玉微瑕，善贾之所不弃，小疵不足以妨大美也。善小人之小善，谓之善善，恶君子之小过，谓之恶恶，此则蒿兰同嗅③，玉石不分，屈原所以沉江，卞和所以泣血者也。既识玉石之分，又辨蒿兰之臭，善善而不能进，恶恶而不能去，此郭氏所以为墟④，史鱼所以遗恨也⑤。

【译文】

贞观十一年，当时常常有宦官外出担任使者，他们欺瞒朝廷，胡乱上报情况，事情败露后，唐太宗非常生气。魏徵说：“宦官虽然卑微，但他们侍奉在天子左右，常常发表议论，容易使天子轻信，慢慢地，便造成很大的危害。现在陛下圣明，可以无此顾虑，可是为了子孙后代，不可不断绝这种祸患。”唐太宗说：“不是你，我怎么会听到如此中肯的意见呢？从今以后，宦官不可再担任使者。”魏徵事后又写了一篇奏书，进献唐太宗：

我听说国君贵在表扬善事，贬斥劣迹，亲近君子，远离小人。如果善事得到发扬，那么君子就会为国效劳；贬斥劣迹，那么小人就会自行隐退。亲近君子，那么朝廷不会有劣政，远离小人，则不会偏听。小人并非没有微小的优点，君子并非没有小小的差错。君子小小的过失，是白玉上的瑕疵。小人那小小的优点，则如铅刀上锋利的地方。铅刀上那一点锋利的地方能工巧匠是不会看重的，这小小的优点不足以掩盖许多缺点。白玉微瑕，好的商人不会嫌弃，小小的斑点不会妨碍白玉整体的美丽。赞扬小人的优点，而认为这是对善的正确判断；贬斥君子的过失，而认为这是对恶的正确判断，这如同认为蒿草和兰花的香味一致，白玉和顽石的质地一样，是美丑不分，善恶不辨，这也是屈原投江自尽，卞和吐血的原因。如果认识了玉石的差别，蒿兰的不同，但不能进善退恶，也是不明智的，这也是历史上郭国之所以被齐国所灭、史鱼之所以抱恨终生的原因。

【注释】

①阉(yān 淹)官：宦官。

②狎近：习熟亲近。

③蒿兰同嗅：蒿，蒿草，有臭味。兰，草名，有香味。蒿兰同嗅比喻香臭不分，好坏不辨。

④郭氏所以为墟：郭国本是春秋时期的一个小国，被齐桓公所灭。齐桓公问郭国父老郭为什么亡，郭国父老说因为郭君善善而不能用，恶恶而不能去。

⑤史鱼所以遗恨：春秋时卫国大夫史鱼临死前因未能规劝君王进贤而抱恨。

【原文】

陛下聪明神武，天姿英睿，志存泛爱，引纳多途，好善而不甚择人，疾恶而未能远佞。又出言无隐，疾恶太深，闻人之善或未全信，闻人之恶以为必然。虽有独见之明，犹恐理或未尽。何则？君子扬人之善，小人讦人之恶，闻恶必信，则小人之道长矣，闻善或疑，则君子之道消矣。为国家者，急于进君子而退小人，乃使君子道消，小人道长，则君臣失序，上下否隔，乱亡不恤，将何以治乎？且世俗常人，心无远虑，情在告讦，好言朋党。夫以善相成谓之同德，以恶相济谓之朋党，今则清浊共流，善恶无别，以告讦为诚直，以同德为朋党。以之为朋党，则谓事无可信；以之为诚直，则谓言皆可取。此君恩所以不结于下，臣忠所以不达于上。大臣不能辩正，小臣莫之敢论，远近承风，混然成俗①，非国家之福，非为治之道。适足以长奸邪，乱视听，使人君不知所信，臣下不得相安。若不远虑，深绝其源，则后患未之息也。今之幸而未败者，由乎君有远虑，虽失之于始，必得之于终故也。若时逢少隳②，往而不返，虽欲悔之，必无所及。既不可以传诸后嗣，复何以垂法将来？且夫进善黜恶，施于人者也；以古作鉴，施于己者也。鉴貌在乎止水，鉴己在乎哲人。能以古之哲王鉴于己之行事，则貌之妍丑宛然在目，事之善恶自得于心，无劳司过之史，不假刍荛之议③，巍巍之功日著，赫赫之名弥远。为人君者不可务乎？

【译文】

陛下聪明神武，天姿英睿，爱护百姓，广开言路。能从各种途径选拔人才，但陛下喜好贤才却不善于选择贤才，痛恨邪恶，但还没能远离小人。并且，陛下言语毫不隐讳，疾恶如仇，听到善行未必全信，听到劣迹就认为绝无错误。虽有远见卓识，但臣恐怕陛下有些地方还有不妥之处。为什么呢？君子愿意表扬别人的善行，小人专门诋毁别人的缺点，如果听到劣迹就确信无疑，那么就会助长小人的气焰。听到善行就怀疑，那么君子会很失望。如果君子受怀疑，小人得志，那么就会君臣失序、国家混乱。哪里还称得上政治清明呢？并且，世俗之人，缺乏深思熟虑，喜欢搬弄是非。一般而言，我们把戮力同心做好事称作同德，把一起参与做坏事称作朋党。可现在清浊同流，善恶无别，把奸邪的人视为诚实正直，把同心同德的人称作朋党。被称作朋党的人，他们的言行就不被信任；被称作诚实正直的人，那么他们的一切都是可取的。这就是为什么陛下的恩德没有散布到臣子中间，臣子的忠诚没有传达到朝廷上的原因。地位高的大臣们不敢矫正朝廷的偏差，地位低的臣子们又不敢指出来，于是这种作法就形成风气，对国家极为有害，这足以助长奸邪，扰乱视听，如果不断绝这种风气的根源，将贻害无穷。幸运的是，如今国家还没有出现大的祸害，这完全归功于陛下的深谋远虑，国政现在虽然有所偏差，可是必然能够改正。如果现在遇到小的祸害，不加以制止，任由其发展，将来定会悔之莫及，这样的话，既不能将社稷传给后代，又拿什么作为后世的楷模呢？扬善除恶，有利于人，以古为鉴，有利于己。如果能以古代圣明的帝王为自己的借鉴，那么自己行为的善恶就一目了然，何须史官的评判，何须百姓们的议论，帝王自然会功勋卓著，声名远扬。国君追求的不正是这样吗？

【注释】

①俗：风气。
②隳：毁坏。
③刍荛：百姓。

【原文】

臣闻道德之厚，莫尚于轩、唐，仁义之隆，莫彰于舜、禹。欲继轩、唐之风，将追舜、禹之迹，必镇之以道德，弘之以仁义，举善而任之，择善而从之。不择善任能，而委之俗吏，既无远度，必失大体。惟奉三尺之律，以绳四海之人，欲求垂拱无为，不可得也。故圣哲君临，移风易俗，不资严刑峻法，在仁义而已。故非仁无以广施，非义无以正身。惠下以仁，正身以义，则其政不严而理，其教不肃而成矣。然则仁义，理之本也；刑罚，理之末也。为理之有刑罚，犹执御之有鞭策也，人皆从化，而刑罚无所施；马尽其力，则有鞭策无所用。由此言之，刑罚不可致理，亦已明矣。故《潜夫论》曰："人君之治莫大于道德教化也。民有性、有情、有化、有俗。情性者，心也，本也；化俗者，行也，末也。是以上君抚世，先其本而后其末，顺其心而履其行。心情苟正，则奸慝[1]无所生，邪意无所载矣。是故上圣无不务治民心，故曰：'听讼，吾犹人也，必也使无讼乎？'道之以礼，务厚其性而明其情。民相爱，则无相伤害之意；动思义，则无畜奸邪之心。若此，非律令之所理也，此乃教化之所致也。圣人甚尊德礼而卑刑罚，故舜先敕契以敬敷五教[2]，而后任咎繇以五刑也[3]。凡立法者，非以司民短而诛过误也，乃以防奸恶而救祸患，检淫邪而内正道。民蒙善化，则人有士君子之心；被恶政，则人有怀奸乱之虑。故善化之养民，犹工之为曲豉也[4]。六合之民，犹一荫也，黔首之属，犹豆麦也，变化云为，在将者耳！遭良吏，则怀忠信而履仁厚；遇恶吏，则怀奸邪而行浅薄。忠厚积，则致太平；浅薄积，则致危亡。是以圣帝明王，皆敦德化而薄威刑也。德者，所以循己也，威者，所以治人也。民之生也，犹铄金在炉，方圆薄厚，随溶制耳！是故世之善恶，俗之薄厚，皆在于君。世之主诚能使六合之内、举世之人，感忠厚之情而无浅薄之恶，各奉公正之心，而无奸险之虑，则醇酽之俗，复见于兹矣。后王虽未能遵，专尚仁义，当慎刑恤典，哀敬无私，故管子曰："圣君任法不任智，任公不任私。"故王天下，理国家。

【译文】

我听说，若论道德的崇高，没人可以超过黄帝、尧帝；若论仁义的深厚，没人可比得上舜帝、大禹，如果要追慕黄帝、唐尧的风范，追上虞舜、夏禹的业绩，只有推行道德仁义，择善而从。如果不能选拔有才能的臣子，而把政务委托给凡庸的人，他们没有眼光和胸襟，必然会使国家的大体丧失殆尽。如果严刑峻法，以控制天下的百姓，要想无为而治，也是不可能的。所以圣贤的国君治理天下，移风易俗，不用严刑峻法，只是推行'仁义'二字，没有'仁'就无法广泛地在天下施行，没有'义'就无法端正自身，用'仁'来向天下人施行恩惠，用'义'来端正自身，这样，国家政务就可以不严酷而达到太平，教化就可以不严峻而有所成就。仁义是治国的根本，而刑罚是治国的辅助手段。用刑罚来治国，就像赶马车用鞭子，百姓们都已服从教化，那么刑罚就没有地方可施行了；马能自觉地尽力奔跑，那么鞭子也就没有什么用处了。由此可见，刑罚不能使国家太平，这个道理是很明显的。所以王符在《潜夫论》中写道："帝王的治国之道没有比道德教化更重要的了。百姓有自己的本性、情感，行为、风俗。本性、情感是根本；行为、风俗是枝节。因此圣明的君主治国，崇本抑末，顺应民心，从而矫正他们的行为。百姓本性纯正，那么奸邪之念就不会产生。所以有着上上智的圣人，无不关注和教化民心，孔子说："听百姓的心声，顺从民意。是为了让百姓没有意见。"君王用礼去教化百姓，使他们本性淳厚，明白他们的心愿。百姓相互爱护，坚守仁义之道，那么就不会彼此伤害怀疑。这些都不是刑罚能够办得到的，只有依赖教化之功。圣人崇尚道德礼仪，轻视刑罚，所以舜命令契推行五教，可是后来又让咎繇设置了五种酷刑。立法的目的，不是为了制裁百姓的短处和错误的，而是用来防范邪恶、补救祸患、约束邪恶从而使其纳入正道的。人们受到好的教化，就会怀有君子之心；受到恶政的统治就会产生邪乱之意。所以好的教化

对于人民的作用，就像酿造工做曲子一样。全国的老百姓就像温室里有待发酵的豆麦，怎样发展变化，全在于治政者的善恶啊！遇到好的官吏就心怀忠信而言行仁厚；遇到坏的官僚就心怀奸邪而言行浅薄。人们都忠厚了，就可以使国家太平；人们都浅薄了，就会导致国家危亡。因此，圣明的君主都致力于德化而鄙薄酷刑。德，是用来要求自己的；威，是用来管束别人的。人生在世就像炉中化金一样，铸出来的东西的方圆厚薄全在于模子的形状啊！因此，世事的善恶，风俗的厚薄都取决于一国之君。治世的君主如果真能使普天下的人民都怀有忠厚之情而无浅薄之意，有奉公之善而无奸邪之恶，那么淳朴的风俗就又可以出现了。后来的帝王虽然不能这样崇尚仁义，也应当慎重地运用刑典，力求公正无私，所以《管子》上说："圣君用法度礼仪而不用酷刑奸智，用至公之道而不用营私之心。"所以能够取得天下，治理好国家。

【注释】

①奸慝：奸诈邪恶。
②五教：古代指父子有亲，君臣有义，夫妇有别，长幼有序，朋友有信。
③五刑：古代指墨、劓、剕、宫、大辟五刑。
④曲豉：发酵的曲子。

【原文】

贞观之初，志存公道，人有所犯，一一于法。纵临时处断或有轻重，但见臣下执论，无不忻然受纳。民知罪之无私，故甘心而不怨；臣下见言无忤，故尽力以效忠。顷年以来，意渐深刻，虽开三面之网，而察见渊中之鱼，取舍在于爱憎，轻重由乎喜怒。爱之者，罪虽重而强为之辞；恶之者，过虽小而深探其意。法无定科，任情以轻重；人有执论，疑之以阿伪。故受罚者无所控告，当官者莫敢正言。不服其心，但穷其口，欲加之罪，其无辞乎！又五品已上有犯，悉令曹司闻奏。本欲察其情状，有所哀矜；今乃曲求小节，或重其罪，使人攻击惟恨不深。事无重条，求之法外所加，十有六七，故顷年犯者惧上闻，得付法司，以为多幸。告讦无已，穷理不息，君私于上，吏奸于下，求细过而忘大体，行一罚而起众奸，此乃背公平之道，乖①泣辜之意，欲其人和讼息，不可得也。

【译文】

贞观初年，国家的法令一视同仁，人民如果有违法乱纪的，都依法严办了。即使断案有轻有重，朝廷听到臣下议论，无不欣然接受意见。百姓知道皇帝惩罚他们并非出于私心，所以都心悦诚服；臣子看到自己直言进谏并没有触犯龙颜，于是也更加尽职尽忠。可是近年来，您处理政事慢慢变得严苛，即使仍有网开一面之心，但是仍然

过分苛刻地审察，常根据自己的好恶来判断事物、作出取舍，按照自己的喜好来决定赏罚的轻重。对于自己喜爱的人，即使罪过再大也会网开一面，寻找各种理由为他开脱；对于厌恶的人，即使过失非常微小，也会挖空心思加重他的刑罚。执法失去了准确的定罪法则，凭着自己的心情和好恶来减轻或者加重罪名；臣子如果直言进谏，就会被怀疑是结党营私，欺瞒圣上。因此受冤枉的人有口难辩，知情的官员不敢直言。不去想如何使他们心服，反而只是强逼他们闭嘴，这样一来，欲加之罪又何患无辞呢？另外，五品以上的官员犯罪，曹司必须上奏圣上。这样做的本意是想明察真实的情况，从而酌情减刑；可是现在却是一味探求小节，甚至有些反而加重了刑罚，致使掌管司法的官员加大了对那些犯法官吏的打击，甚至因为自己的打击力度不够而深感遗憾。有的事情并没有重罚的法律规定，就在法律之外寻找理由重罚，十有六七都是这样做的，所以近年来犯法的官员都害怕被皇帝知道，一旦得知自己被交付司法纠察的部门，都觉得侥幸。这致使告讦的人接踵而来，加大治理却不能平息，君主在上面按照私心办事，官吏则在下面心怀欺诈，过于追究细节，不顾大体，对一个人处罚，却引起了众人的营私舞弊，这是与刑罚的公正背道而驰的，背弃了大禹对罪人哭泣的初衷，这样却希望人们和睦相处，使诉讼平息，是办不到的。

【注释】

①乖：背弃。

【原文】

故《体论》云："夫淫泆盗窃，百姓之所恶也，我从而刑罚之，虽过乎当，百姓不以我为暴者，公也。怨旷饥寒，亦百姓之所恶也，遁而陷之法，我从而宽宥之，百姓不以我为偏者，公也。我之所重，百姓之所憎也；我之所轻，百姓之所怜也。是故赏轻而劝善，刑省而禁奸。"由此言之，公之于法，无不可也，过轻亦可。私之于法，无可也，过轻则纵奸，过重则伤善。圣人之于法也公矣，然犹惧其未也，而救之以化，此上古所务也。后之理狱者则不然：未讯罪人，则先为之意，及其讯之，则驱而致之意，谓之能；不探狱之所由，生为之分，而上求人主之微旨以为制，谓之忠。其当官也能，其事上也忠，则名利随而与之，驱而陷之，欲望道化之隆，亦难矣。

【译文】

所以《体论》上说："奸淫盗窃，是百姓所痛恨的。我顺从百姓的心意处罚他们，即使过重，百姓也不会认为残暴，这是因为我是出于公心的缘故。旷怨饥寒，也是百姓所痛恨的，为了摆脱这种境遇而触犯法律，我体谅他们而宽大处理，百姓也不会认为是偏私，这也是因为我是出于公心的缘故。法律重处的是百姓憎恶的事物，从轻处罚的是百姓所怜惜的。所以应该奖赏微薄却能鼓励善行，减轻刑罚却能禁止奸邪。”这样说来，刑法如果是出于公心的，那么就没有什么不可以的，量刑过轻也是可以的。如果刑法是出于私心的就没有好处了，量刑过轻就会助长奸恶，量刑过重就会伤害到善良的人。圣人实施刑法都是出于公心了，然而仍然担心有不完善的地方，于是就加上教化来补救，这是古代的人所关注的地方。后世治理刑狱的人却并不这样做：还没有审讯有罪的人，就已经先主观臆断，到了审讯他的时候，就将预先想好的罪名强加给他，并且将这种行为称为有才能；不探究犯人犯罪的原因，却生硬的将其分类，按照皇帝的旨意作为处罚标准，却将这种行为称为忠心。为官有才干之名，事主有忠诚之称，那么名利都会随之而来，这些人再驱逐百姓陷入法网，有这样的风气存在而想要使国家的道德教化纯正、隆厚，恐怕是很难的。

【原文】

凡听讼理狱，必原父子之亲，立君臣之义，权轻重之序，测浅深之量。悉其聪明，致其忠爱，疑则与众共之。疑则从轻者，所以重之也，故舜命咎繇曰：“汝作士，惟刑之恤。”又复加之以三讯，众所善，然后断之。是以为法，参之人情。故《传》曰：“小大之狱，虽不能察，必以情。”而世俗拘愚苛刻之吏，以为情也者取货者也，立爱憎者也，右亲戚者也，陷怨仇者也。何世俗小吏之情，与夫古人之悬远乎？有司以此情疑之群吏，人主以此情疑之有司，是君臣上下通相疑也，欲其尽忠立节，难矣。

【译文】

凡是审理案子，都要按照父子的亲情，依照君臣的情分，权衡轻重先后，测量深浅程度。展现自己全部的聪明才智，将忠君爱民之心发挥到极致，如果有疑问就和大家一起商讨。存在疑问就从轻量刑，这就是对刑法的慎重。所以舜告诫咎繇：“你作为一名官吏，在量刑的时候要心存怜悯。”又规定一个案子要经过群臣、群吏、万民三次审讯，大家都认可了，才能定罪。可见，律令必然也参有人情。所以《左传》说：“大小案子，虽然不能明察，但肯定有人情的因素在里面。”但是，那些世俗苛刻、不知变通的官吏，用人情来获取财物，对有人情案子就放宽处理，对于仇人，就加以陷害。为什么世俗小人的人情和古人宽大为怀的情感有着天壤之别呢？主管部门因为这样的人情而对司法官员们产生怀疑，天子又因为这样的人情而对主管部门产生怀疑。这是君臣之间上下之间在互相怀疑，这样却想要群臣树立节操，尽忠为国，那就太难了。

【原文】

凡理狱之情，必本所犯之事以为主，不严讯，不旁求，不贵多端，以见聪明，故律正其举劾之法，参伍其辞①，所以求实也，非所以饰实也，但当参伍明听之耳，不使狱吏锻炼饰理成辞于手。孔子曰："古之听狱，求所以生之也；今之听狱，求所以杀之也。"故析言以破律，任案以成法，执左道以必加也。又《淮南子》曰："沣水之深十仞，金铁在焉，则形见于外。非不深且清，而鱼鳖莫之归也。"故为上者以苛为察，以功为明，以刻下为忠，以讦多为功，譬犹广革，大则大矣，裂之道也。夫赏宜从重，罚宜从轻，君居其厚，百王通制。刑之轻重，恩之厚薄，见思与见疾，其可同日言哉！且法，国之权衡也，时之准绳也。权衡所以定轻重，准绳所以正曲直，今作法贵其宽平，罪人欲其严酷，喜怒肆志②，高下在心，是则舍准绳以正曲直，弃权衡而定轻重者也，不亦惑哉？诸葛孔明，小国之相，犹曰："吾心如秤，不能为人作轻重。"况万乘之主，当可封之日，而任心弃法，取怨于人乎！

【译文】

凡是审理案件的情形，必须以犯罪事实为主，不严刑逼供，不节外生枝，不以牵连的头绪多来显示审判者的聪明。所以要对检举弹劾的法律加以修正，多方取证，广泛调查，是为了弄清事实，而不是要掩盖事实；多方调查，听取意见，是为了使不使狱吏徇私枉法的奸计得逞。孔子说："古人审理案子，是为被告的人寻找生存的理由，今天呢，是千方百计地要将其置于死地。"所以，随心所欲地解释法律，任何案件都要定罪，施展手段强加罪名的情形就出现了。《淮南子》上写道："水有十仞深，可是把金铁放在里面也看得见。如果水不清或者很浅，鱼也不会在里面生存。"所以，作为上司，把苛刻当作明察，把严酷当作明智，把刻薄下属当忠心，把诽谤他人当功劳，这就像一张大皮，虽然很大，但用来制造用品，就得裁开使用。赏赐应该从重，处罚应该从轻，君王应宽厚为怀，这是历代帝王普遍的治国之术。刑罚轻还是重，恩遇厚还是寡，被人感念还是嫉恨，这两种做法的效果，怎可同日而语呢？法律，犹如国家的准绳和天平，天平是用来称重量的，准绳是用来测定曲直的。法律贵在宽大公平。可是如今法律轻重全由人的喜怒而定。这就等于舍掉准绳来端正曲直，抛开权衡来确定轻重，怎能不令人迷惑不解呢？诸葛亮只是小国蜀国的丞相，他还说："我的心是一把秤，不能因人而使标准有别。"更何况大国的君主呢？在天下升平的时候，怎能随意放弃法律的公平，让老百姓心生怨恨呢？

【注释】

①参伍：交互错杂，综合比较。

②肆志：随心所欲。

【原文】

又时有小事，不欲人闻，则暴作威怒，以弭谤议。若所为是也，闻于外其何伤？若所以非也，虽掩之何益？故谚曰："欲人不知，莫若不为；欲人不闻，莫若勿言。"为之而欲人不知，言之而欲人不闻，此犹捕雀而掩目，盗钟而掩耳者，只以取诮，将何益乎？臣又闻之，无常乱之国，无不可理之民者。夫君之善恶由乎化之薄厚，故禹、汤以之理，桀、纣以之乱；文、武以之安，幽、厉以之危。是以古之哲王，尽己而不以尤人，求身而不以责下。故曰："禹、汤罪己，其兴也勃焉；桀、纣罪人，其亡也忽焉。"为之无已，深乖恻隐之情，实启奸邪之路。温舒恨于曩日[1]，臣亦欲惜不用，非所不闻也。臣闻尧有敢谏之鼓，舜有诽谤之木，汤有司过之史，武有戒慎之铭。此则听之于无形，求之于未有，虚心以待下，庶下情之达上，上下无私，君臣合德者也。魏武帝云："有德之君乐闻逆耳之言。犯颜之诤，亲忠臣，厚谏士，斥谗慝，远佞人者，诚欲全身保国，远避灭亡者也。"凡百君子，膺期统运[2]，纵未能上下无私，君臣合德，可不全身保国，远避灭亡乎？然自古圣哲之君，功成事立，未有不资同心，予违汝弼者也[3]。

【译文】

陛下有时做的一些小事，不想让别人知道，就以威严和权力压人，以此来消除舆论。只要做得对，让老百姓知道又何妨呢？如果做得不对，掩盖又有何用？所以谚语说："若要人不知，除非己莫为；若要人不听见，除非自己不说。"做了却想不被人知，就像遮住眼睛捕捉麻雀，掩住耳朵去偷铃，自以为神不知，鬼不觉，其实是荒唐可笑的举动。又有什么好处呢？我又听说，没有永远动荡的国家，没有不能治理的百姓，国君的善恶是根据教化的厚薄而定的，所以大禹、商汤时天下太平，夏桀、商纣时天下大乱；周文王、周武王时国泰民安，周幽王、周厉王时遭到危亡。所以古代圣明的帝王，尽心尽力却不埋怨别人，严于律己不苟责臣下。《左传》说："大禹、商汤责备自己，故国家兴旺；夏桀、商纣怪罪别人，所以迅速灭亡。"苛责过多，与恻隐之心相违，其实是为奸邪开辟了方便之门。汉代温舒曾上书说狱吏太残酷，只可惜不被采纳，我听说过尧专门设置了进谏用的锣鼓，大禹树立了提意见用的木头，商汤有专门处罚官吏过错的史官，周武王在桌几、盘碟、盆盖上写有告诫自己要谨慎的铭文，这样做是防

微杜渐，虚心接受各方意见的表现。魏武帝曹操说："有德的君王高兴听到逆耳的忠言，他们亲近忠臣，厚待进谏的臣子，斥退小人，是希望保全自身和国家，避免灭亡的灾害。"凡是承受天命君临天下的国君，纵使做不到君臣同德、上下一心，难道不想保全自己和国家，避免灭亡吗？然而自古以来能够功成名就、建立伟业的国君，没有不靠君臣上下同心同德、虚心纳谏、改正错误的。

【注释】

① 曩(nǎng)日：以往的时日。
② 膺期统运：治理天下。
③ 予违汝弼：我违背了纲纪法制，你来匡正辅弼。

【原文】

昔在贞观之初，侧身励行[1]，谦以受物。盖闻善必改，时有小过，引纳忠规，每听直言，喜形颜色。故凡在忠烈，咸竭其辞。自顷年海内无虞，远夷慑服，志意盈满，事异厥初。高谈疾邪，而喜闻顺旨之说；空论忠谠[2]，而不悦逆耳之言。私嬖[3]之径渐开，至公之道日塞，往来行路，咸知之矣。邦之兴衰，实由斯道。为人上者，可不勉乎？臣数年以来，每奉明旨，深惧群臣莫肯尽言。臣切思之，自比来人或上书，事有得失，惟见述其所短，未有称其所长。又天居自高，龙鳞难犯，在于造次，不敢尽言，时有所陈，不能尽意，更思重竭，其道无因。且所言当理，未必加于宠秩，意或乖忤，将有耻辱随之，莫能尽节，实由于此。虽左右近侍，朝夕阶墀[4]，事或犯颜，咸怀顾望，况疏远不接，将何以极其忠款哉？又时或宣言云："臣下见事，只可来道，何因所言，即望我用？"此乃拒谏之辞，诚非纳忠之意。何以言之？犯主严颜，献可替否，所以成主之美，匡主之过。若主听则惑，事有不行，使其尽忠谠之言，竭股肱之力，犹恐临时恐惧，莫肯效其诚款。若如明诏所道，便是许其面从，而又责其尽言，进退将何所据？欲必使乎致谏，在乎好之而已。故齐桓好服紫，而合境无异色；楚王好细腰，而后宫多饿死。夫以耳目之玩，人犹死而不违，况圣明之君求忠正之士，千里斯应，信不为难。若徒有其言，而内无其实，欲其必至，不可得也。

【译文】

以前在贞观初期，陛下兢兢业业身体力行，虚怀若谷谦虚待人。因为您闻善必行，即使偶尔有小过失，都可以接纳忠言规谏，每当听到直言良谏，都会喜形于色。因此只要是忠烈之士，都竭近自己的忠诚来进谏。但近年来，四海升平，外族降服，陛下志得意满，处理事务就跟以前不同了。尽管口中高谈阔论自己如何痛恨邪恶，却只喜欢听阿谀之辞，空口说倡导直言敢谏的行为，却厌恶逆耳之言。私心渐起，公道日消，路上来往的普通百姓，都知道了这种变化。自古国家兴盛与衰亡，无不因此而起。作为至高无上的君主，怎能不小心警惕呢？我数年以来，每次接到圣明的旨意，都非常担忧群臣不能竭尽忠诚直言国政的得失。我认真思考了这个问题，我发现近来臣子上书，不敢畅所欲言。如果所述之事有所出入，就只看到您批评他的缺点，而不见表扬其长处的。再加上您的地位至高无上，龙鳞难犯，臣子偶尔有机会，也不敢轻率进言，即使有时上书，也不能全部表达其意，事后再想进言，却找不到机会了。而且就算自己所说的合情合理，也未必能加官晋爵得到荣宠；但是如果万一忤逆圣意，就会落到耻辱的结局。群臣不能尽忠直言，可能就是因此而起的。即使您左右的侍从，与您朝夕相处，但遇到触犯龙颜之事，都心怀顾虑。更何况一些被疏远的下臣百姓，又怎么竭尽自己的忠恳之意呢？您曾经宣称："臣子有事，只管前来进谏，但为什么任何意见，都希望我能采纳呢？"这其实是拒绝进谏之辞，而非接纳忠言的意思。为什么这样说呢？臣子冒着顶撞圣上的危险进谏，实则在成就君王的美名，纠正君王的过失。如果君主一听见直谏心里就不痛快，所提的建议也未必能实行，即使让臣子们尽情直言心中所想，竭尽全力辅佐帮助，仍然会担心他会恐惧而不能尽忠。如果像陛下的诏书那样，就是一方面要臣子顺从自己言行，一方面又要臣子能够直言敢谏，不知道这样臣子应该根据什么样的标准来进退呢？因此过去齐桓公喜欢穿紫色的衣服，结果国境之内的臣民再没有穿其他颜色的服饰。楚王喜欢细腰的美女，结果后宫佳丽很多都因节食而饿死了。像这些供耳目之娱的行为，国人尚且宁愿豁出性命去追求，何况是明君征召天下忠诚中正之士，那些忠诚中正之士不远千里来应招，必定并非难事。如果只是一句空话罢了，而没有切实实行的打算，却要想听到臣下的忠言，是万万不可能的。

【注释】

①侧身励行：倾斜身体，忧惧不安，谨慎小心，砥砺言行。

②忠谠：赞赏忠直。

③私嬖：嬖，宠爱。即营私偏爱。

④朝夕阶墀(chí)：墀，台阶，也指阶面。本文指早晚守在帝王身旁。

【原文】

太宗手诏曰：

省前后讽谕，皆切至之意，固所望于卿也。朕昔在衡门①，尚惟童幼，未渐师保之训，罕闻先达之言。值隋主分崩，万邦涂炭，惵惵②黔黎，庇身无所。朕自二

九之年，有怀拯溺，发愤投袂，便提干戈，蒙犯霜露，东西征伐，日不暇给，居无宁岁。降苍昊之灵，禀庙堂之略，义旗所指，触向平夷。弱水、流沙，并通輶轩之使；被发左衽，皆为衣冠之域。正朔所班，无远不届。及恭承宝历，寅奉帝图，垂拱无为，氛埃靖息[3]，于兹十有余年，斯盖股肱罄帷幄之谋，爪牙竭熊罴之力，协德同习，以致于此。自惟寡薄，厚享斯休，每以抚大神器，忧深责重，常惧万机多旷，四聪不达，战战兢兢，坐以待旦。询于公卿，以至隶皂，推以赤心。庶几明赖，一动以钟石；淳风至德，永传于竹帛。克播鸿名，常为称首。朕以虚薄，多惭往代，若不任舟楫，岂得济彼巨川？不藉盐梅，安得调夫五味？赐绢三百匹。

【译文】

看后，唐太宗亲自写了诏书作为答复：

我仔细看了你前后几次讽喻的奏疏，都情正意切，这本来就是我对你所寄予厚望之处。我当年生长在民间，年幼时，没有得到老师的训诫，更很少听到先哲的至理名言。正遇到隋炀帝荒淫无道，隋代分崩离析，生灵涂炭，天灾人祸，老百姓流离失所。我十八岁，就怀有拯济天下之心，投身军旅，手持刀枪，不畏寒暑，东征西讨，劳碌终日，没有一天过得安宁。幸而苍天护佑，遵守庙堂的韬略，使义军所到之处，都能所向披靡。弱水、流沙这些偏远蛮夷之地都派遣使者来进贡；风俗大相径庭的异族，也都身穿华夏服装。国家法律颁布之后，没有不能到达的地方。我接管天下登上皇位，继承先帝留下的基业，休养生息，崇尚无为而治，四海升平，尘埃不起，已经十几年了。这全都仰仗众位大臣运筹帷幄，善战武将竭尽骁勇，戮力同心，才取得了如此辉煌的业绩。可是我是一个寡德少能的人，却享受着如此洪福，因此一想到自己肩负天下重任，忧患责任深重，于是总是担心政治得失，不能兼听四方民众的疾苦，因此常常战战兢兢，夜不能寐。我常常询问公卿大臣，甚至是下臣小吏，对人推心置腹，以希望自己能够耳聪目明，做出一番能够垂范后世的功德，将其刻于钟鼎碑石之上；让我们大唐的德行，能够永垂史册。能够协助我传播盛名伟业的人，我一直把你当成第一个。我因为自己才德微薄，愧对前世圣君明主，如果不能依靠贤明大臣的辅佐，怎么能够建立起宏功伟业呢？就好像如果不使用船和桨，怎么能够渡过大江大河？如果不依赖你们做的盐和梅，我怎能调出五味？因此，赐给你绢三百匹以示嘉奖。

【注释】

① 衡门：寒舍陋室，本文是自谦之词。

② 憷憷(dié)：恐惧的样子。

③ 氛埃靖息：天下太平。

史鉴新得

天下为公

公平是君道之一。唐太宗说:“君人者,以天下为公,无私于物。用人但问堪否,岂以新故异情?”在具体处理秦府旧兵并授以武职之事时,能坚持“惟有才行是任”的原则。在处理长孙无忌佩刀入阁问题时,认为“法者非朕一人之法,乃天下之法,何得以无忌国之亲戚,便欲挠法耶?”甚至在牵涉内宫太后、公主等亲眷的时候,也能接受魏徵“若令公主之礼有过长公主,理恐不可”的意见。这种不徇私情、秉公无私的言行,对一个古代君王来说的确是难能可贵的。

及至今天,公平仍然是社会得以和谐发展的根本原则之一,是激发人们工作的最大动力。20世纪初,西方经济学家詹姆斯就激发公司员工工作动力问题进行调查发现,激发员工最大动力的其实并不完全是金钱和待遇,主要的还是公正。公正所体现的是人们一种合理性的价值追求,它要求人与人之间人格平等、机会平等、竞争平等和享受公平合理的待遇。古希腊哲学家亚里士多德说:“公正就是符合比例,不公正就是违反比例,出现多和少。”我国明代学者方孝孺认为:“大其牖,天光入;公其心,万善出。”这就表明,公正既涉及人们的切身利益,也涉及人的心理、尊严和权利。越是在社会走向文明的境况下,人们越是追求公正,乃至胜过对物质利益的追求,因为人们只有在公正的境遇下才能得到精神和利益两方面的满足。俗话说:“人活一口气。”气者,人格、气节也。人们对人格、气节往往要比利益看得更重。

我们生活在公平、公正、平等、竞争的法制社会里,每一双眼睛都在密切注视着公平的落实与执行是否合理,升学、就业、医疗、养老、教育……无时无处不需要公平的贯彻与施行。应该说,我们既是公平的受益者,更是公平的监督者。然而,真正做到“一碗水端平”却并非易事。首先,这“端水”的人——即公平的执行者,必须是一个无私无欲的

“高境界”的人，他可以不为情动，不为物动，不为喜好所动，却难免不受周围环境与“社会风气”所动。

以企业用人为例，很多企业在招聘员工的过程中，仍然存在着“重经验”、“轻能力”；“重专业”、“轻实践”；“重学历”、“轻素养”等误区，这就造成了很多能力出众的大学毕业生还没有进行公平的竞争，就被硬性的条条框框拒绝在企业大门之外了。另外，由于企业管理者在文化背景、管理理念等方面存在的差异，缺少统一的用人原则，经常是人事主任推荐的候选人被用人经理否决，而用人经理看重的人得不到人事经理的赞同。因此要想提高招聘效率，就应建立起一个大家公认的招聘原则。

公平就是确保选拔制度给予合格应征者平等的获选机会。要做到公平，应注意以下两点：第一点，一项公平的制度应该包括统一和有效的标准。无论是对内部候选人还是对外部候选人，无论是对公司总经理推荐的候选人还是对一些没有后台背景来应聘的候选人，都要以统一的标准进行考核。现在国有企业尝试公开竞聘上岗制度，而竞聘上岗的基础条件就是通过人力资源部组织的考试，这些考试题大多和岗位要求无关。这些标准就不是有效的用人标准。第二点，同一职位对所有应征者都应该使用同样的、与工作有关的各项能力作为录用考核的标准，而与工作无关的能力，不予考虑。很多招聘主管对内招聘的尺度比对外招聘宽松，对自己熟悉的人的尺度要比对不熟悉的人宽松，对在知名企业工作过的候选人比较宽松，而对在小公司工作的面试者非常严格。

总之，企业在招聘过程中要尽量以公正、公平、公开的原则来招聘需要的人员。在招聘前做好招聘岗位人员的标准设计，综合考察人才对企业的适用性，不带有色眼镜来看待任何一位应聘者，同时要注重企业专职招聘人员自身专业素养的提升，为企业把好人才入选的第一道关。

诚信第十七

【题解】

君臣之间如果互相猜忌，就难以齐心协力处理国家大事。太宗待人以诚，任人不疑，魏徵将诚信视为处理国家政务的大纲。这也是贞观君臣能成就“贞观盛世”的重要原因。

【原文】

贞观初，有上书请去佞臣者，太宗谓曰：“朕之所任，皆以为贤，卿知佞者谁耶？”对曰：“臣居草泽，不的知佞者，请陛下佯怒以试群臣，若能不畏雷霆，直言进谏，则是正人，顺情阿旨，则是佞人。”太宗谓封德彝曰：“流水清浊，在其源也。君者政源，人庶犹水，君自为诈，欲臣下行直，是犹源浊而望水清，理不可得。朕常以魏武帝多诡诈，深鄙其为人，如此，岂可堪为教令？”谓上书人曰：“朕欲使大信行于天下，不欲以诈道训俗，卿言虽善，朕所不取也。”

【译文】

贞观初年，有人上书请求斥退皇帝身边那些佞邪的小人，唐太宗对上书的人说：“我任用的人，都认为他是贤臣，你知道佞臣是谁吗？”那人回答说：“我住在民间，的确不知道谁是佞臣。请陛下假装发怒，来试一试身边的大臣们，如果谁不怕雷霆之怒，直言进谏，那就是正直的人。如果谁一味依顺陛下，不分曲直地迎合皇上的意见，那就是佞邪的人。”唐太宗回头对封德彝说：“流水是否清浊，关键在于源头。君主是施政的源头，臣民就好比流水，君主自行欺诈妄为，却要臣下行为正直，那就好比是水源浑浊而希望流水清澈，这是根本办不到的。我常常认为魏武帝曹操言行多诡诈，所以很看不起他的为人，现在如果让我也这么做，不是让我效仿他吗？这不是实行政治教化的办法！”于是，唐太宗又对上书的人说：“我要使诚信行于天下，不想用诈骗的行为损坏社会风气，你的话虽然很好，但我不能采纳。”

【原文】

贞观十年，魏徵上疏曰：

臣闻为国之基，必资于德礼，君之所保，惟在于诚信。诚信立则下无二心，德礼形则远人斯格①。然则德礼诚信，国之大纲，在于君臣父子，不可斯须②而废也。故孔子曰："君使臣以礼，臣事君以忠。"又曰："自古皆有死，民无信不立。"文子曰："同言而信，信在言前；同令而行，诚在令外。"然而言而不信，言无信也；令而不从，令无诚也。不信之言，无诚之令，为上则败德，为下则危身，虽在颠沛之中，君子之所不为也。

【译文】

贞观十年，魏徵上疏说：

臣听说国家的基础，在于道德和礼教；国君地位的保障，在于诚实信用。有了诚信，就不会产生二心。实行德政，边远的人民也会来归顺。由此可见，德、礼、诚、信是国家的纲领，贯穿在君臣、父子关系中，一刻也不能偏废。所以孔子说："君王以礼对待臣子，臣子以忠心侍奉君王。"还说："一个人终有一死，得不到人民的信任，国家就无法存立。"文子说："说出话来能够使人相信，是因为说话之前已经取信于人，发出令来能够得到执行，是因为命令之中含有诚意。"说了却不做，是言而无信，接受了命令却不执行，是没有诚意，如果是君王，就会败坏名声，如果是臣下，就会危及生命。因此，即使身不由己，处境艰难，君子也不会做有失诚信的事情。

【注释】

①格：来，至。意谓信服，归顺。

②斯须：须臾，一会儿。

【原文】

自王道休明①，十有余载，威加海外，万国来庭，仓廪日积，土地日广，然而道德未益厚，仁义未益博者，何哉？由乎待下之情未尽于诚信，虽有善始之勤，未睹克终之美故也。昔贞观之始，乃闻善惊叹，暨八九年间，犹悦以从谏。自兹厥后，渐恶直言，虽或勉强有所容，非复曩时之豁如②。謇谔之辈③，稍避龙鳞；便佞之徒，肆其巧辩。谓同心者为擅权，谓忠谠者为诽谤。谓之为朋党，虽忠信而可疑；谓之为至公，虽矫伪而无咎。强直者畏擅权之议，忠谠者虑诽谤之尤。正臣不得尽其言，大臣莫能与之争。荧惑视听，郁于大道，妨政损德，其在此乎？故孔子曰"恶利口之覆邦家者"，盖为此也。

【译文】

自从陛下登基，实行王道，已有十多年了，神威遍及四方，各国使者前来朝拜，国家粮仓日益充实，国土日益宽广。然而，我认为如今道德和仁义仍然不笃厚，为什么呢？因为朝廷对侍臣子的态度还不够诚信，虽然陛下在贞观初期勤于政务，有一个好的开头，但却没能做到善始善终。贞观初年，陛下听到好的意见就很惊喜，到贞观八九年间，仍然乐于接受意见。可是，从那之后，陛下您渐渐讨厌直言，有时即使勉强接受，也不像早年那般纳谏如流了。因此，忠正的大臣，逐渐为了避免触犯您不敢直言；而那些奸邪之人，正好大肆发挥他们巧舌如簧的本领。他们诬陷与朝廷同心同德的人是滥用职权，中伤直言进谏的人是在诽谤朝政。说一个人结党营私，即使他忠诚中正也会让人觉得可疑；说一个人大公无私，即使他弄虚作假也不会遭受责备。所以刚强正直的人害怕玩忽职守的罪名，忠诚正直的人担心诽谤朝廷的恶名。于是正直的忠臣不能完全陈述自己的想法，朝中重臣也不能与之争辩是非。圣上被迷惑视听，破坏了治政的原则，妨政害德的原因就在这里吧？因此孔子说："厌恶那些口齿伶俐毁灭国家和家庭的人。"大概说的正是如今的情形啊。

【注释】

①休明：原意是美而明。本文是太平盛世的意思。
②豁如：豁然旷达，聪明大度。
③謇(jiǎn)谔之辈：忠诚正直，敢于直言的人。

【原文】

且君子小人，貌同心异。君子掩人之恶，扬人之善，临难无苟免，杀身以成仁。小人不耻不仁，不畏不义，惟利之所在，危人自安。夫苟在危人，则何所不至？今欲将求致治，必委之于君子；事有得失，或访之于小人。其待君子也则敬而疏，遇小人也必轻而狎。狎则言无不尽，疏则情不上通。是则毁誉①在于小人，刑罚加于君子，实兴丧之所在，可不慎哉！此乃孙卿所谓"使智者谋之，与愚者论之，使修洁之士行之，与污鄙之人疑之，欲其成功，可得乎哉？"夫中智之人，岂无小惠？然才非经国②，虑不及远，虽竭力尽诚，犹未免于倾败；况内怀奸利，承颜顺旨，其为祸患，不亦深乎？夫立直木而疑影之不直，虽竭精神，劳思虑，其不得亦已明矣。

【译文】

况且君子和小人，外表一致，内心不一。君子宽容别人的缺点，表扬别人的优点，危难之时绝不苟且偷生，即使牺牲生命也要成就仁义的美德。小人不知羞耻，不讲仁德，不知敬畏，不守信义，只知唯利是图，诬陷别人于危险境地自己却苟安于世。如果将危险推给别人，那么他还有什么事情做不出来。现在，朝廷治理国家，将重任委托给君子，可是如果政务有所偏差，就向小人打探情况。对待君子，尊敬却很疏远。对待小人，轻视却又亲近。亲近小人，那么小人就会口蜜腹剑，疏远君子，那么朝廷就得不到实情。所以对人诋毁赞誉的权利实际掌握在小人手中，而受到刑罚处置的总是君子，这关系到国家的安危，陛下能不慎重对待吗？诚如荀子所说的："让有智能的人谋划，那么愚蠢的人就会议论；让品行高洁的人实行，那么卑鄙的人就会怀疑，要想事情成功，怎么可能呢？"具有中等智能的人，他们也有自己的能力。可是他们非经国之才，缺乏深谋远虑，即使竭尽全力，仍然难免失败。更何况心怀奸邪私利，处处阿谀逢迎的小人呢，这些人难道不是国家的祸患吗？竖立直木，却怀疑它的影子不直，即使耗尽脑力也不能看到歪斜的影子，这是很明白的事。

【注释】

①毁誉：诋毁或赞誉。

②经国：治理国家。

【原文】

夫君能尽礼，臣得竭忠，必在于内外无私，上下相信。上不信，则无以使下，下不信，则无以事上，信之为道大矣。昔齐桓公问于管仲曰："吾欲使酒腐于爵，肉腐于俎，得无害霸乎？"管仲曰："此极非其善者，然亦无害于霸也。"桓公曰："如何而害霸乎？"管仲曰："不能知人，害霸也；知而不能任，害霸也；任而不能信，害霸也；既信而又使小人参之，害霸也。"晋中行穆伯攻鼓，经年而弗能下，馈间伦曰："鼓之啬夫①，间伦知之。请无疲士大夫，而鼓可得。"穆伯不应，左右曰："不折一戟，不伤一卒，而鼓可得，君奚为不取？"穆伯曰："间伦之为人也，佞而不仁，若使间伦下之，吾可以不赏之乎？若赏之，是赏佞人也。佞人得志，是使晋国之士舍仁而为佞。虽得鼓，将何用之？"夫穆伯，列国之大夫，管仲，霸者之良佐，犹能慎于信任、远避佞人也如此，况乎为四海之大君，应千龄之上圣，而可使巍巍至德之盛，将有所间乎？

【译文】

如要君王尊礼，臣下尽忠，就必须内外无私，君臣之间相互信任。信任对于治理国家至关重要。过去，齐桓公对管仲说："我想使酒在酒器中变坏，肉在锅中腐烂，这样做对治国无害吧?”管仲说:“这样做不好,但对治国也无害。”齐桓公问:“那么什么会危害国家呢?”管仲说:“不能识别人才有损于霸业;知道是人才而不能恰当地任用有损于霸业;任用了又不肯信任有损于霸业;信任而又让小人从中掺和有损于霸业。”晋国的中行穆伯攻打鼓这个地方,一年都攻克不下,馈间伦说:“鼓这个地方的百姓,我是知道的。不必兴师动众,出兵打仗,我就可以攻下鼓这个地方。”穆伯不理他,左右的官员说:“不用一兵一卒,而鼓就可以得到,为什么不听馈间伦的意见呢?”穆伯说:“馈间伦的为人,奸诈不仁义。如果他夺取了鼓地,我可以不赏他吗?如果赏赐了他,不是在赏赐奸邪小人吗?如果让小人得志,那就是让晋国的人放弃仁义而宣扬奸邪。即使得到了鼓地,又有什么用呢?”穆伯,是战国时的大夫,管仲,是霸主的得力助手,他们尚且能够如此的被重视信用,疏远小人,更何况陛下是德冠千古的圣明君主,怎能有损于巍巍盛德呢?

【注释】

①啬夫:掌诉讼赋税的地方官。秦始置,汉、晋相沿。

【原文】

若欲令君子小人是非不杂,必怀之以德,待之以信,厉之以义,节之以礼,然后善善而恶恶,审罚而明赏。则小人绝其私佞,君子自强不息,无为之治,何远之有?善善而不能进,恶恶而不能去,罚不及于有罪,赏不加于有功,则危亡之期,或未可保,永锡祚胤①,将何望哉!

太宗览疏叹曰:“若不遇公,何由得闻此语!”

【译文】

要使君子小人判然有别,是非分明,君王必须用恩德来安抚他们,用诚信来对待他们,用道义来勉励他们,用礼仪来节制他们,然后表扬善行,摒除劣迹,谨慎处罚,明白赏赐。如果这样做,小人就会无处藏身,君子就会自强不息,推行无为而治的治国方针,就为期不远了。如果表扬善行却不能发扬善行,摒弃劣迹却不能杜绝恶行,刑罚不加诸有罪的人,赏赐不加诸有功之臣,那么危亡之期,也许保不齐就要到来,永远使子孙后代享受昌盛国运、永享太平,还有什么指望呢?

唐太宗看了奏疏,感叹道:“如果不遇到魏徵,我怎么可能听到这样的肺腑之言呢?”

【注释】

①永锡祚胤,锡,赐。祚,皇位。胤,子孙后代。本文的意思是把帝位长久传下去。

【原文】

太宗尝谓长孙无忌等曰："朕即位之初，有上书者非一，或言人主必须威权独任，不得委任群下；或欲耀兵振武，慑服四夷。惟有魏徵劝朕'偃革兴文，布德施惠，中国既安，远人自服'。朕从此语，天下大宁，绝域君长，皆来朝贡，九夷重译①，相望于道。凡此等事，皆魏徵之力也。朕任用岂不得人？"徵拜谢曰："陛下圣德自天，留心政术。实以庸短，承受不暇，岂有益于圣明？"

【译文】

唐太宗对长孙无忌等大臣说："我刚刚即位的时候，有许多人上书建议，他们有的要我独揽大权，不要重用臣下；有的要我加强兵力，以使四方少数民族威慑臣服。只有魏徵劝我'减少武功，提倡文治，广施道德仁义，他说只要中原安定了，远方异族自然会臣服。'我听从了他的建议，终于使天下赢得了太平，边远地区异族的首领都前来朝贡，各个少数民族派人前来源源不断。这一切都是魏徵的功劳。我难道不是用人有道吗？"魏徵拜谢说："这是因为陛下圣德，用心政务所致，我才疏学浅，承受圣意尚且力不从心，怎么会对您有这么大的帮助呢？"

【注释】

①九夷：各个少数民族。

【原文】

贞观十七年，太宗谓侍臣曰："《传》称'去食存信'，孔子曰：'民无信不立。'昔项羽既入咸阳，已制天下，向能力行仁信，谁夺耶？"房玄龄对曰："仁、义、礼、智、信，谓之五常，废一不可。能勤行之，甚有裨益。殷纣狎侮五常，武王夺之；项氏以无信为汉高祖所夺，诚如圣旨。"

【译文】

贞观十七年，唐太宗对侍从的大臣们说："《左传》上说：'宁可不要粮食也要保持百姓对国家的信任'，孔子说：'百姓不信任国家，便不能立国。'从前，楚霸王项羽攻入咸阳，已经控制了天下，如果他能够努力推行仁政，那么谁能和他争夺天下呢？"房玄龄对答说："仁、义、礼、智，信，称为五常，废弃任何一项都不行，如果能够认真推行这五常，对国家是大有益处的。殷纣王违反五常，被周武王灭掉，项羽因为无信，被汉高祖夺了天下。陛下之言极是。"

史鉴新得

立业之本，唯在诚信

不论在古代还是现代，诚信都是立身、立国的根本所在。唐太宗说：“君自为诈，欲臣下行直，是犹源浊而望水清，理不可得。”魏徵上疏也强调说：“君能尽礼，臣得竭忠，必在于内外无私，上下相信。”“若欲令君子小人是非不杂，必怀之以德，得之以信，厉之以义，节之以礼，然后善善而恶恶，审罚而明赏。”可见，贤明的君王注重用诚信来调整君臣之间的关系，维护国家的稳定，企业管理也是如此。

企业所体现的，不仅仅是人与物的关系，还有人与人的关系。这就意味着，企业不仅仅是生产组织、经济组织，从某种意义上还是社会组织、文化组织。由于人总是带着情感去工作的，其行为带有很大的可变性，所以，企业员工的职业操守、职业规范、对企业的忠诚度如何，对于企业的生存和发展是非常关键的。

很早之前，潮州府城外的桑埔山有一座古寺。云寂和尚已是垂暮之年，他知道自己在世的日子不多了，就把他的两个弟子一寂、二寂召到方丈室，交两袋谷种给他们，要他们去播种插秧，到谷熟的季节再来见他，看谁收的谷子多，多者就可继承衣钵，做庙里的住持。云寂和尚整日关在方丈室念经，到谷熟时，一寂挑了一担沉沉的谷子来见师父，而二寂却两手空空。云寂问二寂，二寂惭愧地说，他没有管好田，种谷没发芽。云寂便把袈裟和瓦钵交给二寂，指定他为未来的住持。一寂不服，师父说，我给你俩的种谷都是煮过的。

春秋时期还有这样一个故事：鲁国伐宋，宋国命华元为主帅，率兵迎战。双方交战之前，华元杀羊宴饷手下，以振奋士气。当时却未顾及他的驾车手羊斟，羊斟因此心怀不满。待两军交战时，羊斟对华元讲："那天吃羊，是你作主；今天驾车，由我作主。"说完就把帅车驾入鲁国军中，使鲁军不费吹灰之力便俘虏了宋军主帅，宋军遭致惨败。这个故事听来颇让人感慨，羊斟只是普通的驾车手，工作就是驾好车，按理说并不是很复杂，但仅仅因为没吃上一碗羊肉，就怀恨在心，在关键时刻出卖主帅，断送了宋军。

上面这两个故事告诉我们，人只有讲求诚信，才能赢得别人的信赖，而诚信不应只是企业在对外交往中所注意的，在企业内部、在处理企业和员工的关系时，同样要重视诚信文化的建设。人们通常只把企业和员工的关系看成是雇佣关系，并用合同和法律加以约束，这固然是必要的，但人毕竟是有感情的，单纯依靠正式的制度约束员工行为只能是强制措施，若要充分发挥员工的积极性和创造性还需努力建设企业的诚信文化。

人们常说"得贤杰而天下治"，即强调企业择人既要贤也要杰。在当今分工愈加细密的情况下，只要一环出现问题，就可能造成严重后果，此时员工是否敬业爱岗便显得非常重要。不仅如此，员工对企业的贡献程度还会因这种精神而产生乘数效应，即：贡献=业务能力×(职业情感+职业责任)。公式中的职业情感和职业责任越大，贡献也越大。同时，企业还要对员工讲求柔性管理。企业不能简单地把员工当成会说话的机器，在考虑员工的物质待遇的同时也要注意员工的精神需求。事实上，有的企业已认识到这一点，他们提出了"胡萝卜+大棒"的管理策略，以此振奋员工士气、提高企业竞争力。但随着人们生活水平不断提高、自我意识不断增强，人们越来越着重于自身价值的实现。"大棒"的作用逐渐减弱，"胡萝卜"也不再是唯一的兴奋剂，在此形势下，非物质的激励——诚信就显得尤为重要，对员工多施以鼓励、认同，欣赏员工的才能，让员工在为企业做贡献的同时也能产生极大的成就感和愉悦感。

诚信是相辅相成的，企业对客户做出承诺，客户也会对企业做出回馈，一荣俱荣，一损俱损。北京市有一位做药品生意的老板，开了一家药店，经常帮客户进购一些市面上不常见的药品。有一次，有位纽约医学中心的专家来北京，想让老板帮他买十千克丹参的茎和叶。药店老板虽然对中草药不是很熟悉，但知道丹参很好买，于是就答应第二天给他进药。美国客人走后，老板通知员工去买，员工跑遍了北京所有的药店都买不到。原来丹参是以根入药，茎和叶子在药店里是找不到的。老板很为难，不知道怎么做才好，于是就征求员工的意见。有的员工说："拿丹参的根去凑合吧！他不要，我们就拿回来，也不算失信！”有的员工说：“还是实话告诉他，我们跑遍北京城也没有买到。”老板的司机听了之后说：“我觉得诚信是最重要的，一要货真价实，二是讲信用，尽最大努力实现对顾客的承诺。我家住在西山，常听说那里的农民上山采药，说不定能采到丹参的叶子。”于是，老板带上几名员工，开车去了西山。当时是深秋，天已经很冷了，山上风又大，老板带着员工一起在山上找丹参。花了大半天的时间，终于弄了一麻袋的丹参。第二天老板笑着把十千克丹参的茎和叶子给了美国客人。那个美国人很吃惊地问：“老板，您是从哪儿弄来的，我是因为在美国买不到丹参的茎和叶子，才跑到中国来的。”老板的秘书向美国客人讲了前前后后的经过，他听后很感动。回国后，他不断向这家药店发来订单，双方成为长期的合作伙伴。

自古帝王凡有兴造，必须贵顺物情。昔大禹凿九山，通九江，用人力极广，而无怨讟者，物情所欲，而众所共有故也。朕近读《刘聪传》，聪将为刘后起凤仪殿，廷尉陈元达切谏，聪大怒，命斩之。刘后手疏启请，辞情甚切，聪怒乃解，而甚愧之。人之读书，欲广闻见以自益耳，朕见此事，可以为深诫。

俭约第十八

【题解】

太宗把奢侈纵欲视为王朝败亡的重要原因,因此厉行俭约,不务奢华。贞观二十年间,太宗由于贯彻了“自王公以下,第宅、车服、婚嫁、丧葬,准品秩不合服用者,宜一切禁断”的主张,因此国家风俗简朴,衣无锦绣,财帛富饶,无饥寒之弊。

【原文】

贞观元年,太宗谓侍臣曰:“自古帝王凡有兴造,必须贵顺物情①。昔大禹凿九山②,通九江③,用人力极广,而无怨讟者,物情所欲,而众所共有故也。秦始皇营建宫室,而人多谤议者,为徇其私欲,不与众共故也。朕今欲造一殿,材木已具,远想秦皇之事,遂不复作也。古人云:‘不作无益害有益。’‘不见可欲,使民心不乱。’固知见可欲,其心必乱矣。至如雕镂器物,珠玉服玩,若恣其骄奢,则危亡之期可立待也。自王公以下,第宅、车服、婚嫁、丧葬,准品秩④不合服用者,宜一切禁断。”由是二十年间,风俗简朴,衣无锦绣,财帛富饶,无饥寒之弊。

【译文】

贞观元年,唐太宗对侍从的大臣们说:“自古帝王凡有兴建营造,必须要顺应民心。当年,大禹开凿九山、疏通九江,用的人力极多,民间却没有怨言,这是因为大禹在实现百姓的愿望,为民造福的缘故。秦始皇兴建宫室,却遭到百姓的咒骂议论,那是因为这样做只是为了满足他一己的私欲而已,违背了民心。近来,我想建造一座宫殿,木料已经准备齐了,但想到过去秦始皇的行径,就不再营建了。古人说:‘不要做无益的事来损害有益的事。’‘不寻求那些满足私欲的东西,那么民心就不会乱。’由此可知,一个人若见到那些能满足私欲的东西,心一定会乱。至于精雕细刻的器物,珠宝玉器和服饰珍玩,如果任意骄奢享用,国家危亡的日子立即就会到来。从今以后，王公以下的住宅府第，车服，婚嫁，丧葬，都要按照品级设置，不合规定的，一概禁绝。"于是，这条命令实施后的二十年间，社会风俗崇尚简朴，衣无锦绣，财帛富饶，国库充足，民间没有饥寒之苦。

【注释】

①贵顺物情：顺乎事理人情。

②九山：指九州之山。

③九江：传说夏禹治水，疏通九江。具体所指，历来说法不一。

④品秩：品级身份。

【原文】

贞观二年，公卿奏曰："依《礼》，季夏之月，可以居台榭。今夏暑未退，秋霖[1]方始，宫中卑湿[2]，请营一阁以居之。"太宗曰："朕有气疾，岂宜下湿？若遂来请，糜费[3]良多。昔汉文将起露台，而惜十家之产，朕德不逮于汉帝，而所费过之，岂为人父母之道也？"固请至于再三，竟不许。

【译文】

贞观二年，公卿大臣上奏说："依照《礼记》所说：夏季最后一个月，可以居住在台上的楼榭里，如今夏暑尚未消退，秋季的绵绵细雨刚刚开始，宫里潮湿，请陛下营建一座楼阁来居住。"唐太宗不同意，说："我有气息不顺的毛病，不适宜住在低处潮湿的地方。可是，如果我同意奏请，就会花费很多钱财。从前，汉文帝准备兴建露台，因为不愿花费相当于十户人家家产的经费而作罢。论德行，我比不上汉文帝，可兴建的费用却要超过他，这难道是作为百姓父母的君主该有的行为吗？"公卿大臣们再三恳请，太宗始终没有同意。

【注释】

①秋霖：即秋雨。

②卑湿：潮湿。

③糜费：耗费过度。

【原文】

贞观四年，太宗谓侍臣曰："崇饰宫宇，游赏池台，帝王之所欲，百姓之所不欲。帝王所欲者放逸[1]，百姓所不欲者劳弊。孔子云：'有一言可以终身行之者，其恕乎！己所不欲，勿施于人。'劳弊之事，诚不可施于百姓。朕尊为帝王，富有四海，每事由己，诚能自节，若百姓不欲，必能顺其情也。"魏徵曰："陛下本怜百姓，每节己以顺人。臣闻'以欲从人者昌，以人乐己者亡。'隋炀帝志在无厌，惟好奢侈，所司每有供奉营造，小不称意，则有峻罚严刑②。上之所好，下必有甚，竞为无限③，遂至灭亡。此非书籍所传，亦陛下目所亲见。为其无道，故天命陛下代之。陛下若以为足，今日不啻足矣；若以为不足，更万倍过此，亦不足。"太宗曰："公所奏对甚善。非公，朕安得闻此言？"

【译文】

贞观四年，唐太宗对侍从的大臣们说："住在宏伟华丽的宫室殿宇里，纵情游览水池楼台，是帝王所乐，却非百姓所愿。帝王之所以喜好这些，是因为可以满足放纵逸乐之情，百姓之所以不愿，是因为他们不堪劳苦疲累。孔子说：'有一句话可以终身奉行，那就是恕。自己所不愿做的，切记不要强加给别人。'劳苦疲累的事情，帝王实在不该强加给百姓。我被尊为帝王，富有四海，什么事情只凭我一句话就可以办到，但我却做到了自我节制，如果百姓不愿意，就一定要顺应民情。"魏徵说："陛下的确爱怜百姓，经常节制自己以顺应民情。常言道：'克制自己的欲望，顺应民情的就会昌盛，劳苦百姓来博取自己享乐的就会灭亡。'隋炀帝贪得无厌，奢侈无度，有关部门供奉的物品，修造的建筑，稍不称心，就要遭到严刑峻法。上边有所喜好，下边必然要顺从，君臣上下都无限制地放纵淫逸，所以很快就亡国了。这不只是书上写的，也是陛下亲眼目睹的事实。正因为他无道，所以上天才让陛下来取代他。陛下如果知足，那么现在就能够感到满意，如果不知足，即使再超过现在千倍万倍也不会满意的。"唐太宗点头称是，说："你说得好，不是你，我怎能听到这些话呢？"

【注释】

①放逸：游赏玩乐的意思。
②峻罚严刑：严酷的刑罚。
③竞为无限：都争着这样来做而无限度。

【原文】

贞观十六年，太宗谓侍臣曰："朕近读《刘聪传》①，聪将为刘后起凤仪殿，廷尉②陈元达③切谏，聪大怒，命斩之。刘后手疏启请，辞情甚切，聪怒乃解，而甚愧之。人之读书，欲广闻见以自益耳，朕见此事，可以为深诫。比者欲造一殿，仍构重阁，今于蓝田④采木，并已备具，远想聪事，斯作遂止。"

【译文】

贞观十六年，唐太宗对侍从的大臣们说："我近来读《刘聪传》，书中说刘聪准备给他的刘皇后建造华丽的宫殿，廷尉陈元达对此痛切地陈辞，竭力劝谏刘聪不要这样做，刘聪听后大怒，命令把陈元达斩首。后来，刘皇后亲手写了奏疏替陈元达求情，在文辞和道理上都很恳切，刘聪的怒气这才平息下来，而且内心感到很惭愧。人们读书，都是要增长见识，使自己获得好处，我看这件事，可以作为借鉴。近来我想营建一座宫殿，并加造层楼，现在从蓝田采办的木料，都已齐备。但遥想起刘聪这件事，我就把这项营建工程停止了。"

【注释】

①刘聪(? —公元 318)：十六国时期汉国国君。公元 310—公元 318 年在位。匈奴族。一名载，字玄明，刘渊之子。河瑞二年(公元 310 年)刘渊死后，杀兄夺位。在位时穷兵黩武，广建宫殿，浪费民力，沉湎酒色，激起各族人民的反抗。

②廷尉：狱官。

③陈元达：字长宏，本姓高，因生月妨父，改姓陈。刘聪时官至御史大夫。

④蓝田：县名。在陕西省渭河平原南缘，秦岭北麓，渭河支流灞河上游。

【原文】

贞观十一年，诏曰："朕闻死者终也，欲物之反真①也；葬者藏也，欲令人之不得见也。上古垂风，未闻于封树；后世贻则②，乃备于棺椁。讥僭侈者，非爱其厚费；美俭薄者，实贵其无危。是以唐尧，圣帝也，谷林有通树③之说；秦穆，明君也，橐泉无丘陇之处。仲尼，孝子也，防墓不坟④；延陵，慈父也，嬴、博可隐。斯皆怀无穷之虑，成独决⑤之明，乃便体⑥于九泉，非徇名⑦于百代也。洎乎阖闾违礼⑧，珠玉为凫雁⑨；始皇无度，水银为江海⑩；季孙擅鲁，敛以玙璠；桓魋专宋，葬以石椁，莫不因多藏以速祸，由有利而招辱。玄庐既发，致焚如于夜台；黄肠再开，同暴骸于中野。详思曩事，岂不悲哉？由此观之，奢侈者可以为戒，节俭者可以为师矣。朕居四海之尊，承百王之弊，未明思化，中宵战惕。虽送往之典详诸仪制，失礼之禁著在刑书，而勋戚之家多流遁于习俗，闾阎之内或侈靡而伤风，以厚葬为奉终，以高坟为行孝，遂使衣衾棺椁极雕刻之华，灵輀冥器穷金玉之饰。富者越法度以相尚，贫者破资产而不逮，徒伤教义，无益泉壤，为害既深，宜为惩革。其王公以下，爰及黎庶，自今以后，送葬之具有不依令式者，仰州府县官明加检察，随状科罪。在京五品以上及勋戚家，仍录奏闻。"

【译文】

贞观十一年，唐太宗下令说："我听说，死是人生的终结，它让人回归到自然，葬就是收藏，要让别人不能再看到自己。上古的风俗，并没有堆坟树碑。只是到了后世，才在葬礼仪式上下功夫。有人讥刺葬礼奢侈，这并非是吝惜钱财，而是为了提倡节俭薄葬，避免贻祸自己和子孙。所以，唐尧很圣明，死后葬在谷林，仅在坟边栽上树木作为标记。秦穆公是明君，去世后葬在橐泉，并没修筑高大的陵墓。孔子是孝子，他把双亲合葬在防这个地方，只有墓穴而不堆坟。延陵是慈父，他本可以在嬴、博两地之间埋葬他的儿子，但他没有这样做，因为他心里怀着长远的考虑，他要使儿子的尸体安然地埋于地下，而不是为了获得后世的赞美之辞。相反，吴王阖闾违背礼制，用珠玉做成野鸭大雁，作为陪葬。秦始皇荒淫无度，坟墓里有水银做的江河大海。季孙在鲁国擅政，他用玛瑙之类的美玉装殓尸体。桓魋在宋国专权，墓葬建造石椁。这些人都是因为在墓里埋藏了大量的财物而招致了灾祸，由于墓里有利可图而遭受折辱。有的坟墓在发掘之后，葬器都被焚烧在墓穴中，有的棺椁被打开，尸骸暴露在旷野。仔细思量往事，岂不让人悲哀。由此看来，奢侈的人可以作为我们的鉴戒，节俭的人可以为人师。我位居四海之尊，承接百王之弊，如果不明白如何教化百姓，睡到半夜都会为之恐惧忧虑。虽然现在丧葬的法规，在仪制中已经有详细的记载，对违礼的处罚，也在刑书中写明了，但是皇亲贵族之中依然有很多人还在沿袭着陈旧的习俗，民间很多百姓也在葬礼时奢侈靡费，伤风败俗，用厚葬来供奉死者，用高坟来表示孝道，衣衾棺椁，力求雕刻华丽，灵车冥器，也尽用金玉装饰。富贵人家破坏法度，相互炫耀，贫穷之家倾家荡产，彼此攀比，这样做有伤风俗，无益教化，造成的危害已经很深了，现在，对此应予惩治革除。凡王公以下，直至百姓，从今以后，希望各州府的官员严格检察，葬礼如有不遵照律令格式的，根据情节定罪。京城里五品以上官员和皇亲贵族如有违反，要写下罪状上奏朝廷。"

【注释】

①反真：本意是去其外饰，还其本真。本文是死后灵魂升天的意思。

②贻则：遗留下来的习俗。

③通树：树丧是古代一种丧葬方法，即用树皮把尸体裹起来，架于树木之间，任其腐毁。通树即从简丧葬之意。

④防墓不坟：孔子合葬父母亲于防这个地方，只有墓穴而没有坟丘。古时穴地为墓，堆土为坟。

⑤独决：本文是操守的意思。

⑥便体：死后安适。

⑦徇名：博取名望。

⑧阖闾违礼，指吴王阖闾死后葬于虎丘山下，动用十万人治丧，"穿土为川，积壤为丘，铜棺

三重，湖池六尺，以黄金珠玉为凫雁”。

⑨凫雁：像鸭子似的鸟。本文是指用黄金珠玉做成假鸟，作为陪葬之物。

⑩始皇无度，水银为江海：指秦始皇死后葬于骊山，用水银注于墓下，是为江海。

【原文】

岑文本为中书令，宅卑湿，无帷帐之饰。有劝其营产业者，文本叹曰：“吾本汉南一布衣耳，竟无汗马之劳，徒以文墨致位中书令，斯亦极矣。荷俸禄之重，为惧已多，更得言产业乎？”言者叹息而退。

户部尚书戴胄卒，太宗以其居宅弊陋，祭享无所，令有司特为之造庙。

温彦博为尚书右仆射，家贫无正寝，及薨，殡于旁室。太宗闻而嗟叹，遽命所司为造，当厚加赙赠。

魏徵宅内，先无正堂。及遇疾，太宗时欲造小殿，而辍其材为徵营构，五日而就。遣中使赍素褥布被而赐之，以遂其所尚。

【译文】

岑文本担任中书令要职，但他的房宅却低下潮湿，没有帷帐之类的装饰，有人劝他买房置地，文本叹息道：“我本来只是汉水南边的一个平民百姓，并没有什么汗马功劳，只是凭借一点文墨，就当上了中书令，我已经很满足了，现在我享受着这么高的俸禄，已经感到很惭愧了，还买房置地干什么呢？”听他这么说，劝他的人叹息着离开了。

户部尚书戴胄去世后，唐太宗见他的居所很简陋，没有地方祭拜吊唁，于是下令有关部门专门为他营造祭拜之庙。

温彦博官居尚书右仆射，但是家中贫困没有正室，他死后，只有在旁屋祭奠。唐太宗知道后叹息不已，下令为他营造祭庙，又馈赠给他的家人丰厚的物资。

魏徵的住宅开始时没有正堂。一次他生病，唐太宗当时正要营造小型的宫殿，于是停下工，用这些材料为魏徵营造正堂，五天就完工了，唐太宗还派使者赠送给魏徵喜欢的素布被褥，以成全他节俭的志向。

史鉴新得

聚沙成塔，积水成河

唐太宗认为，贞观二十年间，由于贯彻了“自王公以下，第宅、车服、婚嫁、丧葬，准品秩不合服用者，宜一切禁断”的主张，所以国家风俗简朴，衣无锦绣，财帛富饶，无饥寒之弊。

如何建设一个节约型社会，是全社会关注的重要话题。而创建节约型企业，是缓解可持续发展资源瓶颈的重要基础，也是落实科学发展观的必然要求。因此，创建节约型企业绝不是企业发展的权宜之计，而是企业增强核心竞争力、依靠科技进步实现持续发展的根本要求。

如果每一个企业每天都能够节约一度电、一滴水，一张纸，全国数万家企业就会节约数万度电、数万滴水、数万张纸。例如，有一家日资企业，职工食堂摒弃了一次性筷子、一次性纸杯。而一家英国公司，则不允许员工加班，以免浪费水电。还有一家美国公司，如果员工能在家中办公，决不劳驾跑到公司，因为现在油价很贵，无论何种方法出行，都会增加社会成本、企业成本和员工成本。还有一家民营 IT 企业，利用 MSN 网络视频系统开会，节约企业因开会造成的不必要的浪费。

节约就是创造，对于企业而言，并不是单纯的口号，也并不意味着非要从大处着眼。如果每个企业、每个员工都能牢固树立起开源节流、节能降耗、节约就是创造的意识，在日常生产生活中自觉养成节约的良好习惯，企业省的是钱，创造的是价值。

“历览前贤国与家，成由勤俭败由奢”，李商隐的这句至理名言虽说的是治国治家之道，但也可以活用于现代企业的生产、经营和管理之中，至今仍有着积极而现实的警示意义。企业文化是企业的灵魂和精髓，一个包括节约文化在内的优秀企业文化是企业在激烈的市场竞争中胜出的根本保证。现代企业应该学习“贞观之治”，积极树立“尚俭”观念，认真营造节俭节约的环境和氛围，建立起完善的企业节约保障制度和科学的节约模式。在企业文化的定位、培养和发展过程中，努力降低成本消耗，节约持家、以俭养富，不断提高产品竞争力。把“节约光荣”的理念与企业文化有机统一，把传统的“聚沙成塔”、“滴水成河”的思想精髓与现代企业节约文化的塑造完美地结合起来。只有这样，企业才能在竞争中长袖善舞，永远立于不败之地。

谦让第十九

【题解】

谦让是儒家修身伦理的重要方面。为人谦逊礼让，才能提升自身的品德，得到他人的尊重。君主位高权重，难免存有骄矜自傲之情，太宗不以九五之尊自居，克己谦让，实属难能可贵。

【原文】

贞观二年，太宗谓侍臣曰："人言作天子则得自尊崇，无所畏惧，朕则以为正合自守谦恭，常怀畏惧。昔舜诫禹曰：'汝惟不矜，天下莫与汝争能；汝惟不伐[①]，天下莫与汝争功。'又《易》曰：'人道恶盈而好谦。'凡为天子，若惟自尊崇，不守谦恭者，在身倘有不是之事，谁肯犯颜谏奏？朕每思出一言，行一事，必上畏皇天，下惧群臣。天高听卑，何得不畏？群公卿士，皆见瞻仰[②]，何得不惧？以此思之，但知常谦常惧，犹恐不称天心及百姓意也。"魏徵曰："古人云：'靡不有初，鲜克有终。'愿陛下守此常谦常惧之道，日慎一日，则宗社永固，无倾覆矣。唐、虞所以太平，实用此法。"

【译文】

贞观二年，唐太宗对侍从的大臣们说："人们说，是天子就可以自认为尊贵崇高，无所畏惧了，我认为恰恰相反，天子更应该谦逊恭谨，经常心怀畏惧。从前，舜告诫禹说：'你只要不骄傲，天下就没有人和你争能，你只要不自夸，天下就没有人和你争功。'《易经》上说：'君子的准则是厌恶自满而以谦逊为贵。'作了天子，如果只认为自己尊贵崇高，不保持谦逊恭谨的态度，倘若自己有过失，谁还会冒犯尊颜向他提意见呢？我常常在想，帝王每讲一句话，每做一件事，必定要上畏皇天、下惧群臣。天虽高，却能听到地上的议论，怎能不畏惧天呢？公卿百官，都在下面注视着我，这怎能不让人畏惧呢？因此，帝王即使常怀谦逊恐惧之心，恐怕还是不能称上天之心和百姓之意啊。”魏徵接着说：“古人讲：‘做事情无不有个开始，但很少有人能够坚持到结束。’希望陛下保持常谦常惧的准则，一天比一天更谨慎，那么国家就会永远巩固，不会倾覆。唐尧、虞舜之世之所以天下太平，实际上就是用的这个方法。”

【注释】

①伐：本文是自我夸耀功劳之意。

②瞻仰：本文是怀着敬畏的心情注视。

【原文】

贞观三年，太宗问给事中孔颖达曰：“《论语》云：‘以能问于不能，以多问于寡，有若无，实若虚。’何谓也？”颖达对曰：“圣人设教，欲人谦光[1]。己虽有能，不自矜大，仍就不能之人求访能事。己之才艺虽多，犹病以为少，仍就寡少之人更求所益。己之虽有，其状若无，己之虽实，其容若虚。非惟匹庶[2]，帝王之德，亦当如此。夫帝王内蕴神明，外须玄默[3]，使深不可知。故《易》称‘以蒙养正，以明夷莅众’。若其位居尊极，炫耀聪明，以才陵人，饰非拒谏，则上下情隔，君臣道乖。自古灭亡，莫不由此也。”太宗曰：“《易》云：‘劳谦，君子有终，吉。’诚如卿言。”诏赐物二百段。

【译文】

贞观三年，唐太宗问给事中孔颖达：“《论语》里讲：‘有才能的人向没才能的人请教，知识多的人向知识少的人请教，这样，有才能的人好像显得没有才能，知识渊博的人好像显得无知。’这句话是什么意思呢？”孔颖达回答说：“圣人实行教化，要求每个人都谦逊退让，有才能的人不骄傲自大，仍旧向没才能的人请教他不知道的事情。自己虽然多才多艺，可还是害怕懂得太少，仍旧向才艺寡少的人讨教求得更多的知识。自己虽然有知识，表面上却不表现出来，自己内心虽然已经很充实，表面上却好像空虚。这句话不仅是对庶民百姓的要求，帝王的德行，也应当如此。帝王内心蕴藏神明，外表必须沉默，使人感到高深莫测。所以《周易》上讲‘要表现得蒙昧无知来自养正道，不显露明智以盛气凌人。’如果帝王身居至尊之位，就炫耀自己的聪明，凭借才能欺凌别人，掩饰过错，拒绝谏诤，那么上下之间的情感就会被隔断，君臣之间的原则就会被抛弃，自古以来国家灭亡，没有不是由此而造成的。”唐太宗很赞同地说：“《周易》上讲：‘勤劳谦逊的品质，君子如果能够保持到底，就会有好事降临。’这句话的意思和你说的是一样的啊。”于是，下诏赏赐给孔颖达绢帛二百段。

【注释】

①谦光:因谦虚而愈有光辉。
②匹庶:平民百姓。
③玄默:深沉静默。

【原文】

河间王孝恭,武德初封为赵郡王,累授东南道行台尚书左仆射。孝恭既讨平萧铣、辅公祏,遂领江、淮及岭南、北,皆统摄之。专制一方,威名甚著,累迁礼部尚书。孝恭性惟退让,无骄矜自伐之色。时有特进江夏王道宗,尤以将略[1]驰名,兼好学,敬慕贤士,动修礼让,太宗并加亲待。诸宗室中,惟孝恭、道宗莫与为比,一代宗英[2]云。

【译文】

河间王李孝恭,在武德初年被封为赵郡王,后被加封为东南道行台尚书左仆射。他平定了萧铣、辅公祐的势力,于是长江、淮河以及岭南、岭北地区都在他的统领之内。他控制一方,威名远扬,不久迁任礼部尚书。可是,李孝恭性格谦逊忍让,没有一丝一毫骄傲自大的习气。当时,特进江夏王李道宗,以统兵打仗闻名,很有学问,并且礼贤下士,爱惜人才,唐太宗很器重他。在大唐宗室中,只有李孝恭、李道宗二人德才无人可比,是一代英杰。

【注释】

①将略:精通武事,雄才大略。
②一代宗英:宗室中出类拔萃的人物。

史鉴新得

成由谦逊败由奢

"谦让"是古代帝王必备的修养之一。唐太宗说:"朕每思出一言,行一事,必上畏皇天,下惧群臣。常谦常惧,犹恐不称天心及百姓意也。"要做到"位居尊极"而能不"炫耀聪明,以才陵人,饰非拒谏,上下情隔,君臣道乖",避免重蹈"自取灭亡"的覆辙。此外,本章还包含一些对一般臣僚的谦让要求,如河间王孝恭、江夏王道宗,他们"无骄矜自伐之色"、"动修礼让"等等,是贤臣的典范。

“历览古今多少事，成由谦逊败由奢。”这是陈毅在《七古·手莫伸》一诗中的最后两句，在他的办公桌上，放着一个大铜墨盒，上面镌刻着他的手迹：“满招损，谦受益；终日乾乾，自强不息。”这是陈毅为自己写下的座右铭。陈毅的一生，完全实践了这个座右铭。他虽功勋卓著，却从不愿意宣扬自己，反映了一个共产党人谦虚谨慎、清廉自律的革命情操和优秀品质。

不论是为人处世，还是经营企业，“谦逊”都是一种必不可缺的品质和美德，更是一种虚怀若谷的心态。人们称谦逊为一切美德的皇冠，因为它将自觉的纪律、天职、义务以及意志和谐地融会到一起。它不需要外界强迫，也不需要别人约束，一旦懂得了谦逊，我们的学识将与日俱增，朋友将遍布四海，人生也将因此而充满快乐。谦逊就像一杆“天平”，可以随时用它来衡量自己的分量；谦逊更像一只永远装不满的“玻璃杯”，可以容纳和吸收一切对自身有益的东西。

奥利佩卡·卡拉斯沃是芬兰诺基亚通讯公司的总裁兼首席执行官。1990年，36岁的他被任命为诺基亚首席财务官。尽管当时的诺基亚集团已经发展得非常庞大了，但公司内部正处于动荡期，财务状况相当严峻。奥利佩卡·卡拉斯沃说：“我们每个月都处于恐惧之中，担心难以支付下个月的薪水。现在想，我当时缺少经验，我是从法律和战略职位来到这个岗位的，没有会计背景。在那段时间，我多次飞往苏黎世、法兰克福、东京、伦敦等地，努力从银行家那儿筹集资金。但是，随着公司盈利持续下滑，我们开始失去银行的信任。那些长距离的飞行让我直接感受到公司面临着的困难形势，感到自己是多么孤立无援。这些经历改变了我的心态。我始终保持自知之明，即使当公司的财务状况变好了的时候。”

谦逊是领导者的重要品质，如果诺基亚要继续繁荣发展，就必须虚心、谦逊地倾听客户意见，从外部寻找好的建议，应对复杂多变的企业状况。领导者必须承认，他们需要得到其他人的意见来拓宽自己的视角。当然，谦逊并不意味着默不作声或缺乏说出想法的勇气。勇气与谦逊在更多时候是相容的而不是相斥的。那些曾遭遇过挫折而具有谦虚品质的人，往往在陷入困境时，更具有果决的勇气。

仁恻第二十

【题解】

恻隐之心,人皆有之。国君掌握着臣子的生杀予夺大权,尤其需要具有仁慈的胸怀。国君宽厚仁爱,才能体恤百姓疾苦,施行仁政。太宗遣送后宫三千宫女,赎买大旱时被出卖的男女,不避辰日哀悼襄州都督张公谨,表现出宽厚仁慈的恻隐之心。

【原文】

贞观初,太宗谓侍臣曰:“妇人幽闭深宫,情实可愍①。隋氏末年,求采无已,至于离宫别馆,非幸御之所,多聚宫人。此皆竭人财力,朕所不取。且洒扫之余,更何所用?今将出之,任求伉俪,非独以省费,兼以息人,亦各得遂其情性。”于是后宫及掖庭②前后所出三千余人。

【译文】

贞观初年,唐太宗对侍从的大臣们说:“妇女被禁闭在深宫里,实在很可怜。隋代末年,隋炀帝不停地去挑选宫女,修建离宫别馆,在并非君主住宿的地方,也聚集了许多宫女。这都是耗竭百姓财力的行为,我从不效仿。况且,这些妇女除了打扫宫室之外,还有什么用处呢?现在我准备放她们出去,任凭她们选择配偶,这样不仅可以节省费用,而且还可以使百姓减轻负担,宫女自己也会满意。”于是,唐太宗从后宫和旁舍先后放出宫女三千多人。

【注释】

①愍(mǐn):哀怜,可怜。

②掖庭:皇宫中的旁舍,宫嫔所住之地。

【原文】

贞观二年，关中旱，大饥。太宗谓侍臣曰："水旱不调，皆为人君失德。朕德之不修，天当责朕，百姓何罪，而多遭困穷！闻有鬻男女者，朕甚愍焉。"乃遣御史大夫杜淹[1]巡检，出御府金宝赎之，还其父母。

【译文】

贞观二年，关中大旱，五谷不收，老百姓发生了饥荒。唐太宗对侍臣说："水旱不调，都是因为君王治国无道造成的。我没有修养品德，应该受到老天的惩罚，可是老百姓有什么罪过呢，却遭此困境！听说现在百姓中有很多卖儿卖女的现象，我对他们非常怜悯啊。"于是，派御史大夫杜淹出京巡视，用御府的资财替很多卖身者赎了身，并将他们送还父母家。

【注释】

①杜淹：字执礼，杜如晦的叔父。起初为秦王府文学馆学士。太宗即位后，召为御史大夫。

【原文】

贞观七年，襄州都督张公谨卒。太宗闻而嗟悼[1]，出次发哀[2]。有司奏言："准阴阳书云：'日在辰，不可哭泣。'此亦流俗所忌。"太宗曰："君臣之义，同于父子，情发于中，安避辰日？"遂哭之。

【译文】

贞观七年，襄州都督张公谨去世，唐太宗知道后悲极而泣，要前去悼唁。有关部门上书说："阴阳书上说，辰日这一天，不可以哭泣，在民间这也是要避讳的。"唐太宗说："君臣之间的情义，像父子一样，悲伤之情发自内心，怎么能够避讳辰日呢？"于是痛哭不已。

【注释】

①嗟悼：悲悼。
②出次发哀：到郊外致以哀悼。

【原文】

贞观十九年，太宗征高丽，次定州，有兵士到者，帝御州城北门楼抚慰之。有从卒一人病，不能进。诏至床前，问其所苦，仍敕州县医疗之。是以将士莫不欣然愿从。及大军回次柳城，诏集前后战亡人骸骨，设太牢致祭，亲临，哭之尽哀，军人无不洒泣。兵士观祭者，归家以言，其父母曰："吾儿之丧，天子哭之，死无所恨。"太宗征辽东，攻白岩城，右卫大将军李思摩[1]为流矢所中，帝亲为吮血，将士莫不感励。

【译文】

贞观十九年，唐太宗征战高丽，驻扎在定州，行军前来的士兵，唐太宗都要在御州北门城上进行安抚慰问。有一个士兵生病不能来，唐太宗亲自写下诏书派人送到他的病床前，询问他的疾苦，还叫当地医生为他治疗。所以不管将军还是士兵都愿意为朝廷尽忠报国。后来，大军回师驻扎在柳城，唐太宗下诏收集阵亡将士的遗骨，供奉牛、羊、猪，以太牢的仪式进行祭奠，他还亲自前去祭拜，痛哭失声，极其哀恸，在场将士无不受到感染，流下热泪。生还的士兵回到家乡，把这些情形告诉给死难者的父母，这些老人们说："我的儿子死了，天子还为他哭泣，真是死而无憾啊。"唐太宗征战辽东时，在攻打白岩城的战役中，右卫大将军李思摩被乱箭射中，唐太宗亲自为他吸去污血，将士们无不受到感动和激励。

【注释】

①李思摩：颉利族人。高祖时封和顺郡王，与秦王结为兄弟，赐姓李，为化州都督。

史鉴新得

守望相助，仁者爱人

本章通过一些具体事实来说明古代帝王的宽厚仁爱与恻隐之心。如后宫及掖庭前后遣出三千余人、拿出御府的金宝赎出男女让他们回到父母的身边、不避辰日哀悼襄州都督张公谨之卒、亲临太牢祭祀阵亡将士并亲自为流箭射中的右卫大将军李思摩吮血等，体现出唐太宗作为一代仁君应有的胸怀。

"老吾老以及人之老，幼吾幼以及人之幼"、"守望相助"、"仁者爱人"是我国悠久的文化理念，更是中国传统文化所宣扬的善行。孟子曾说，人心以恻隐为本。恻隐之心是一切道德标准的源头，它体现了人与人之间的相互同情、怜悯以及对弱势群体的关爱。如果一个人失去了恻隐之心，就会变得麻木不仁、感情淡漠、唯利是图；如果一个群体失去了恻隐之心，那么整个社会都将失去和谐与温暖，陷入冰冷、僵硬的局面。因此，在全社会的范围内提倡仁爱与乐善好施之举，鼓励企业开展公益与慈善事业，关爱弱势群体，这对于社会与个人的和谐发展都是功德无量的。

中山市为了传承孙中山先生“敢为天下先”的作风，在顺应历史潮流的基础上大胆创新，摸索出一条新的慈善募捐方式。每年一届的“慈善万人行”活动，在坚持以“慈善、博爱、公益”为主题的前提下，突破了地方界限，超越了慈善概念，所筹善款用在广大群众最需要的地方。受惠范围不但有生活、工作在本市的居民，还有市内外、省内外以及国内外的人们。借助于“慈善万人行”活动的深入开展，将中山人的博爱精神和大爱行动传递到世界各地，活动不仅起到了增强市民凝聚力、和谐人际关系、倡导先进文化的作用，更使助人为乐、富而向善的社会风气蔚然成风。

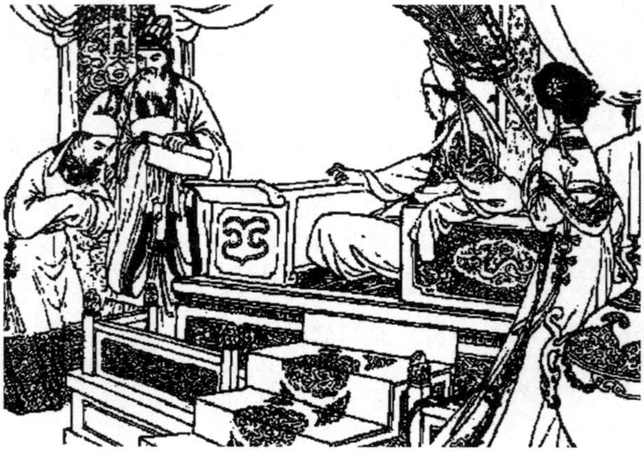

基于企业强烈的使命感和责任感，伊利集团在社会各项公益事业中已经累计投入资金将近 6 亿元，接近 60 亿元的纳税总额，使伊利成了全国纳税 500 强企业中唯一上榜的乳制品企业。奥运会期间，“伊利奥运健康中国行”在全国各地如火如荼的开展起来。这些，都是伊利集团回报社会的一部分，伊利人说，伊利的公益事业，来自于它强烈的社会责任感。伊利集团董事长潘刚表示：“北京奥运，是对伊利产品品质的一次肯定，同时也是伊利实现更高企业目标的一个平台。伊利不仅要作代表中国乳制品行业最高成就与实力的典范，更要作一个对国人健康及健康文化发展有全面贡献的企业公民的典范。”

总之，社会公益事业的开展与实行就像草原上的星星之火，要靠每一个人、每一个企业的点滴努力，才能积少成多，形成燎原之势，将“大爱无疆”的理念洒满人间。

慎所好第二十一

【题解】

居上位的人有什么爱好，必定会在社会上形成风气，影响下面的臣子、百姓。因此，做国君的人，对自己的爱好务必要谨慎。太宗所好的，是尧舜之道、孔孟之教，因此在唐初官吏中形成了励精图治的风气。

【原文】

贞观二年，太宗谓侍臣曰："古人云'君犹器也，人犹水也，方圆在于器，不在于水。'故尧、舜率天下以仁，而人从之；桀、纣率天下以暴，而人从之。下之所行，皆从上之所好。至如梁武帝父子志尚浮华，惟好释氏、老氏之教；武帝末年，频幸同泰寺，亲讲佛经，百寮皆大冠高履，乘车扈从①，终日谈论苦空②，未尝以军国典章为意。及侯景率兵向阙，尚书郎以下，多不解乘马，狼狈步走，死者相继于道路。武帝及简文卒被侯景幽逼而死。孝元帝③在于江陵，为万纽于谨所围，帝犹讲《老子》不辍④，百寮皆戎服以听。俄而城陷，君臣俱被囚挚。庾信⑤亦叹其如此，及作《哀江南赋》，乃云：'宰衡⑥以干戈为儿戏，缙绅⑦以清谈为庙略。'此事亦足为鉴戒。朕今所好者，惟在尧、舜之道，周、孔之教，以为如鸟有翼，如鱼依水，失之必死，不可暂无耳。"

【译文】

贞观二年，唐太宗对侍从的大臣们说："古人说：'君主好比是器具，百姓好比是水，水是方是圆在于器具，不在于水。'所以尧、舜用仁义来统率天下，百姓就跟着行仁义，桀、纣用暴力来统率天下，百姓就跟着行暴力。下边所做，都跟从上边的喜好。梁武帝父子，一心崇尚浮华，只喜好佛教道教，武帝末年，父子俩多次去同泰寺，亲自讲说佛经，百官都戴大帽穿高跟鞋，乘车跟随，他们整天谈论佛经，从没有把军国大事、制度法令放在心上。到侯景领兵围攻宫廷时，尚书郎以下的官僚有许多人都不会骑马，以至于狼狈步行出逃，一个接一个地死在路上。武帝和简文帝最后终于被侯景囚禁并迫害致死。孝元帝在江陵，被万纽于谨所围困，但他仍不停地讲说《老子》，百官都穿着军服在静听，不一会儿城被攻陷，君臣都被拘囚。诗人庾信对他们这些行为也很感慨，写下《哀江南赋》，就说：‘宰相把军事作战当作儿戏，百官把清谈当作朝廷的要略。’这些可以作为鉴戒。我如今所喜好的，只有尧、舜的准则，周公、孔子的教化，我认为这好像鸟有翅膀，像鱼依水而游一样，失掉这些必然死去，不能一刻没有。”

【注释】

①扈从：皇帝出巡时护驾侍从。
②苦空：指佛教教义。
③孝元帝：名绎，梁武帝第七子，起兵讨侯景，即帝位。
④不辍：不停止。
⑤庾信：南北朝时文学家。初仕梁，后出使西魏，值西魏灭梁，被留。
⑥宰衡：本是汉平帝时加于王莽的称号。后泛指宰相。
⑦缙绅：古代官员垂绅(束腰大带)插(缙)笏(手版)。故缙绅为官僚士大夫的代称。

【原文】

贞观二年，太宗谓侍臣曰：“神仙事本是虚妄，空有其名。秦始皇非分[1]爱好，为方士所诈，乃遣童男童女数千人，随其入海求神仙。方士避秦苛虐，因留不归，始皇犹海侧踟蹰[2]以待之，还至沙丘而死。汉武帝为求神仙，乃将女嫁道术之人，事既无验，便行诛戮。据此二事，神仙不烦妄求也。”

【译文】

贞观二年，唐太宗对侍从的大臣们说：“神仙本来是荒诞虚妄的，空有其名。秦始皇却分外爱好仙术，结果他被方士欺诈，竟派童男童女几千人，跟随方士入海去求神仙，方士逃避秦的苛政暴虐，因此留居海中不再回来，始皇却在海边徘徊等待他们，结果在返回的路上病死沙丘。汉武帝为了求得神仙，竟将女儿嫁给卖弄道术的人，他们的说法不灵验，就把方士杀掉。从这两件事情来看，神仙是不能乱求的。”

【注释】

①非分：背乎常理。
②踟蹰：来回徘徊。

【原文】

贞观四年，太宗曰：“隋炀帝性好猜防，专信邪道，大忌胡人，乃至谓胡床为交床，胡瓜为黄瓜，筑长城以避胡。终被宇文化及使令狐行达[1]杀之。又诛戮李金才，及诸李殆尽，卒何所益？且君天下者，惟须正身修德而已，此外虚事，不足在怀。”

【译文】

贞观四年，唐太宗说：“隋炀帝生性多疑，只听信邪门歪道，他相当提防胡人，乃至于把胡床称作交床，把胡瓜称作黄瓜，还修筑长城抵御胡人。他又听信方士的邪说，认为姓李的人要篡权夺位，于是杀死将军李金才，其他姓李的人也几乎杀尽了，但有什么用呢？后来终于被大臣宇文化及和令孤行达杀死。一个君王，只需修养品德，使自己公正无私，其他都是虚浮之事，何足挂念。”

【注释】

①令狐行达：令狐，复姓，行达为名。当时任校尉之职。

【原文】

贞观七年，工部尚书段纶奏进巧人杨思齐至。太宗令试，纶遣造傀儡戏具。太宗谓纶曰：“所进巧匠，将供国事，卿令先造此物，是岂百工相戒无作奇巧之意耶？”乃诏削纶阶级，并禁断此戏。

【译文】

贞观七年，工部尚书段纶上奏说要引荐能工巧匠杨思齐入朝。唐太宗下令试试他的本领，段纶就让杨思齐做木偶戏的戏具。唐太宗对段纶说：“推荐的能工巧匠，必须对国家有益，你让他做这些东西，不是鼓励百工做奇巧的戏具供人娱乐吗？”于是下诏将段纶贬官，并且禁止了这种游戏。

史鉴新得

上行下效慎所好

唐太宗是一个严于律己的好皇帝，深知“玩物丧志”的道理，因此把心思都放在治理国事上。但他毕竟也是个普通人，多少有些个人嗜好，比如说他就很喜欢鹞子。鹞是鹰的一种，《资治通鉴》上记载，有一次太宗得到了一只很不错的鹞子，内心十分欢喜，于是把它架在自己的肩上玩耍。不过他也知道这样的行为与一个励精图治的君主身份不大相称，所以当他远远看到善谏的大臣魏徵前来奏事，因为怕被他看见，便将鹞子藏入怀中。魏徵心思细密，又懂得察言观色，看太宗脸色不

对,联想到近日的一些事情,就猜到太宗怀中之物为何,但他没有停止奏事。而这只鹞子就这样活活被太宗闷死在怀里。太宗虽然贵为天子,但是见到正直的臣子,还是懂得自我反省掩饰。他知道鹞子不比国家大事重要,所以将鹞子藏于怀中,显示他的自律态度,也是他令人称道的长处。正因如此,唐太宗“敬贤怀鹞”这件正面事例才会被广为流传。

唐太宗提出:“下之所行,皆从上之所好。”因而得出结论:“朕今所好者,惟在尧、舜之道,周、孔之教,以为如鸟有翼,如鱼依水,失之必死,不可暂无耳。”他总结历史经验,认为自己绝不能像隋炀帝那样“性好猜防,专信邪道”,也不能像秦始皇、汉武帝那样“非分爱好,为方士所诈”,认为“君天下者,惟须正身修德而已。此外虚事,不足在怀。”

这一篇所提出的“慎所好”集中反映了现代企业管理中“上行下效”的问题。作为企业的领导者,一言一行、一举一动都影响着下属的思想与行为模式,可以说,企业有什么样的领导,就有什么样的员工与之呼应。如果领导者不能身体力行、率先垂范,严格遵守企业的各项规章制度,自觉地为员工树立模范带头作用,又怎么能激励、鞭策并带动下属呢?很多企业家都面临着这样的困惑:为什么规范化的管理那么难?为何下属执行不力?当问及他们自己是否严格遵守企业制度的时候,大都哑口无言了。

企业文化不是一朝一夕自然形成的,而是靠全体员工日积月累、逐渐形成的。在企业文化建设中,企业老板或主要管理者的思想素质、领导作风、个人行为起着重要作用。上行下效,管理的真正要义是企业领导及其管理者能够身先士卒,让员工感受到管理制度的严肃性、公平性。下属员工不知不觉地模仿领导的风格,使主要领导的个人作风和行为无限放大,感染和逐渐渗透到企业的各个角落。因此主要领导的思想素质和个人行为影响着企业文化建设甚至企业命运。比如,联想集团创业初期,曾经立下开会谁迟到,就罚站十分钟的规矩,连内部的老领导及柳传志自己也不例外,也就是所谓的“上行下效慎所好”。才会有今天的企业品牌的;而这应归功于联想集团所建立的这种自上而下的管理制度。

慎言语第二十二

【题解】

帝王君临天下，一言九鼎。帝王出言不慎，则会让臣子迷惑，误解帝王的意思，影响施政。太宗忧心天下百姓，将百姓的利弊得失看作是慎言语的标准。他认为："万乘之主，不可出言有所乖失。"

【原文】

贞观二年，太宗谓侍臣曰："朕每日坐朝，欲出一言，即思此一言于百姓有利益否，所以不敢多言。"给事中兼知起居事杜正伦进曰："君举必书，言存左史。臣职当兼修起居注，不敢不尽愚直。陛下若一言乖于道理，则千载累于圣德，非止当今损于百姓，愿陛下慎之。"太宗大悦，赐彩百段。

【译文】

贞观二年，唐太宗对侍从的大臣们说："我每天坐朝理政，每讲一句话，都要想想这句话是否对百姓有好处，所以我不敢多说话。"给事中兼起居注史官杜正伦进言道："君主办什么事，讲什么话都要记录在起居注里。我的职务是兼修起居注，所以不敢不尽忠职守。陛下如果有一句话违背了常理，那么，即使在千年之后都会损害陛下的圣德，所以这不仅仅只会对当今的百姓造成损害。希望陛下慎重。"唐太宗听后非常高兴，赏赐他彩色绢帛一百段。

【原文】

贞观八年，太宗谓侍臣曰："言语者，君子之枢机，谈何容易？凡在众庶，一言不善，则人记之，成其耻累，况是万乘之主？不可出言有所乖失。其所亏损至大，岂同匹夫？我常以此为戒。隋炀帝初幸甘泉宫，泉石称意，而怪无萤火，敕云：'捉取多少于宫中照夜。'所司遽遣数千人采拾，送五百舆于宫侧，小事尚尔，况其大乎？”魏徵对曰：“人君居四海之尊，若有亏失，古人以为如日月之蚀，人皆见之，实如陛下所戒慎。”

【译文】

贞观八年，唐太宗对侍从的大臣们说：“言语是表现君子德行的关键，因此，讲话怎能草率随便呢？庶民百姓，一句话讲得不好，就会被别人记住，遭到耻笑损害，更何况是作为万乘之主的君主呢？君主绝不能讲出不妥当的话来。这样做的损害是极大的，君主岂能和普通人相比？我常以此为戒。隋炀帝刚到甘泉宫的时候，那里秀丽的山水泉石让他称心如意，但他却责怪没有萤火虫，便下令说：‘捕捉一些萤火虫到宫里来，以供晚上照明用。’于是，主管部门马上派几千人去捕捉，后来从各地送来五百车萤火虫到宫中。小事尚且如此，更何况大事？”魏徵回答说：“人君位居四海之尊的高位，行为如果有所亏失，古人认为如同日食和月食那样，人人都能看见。陛下的确应该有所警戒啊。”

【原文】

贞观十六年，太宗每与公卿言及古道，必诘难往复。散骑常侍刘洎上书谏曰：“帝王之与凡庶，圣哲之与庸愚，上下相悬，拟伦斯绝。是知以至愚而对至圣，以极卑而对极尊，徒思自强，不可得也。陛下降恩旨，假慈颜，凝旒[1]以听其言，虚襟以纳其说，犹恐群下未敢对扬，况动神机，纵天辩，饰辞以折其理，援古以排其议，欲令凡庶何阶应答？臣闻皇天以无言为贵，圣人以不言为德，老子称‘大辩若讷’，庄生称‘至道无文’，此皆不欲烦也。是以齐侯读书，轮扁窃议[2]，汉皇慕古，长孺陈讥[3]，此亦不欲劳也。且多记则损心，多语则损气，心气内损，形神外劳，初虽不觉，后必为累。须为社稷自爱，岂为性好自伤乎？窃以今日升平，皆陛下力行所至。欲其长久，匪由辩博，但当忘彼爱憎，慎兹取舍，每事敦朴，无非至公，若贞观之初，则可矣。至如秦政强辩，失人心于自矜，魏文宏材，亏众望于虚说。此才辩之累，皎然可知。伏愿略兹雄辩，浩然养气，简彼缃图[4]，淡焉怡悦[5]，固万寿于南岳，齐百姓于东户，则天下幸甚，皇恩斯毕。”太宗手诏答曰：“非虑无以临下，非言无以述虑。比有谈论，遂至烦多。轻物骄人，恐由兹道。形神心气，非此为劳。今闻谠言，虚怀以改。”

【译文】

贞观十六年，唐太宗每次和各位公卿大臣谈到古代的治国之道，必然要反复责备辩论。散骑常侍刘洎也上书发表见解，他说：“帝王和平民，圣哲和凡夫，一上一下，如有天壤之别。不可相提并论。因此，我们可以得知极其愚昧的人想要成为圣哲，极

其卑下的人想要成为至尊之人，都是不可能的。陛下降下圣旨，大发慈悲，虚心听取臣下的意见，但还是担心臣下不敢直言，更何况陛下要求臣下谈论天人之际，旁征博引，还要文辞华丽，这叫一般的凡夫俗子如何应对呢？臣听说苍天把不说话看作尊贵，圣人把不说话看作美德。老子认为‘真正善辩的人像是言语迟钝一样’，庄子认为‘大道不须用文采修饰’。这都是不希望多说话的意思。所以齐桓公读书，轮扁私下议论，认为徒劳无用；汉武帝仰慕古风尊崇儒学，汲黯讥讽说这是外表施行仁义而内心欲望过多：这是不希望他们耗费精神。而且多记事就会损伤心思，多说话就会损伤元气。在内损伤心思、元气，在外损伤形体、精神，即使起初察觉不到，将来一定会受连累。应该为国家爱惜自己，岂能为兴趣损伤自己呢？如今天下升平，都是陛下精心治理国家才实现的。想要它长久保持下去，不是靠雄辩能办到的；只能忘掉那些爱憎之情，谨慎进行现实的取舍，做每件事都踏踏实实，一心为公，像贞观初年一样就行了。至于秦始皇善于强辩，由于自傲而失去人心；魏文帝富有辩才，由于言语空洞而失去声望。这是口才和雄辩带来的拖累，结局是非常清楚的。希望陛下少和别人争论，而要修养浩然正气；少看些古代书籍，而要恬淡轻松。自己像南山一样长寿，把国家治理得像东户时代一样太平，那么天下就特别幸运，皇恩也就遍及天下了。”太宗亲笔，写诏书批复说：“不思考就不能统御臣子；不说话就不能阐述自己的想法。近来和臣子谈论过于频繁，恐怕因此产生轻视别人的骄傲态度；身体、精神、心思和元气，倒不怕劳累。如今听到你忠诚正直的言论，我一定虚心改正。”

【注释】

①凝旒(liú)：旒，古代帝王礼帽前后的玉串。凝旒在本文中即凝神倾听之意。
②窃议：批评。
③讥：指出。
④缃图：书籍。
⑤恰悦：安适愉快。

史鉴新得

三思而后言

唐太宗认为：“万乘之主，不可出言有所乖失。”他说：“朕每日坐朝，欲出一言，即思此一言于百姓有利益否，所以不敢多言。”魏徵认为：“人君居四海之尊，若有亏失，古人以为如日月之蚀，人皆见之，实如陛下所戒慎。”杜正伦也说：“陛下若一言乖于道理，则千载累于圣德，非止当今损于百姓，愿陛下慎之。”他们君臣把对百姓是否有利作为慎言语的标准，这无疑是可贵的。

古代有这样一则故事：周成王与幼弟在梧桐树下玩耍时说：“封你去做唐国的诸侯吧！”这本是两个小孩子玩耍的嬉言，可是在场的史官听见后，却认真起来，即奏请成王选择一个吉日将其弟封为“唐侯”。成王不以为然，回答说道：“我和弟弟开玩笑呢！”史官不依不饶，以“天子无戏言”为依据，要求成王将其弟实封于唐，成王只好把唐国分封给弟弟，这便是史上有名的“桐叶封弟”。这个故事告诫人们慎言是金！帝王君临天下，一言九鼎。帝王出言不慎，则会让臣子迷惑，误会帝王的意思，影响施政。君无戏言，帝王务必三思而后言。

大教育家孔子，对于说话这一细小而又重要的环节倾注了相当大的精力，并把他常年思考的结果用来教育自己的学生。孔子认为言语谨慎是非常重要的，他的这种谨慎并不是因为胆小怕事，不敢说话，而是因为错误的言语可能造成误解、伤害，甚至结下怨恨，而正确的言语则能避免种种不愉快，减少人与人之间不必要的摩擦。

中国有句古话：言多必失。越是身份特殊的人，越要惜字如金，少说话、慎说话、关键时刻再说话。说话是人与人之间进行交流的重要方式之一，而正确的说话方式又是形成人与人之间和谐关系的关键。如果人与人之间的和谐都难以达到，又何谈一个社会的和谐发展呢。

在胡杨的一篇杂文里，有一则关于领导者没有慎言的例子：某局新建大楼，接近完工时，某上级领导下来检查工作，顺便视察了这座大楼。大楼的一楼按开始设计的规划是办事工作大厅。领导看完后说：“一楼可以改为门面嘛，这样可以增加单位的收入，至于办事大厅么，改到二楼去。"领导走后，该局迅速按该领导的意思进行改建。一个月后，在大楼又要接近完工时，又一个更为重要的领导来了，顺便也视察了这座大楼，同样，对大楼提出了自己的看法："一楼怎么能做门面呢？这有损于单位的形象的，要把办事工作大厅建起来，这样才能方便群众办事嘛。"于是，该局又按该领导的意思再次进行改建，如此反复，不仅影响了工期，还劳民伤财。作为领导者，在对下面的情况没有真正了解前，就不要随便提出自己的意见，领导者是全面工作的指导者，并不是专家，在一些具体事情上，要多听听专家的意见，多听听更了解情况的基层群众的意见，而不是随意作"指示"。领导者(尤其是身居要位的领导者)，更需要慎言。

2004 年 8 月 28 日，在"中国企业家经济高峰论坛"上，经济学者张维迎做了《中国企业的生存环境与经济学家的社会责任》的主题演讲，张维迎提出的最大忠告是："学者要有良知、责任心，发表观点时一定要严谨、谨慎。一个人的名气越大，说话就要越谨慎。邓小平说话很少，因为他的影响很大，稍微说一些话就可能对社会产生很大影响，而这是他不愿意的，所以他尽量少说话。学者也要尽量说话谨慎，不能信口开河，因为这对社会带来的损害太大了。"

美国总统尼克松在其《领导人》一书中说："夸夸其谈的人往往最后显出本色是思想最浅薄的人。对于希望成为领导者的人来说，一条有益的规则是，只要能由他自己选择，就要少动口，多动脑。"

慎言，可以让自己不做话语的奴隶，可以让自己获得尊重和威仪。从一定意义上讲，领导者在群众中，是一级组织的代表，领导的言行对群众影响非常大。在很多情况下，领导者说之无心，而群众却能听出你话里的弦外之音。因此，领导者一定要慎言，不该说的不说，不该讲的不能乱讲；要约束自己的言行，做到言必适时，言必适情，言必适度。

杜谗邪第二十三

【题解】

谗言是祸乱的根源，谗言得逞，则忠良蒙冤，国政败坏，百姓遭殃。杜绝谗言，亲君子，远小人，实际上也是任贤纳谏的另一方面，国君任用贤人，则政治清明，天下安定。

【原文】

贞观初，太宗谓侍臣曰："朕观前代，谗佞之徒，皆国之蟊贼也。或巧言令色，朋党比周。若暗主庸君，莫不以之迷惑，忠臣孝子所以泣血衔冤。故丛兰欲茂，秋风败之；王者欲明，谗人蔽之。此事著于史籍，不能具道。至如齐、隋间谗谮事，耳目所接者，略与公等言之。斛律明月[①]，齐朝良将，威震敌国，周家每岁斫汾河冰，虑齐兵之西渡。及明月被祖孝征谗构伏诛，周人始有吞齐之意。高颎[②]有经国大才，为隋文帝赞成霸业，知国政者二十余载，天下赖以安宁。文帝惟妇言是听，特令摈斥。及为炀帝所杀，刑政由是衰坏。又隋太子勇[③]抚军监国，凡二十年间，固亦早有定分。杨素欺主罔上，贼害良善，使父子之道一朝灭于天性，逆乱之源，自此开矣。隋文既混淆嫡庶，竟祸及其身，社稷寻亦覆败。古人云'世乱则谗胜'，诚非妄言。朕每防微杜渐，用绝谗构之端，犹恐心力所不至，或不能觉悟。前史云：'猛兽处山林，藜藿[④]为之不采；直臣立朝廷，奸邪为之寝谋。'此实朕所望于群公也。"魏徵曰："《礼》云：'戒慎乎其所不睹，恐惧乎其所不闻。'《诗》云'恺悌君子，无信谗言。谗言罔极，交乱四国。'又孔子曰：'恶利口之覆邦家'，盖为此也。臣尝观自古有国有家者，若曲受谗谮，妄害忠良，必宗庙丘墟，市朝霜露矣。愿陛下深慎之！"

【译文】

贞观初年，唐太宗对侍臣说："我考察前代的历史，发现凡是阿谀逢迎，搬弄是非的人，都是危害国家的败类。他们巧言令色，私结朋党。如果君主昏庸无能，就会被他们蒙蔽，忠义之臣就会受到排挤打击，蒙受不白之冤。所以兰花虽繁茂，却被秋风摧折；国君希望英明，却被献媚的小人迷惑。这样的事情在史书中不胜枚举。现在，我把在齐代、隋代年间我所知道的小人的奸邪行径，简略地说给你们听听。斛律明月，是齐朝的良将，他的声威令敌国闻风丧胆，周朝的人每年都要斫碎汾河上的冰，因为害怕齐朝的兵马西渡过来，把他们灭掉。后来斛律明月被孝征用谗言加害致死，周朝的人于是产生了吞齐的想法。隋代的高颎有治国的雄才大略，辅佐隋文帝成就了帝业，他参与朝政二十多年，天下得以安宁。后来隋文帝听信妇人的谗言，摒弃冷落他，最后，他被隋炀帝杀害，隋朝的国政也就开始衰败了。另外，隋太子杨勇指挥兵士，治理国家，达二十年之久，他早已是当仁不让的太子。可是，杨素欺骗君主，残害忠良，他到处散布谣言，说太子没有才能，于是隋文帝废掉了太子，隋朝灭亡的祸根也由此埋下。隋文帝混淆了嫡出与庶出，结果殃及了自身，江山社稷不久便拱手让人。古人说：'世道混乱，那么谗言就会大行其道。'这话的确中肯。我常常想，应该防微杜渐，杜绝谗言的根源，只恐怕心有余而力不足，或者自己不能觉悟。史书说：'猛兽在山林中出没，野草不会被人采摘；忠正的臣子处于朝廷之中，奸邪小人只有偷偷谋划他们的诡计。'这句话其实就是我对你们的期望啊。"魏徵说："《礼记》上写道：'对自己不能亲见的事情要谨慎，对自己不能耳闻的事情要警觉。'《诗经》说：'要憎恶小人搬弄是非的嘴，那会颠覆国家。'说的就是这个道理啊。我发现，自古以来的帝王，如果被谗言蒙蔽，枉杀忠良，就必定国破家亡。因此，希望陛下要谨慎啊。"

【注释】

①斛律明月：斛律，复姓，明月是字，名光。北齐朝兼行将相，善骑射，长期从事对北周的战争，为邻敌所惧。

②高颎：又名高敏，隋朝开国重臣，被封为渤海郡公。

③隋太子勇：杨勇，隋文帝长子。

④藜藿：野菜。

【原文】

贞观七年，太宗幸蒲州。刺史赵元楷课父老服黄纱单衣，迎谒路左，盛饰廨宇，修营楼雉以求媚；又潜饲羊百余口、鱼数千头，将馈贵戚。太宗知，召而数之曰："朕巡省河、洛，经历数州，凡有所须，皆资官物。卿为饲羊养鱼，雕饰院宇，此乃亡隋弊俗，今不可复行。当识朕心，改旧态也。"以元楷在隋邪佞，故太宗发此言以戒之。元楷惭惧，数日不食而卒。

【译文】

贞观七年，唐太宗巡幸蒲州。蒲州刺史赵元楷强迫当地百姓一律穿上黄纱单衣，在路边迎接拜谒，并大肆装饰官署，营建城楼雉堞用来献媚讨好。又偷偷地饲养了几百头羊、几千条鱼，准备馈送朝廷贵戚。唐太宗知道这事后，把他召来训斥道："我巡察黄河，洛水一带，历经数州，大凡有什么需要，都由官府供给。但你却为此养羊养鱼，雕饰院宇，这是过去隋朝的坏习惯，如今不能再这么做了。你应该体会我的心意，把这套坏的作风改掉。"赵元楷过去在隋朝时就是个奸邪谄佞的官吏，所以唐太宗就讲这一番话来警戒他。赵元楷听后既羞愧又害怕，几天吃不下东西，很快就死了。

【原文】

贞观十年，太宗谓侍臣曰："太子保傅，古难其选。成王幼小，以周、召为保傅，左右皆贤，足以长仁，致理太平，称为圣主。及秦之胡亥，始皇所爱，赵高作傅，教以刑法。及其篡也，诛功臣，杀亲戚，酷烈不已，旋踵亦亡。以此而言，人之善恶，诚由近习。朕弱冠①交游，惟柴绍②、窦诞③等，为人既非三益④，及朕居兹宝位，经理天下，虽不及尧、舜之明，庶免乎孙皓、高纬⑤之暴。以此而言，复不由染，何也？"魏徵曰："中人可与为善，可与为恶，然上智之人自无所染。陛下受命自天，平定寇乱，救万民之命，理致升平，岂绍、诞之徒能累圣德？但经云：'放郑声，远佞人⑥。'近习之间，尤宜深慎。"太宗曰："善。"

【译文】

贞观十年，唐太宗对侍臣说："太子的老师，自古以来就很难选择。周成王年幼时，以周公、召公为老师，他们都很贤明，使周成王成为一代仁君，天下获得太平。秦代的皇子胡亥，秦始皇很爱他，让赵高作他的师父，教授他刑法。胡亥篡位后，诛杀功臣，杀害亲戚，极其残暴，不久就败亡了。由此看来，一个人是善是恶，的确与他所处的环境，所受的影响有关。我二十左右就开始结交名士，可是交往深的，只有柴绍、窦诞等人，但是他们不具有孔子所说益友的三个条件：正直、宽厚、见多识广。我继位以来，治理国家虽然不及尧、舜圣明，但也不像三国吴主孙皓，北齐后主高纬那样的暴政。我没有受到亲近的人的影响，这是为什么呢？"魏徵回答说："智慧中等的人可以做善事，也可以做恶事，然而拥有上等智能的人是不会受到外界影响的。陛下顺应天意，平定战乱，救万民于水火之中，使天下太平，柴绍、窦诞这些人怎么能够损害陛下的圣德呢？但是经书上说得好：'拒绝郑国的靡靡之音，远离挑拨是非的奸邪小人。'这些外在的影响，也不可不谨慎啊。"听后，唐太宗点头称是。

【注释】

①弱冠：古代指男子二十岁左右的年龄。

②柴绍：字嗣昌，临汾人。武德初，拜左翊卫大将军，多次征战，有功勋。

③窦诞：外戚。太宗与他交谈，他胡乱答对，后被罢免光禄大夫之职。

④三益：引自《论语》之词。孔子认为有益的朋友有三种。同正直的人交朋友，同诚实的人交朋友，同见识广的人交朋友，这是有益的。

⑤孙皓，高纬：孙皓，三国吴主，后降于晋。高纬，北齐后主，为北周所虏。

⑥放郑声，远佞人：春秋战国时期，郑国的民间音乐被认为是靡靡之音。放郑声，远佞人意思是拒斥淫靡之音，摒弃奸佞之徒。

【原文】

尚书左仆射杜如晦奏言："监察御史陈师合上《拔士论》，谓人之思虑有限，一人不可总知数职，以论臣等。"太宗谓戴胄曰："朕以至公治天下，今任玄龄、如晦，非为勋旧，以其有才行也。此人妄事毁谤，止欲离间我君臣。昔蜀后主昏弱，齐文宣狂悖，然国称治者，以任诸葛亮、杨遵彦不猜之故也。朕今任如晦等，亦复如法。"于是，流陈师合于岭外。

【译文】

尚书左仆射杜如晦上奏说："监察御史陈师合上奏《拔士论》，说一个人的思考能力有限，不可以身兼数职。我认为，这是在议论我们这些大臣啊。"看过奏书，唐太宗对戴胄说："我推行公正的治国原则，现在我重用房玄龄、杜如晦，并非考虑到他们是旧时的功臣，而是因为他们德才兼备的缘故。陈师合这个人胡乱议论朝政，其目的是想离间我们君臣之间的关系。过去，蜀国后主刘禅昏庸孱弱，齐文宣王狂妄无理，然而国家却治理得井然有序，就是因为他们毫无疑心地任用了诸葛亮、杨遵彦这些良才的缘故。我现在任用杜如晦等大臣，也基于此。"于是，把陈师合流放到边远的地区。

【原文】

贞观中，太宗谓房玄龄、杜如晦曰："朕闻自古帝王上合天心，以致太平者，皆股肱之力。朕比开直言之路者，庶知冤屈，欲闻谏诤。所有上封事人，多告讦百官，细无可采。朕历选前王，但有君疑于臣，则下不能上达，欲求尽忠极虑，何可得哉？而无识之人，务行谗毁，交乱君臣，殊非益国。自今以后，有上书讦人小恶者，当以谗人之罪罪之。"

【译文】

贞观年间，唐太宗对房玄龄、杜如晦说："我听说，自古以来的帝王，能够顺从天意，使天下获得太平，都必须依赖于大臣的辅佐。我希望众大臣广开言路，申明冤情，让我听到诤言。现在，所有上书提意见的人，大都是告发百官，意见非常繁多，让人无法定夺。我发现，历朝历代只要君王怀疑臣下，那么下面的意见就不会传达到朝廷上面，要臣民们尽职尽忠，是不可能的。而无耻小人，专以诽谤他人为能事，破坏君臣之间的关系，这对国家是非常不利的。从今以后，凡有人上书揭发别人的小过失，应当以诽谤之罪论处。"

【原文】

魏徵为秘书监，有告徵谋反者。太宗曰："魏徵，昔吾之雠，只以忠于所事，吾遂拔而用之，何乃妄生谗构？"竟不问徵，遽斩所告者。

【译文】

魏徵作秘书监的时候，有人告发他谋反。唐太宗非常气愤地说："魏徵过去是我的敌人，但因为他对自己的职责尽心尽力，于是我就提拔任用他，现在怎么会传出他谋反的谗言呢？"结果唐太宗不询问魏徵，反而把告发者处以斩首之刑。

【原文】

贞观十六年，太宗谓谏议大夫褚遂良曰："卿知起居，比来记我行事善恶？"遂良曰："史官之设，君举必书。善既必书，过亦无隐。"太宗曰："朕今勤行三事，亦望史官不书吾恶。一则鉴前代成败事，以为元龟；二则进用善人，共成政道；三则斥弃群小，不听谗言。吾能守之，终不转也。"

【译文】

贞观十六年，唐太宗对谏议大夫褚遂良说："你负责撰写起居注的工作，近来你们记录我所做的事情是善还是恶呢？"褚遂良说："朝廷专门设置了史官，君主一举一动都得记录下来。既然善的必须记，过失也一定不加隐瞒。"唐太宗说："我现在正在认真做三件事，也是希望史官没有我的过失可写。一是对照前代成功、失败的事实，作为鉴戒。二是任用品德良好的人，共同办好政事。三是斥退小人，不听信谗言。这三点我会坚持下去，始终不会改变。"

史鉴新得

亲君子，远小人

大凡忠言多逆耳，大凡谗言必误人。自古至今，多少驰骋疆场、金戈铁马的英雄志士，不曾为敌人的枪林弹雨所征服，却为谗言的暗箭流矢而射杀；多少奋发图强、开基立业的帝王将相，没有因事业维艰动摇退缩，却因奸谗惑语而误国害民。谗言历来为品德不良、心术不正的奸佞小人所“青睐”。他们或出于个人嫉妒，泄私愤、图报复；或出于争权夺利、动辄猜疑、排斥异己，运用“三寸不烂之舌”，投上所好、混淆是非、捕风捉影、造谣中伤，以达到损人利己的目的。

雍正年间，江西正考官查嗣庭出的试题“维民所止”，有人就进谗道：“‘维民所止’四个字是要砍掉雍正皇帝的脑袋。‘雍’字去头是‘维’，‘正’字去头是‘止’。如此分析，‘维民所止’岂不是犯上作乱，图谋不轨？”好端端的查嗣庭就这样被雍正砍掉了脑袋。可见谗言似虎，此话不谬矣！

识别谗言，防止决策上的失误，对于领导者来说至关重要。其一是客观分析、去伪存真。古人云：“曲木忌日影，谗人畏贤明”，作为上司如果对人对事都体现出贤明的态度，任何时候都能保持清醒的头脑，就会从根本上杜绝谗言的有机可乘。二是广开言路、兼听则明。《论语·为政》曰：“多闻阙疑，慎言其余，则寡尤”。意思是说只要多听、多思，慎重对待不了解的事情，多听取各方面的意见，就能达到兼听则明、少犯错误的目的。三是追根究底、惩一儆百。对于捏造和歪曲事实的“小人”，领导者如果公正无私、本着对工作、对同志高度负责的精神，对进谗者轻则批评教育，重则严厉惩办，及时曝光，谗言就会不攻自破。

清康熙末年，江南总督噶礼贪婪骄横，专爱打“小报告”整人。时任苏州知府陈鹏年为官清廉，刚直不阿，常与噶礼意见相左。一次，噶礼密奏康熙，说陈鹏年写过一首《游虎丘》，有怨恨不满情绪，应从重治罪。康熙细读诗文，未觉有“怨恨悖谬”之心，遂将密奏和诗文公之于朝，以论是非，致使噶礼无地自容。唐朝诗人刘禹锡有诗云：“莫道谗言如浪深，莫言迁客似沙沉。千淘万漉虽辛苦，吹尽狂沙始到金。”

日常生活中，虽然谗言如海浪一样深不可测，但只要我们付出努力，广开言路，深入调查研究，注重事实根据，就一定能吹尽狂沙，见到真金。识别谗言的过程其实就是一个区分是非曲直、忠奸善恶的过程，认清奸佞小人的嘴脸，势必得到贤德的人才，“亲贤臣，远小人”，可谓一举两得。

悔过第二十四

【题解】

人非圣贤,孰能无过?即使是帝王君主,也难免会有过失。重要的是对待过失的态度。掩过饰非,只能酿成更大的过错;闻过则改,就能大大降低损失。太宗度量宽宏,勇于自省,从善如流,堪称表率。

【原文】

贞观二年,太宗谓房玄龄曰:"为人大须学问。朕往为群凶未定①,东西征讨,躬亲戎事②,不暇读书。比来四海安静,身处殿堂,不能自执书卷,使人读而听之。君臣父子,政教之道,共在书内。古人云:'不学,墙面,莅事惟烦。'不徒言也。却思少小时行事,大觉非也。"

【译文】

贞观二年,唐太宗对房玄龄说:"做人非常需要学问。我当年因为群雄没有平定,东征西讨,亲自带兵打仗,没有时间读书。近来四海安宁,身为君主,即使不能自己手拿书卷阅读,也要叫人读来听。君臣父子的伦常、政治教化的种种道理,都在书里。古人说:'不学习,就像面对着墙壁,头脑一片空白,遇到事情就麻烦了。'这确实不是句空话,我现在想起小时候做的事情,觉得很多都做得不对。"

【注释】

①群凶未定:指隋末农民起义军及与唐敌对的各派势力尚未平定。

②躬亲戎事:亲自参加征战。

【原文】

贞观中,太子承乾多不修法度,魏王泰尤以才能为太宗所重,特诏泰移居武德殿。魏徵上疏谏曰："魏王既是陛下爱子，须使知定分，常保安全，每事抑其骄奢，不处嫌疑之地也。今移居此殿，使在东宫之西，海陵①昔居，时人以为不可。虽时移事异，犹恐人之多言。又王之本心，亦不宁息。既能以宠为惧，伏愿成人之美。"太宗曰："我几不思量，甚大错误。"遂遣泰归于本第。

【译文】

贞观年间，太子李承乾常常不讲法度，而魏王李泰因为出众的才华深得唐太宗的喜爱，一次，唐太宗下诏让李泰搬到武德殿居住。魏徵上书劝阻，说："魏王既然是陛下的爱子，应当知道自己的名分和地位，保证自身的安全，遇事应该控制骄傲奢侈的习气，不住在招惹是非的地方。现在他搬到武德殿来居住，就在太子东宫的西边，过去海陵住在那里，当时的人都认为不合适。现在形势虽然变了，恐怕还是会引来风言风语，魏王的内心，也不会平静，李泰既然因为受到宠爱而感到害怕，何不退居原处，成人之美呢？"唐太宗说："我没仔细考虑就这么做了，差点酿成大错。"于是就让李泰回到原来的住所居住。

【注释】

①海陵：海陵王李元吉，唐太宗弟弟。

【原文】

贞观十七年，太宗谓侍臣曰："人情之至痛者，莫过乎丧亲也。故孔子云：'三年之丧，天下之通丧，自天子达于庶人也。'又曰：'何必高宗①？古之人皆然。'近代帝王遂行不逮汉文以日易月之制，甚乖于礼典。朕昨见徐幹《中论·复三年丧》篇，义理甚深，恨不早见此书。所行大疏略，但知自咎自责，追悔何及！"因悲泣久之。

【译文】

贞观十七年，唐太宗对侍臣说："人情之中最让人哀痛的，莫过于失去亲人。所以孔子说：'父母死后，服丧三年，是天下的通理，从天子到平民莫不如此。'他又说：'何必只说商代的国君武丁这么做呢？古代的人都是这样做的。'可是，近代的帝王实行汉文帝以日代月的短期服丧礼仪，这与古代礼义的典范大相违逆。我昨天看到徐幹写的《中论·复三年丧》这篇文章，觉得他论述的道理非常深刻，只可惜没早些看到它。现在我才发现，我对丧礼太疏忽大意了，可现在只能责备自己，后悔已经来不及了。"说完，便因悲伤过度而哭泣良久。

【注释】

①高宗：太宗第九子，公元628年—公元683年。

【原文】

贞观十八年，太宗谓侍臣曰："夫人臣之对帝王，多承意顺旨，甘言[1]取容。朕今欲闻己过，卿等皆可直言。"散骑常侍刘洎对曰："陛下每与公卿论事，及有上书者，以其不称旨，或面加诘难，无不惭退[2]，恐非诱进直言之道。"太宗曰："朕亦悔有此问难，当即改之。"

【译文】

贞观十八年，唐太宗对侍臣说："臣子对帝王，常常只顺从他的旨意，用好听的话博得他的欢心。但现在我要听听自己的过失，你们尽管坦率地指出来吧。"散骑常侍刘洎说："陛下每次和大臣们共商国是，或看奏疏，如果发现他们的意见不合己意，就面露责备的神情，结果提意见的大臣无不面带惭色退朝。臣认为，这样恐怕不是鼓励大臣们提意见的态度。"唐太宗说："对此，我也很后悔，从现在起我要改掉这个毛病。"

【注释】

①甘言：甜蜜的语言。
②惭退：很难堪地退下去。

史鉴新得

闻过则改，善莫大焉

这一篇提出了一个对封建帝王来说十分难得的问题：悔过。古人云：知错能改，善莫大焉。在现实生活中，每个人都难免会犯错误，谁也不能保证自己的思想、言行永远都是正确无误的，平民百姓如此，伟人圣贤也是如此。

汉武帝统治晚年，他到民间巡察，看到百姓因连年征战，生活十分困苦，于是颁布了一道"罪己诏"，公开承认自己以前的过失，不再对匈奴用兵，积极发展农业生产，凡是伤害老百姓或浪费天下财物的事一概不做。这就是历史上有名的"轮台悔过"。由此可见，犯错误并不可怕，关键是对待错误的心态，能否及时改过。

贞观年间，有一个叫党仁弘的大将在广州做都督时，贪污了大量的钱财。大理寺将他依法判处死刑。唐太宗舍不得杀他，便下了一道圣旨，取消大理寺的判决，改为撤销职务、流放边疆的处分。之后，唐太宗心里很不安，感到自己出于个人感情，置国家法律于不顾，很不应该。于是，写了一道《罪己诏》，检讨说："我在处理党仁弘这件事上，有三大过错：一是知人不明，错用了党仁弘；二是以私乱法，包庇了党仁弘；三是奖罚不明，处理的不公正。"并下令将他的《罪己诏》向全国公布。

在滔滔历史长河中，能够做到像汉武帝、唐太宗这样，身为一言九鼎、唯我独尊的封建皇帝，能听进臣下的进谏并公开向老百姓承认自己过错的，实在是凤毛麟角。仅从这一件小事上，我们已不难理解"汉武之治"与"贞观盛世"形成的原因了。

相比之下，魏晋时期的曹孟德就没有那么宽阔的胸怀了。作为治世之能臣，乱世之奸雄的曹孟德，确实有雄才大略，且不拘一格任命贤能，但这些都无法掩盖其致命的人性弱点——掩盖是非、知错不改。赤壁之战前，曹操中了周瑜的反间计，错杀了蔡瑁、张允两位水军都督。人的一生都会做错事，所谓知过能改，善莫大焉。但曹操杀错人之后还不肯认错，硬说二人怠慢军心，因而处死。这和他杀吕伯奢一家之后的反应如出一辙。蔡、张二将训练水军的水平实不亚于周瑜，试想荆州未降之前，周瑜为何日夜训练水军，其中一个重要原因就是没有在刘表那里讨到便宜，而蔡、张正是刘表水军的得力助手，投降曹操后为曹操平定东吴增加了砝码。而曹操杀了两个水军人才，却任用毛玠、于禁两个不熟水战的北方将领接替，已经使赤壁之战胜利的"天平"向吴国倾斜了。

人非圣贤，孰能无过。我们工作中出现闪失在所难免。有了错误敢于承认，才能彻底改正错误。而有的领导总担心在下属面前承认错误会丢面子、有损形象，明知自己错了，也不愿意承认，甚至推脱责任，遮遮掩掩；有的甚至固执己见，将错就错。还有一种人，盲目乐观，孤芳自赏，以自我为中心，只看到自己比别人的长处。知错不改或自傲自负，都是狭隘的意识表现，必将给我们的工作、生活带来重大的损失。

奢纵第二十五

【题解】

帝王奢侈纵欲，则不免横征暴敛，不惜民力；臣子奢侈骄纵，则难免自取灭亡。太宗吸取历史教训，提倡俭朴节省，自身不务奢纵，爱惜民力，同时也警戒臣子们杜绝奢纵。

【原文】

贞观十一年，侍御史马周上疏陈时政曰：

臣历睹前代，自夏、殷、周及汉氏之有天下，传祚相继[1]，多者八百余年[2]，少者犹四五百年[3]，皆为积德累业，恩结于人心。岂无僻王[4]，赖前哲以免尔！自魏、晋以还，降及周、隋，多者不过五六十年，少者才二三十年而亡。良由创业之君不务广恩化，当时仅能自守，后无遗德可思。故传嗣之主政教少衰，一夫大呼而天下土崩矣。今陛下虽以大功定天下，而积德日浅，固当崇禹、汤、文、武之道，广施德化，使恩有余地，为子孙立万代之基。岂欲但令政教无失，以持当年而已！且自古明王圣主虽因人设教，宽猛随时，而大要以节俭于身、恩加于人二者是务。故其下爱之如父母，仰之如日月，敬之如神明，畏之如雷霆。此其所以卜祚遐长[5]而祸乱不作也。

【译文】

贞观十一年，侍御史马周上疏，陈述时政得失说：

我一一阅读史书，发现从夏、商、周到汉代，朝代不断交接更替，时间长的朝代可以延续八百多年，短的也有四、五百年，这些朝代都积善积德，赢得了民心。其中也有昏君，只不过依赖前哲教诲才免于灭亡。可是从魏晋以来，到周、隋之时，朝代长的不过五、六十年，短的只有二、三十年就烟消云散了。这都是因为创业的君主没有广施恩德，只做到自保，对老百姓没恩惠可言。所以，只要继承王位者的政教稍有偏差，又值有人趁机造反，那么天下马上就会土崩瓦解。现在，陛下虽然创下奇功，平定了天下，但是，对百姓的恩德还很少。因此，应当推崇大禹、商汤、文王、武王之道，广布道德教化，为将来留有余地，为后世帝王创下稳固的基业。怎么可以认为只要当今的政治没有过失，保住今日的江山，就可以万事大吉了呢？而且，自古帝王虽然都根据当时的局势，制定或宽或严的具体政策，但节俭、施恩却是历代政治的根本。只有这样，百姓才会爱戴君王如同爱戴自己的父母，仰慕君王如同仰慕日月，尊敬君王如同尊敬神明，畏惧君王如同畏惧雷霆。这才是国家长治久安，没有动乱的原因。

【注释】

①传祚相继：帝位一代一代相传。

②多者八百余年：指周传三十七王，历八百六十七年。

③少者犹四五百年：史书载，夏从禹至桀共十七君，十四世，有王与无王，共历四百七十一年。殷凡三十一世，历六百二十九年。东西两汉共二十四帝，凡四百二十四年。

④僻王：僻，不正。僻王指昏庸之王。

⑤卜祚遐长：意谓上天赐予帝位时间长久。

【原文】

今百姓承丧乱之后，比于隋时才十分之一，而供官徭役，道路相继，兄去弟还，首尾不绝。远者往来五六千里，春秋冬夏，略无休时。陛下虽每有恩诏，令其减省，而有司作既不废，自然须人，徒行文书，役之如故。臣每访问，四五年来，百姓颇有怨嗟之言，以陛下不存养之。昔唐尧茅茨土阶①，夏禹恶衣菲食②。如此之事，臣知不复可行于今。汉文帝惜百金之费，辍露台之役，集上书囊以为殿帷，所幸夫人衣不曳地③。至景帝以锦绣纂组妨害女工，特诏除之，所以百姓安乐。至孝武帝，虽穷奢极侈，而承文、景遗德，故人心不动。向使高祖之后即有武帝，天下必不能全。此于时代差近，事迹可见。今京师及益州诸处营造供奉器物，并诸王妃主服饰，议者皆不以为俭。臣闻昧旦丕显④，后世犹怠，作法于理，其弊犹乱。陛下少处民间，知百姓辛苦，前代成败，目所亲见，尚犹如此，而皇太子生长深宫，不更外事，即万岁之后，固圣虑所当忧也。

【译文】

现在处于天下大乱之后，百姓人口相当于隋朝的十分之一。然而，如今徭役仍然很多，一个家庭里面兄长才回到家，弟弟又不得不离开了，并且往来征程几千里，一年四季，没有休止。陛下虽然仁德，每每下令减轻徭役。可是，有些部门按计划，还是需要不断征派百姓去服劳役。官府减轻劳役的文书不断下达，可是，百姓服役的征程依然如故。我常常去访问民间疾苦，这四、五年来，老百姓之中已有很多抱怨之辞了，他们认为陛下不体恤爱抚百姓。过去，舜让官吏住在茅草屋中，大禹以饮食丰美为恶。这些节俭的美德，我知道已不可能在当今推行。汉文帝顾惜百万资金，停止修建露台，他收集大臣们上书用的布囊来做大殿的帷幕，不让他宠爱的慎夫人的衣裙长得拖到地上。汉景帝认为织锦刺绣会妨碍女工，于是下令解散官府的作坊，让老百姓休养生息，安居乐业。汉武帝时，他虽然穷奢极欲，但还是继承了文帝、景帝的遗风，所以民心没有动摇。如果汉高祖之后就是武帝即位，那么汉代的江山必定不会保全。现在，京城和益州等地正在大兴土木，各位王爷、妃嫔的服饰也极其精美，民间的舆论都认为这太奢侈。陛下年少时，生长在民间，知道百姓的辛苦。前代的成败，也看在眼里，还尚且这样做。而太子生长在宫中，养尊处优，不知民间疾苦，将来即位之后，可想而知，情形堪忧啊。

【注释】

①茅茨土阶：茅屋土台。

②恶衣菲食：粗衣淡饭。

③曳地：拖在地上，挨住地面。

④昧旦丕显：昧旦，黎明，拂晓。丕显，大明。《尚书》赞美周文王"丕显哉，文王谟！"昧旦丕显意谓开国之君德业盛大。

【原文】

臣窃寻往代以来成败之事，但有黎庶怨叛[①]，聚为盗贼，其国无不即灭，人主虽欲改悔，未有重能安全者。凡修政教，当修之于可修之时，若事变一起，而后悔之，则无益也。故人主每见前代之亡，则知其政教之所由丧，而皆不知其身之有失。是以殷纣笑夏桀之亡，而幽、厉亦笑殷纣之灭。隋帝大业之初，又笑周、齐之失国，然今之视炀帝，亦犹炀帝之视周、齐也。故京房[②]谓汉元帝云："臣恐后之视今，亦犹今之视古。"此言不可不戒也。

【译文】

我私下考察前朝以来国家成败的事，发现只要百姓心生怨恨，聚众闹事，国家没有不灭亡的，君王即使悔过，也没有能重新安定的。如今，改进政治教化，应当在还有改进余地的时候进行，如果发生变故，就来不及了。君主一般都认为，前代的灭亡是咎由自取，不知道自己也会犯这样的过失。所以，商纣王嘲笑夏桀的灭亡，周幽王、周厉王嘲笑商纣王的灭亡。隋代开国之时，又讥笑周、齐失掉江山。现在。我们也这样评价隋代，殊不知今日看待隋代，犹如隋之视周齐一样。所以，京房对汉元帝说："我害怕后世看待现在，犹如现在看古代啊。"这句话不可不引以为戒。

【注释】

①黎庶怨叛：指百姓因生怨恨而反叛。

②京房：字君明，汉东郡人。

【原文】

往者贞观之初，率土霜俭，一匹绢才得粟一斗，而天下帖然。百姓知陛下甚忧怜之，故人人自安，曾无谤讟。自五六年来，频岁丰稔，一匹绢得十余石粟，而百姓皆以陛下不忧怜之，咸有怨言。又今所营为者，颇多不急之务故也。自古以来，国之兴亡不由蓄积多少，惟在百姓苦乐。且以近事验之，隋家贮洛口仓，而李密因之；东京积布帛，王世充据之；西京府库亦为国家之用，至今未尽。向使洛口、东都无粟帛，即世充、李密未必能聚大众。但贮积者固是国之常事，要当人有余力而后收之。若人劳而强敛之，竟以资寇，积之无益也。然俭以息人，贞观之初，陛下已躬为之，故今行之不难也。为之一日，则天下知之，式歌且舞矣。若人既劳矣，而用之不息，倘中国被水旱之灾，边方有风尘之警，狂狡因之窃发，则有不可测之事，非徒圣躬旰食晏寝而已。若以陛下之圣明，诚欲励精为政，不烦远求上古之术，但及贞观之初，则天下幸甚。

太宗曰："近令造小随身器物，不意百姓遂有嗟怨，此则朕之过误。"乃命停之。

【译文】

以前贞观初年，天下普降霜灾，农业歉收，一匹绢只能换一斗粟，但天下依然太平。百姓知道陛下非常关心爱怜他们，所以人人自安，从无讪谤抱怨之词。近五、六年来，连年丰收，一匹绢可以换十几担粟，然而，百姓认为陛下不关心爱怜他们，颇有怨言。这是由于徭役过重，加上如今朝廷兴办的事务，许多都无关紧要的缘故。自古以来，国家兴亡不在于国家积蓄的多少，而在于百姓的苦乐。从近代的史实来看，也证明了这一点。隋朝在洛口贮存粮食，后来却被李密所用，在东京堆积布帛，结果被王世充占有，西京府库中的财物也被大唐所用，至今还未用完。当时，如果洛口、东京没有粟帛，那么王世充、李密就不可能在那里招聚民众。当然，贮积钱粮财物本是国家的常事，只有百姓衣食有余，才可能去征收。如果百姓劳苦却强行搜刮，最后还是帮了贼寇的忙，所积聚的财物并没有什么好处。不过，推崇节俭，与民休息，在贞观初年，陛下已经亲自实行过，所以如今实行起来也不会困难。只要实行一天，百姓就会知道陛下的心意，大家就会欢欣鼓舞了。如果百姓已经很劳苦，但朝廷还是不停地役使他们，一旦中原发生水旱之灾，边境有风尘之警，狂悖狡黠的人就会乘机作乱，那么就会有不可预测的事情发生，其后果不仅仅是使陛下晚进餐迟睡觉这么简单了。以陛下之圣明，如要励精图治，不用远求上古圣哲的办法，只要像贞观初年那样做，那么天下就很幸运了。

唐太宗听后，面露愧色地说："最近，我叫工匠制造随身携带的小器物，没想到就引起了百姓的嗟怨，这是我的过错。"于是，下令停止制造。

史鉴新得

藏智于民莫轻视

俗话说：成由谦逊败由奢。不论对于国家、企业还是个人来讲，杜绝奢侈浪费都是相当重要的。那么，怎样才能有效地避免不必要的浪费呢？下面让我们从一个小故事谈起。

著名的日化企业联合利华在生产线上遇到了一个难题——香皂盒出现了一定比例的漏装现象，也就是说，有些香皂盒里没有装香皂就下了生产线。针对这个难题，联合利华召集了几位博士学位的工程师来集体攻关，经过半年多的努力，耗资数百万美元后，解决方案终于出来了：在生产线上设置了一个类似 X 光照射的设备，就像乘坐火车和飞机前的安监设备一样，没有装肥皂的空盒马上能透视和检测出来。联合利华管理层对这个方案很满意。

然而，面对同样的问题困扰，一个肥皂小厂却把这个问题交待给了生产线上的一位小工，让他想出解决的办法。这位小工冥思苦想之后，给出了解决方法。他把车间里常见的、为了通风降温的两只大铁风扇，放到香皂的生产线两侧，对着生产线上的肥皂盒狂吹，没有装香皂的空盒，因重量轻，自然被风吹下生产线，这个问题在不花一分钱的情况下，迎刃而解。

这个小故事最起码给我们两点启示：一是智慧往往存在于基层员工身上，只是管理层还没有挖掘出来；二是通过基层一线员工的智慧往往可以找到更经济、更有效的方法，从而减少不必要的经济开支。

目前中国大多数企业的浪费随处可见，如场所的浪费、效率的浪费、库存的浪

费、品质的浪费、资金的浪费等等,不一而足。然而对绝大多数企业来讲,这些都不是最大的浪费。最大的浪费是全员的智慧未得到充分的挖掘,这才是最大的浪费,上面的小故事就是一个典型的案例。

如何避免企业最大的浪费,这是企业管理层百分之百的责任,是每位管理层人员的必修课。

第一,管理层要"洗脑",要笃信藏"智"于民。很多管理层不相信甚至没有意识到基层员工的智慧是多么的重要,多么了不起,企业的一切问题,都可以从员工那里找到答案。他们要么盲目自负,要么依赖"外脑"——所谓的专家或咨询公司等。结果造成员工脑力资源的巨大浪费。

第二,管理层要让所有的员工,特别是基层员工笃信:他们的智慧充分挖掘出来,是可以解决企业的一切问题的。在这一点上,丰田公司是所有企业的楷模。在全球生产领域所向披靡的丰田生产方式(TPS)中,其核心理念就是让所有的丰田员工有这样执著的信念:"永远存在更好的方法",改善是永无止境的。所有的员工都深信:只要发挥自己的聪明才智,在自己的工作岗位上总能找到更好的方法。

第三,管理层要学会"固化"群众的智慧。基层员工在工作过程中遇到问题,发挥自身聪明才智所积累的宝贵经验,未能有系统、有规划地整理和储存,当企业再次面对同样问题时,又要重新来过,造成了资源和时间的巨大浪费。管理层的责任,就是及时去发现和提炼这些智慧,将它们加以总结和推广,不管人员如何变动,时间如何变迁,企业都会在这些智慧的基础上发展,不至于百废待兴,从头再来。

第四,管理层要学会如何取"智"于民。员工的智慧不是自发产生的,而是被管理者激励出来,挖掘出来的。当民间智慧的火花迸发出来的时候,管理层不仅要慧眼识才,还要保证这些民间智慧像刚开掘的石油钻井平台一样,源源不断地被激发出来,流淌出来。

总之,企业的各级管理者,特别是高层管理者,要充分认识企业的有形浪费与无形浪费之间的关系,既要开源节流、减少物质浪费,又要集思广益,避免人才与智慧的浪费,从点滴做起,从我做起。

贪鄙第二十六

【题解】

贪欲,乃是罪恶的源泉。帝王贪得无厌,就会劳役无度,信任奸臣,疏远忠良。太宗能够克制自身的贪欲,并以此警戒群臣,在处置权万纪,陈万福等贪官时,体现出了反对贪鄙的精神。

【原文】

贞观初,太宗谓侍臣曰:“人有明珠,莫不贵重。若以弹雀,岂非可惜?况人之性命甚于明珠,见金钱财帛不惧刑网①,径即受纳②,乃是不惜性命。明珠是身外之物,尚不可弹雀,何况性命之重,乃以博财物耶?群臣若能备尽忠直,益国利人,则官爵立至。皆不能以此道求荣,遂妄受财物,赃贿③既露,其身亦殒,实可为笑。帝王亦然。恣情放逸,劳役无度,信任群小,疏远忠正,有一于此,岂不灭亡?隋炀帝奢侈自贤,身死匹夫之手,亦为可笑。”

【译文】

贞观初年,唐太宗对侍从的大臣们说:“人有了明珠,没有不珍惜重视的,如果用它去打麻雀,岂不可惜?何况,人的性命远比明珠更加贵重,如果看到了金银钱帛,就不怕法网,立即收受,这是不爱惜性命。明珠乃身外之物,尚且不能用来打麻雀,何况性命更为贵重,能用它来换取财物吗?臣子们如能竭尽忠直,有益于国,有利于民,那么官爵自然会到来,如果不能用正当的办法来获取功名,而从事违法的勾当,一旦赃贿暴露,将自身难保,这实在可笑啊!帝王也是如此,如果只是尽情放纵取乐,无限度征伐劳役,信任小人,疏远忠正,只要做了一件这样的坏事,岂能不招致灭亡?隋炀帝奢侈无度还自以为贤明,身死于匹夫之手,也很可笑。”

【注释】

①不惧刑网：不害怕刑律法网。
②受纳：接受。本文指受贿。
③脏贿：赃物，贿赂。

【原文】

贞观二年，太宗谓侍臣曰："朕尝谓贪人不解爱财也。至如内外官五品以上，禄秩优厚，一年所得，其数自多。若受人财贿，不过数万。一朝彰露，禄秩①削夺，此岂是解爱财物？规②小得而大失者也。昔公仪休③性嗜鱼，而不受人鱼，其鱼长存。且为主贪，必丧其国；为臣贪，必亡其身。《诗》云：'大风有隧，贪人败类。'固非谬言也。昔秦惠王④欲伐蜀，不知其径，乃刻五石牛，置金其后，蜀人见之，以为牛能便金。蜀王使五丁力士拖牛入蜀，道成。秦师随而伐之，蜀国遂亡。汉大司农⑤田延年赃贿三千万，事觉自死。如此之流，何可胜记！朕今以蜀王为元龟⑥，卿等亦须以延年为覆辙也。

【译文】

贞观二年，唐太宗对侍臣说："我曾经说过，贪婪的人不知道如何爱惜财物。像五品以上的官员，他们高官厚禄，一年所得的财物，数目非常大。如果接受别人的贿赂，数目不过几万。然而，一旦丑行暴露，就会被革去官职和俸禄，这样做，哪里是爱惜钱财呢?他们是因小失大，得不偿失。过去，鲁国的丞相公仪休很喜欢吃鱼，但从不接受别人进献的鱼，因此他得以长期享受鱼的美味。国君贪婪，必定亡国，臣子贪婪，必定丧命。《诗经》上写道：'大风刮得迅猛，贪心的人败坏家族。'所言不虚啊！过去，秦惠王要攻打蜀国，但不熟悉蜀国的道路，于是，他叫人刻了五斗石牛，并把金子放在石头身后。蜀国人看见了，以为石牛可以屙金子。蜀王便叫五个大力士把石牛拖到蜀国去，由秦入蜀的道路就这样开辟出来了。于是，秦国大军尾随而至，灭掉了蜀国。汉代，大司农田延年接受贿赂三千万，事发他自杀身亡。这样的例子，不胜枚举。我现在以蜀王为警戒，你们也要把田延年当做前车之鉴。"

【注释】

①禄秩：官吏的俸禄。
②规：贪求。
③公仪休：公仪，复姓，休，名。战国时鲁相。
④秦惠王：即秦惠公。
⑤大司农：官名。汉武帝时置大司农，掌钱谷之事。

⑥元龟：警戒。

【原文】

贞观四年，太宗谓公卿曰："朕终日孜孜，非但忧怜百姓，亦欲使卿等长守富贵。天非不高，地非不厚，朕常兢兢业业，以畏天地。卿等若能小心奉法，常如朕畏天地，非但百姓安宁，自身常得欢乐。古人云：'贤者多财损其志，愚者多财生其过。'此言可为深诫。若徇私贪浊，非止坏公法，损百姓，纵事未发闻，中心岂不常惧？恐惧既多，亦有因而致死。大丈夫岂得苟贪财物，以害及身命，使子孙每怀愧耻耶？卿等宜深思此言。"

【译文】

贞观四年，唐太宗对公卿大臣们说："我整天孜孜不倦，不仅是对老百姓爱怜操心，也是想使你们长保富贵。天不是不高，地不是不厚，可我仍然兢兢业业，畏惧天地。你们如能小心谨慎，奉公守法，像我一样畏惧天地，那么，不但百姓可以得到安宁，你们自己也会经常得到欢乐。古人说：'贤明的人如果财产多了，会损伤他们的志趣，愚蠢的人财产多了，会产生过错。'这句话可以作为对我们深刻的警诫。如果一个人徇私贪赃，不仅会破坏国法，损害百姓，对自己也没有好处，即使事情没有败露，但内心岂能老是担惊害怕？恐惧过度，也会丧命的。大丈夫怎能随便贪图财物，让它来危害生命，使子孙后代蒙羞呢？你们应该好好深思这些话啊。"

【原文】

贞观六年，右卫将军陈万福自九成宫赴京，违法取驿家麸数石。太宗赐其麸，令自负出以耻之。

【译文】

贞观六年，右卫将军陈万福从九成宫去京城，他在驿站人家处违法取得几担麦麸。唐太宗知道后，就把这些麦麸赐给他，让他自己背出宫，以此来羞辱他。

【原文】

贞观十年，治书侍御史权万纪上言："宣、饶二州诸山大有银坑，采之极是利益，每岁可得钱数百万贯。"太宗曰："朕贵为天子，是事无所少之。惟须纳嘉言，进善事，有益于百姓者。且国家剩得数百万贯钱，何如得一有才行人？不见卿推贤进善之事，又不能按举不法，震肃权豪①，惟道税鬻银坑以为利益。昔尧、舜抵璧于山林，投珠于渊谷，由是崇名美号，见称千载。后汉桓、灵二帝好利贱义[②]，为近代庸暗之主。卿遂欲将我比桓、灵耶？”是日敕放令万纪还第[③]。

【译文】

贞观十年，治书侍御史权万纪上书说："宣州、饶州的大山里埋藏有银矿，如果把它们开采出来，可获得极大的收益，每年可向朝廷上缴钱数百万贯。”唐太宗说："我贵为天子，这样的事知道得很多，现在，我需要的只是对老百姓有益的忠言，推行善事。国家增加数百万的收益，又有什么用呢？你不推举贤能，表彰善事，也不揭发奸邪之人，肃清豪强，只知道上奏银矿这些有关实利的事情。过去，舜把美玉扔进山林，把宝珠沉没于深渊，赢得了高尚的美名，流芳千古。后汉时，桓帝、灵帝重利轻义，是近世有名的昏聩之君。你这样做，是要把我与桓帝、灵帝相比吗？”就在这一天，他下令将权万纪削官为民。

【注释】

①震肃权豪：震慑整肃权门豪强。
②好利贱义：贪财求利而轻贱礼义。
③还第：削官为民。

【原文】

贞观十六年，太宗谓侍臣曰："古人云'鸟栖于林，犹恐其不高，复巢于木末；鱼藏于水，犹恐其不深，复穴于窟下。然而为人所获者，皆由贪饵故也。'今人臣受任，居高位，食厚禄，当须履忠正，蹈公清，则无灾害，长守富贵矣。古人云：'祸福无门，惟人所召。'然陷其身者，皆为贪冒财利，与夫鱼鸟何以异哉？卿等宜思此语为鉴诫。”

【译文】

贞观十六年，唐太宗对侍从的大臣说："古人说：'鸟儿住在树林里，还担心不够高，又把窝筑在树梢上，鱼儿藏在泉水里，还担心不够深，又钻到水底的洞窟里。然而它们仍然不免被人捕获，那都是因为贪吃诱饵的缘故啊。'现在，臣子接受任命，居于高位，享有厚禄，应当竭诚尽忠，廉洁奉公，这样才能免于灾难而长保富贵啊。古人说：'祸福无定，由人自取。'然而遭到灾祸的人，都是因为贪财求利，这和那些鱼儿鸟儿有什么不同呢？你们应该思考这些话，作为鉴戒。”

史鉴新得

贪如火，不灭则燎原

这一章内容是告诫君臣不可贪得无厌。唐太宗说，作为帝王，如果“恣情放逸，劳役无度，信任群小，疏远忠正，有一于此，岂不灭亡？”他又规劝百官不要过分贪财，“今人臣受任，居高位，食厚禄，当须履忠正，蹈公清，则无灾害，长守富贵矣。”唐太宗在处置权万纪，陈万福等贪官时，体现出了反对贪鄙的精神。

俗话说，“欲如水，不遏则滔天；贪如火，不灭则燎原”。贪心就像是一块小小的“海绵”，最初可能只是源于一个微乎其微的念头或想法，一旦不加以控制，将“海绵”投入水中，贪欲就会不断“泡发”膨胀，以至越陷越深，难以自拔，最终走上贪赃枉法的犯罪道路。

清朝乾隆年间的重臣和珅是历史上有名的大贪官，当政短短25年中，聚敛了无以数计的银两、珠宝、器具。嘉庆四年，和珅因20条罪状被下狱处死，其中之一就是“贪赃枉法”。据统计，和珅家的全部财产合计约十一亿六百万两，相当于清朝15年到20年的财政收入。除了皇帝大量的赏赐之外，和珅敛财的手段主要有四个方面：一是大发人情财；二是利用职权进行贪污；三是利用吏部勒索百官；四是进行投资经营。

和珅从32岁起长期担任吏部尚书(相当于人事部长兼组织部长)。而吏部的职责就是管理百官。因此，和珅常常利用自己的职务之便，勒索百官。据说，江苏吴县有一个大珠宝商，将特大珍珠藏在金制的圆盒里面，外面配有精致的小木箱，一个要卖二万两黄金。尽管价格不菲，但是一些官员还是争相购买，唯恐买不到。有的人问这些官员：你们买如此昂贵的珠子，有什么用途啊？这些官员回答说：献给和中堂。

有一年，有个名叫孙士毅的总督，从安南(今天的越南)前线回京述职。在宫门之外偶遇和珅，和珅一眼就看到他手中拿着一个用珠子做成的鼻烟壶，大如雀卵，雕刻精巧，晶莹剔透。和珅一见，便爱不释手，口中连连称赞，把玩了一会，就对孙士毅说，孙大人如果不嫌弃在下的话，能否把这个玩意送给在下呀？孙士毅见和珅当面索要，不知如何是好，只得如实说道："此物原为进献皇上，而且下官已经向皇上奏明了，和大人喜爱，本当赠给和大人，不过下官不好向皇上交代，望和大人见谅。"和珅没想到孙士毅竟然拒绝了他，觉得很没面子，只好掩饰说："我只不过是一句玩笑罢了。"孙士毅以为这件事就这样被搪塞过去了，谁料几天之后，孙士毅又在军机处见到和珅，和珅手拿一个鼻烟壶对他说："孙大人，我也请你看一个鼻烟壶，比你那个如何？"孙士毅一见大惊，和珅手中所拿的鼻烟壶正是他进献给皇上的那个。和珅得意地笑道："孙大人不必惊讶，此物乃是皇上所赐的。"孙士毅经由此事明白了和珅在朝中的地位与权势，此后对和珅再不敢有半点不敬。

由和珅的事例我们可以看出，乾隆皇帝虽然是大清朝比较圣明的君主，但他没有像太宗皇帝那样，及时杜绝朝廷内外的"贪鄙"之风，对和珅"疯狂敛财"的做法纵容包庇，不闻不问，使得清政府行贿、受贿的风气嚣张蔓延，国库财政危机四伏。

其实，不管是国家还是个人，不管是为人还是为官，都要时刻警惕贪欲的滋生与蔓延，不给它生长的温床。

人虽禀定性，必须博学以成其道，亦犹蜃性含水，待月光而水垂；木性怀火，待燧动而焰发；人性含灵，待学成而为美。

比见前、后《汉史》载录扬雄《甘泉》、《羽猎》，司马相如《子虚》、《上林》，班固《两都》等赋，此既文体浮华，无益劝诫，何假书之史策？其有上书论事，词理切直，可裨于政理者，朕从与不从皆须备载。

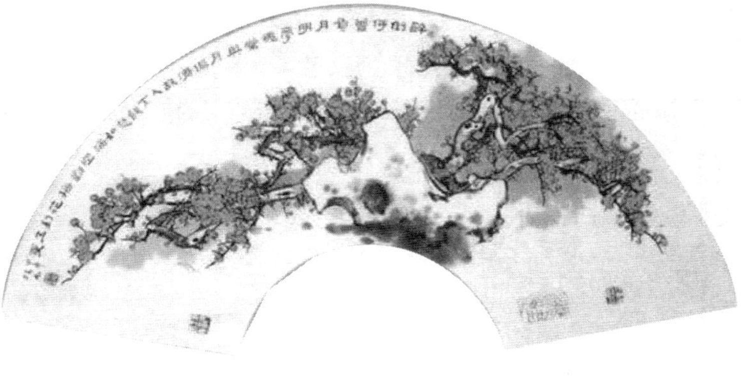

崇儒学第二十七

【题解】

儒家思想是历代王朝的统治思想，历来备受推崇。太宗在马背上夺取天下，武功盖世，功成之后，着意文治，崇尚儒学，确定仲尼、颜回为先圣先师，并设置弘文馆，命令颜师古考定《五经》，孔颖达撰写《五经正义》。

【原文】

太宗初践阼，即于正殿之左置弘文馆①，精选天下文儒，令以本官兼署学士，给以五品珍膳②，更日宿直，以听朝之隙引入内殿，讨论坟典③，商略政事，或至夜分乃罢。又诏勋贤三品以上子孙为弘文学生。

【译文】

唐太宗刚刚即位不久，就在正殿左侧设置了弘文馆，精心挑选天下通晓儒学的人士，保留他们现任的官职，并兼任弘文馆学士，供给他们五品官员才能享用的精美的膳食，排定当值的日子，并让他们在宫内歇息留宿。唐太宗在上朝听政的间隙时间，就把他们召引进内殿，讨论古代典籍，商议谋划政事，有时到半夜才停歇。后来，他又下诏让三品以上的皇亲贵族、贤臣良将的子孙充任弘文馆学生。

【注释】

①弘文馆：唐武德四年(公元621年)置修文馆于门下省。太宗即位后，改为弘文馆。聚书二十余万卷。置学士，掌校正图籍，教授生徒，并参议政事。置校书郎，掌校理典籍，勘正错谬。设馆主一人，总领馆务。学生数十名，从学士受经史书法，皆选自皇族贵戚及高级京官子弟。

②珍膳：美好的膳食。

③坟典："三坟五典"的简称。泛指古书。

【原文】

贞观二年，诏停周公为先圣，始立孔子庙堂于国学，稽式①旧典，以仲尼为先圣，颜子为先师，两边俎豆干戚[2]之容，始备于兹矣。是岁大收天下儒士，赐帛给传，令诣京师，擢以不次，布在廊庙者甚众。学生通一大经以上，咸得署吏[3]。国学增筑学舍四百余间，国子、太学、四门、广文[4]亦增置生员，其书、算各置博士、学生，以备众艺。太宗又数幸国学，令祭酒、司业、博士[5]讲论，毕，各赐以束帛。四方儒生负书而至者，盖以千数。俄而吐蕃及高昌、高丽、新罗等诸夷酋长，亦遣子弟请入于学。于是国学之内，鼓箧[6]升讲筵者，几至万人，儒学之兴，古昔未有也。

【译文】

贞观二年，唐太宗下令停止尊崇周公为先圣，在国子监里建立孔子庙堂，查考典籍并依照过去的规定，尊崇孔子为先圣，颜子为先师。在孔子庙堂里，供台两边祭祀用的俎豆、干戚等器具和兵器也开始齐备。这一年，唐太宗还招纳大批天下儒士，赏赐给他们布帛，供给车马食宿，下令他们都集聚到京师。这些儒生大都被破格提升为大小不等的官，在朝廷上任官的很多。太学生如果读通一大经以上的经书，就可以入仕做官。在这之后，国子监增益学舍四百多间，国子学、太学、四门学、广文馆也增加了学生的名额。另外，书学、算学分别设置了博士和学生，使国学的各种技艺都设置齐备了。唐太宗还几次亲临国子监，叫祭酒、司业、博士讲说经术，讲毕，每人赐给帛一束。儒学之盛，致使全国各地的儒生纷纷携经书前往京城，人数达数千之多。不久，吐蕃和高昌、高丽、新罗等族的首领，也派子弟到长安求学。于是，国子监之内，带着书箱和登上讲席的，几乎有上万人，如此大兴儒学，在古代还不曾有过。

【注释】

①稽式：效法，取法。
②俎豆干戚：俎和豆是古代祭祀用的礼器，干和戚是用于祭祀的乐舞。
③署吏：进入仕途，开始为官。
④国子、太学、四门、广文：皆为当时的教学馆所。
⑤祭酒、司业、博士：国学的长官和教师名称。
⑥鼓箧：据《礼记·学记》注，鼓箧意谓击鼓召集学士，令启箧(书箱)出书以授学。后因称勤学为鼓箧。

【原文】

贞观十四年诏曰："梁皇侃[1]、褚仲都[2]，周熊安生[3]、沈重[4]，陈沈文阿[5]、周弘正[6]、张讥[7]，隋何妥[8]、刘炫[9]，并前代名儒，经术可纪，加以所在学徒，多行其讲疏，宜加优赏，以劝后生，可访其子孙见在者，录姓名奏闻。"二十一年诏曰："左丘明[10]、卜子夏[11]、公羊高[12]、谷梁赤[13]、伏胜[14]、高堂生[15]、戴圣、毛苌、孔安国、刘向、郑众、杜子春、马融、卢植、郑玄、服虔、何休、王肃、王弼、杜预、范宁等二十有一人，并用其书，垂于国胄，既行其道，理合褒崇。自今有事于太学，可并配享尼父庙堂。”其尊儒重道如此。

【译文】

贞观十四年，唐太宗下诏说：“梁代的皇侃、褚仲都，北周的熊安生、沉重，陈代的沈文阿、周弘正、张讥，隋代的何妥、刘炫，都是前代的著名儒生，他们精通经术，广收门徒，对经书有许多继承和发展，应该对他们加以赏赐，以鼓励后学之士，还应当寻访他们健在的后人。请有关部门把他们的姓名记录下来，上奏朝廷。”贞观二十一年，唐太宗又下诏说：“左丘明、卜子夏、公羊高、谷梁赤、伏胜、高堂生、戴圣、毛苌、孔安国、刘向、郑众、杜子春、马融、卢植、郑玄、服虔、何休、王肃、王弼、杜预、范宁等二十一人，他们注解经书的著作都被采用，教育太学里的学生，既然遵循他们的学说，理应给予褒扬和尊崇。从现在起，太学里凡举行祭祀之典时，可使他们配享孔子庙堂。”太宗就是这样尊儒重道。

【注释】

①皇侃：梁散骑侍郎。明《三礼》。
②褚仲都：明《周易》。
③熊安生：字植之，长乐人。为国子博士。
④沈重：字子厚，通《春秋》群书，为《五经》博士。
⑤沈文阿：字国卫，通《三礼》、《春秋》，为《五经》博士。
⑥周弘正：字思行，晋周觊之后，为国子博士。
⑦张讥：字直言，武城人，为国子博士。
⑧何妥：字栖凤，西城人，为国子祭酒。
⑨刘炫：字光明，河间人，为太学博士。
⑩左丘明：左丘，复姓，明，名。著《春秋·左传》。
⑪卜子夏：名商，孔子弟子，以文学称。
⑫公羊高：公羊，复姓，高，名。传为子夏弟子，传《春秋》。
⑬谷梁亦：谷梁，复姓，赤，名。传为子夏弟子，传《春秋》。
⑭伏胜：济南人，为秦博士。治《尚书》。
⑮高堂生：鲁人，为前汉博士。治《仪礼》。

【原文】

贞观二年，太宗谓侍臣曰：“为政之要，惟在得人。用非其才，必难致治。今所任用，必须以德行、学识为本。”谏议大夫王珪曰：“人臣若无学业，不能识前言往行，岂堪大任？汉昭帝[1]时，有人诈称卫太子[2]，聚观者数万人，众皆致惑。隽

不疑③断以蒯聩④之事。昭帝曰：‘公卿大臣，当用经术明于古义者，此则固非刀笔俗吏所可比拟。’”上曰：“信如卿言。”

【译文】

贞观二年，唐太宗对侍从的大臣们说：“治国的关键，在于使用合适的人才；用人不当，就必然难以治理好国家。如今，任用人才必须以德行、学识为本。”谏议大夫王珪说：“臣子如果没有学问，不能记住前人的言行，怎能担当大任呢？汉昭帝时，有人冒充卫太子，围观的人达到好几万，大家都不知道该怎么办。后来，大臣隽不疑用古代蒯聩的先例来处理，将那个人逮捕。对此，汉昭帝说：‘公卿大臣，应当由通晓经术，懂得古义的人来担任，这本不是俗吏之辈所能相比的。’”太宗说：“确实像你所说的那样。”

【注释】

①汉昭帝：名弗陵，汉武帝的幼子。

②卫太子：名据，武帝太子，卫皇后所生。

③隽不疑：字曼倩，渤海人，昭帝时为京兆尹。

④蒯聩：春秋时卫灵公世子，逃亡国外，灵公死后，孙辄继位，他要回国争夺帝位，辄拒而不纳。《春秋》载此事，认为辄做得对。

【原文】

贞观四年，太宗以经籍去圣久远，文字讹谬，诏前中书侍郎颜师古①于秘书省考定五经。及功毕，复诏尚书左仆射房玄龄集诸儒重加详议。时诸儒传习师说，舛谬已久，皆共非之，异端蜂起。而师古辄引晋、宋以来古本，随方晓答，援据详明，皆出其意表，诸儒莫不叹服。太宗称善者久之，赐帛五百匹，加授通直散骑常侍，颁其所定书于天下，令学者习焉。太宗又以文学多门，章句繁杂，诏师古与国子祭酒孔颖达等诸儒，撰定五经疏义，凡一百八十卷，名曰《五经正义》，付国学施行。

【原文】

贞观四年，唐太宗认为古代圣人的时代离现在很远，圣人的经典在后世流传的过程中，出现了很多文字讹误，难以考证。于是，唐太宗下令前中书侍郎颜师古在秘书省考定《五经》。考订完毕之后，又下令尚书左仆射房玄龄召集许多儒生再次详细讨论、审定。当时，这些儒生拘泥于旧说，而这些旧说错乱讹误相传已久，他们都不同意颜师古的考定，一时之间，各种异说蜂起。但是，颜师古引用晋、宋以来古本，对他们提出的疑义一一引经据典，详细地加以说明，使得这些儒者无不叹服。唐太宗对颜师古的学识也大为称赞，赏赐给他帛五百匹，加授他为通直散骑常侍，还将他考定的经书颁行天下，让读书人都来学习。后来，唐太宗又因为经术师承不同，解释各异，下令颜师古和国子祭酒孔颖达等大儒，撰定《五经》的疏义，共一百八十卷，名为《五经正义》，交付国子监作教材使用。

【注释】

①颜师古(公元581—公元645)：唐训诂学家。名籀。京兆万年(今陕西西安)人。官至中书侍郎。考证经籍，多所订正。

【原文】

太宗尝谓中书令岑文本曰：“夫人虽禀定性，必须博学以成其道，亦犹蜃性含水，待月光而水垂①；木性怀火，待燧动而焰发；人性含灵，待学成而为美。是以苏秦刺股②，董生③垂帷。不勤道艺，则其名不立。”文本对曰：“夫人性相近，情则迁移，必须以学饬情，以成其性。《礼》云：‘玉不琢不成器，人不学不知道。’所以古人勤于学问，谓之懿德④。”

【译文】

唐太宗曾对中书令岑文本说：“人虽然秉有一定的天性，但必须博学才能有所成就。就好比蜃的本性含有水，要见到月光才能吐水；木的本性含有火，但要燧石敲打才能发火。人的本性含有灵气，可是要通过学习，才能美好完善。所以历史上有苏秦刺股读书，董仲舒放下帷帐讲学的美谈。不勤奋于道艺，功名是不会树立的。”岑文本对答说：“人的本性都很相近，情趣却有所差别，必须用学习来修养情趣，使本性完善。《礼记》说：‘玉石不经雕琢就不会成为器具，人不学习就不会懂得道理。’所以古人以勤于学习为美德。”

【注释】

①蜃(shèn 慎)性含水，待月光而水垂：蜃，大蛤蜊。传说海上有月光时蜃吐气如楼阁之状。

②苏秦刺股：相传苏秦读书刻苦，欲睡时就用锥子刺自己的大腿。

③董生：即董仲舒(公元前179—公元前104)。西汉哲学家，今文经学大师。广川(今河北枣强东)人。汉景帝时为博士，武帝时擢为江都王相。

④懿德：美德。

史鉴新得

文治天下

儒家思想可谓古代最为重要的思想，它对政治、道德、人伦等各方面的影响都

非常深远。历朝历代对儒学都很重视，贞观年间也是如此。唐太宗采取了一系列措施推崇儒学，他确定仲尼、颜子为先圣、先师，置弘文馆，精选天下文儒，下诏尊崇左丘明等二十一人，并用其书，命颜师古考定《五经》、孔颖达等撰写《五经正义》等等，出现了“儒学之兴，古昔未有也”的崇儒盛况。

儒家思想自产生之日起就颇受瞩目，在中国封建时代长期成为官方的统治思想。儒家思想，在世界观方面是理性的；在人生目的方面是功利的；在处理人际关系的态度方面是和谐的。所以说，在市场经济的今天，儒家思想依然有其正面的价值和积极的影响，对市场经济有着建设性作用，对现代管理也具有重要的借鉴意义。

孔子承认致富达贵的欲望是人所固有的一种属性，但是反对不义之财。儒家“见利思义”，“不义而富且贵，于我如浮云”的义利观，“生财有道”的正当经营思想，“富贵不能淫，贫贱不能移，威武不能屈”的大丈夫气概，是中华民族精神文明建设的宝贵遗产，也是社会主义市场经济的重要法则，无论在过去或现在都有其积极的社会意义，在新时代条件下，阐扬“见利思义”的义利观有助于弘扬奉公守法、文明经商，讲究商业道德，正确处理好个人与他人利益或社会利益的关系。

儒家强调最根本的君子人格就是诚信。孔子说：“君子耻其言而过其行。”以诚待人，不仅是儒家君子人格的重要修养，也是一种最基本的商业道德。签订合同、协议的双方，必须履行承诺，恪守信用，坚决执行。在当今市场经济活动中，有不少违背诚信道德、弄虚作假的缺德行为，假发票、假证件、假学历、假身份证……这些“假”与不守信用的现象，都是同诚信待客的社会主义商业道德背道而驰。市场经济，商品竞争，呼唤着儒家伦理道德中的诚信品格，儒家的诚信待人的道德规范，应该而且可以为社会主义市场经济服务。

儒家强调人与人之间和气相待，和睦相处。儒家认为，“和”是处理人际关系的根本原则，以和为贵，以和为美。正所谓“和也者，天之达道也”。把儒家的“和为贵”的伦理道德思想运用到社会主义市场经济活动中，就要提倡“和气生财”的新商业观。有人说：“商场如战场，同行如敌国，市场竞争不可调和。”这种看法是片面、有害的。战场、敌国属于敌我矛盾的范畴，而社会主义社会里的商业竞争，属于人民的内部矛盾。社会主义市场经济竞争中的“死”与“伤”，和“敌国”、“战场”的“死”与“伤”有着本质的区别。如果我们按照社会主义商业道德和儒家“以和为贵”的伦理道德办事，那么，就可以化敌为友，化干戈为玉帛，变竞争对手为合作伙伴，从而团结一切可以团结的力量，调动一切积极因素，尽可能减少商业摩擦和阻力，建立一种广泛的内外和睦协作的商业关系网络，以广开财路，广辟财源。可见，儒家“以和为贵”的思想，是搞好市场经济人际关系的润滑剂，是实行竞争良性循环的法宝。

儒家提倡节俭，反对奢侈腐化，勤俭节约是中华民族的传统美德。目前，在市场经济，商业交往中，讲排场、摆阔气，铺张浪费现象仍比较严重。在大力倡导可持续发展的今天，浪费已经不单单是个人的品质问题，资源的浪费最终会害了浪费者自身。因此，在发展市场经济、人们生活逐步富裕的情况下，仍要发扬儒家关于“节财”的俭朴思想，坚持勤劳节俭，不断增加积累，扩大再生产，使经济持续健康发展。

孔子说：“仁者，爱人。”又说：“夫仁者，己欲立而立人，己欲达而达人。”在孔子看来，“仁”就是“爱人”，“泛爱众”。从积极而言，“仁”就是“立己达己”，“立人达人”；从消极而言，“仁”就是“己所不欲，勿施于人”。“仁”是儒家一种最高的道德准则。“仁”字“从人从二”的“二”字，包括有正确处理好“己”与“人”的两方面关系的意思。一方面，对自己“立己达己”，对他人“立人达人”；另一方面，“己所不欲，勿施于人”。“仁”就是“立己达己”，“立人达人”的统一。我们把这种“仁爱”的道德观应用到市场经济领域去，就要求人们做到“互利互惠”。一方面要敢于和善于追求个人正当利益，争取个人在法律和政策范围内的合法权益；另一方面，又要惠及他人，利他益众。社会主义市场竞争，应当公平合理，利他利己，兼顾各方。

文史第二十八

【题解】

唐太宗“以史为鉴”，对“国史”采取公正严谨的态度，从不沉湎于“粉饰太平”的颂扬之词，而是希望从客观、真实的史料中汲取治理国家的经验教训，对于自己以往的所言所行，能够做到开诚布公、坦然相对，要求史官秉笔直书，对于“玄武门之变”毫不隐晦，体现了自身非凡的胸襟气度与领导才能。

【原文】

贞观初，太宗谓监修国史房玄龄曰：“比见前、后《汉史》载录扬雄[①]《甘泉》、《羽猎》，司马相如[②]《子虚》、《上林》，班固[③]《两都》等赋，此既文体浮华，无益劝诫，何假书之史策？其有上书论事，词理切直，可裨于政理者，朕从与不从皆须备载。”

【译文】

贞观初年，唐太宗对监修国史的官员房玄龄说：“我发现《汉书》、《后汉书》记录有扬雄的《甘泉赋》、《羽猎赋》，司马相如的《子虚赋》、《上林赋》，班固的《两都赋》，这些文章文辞浮华，无益于对帝王的劝诫，为什么还要收录在史书上呢？今后，如果有人上书议政，只要言辞直率，道理中肯，有利于治国，不管我采纳与否，都必须记载在史书上。”

【注释】

①扬雄(前 53—前 18)：字子云，蜀郡成都人。西汉辞赋家。

②司马相如(前 179—前 117)：字长卿，蜀郡成都(今属四川)人。西汉辞赋家。

③班固(公元 32—公元 92)：东汉史学家、文学家。字孟坚，扶风安陵(今陕西咸阳东北)人。汉明帝时为校书郎，善作赋。

【原文】

贞观十一年，著作佐郎邓隆表请编次太宗文章为集。太宗谓曰："朕若制事出令，有益于人者，史则书之，足为不朽。若事不师古，乱政害物，虽有词藻，终贻后代笑，非所须也。只如梁武帝父子及陈后主①、隋炀帝，亦大有文集，而所为多不法，宗社皆须臾倾覆。凡人主惟在德行，何必要事文章耶？"竟不许。

【译文】

贞观十一年，著作佐郎邓隆上书请求把唐太宗的文章编成文集。唐太宗说："我的诏书和命令，如果有益于百姓的，史书都已经记载了，足以流传千古了。如果我的命令不遵循古训，扰乱了政务，即使词藻华丽，也终将贻笑后人，这不是我所需要的。像梁武帝父子、陈后主、隋炀帝，他们都有文集传世，可是他们的行为大都不可取，最后，社稷江山统统断送在他们手中。君主圣明与否，关键在于他的品性和行为，何必一定要有文章流传后世呢？"太宗最终不许编文集。

【注释】

①陈后主(公元553—公元604)：陈叔宝，字元秀。南朝陈的最后一个皇帝。在位时大建宫室，生活奢侈，日与嫔妃、文臣游宴，制作艳词。后为隋兵俘虏，病死在洛阳。

【原文】

贞观十三年，褚遂良为谏议大夫，兼知起居注。太宗问曰："卿比知起居，书何等事？大抵于人君得观见否？朕欲见此注记者，将却观所为得失以自警戒耳。"遂良曰："今之起居，古之左、右史，以记人君言行，善恶毕书，庶几人主不为非法，不闻帝王躬自观史。"太宗曰："朕有不善，卿必记耶？"遂良曰："臣闻守道不如守官，臣职当载笔，何不书之？"黄门侍郎刘洎进曰："人君有过失，如日月之蚀，人皆见之。设令遂良不记，天下之人皆记之矣。"

【译文】

贞观十三年，褚遂良担任谏议大夫，兼任撰写帝王言行的起居注的史官。一次，唐太宗问他："你的起居注，都写些什么呢？可不可以让君王自己看一看？我想看看起居注，用帝王的得失来警戒自己。"褚遂良劝阻说："现在的起居注，就是古代记录帝王言语的左史，和记录帝王行为的右史。无论好坏全部记录下来，以期望帝王不做对国家不利的事情。可是，我却没听说过帝王自己要看关于自己的史书。"唐太宗说："我有不好的言行，你们都记录下来了吗？"褚遂良说："常言道，坚守道义不如尽忠职守。我的职责是记录历史，怎么可以不把一切都记录下来呢？”黄门侍郎刘洎说：“帝王有过失，就像日月有日食、月食一样，人人都看得见。即使褚遂良不记录，天下老百姓都会记住的。”

【原文】

贞观十四年，太宗谓房玄龄曰：“朕每观前代史书，彰善瘅恶①，足为将来规诫。不知自古当代国史，何因不令帝王亲见之？”对曰：“国史既善恶必书，庶几人主不为非法。止应畏有忤旨，故不得见也。”太宗曰：“朕意殊不同古人。今欲自看国史者，盖有善事，固不须论；若有不善，亦欲以为鉴诫，使得自修改耳。卿可撰录进来。”玄龄等遂删略国史为编年体，撰高祖、太宗实录各二十卷，表上之。太宗见六月四日事②，语多微文③，乃谓玄龄曰：“昔周公诛管、蔡而周室安，季友鸩叔牙④而鲁国宁。朕之所为，义同此类，盖所以安社稷，利万民耳。史官执笔，何烦有隐？宜即改削浮词，直书其事。”侍中魏徵奏曰：“臣闻人主位居尊极，无所忌惮。惟有国史，用为惩恶劝善，书不以实，后嗣何观？陛下今遣史官正其辞，雅合至公之道。”

【译文】

贞观十四年，唐太宗对房玄龄说：“我每看前朝的史书，惩恶扬善，足以规劝警戒后人。但我不知道，自古以来当朝的国史，为什么不让帝王亲自看到呢？”房玄龄回答说：“国史既然善恶必书，可以警戒帝王不做非法的事情。只是担心有与君主意见相抵触的地方，所以不让君主本人看到。”太宗说：“我的想法不同于古人。现在要亲自看国史，如果记有好事，自不必说；如记有不好的事，我可以引为鉴戒，并加以改正。你们把撰写抄录好的国史送过来吧。”于是，房玄龄等人就把国史加以删减整理，成为按照年月顺序记事的编年体，撰写成高祖和太宗的《实录》各二十卷，上表呈献。太宗看到六月四日所记玄武门之变说得很含蓄，就对房玄龄说：“从前，周公东征诛杀管叔、蔡叔，从而使周室得以安定。季友用毒药杀死叔牙，而使鲁国得以安宁。我的所作所为，和古人的道理相同，都是为了安定社稷，以利万民。史官执笔，何须隐晦？你们应当立即改删虚饰之词，把这件事的原委写清楚。”事后，侍中魏徵上奏说：“我听说，君主身居至尊之位，无所顾忌惧怕，只有国史，足以惩恶劝善，如果写得不真实，那么让后世看什么呢？陛下如今叫史官修正《实录》，很符合公正的道理。”

【注释】

①彰善瘅(dàn)恶：表彰美善，指斥丑恶。
②六月四日事：即玄武门之变。
③微文：委婉隐晦的文词。

④季友鸩叔牙：春秋时鲁庄公有三个弟弟，长者庆父，次者叔牙，再次季友。庄公打算让儿子继位，叔牙却说应让庆父嗣位，季友奉庄公之命，让人用毒酒将叔牙杀死。

史鉴新得

以史为鉴，正本清源

这一篇侧重体现了唐太宗对“以史为鉴”的重视以及对“国史”公正严谨的态度。他从不沉湎于“粉饰太平”的颂扬之词，而是希望从客观、真实的史料中汲取治理国家的经验教训，造福万民。因此，他要求史官对“其有上书论事，词理切直，可裨于政理者，朕从与不从皆须备载”，对于自己以往的所言所行能够做到开诚布公、坦然相对，体现了非凡的胸襟气度与领导才能。

唐太宗深谙“以史治国”之道，从大量史籍中得知“任贤”对“治国”至关重要，只有任贤才能国泰民安，信用奸邪就会身死国灭。他曾以正反两方面的例子来加以说明：汉魏以来，诸葛亮为丞相，开诚布公，赏不避仇人，罚不避亲朋，终成三国鼎立之势；而隋文帝摈斥“有经国之才”的高颎，刑政由此衰坏，最后被隋炀帝所杀，国运衰微。因此，唐太宗对大臣们常说：“致治之本，惟在得人”。他不分地域、亲疏和贵贱，唯才是举，拔敬德于降虏之间，任魏徵于政敌之中，擢马周于山东之地，用李靖于刑徒之族。用人之长，避其所短，不求全责备；待以诚信，示以关爱，不任情喜怒。正因如此，贞观年间，政通人和，国富民安，千古称颂。唐太宗曾感叹道：“大矣哉，盖史籍之为用也。”(《修晋书诏》)他还采取了设立史馆、大力修史等诸多措施，借鉴历史上的经验教训，从而实现了“贞观之治”的盛世局面，为中国的国富民强和成为世界文明的中心作出了卓越的贡献。

重视历史文化资源，善于吸取历史智慧，以史为鉴，是中华民族的优良传统。世界文明史上的一个奇迹，就是中华民族存亡继绝，绵延恒久，这要归功于历史文化熏陶、催发出的凝聚力和向心力。刘知己说：“史之为用，其力甚博，乃人生之急务，为国家之要道。”陈寿说：“明镜可以照影，古事可以知今。”龚自珍说：“欲知大道，必先为史”，说的都是历史对于人类的重要价值。几乎每一个对中国历史有过杰出贡献的人物，都对历史上的人物、事件有过深入的思考；几乎每一个中国历史上出现的太平盛世，都是从历史文化中汲取精神动力和智力支持的。

早在西周的时候，形成书面记载的就有“殷鉴不远”的典故。《诗经·大雅·荡篇》说：“殷鉴不远，在夏后之世。”这句诗揭示了一个历史教训，即夏代的灭亡，是殷代的前车之鉴。一个强大的夏王朝,不仅有漫长的历史,而且是一个疆土辽阔的国家,竟然在很短的时间内,被商汤的军队所推翻,这是历史上的大事件,直到东周时期,还引起人们的震惊。孔子认为这是“夏桀暴其民甚,因而身杀国亡”的缘故。《韩诗外传》也总结说:“前车覆而后车不诫,是以后车覆也。”此后,历代王朝都格外重视对历史中兴衰成败的分析研究,从中总结经验教训,加深和发展了以史治国的传统。

在继承和发扬以史治国这一优良传统的过程中,出现了许多因总结历史经验而著述资政的典范。如孔子为拯救当时礼崩乐坏的社会而作《春秋》;司马迁为“究天人之际,通古今之变”而著《史记》;特别值得一提的是北宋时期的司马光,为了穷究治乱兴衰的根源,历时三十年之久,主编了规模宏伟、成就空前的《资治通鉴》。司马光说:“史者今之所以知古,后之所以知先,是故人君不可以不观史。”宋神宗亲自定书名为《资治通鉴》,意即“鉴于往事,有资于治道”。在道术关系(治国与处事的方法)、君臣关系、人际关系、内外关系等许多方面,司马光把历史经验和社会现实结合起来,把历史经验自觉地化为治国之道,开阔了治道的视野。明末思想家王夫之评价《资治通鉴》说:“取古人宗社之安危,代为之忧患,而己之去危以即安者在矣;取古昔民情之利病,代为之斟酌,而今之兴利以除害者在矣。得可资,失亦可资也,同可资,异亦可资也。故治之所资,惟在一心,而史特其鉴也。”(《读通鉴论·叙论》)“以史为鉴”本是中华民族的传统,司马光发扬光大了“史鉴”的方法,使之成为一种更加稳定的思维方式和治国指导,同时也使历史文化的内涵更加丰富和深邃。

礼乐第二十九

【题解】

礼乐是纲常伦理的关键，是处理人际关系、改变道德风尚、调整君臣秩序的原则。儒学的理论，要通过礼乐来保证实施。太宗诏令改革礼制，自身躬行不辍，为天下之表率。

【原文】

太宗初即位，谓侍臣曰："准《礼》，名，终将讳之。前古帝王，亦不生讳其名[1]，故周文王名昌，《周诗》云：'克昌厥后。'春秋时鲁庄公名同，十六年《经》书：'齐侯、宋公同盟于幽。'惟近代诸帝，妄为节制，特令生避其讳，理非通允[2]，宜有改张。"因诏曰："依《礼》，二名义不偏讳，尼父达圣，非无前指。近世以来，曲为节制，两字兼避，废阙已多，率意而行，有违经语。今宜依据礼典，务从简约，仰效先哲[3]，垂法将来，其官号人名，及公私文籍，有'世'及'民'两字不连读，并不须避。"

【译文】

唐太宗即位之初，曾对侍臣们说："根据《周礼》的规定，帝王的名字，都要避讳。可是古代的帝王，生前并不避讳这些，周文王叫昌，但《周诗》中写道：'攻克姬昌之后'这样的诗句。春秋时，鲁庄公名叫同，可是经书上有这样的字句：'齐侯、宋公在幽地结为同盟。'只是到了后来，帝王们才制造出许多禁忌来，他们下令，生前就要对帝王的名字进行避讳。我认为这样做很没有道理，应该改变。"于是下诏说："按照《礼记》，人名是两个字的，只要不是两个字连着出现，就不要避讳。孔子是通达事理的圣人，以前不是没有指出过这种事。近世以来，世人多加禁忌，生出很多避讳，与《礼记》的规定不符。现在应该遵循经典，从简约出发，效仿先哲，规范后世。官员的称谓、姓名，公私的文章书籍，只要'世'和'民'两个字不连续，就没有必要避讳 。"

【注释】

①生讳其名：活着的时候就避讳其名字。
②通允：通达妥当。
③先哲：先代圣哲。

【原文】

贞观二年，中书舍人高季辅上疏曰："窃见密王元晓[1]等俱是懿亲，陛下友爱之怀，义高古昔，分以车服，委以藩维，须依礼仪，以副瞻望[2]。比见帝子拜诸叔，诸叔亦即答拜，王爵既同，家人有礼，岂合如此颠倒昭穆[3]？伏愿一垂训诫，永循彝则[4]。"太宗乃诏元晓等，不得答吴王恪、魏王泰兄弟拜。

【译文】

贞观二年，中书舍人高季辅上疏说："我私下看到，密王李元晓他们都是皇亲国戚，陛下对他们的关注仁爱之心，超过古代的帝王。但是，陛下对于分派给他们兵马，委以重任这些大事，仍须遵循礼仪规范，以让天下人臣服。我看见皇子们拜见叔叔时，叔叔们也马上回礼。一个家庭有一个家庭的礼数，帝王之家也如此，岂能如此颠倒上下秩序呢？希望陛下加以教诲和训诫，永远遵循前人美好的礼仪。"唐太宗于是下诏李元晓等人，对吴王李恪、魏王李泰兄弟不用答拜。

【注释】

①元晓：高祖第二十一子。
②瞻望：仰望。
③昭穆：古时宗庙牌位按辈次排列，左为昭，右为穆。本文意即辈分。
④彝则：古时指人与人之间的伦理道德关系。

【原文】

贞观四年，太宗谓侍臣曰："经闻京城士庶居父母丧者，乃有信巫书之言，辰日不哭，以此辞于吊问，拘忌辍哀，败俗伤风，极乖人理。宜令州县教导，齐之以礼典。"

【译文】

贞观四年，唐太宗对侍臣说："我听说，京城的百姓在为父母服丧期间，有的人听信巫师的妖言，在辰日这天不哭，他们谢绝别人的哀悼慰问，拘泥于禁忌不允许悲伤，这是伤风败俗，违背人情事理的做法。现在下令各州县，让他们教导百姓，一律按照正确的礼仪规范去做。"

【原文】

贞观五年，太宗谓侍臣曰：佛道设教，本行善事，岂遣僧尼道士等妄自尊崇，坐受父母之拜，损害风俗，悖乱礼经？宜即禁断，仍令致拜于父母。”

【译文】

贞观五年，唐太宗对侍臣说：“佛教、道教徒，本应该广做善事，怎么能够让尼姑道士等人妄自尊贵，坐着接受父母的跪拜礼呢？这样做只会损害民风民俗，使礼仪混乱。现在，应该马上下令禁止这种行为，仍旧让他们对自己的父母行跪拜礼。”

【原文】

贞观六年，太宗谓尚书左仆射房玄龄曰：“比有山东崔、卢、李、郑四姓，虽累叶陵迟[1]，犹恃其旧地，好自矜大，称为士大夫。每嫁女他族，必广索聘财，以多为贵，论数定约，同于市贾[2]，甚损风俗，有紊礼经。既轻重失宜，理须改革。”乃诏吏部尚书高士廉、御史大夫韦挺、中书侍郎岑文本、礼部侍郎令狐德棻[3]等，刊正姓氏，普责天下谱牒[4]，兼据凭史传，剪其浮华，定其真伪，忠贤者褒进，悖逆者贬黜，撰为《氏族志》。士廉等及进定氏族等第，遂以崔干为第一等。太宗谓曰：“我与山东崔、卢、李、郑，旧既无嫌，为其世代衰微，全无官宦，犹自云士大夫，婚姻之际，则多索财物，或才识庸下，而偃仰自高[5]，贩鬻松槚[6]，依托富贵，我不解人间何为重之？且士大夫有能立功，爵位崇重，善事君父，忠孝可称，或道义清素，学艺通博，此亦足为门户，可谓天下士大夫。今崔、卢之属，惟矜远叶衣冠[7]，宁比当朝之贵？公卿已下，何暇多输钱物，兼与他气势，向声背实，以得为荣。我今定氏族者，诚欲崇树今朝冠冕，何因崔干犹为第一等，只看卿等不贵我官爵耶？不论数代已前，只取今日官品、人才作等级，宜一量定，用为永则。”遂以崔干为第三等。至十二年，书成，凡百卷，颁天下。又诏曰：“氏族之美，实系于冠冕，婚姻之道，莫先于仁义。自有魏失御，齐氏云亡，市朝既迁，风俗陵替，燕、赵古姓，多失衣冠之绪，齐、韩旧族，或乖礼义之风。名不著于州闾，身未免于贫贱，自号高门之胄，不敦匹嫡之仪，问名[8]惟在于窃赀[9]，结缡[10]必归于富室。乃有新官之辈，丰财之家，慕其祖宗，竞结婚姻，多纳货贿，有如贩鬻。或自贬家门，受辱于姻娅；或矜其旧望，行无礼于舅姑。积习成俗，迄今未已，既紊人伦，实亏名教。朕夙夜兢惕，忧勤政道，往代蠹害，咸已惩革，唯此弊风，未能尽变。自今以后，明加告示，使识嫁娶之序，务合礼典，称朕意焉。”

【译文】

贞观六年，唐太宗对尚书左仆射房玄龄说："近来，山东的崔、卢、李，郑四大姓，虽然在前几代就已衰败，但他们仍依仗旧时的名望，自高自大，号称士大夫。每当把女儿嫁给其他家族，总要大肆索取聘礼财物，一味贪图数量，根据财礼的数目决定婚约，就像集市上的商贩一样，这样做败坏了风俗，也搅乱了《礼经》的规定。既然他们的门望与事实不符，看来，现在的礼仪制度应该有所改革了。"于是下诏，命吏部尚书高士廉、御史大夫韦挺、中书侍郎岑文本、礼部侍郎令狐德棻等人订正姓氏，普遍收集全国家谱。并根据史书传记，删除浮华，考定真假，如果一个家族上代出了忠贤，就提升等级，出了叛逆，就加以贬黜。依此标准，撰写了一部《氏族志》。后来，高士廉等人在唐太宗面前呈上所定的氏族等第时，仍把崔干列为第一等。太宗说："我和山东的崔、卢、李、郑，并无宿怨，只是因为他们世代衰微，现在已经没有一个人做官，却还自称是士大夫，婚嫁的时候，依此大量索取财物。有的人才能见识平庸低劣，却还悠然自得地自夸高门，炫耀死去的祖先，依附于富贵之列，我真不明白社会上为什么还会看重他们。如果有人能建立功业，爵位隆重，善于侍奉君主和父亲，忠孝都值得称赞，或者道德仁义高尚，学艺通博，这样也足以自立门户，称得上是士大夫。如今崔、卢之类，只是自恃远祖的高官厚爵，怎能和当朝的显贵相比呢?公卿以下的人，何苦给他们多送财物，助长他们的气势呢？他们只图虚名不顾实际，想借此增加自己的光彩。我之所以要复位氏族，是为了树立当今显贵的地位，为什么还把崔干列在第一等，你们这不是看轻我朝的官爵吗?所以，不管以前如何，只按照今天的官品、人才来定等级，并且这次量定等级将作为永久的准则。"于是把崔干定为第三等。贞观十二年，《氏族志》全书完成，共一百卷，颁行天下。其后，唐太宗下令说："氏族高下，要以官爵相联系，婚姻的正道，要以仁义为先。自从北魏失国，北齐灭亡，朝野变化，风俗衰败。早先的燕、赵古姓，后人多失去官爵，以前齐韩旧族，行为也有背礼义。他们名不闻于乡里；身不免于贫贱，却自称高门后裔，而不讲究嫁娶礼仪，依仗名望只在于勒索财物，女儿必嫁给富贵之家。于是就有新做官的人和钱财多的人家，羡慕富贵人家的祖宗，抢着和人家攀亲，多送财物，如同买卖。双方有的自愿贬低家门，受辱于姻亲，有的夸耀过去的地位，在公婆面前行为无礼。这种做法积习已久，已经成了风俗，至今还未改变，这既紊乱了人伦，也有亏于名教。我日夜谨慎小心，操劳政事，历代的弊端祸害，都已制止革除，唯有这项坏风气，还没有完全转变。从今以后，让天下人都要懂得嫁娶的规矩，务必合乎礼法，按照朝廷的礼仪办事。才符合我的心意。"

【注释】

①累叶陵迟：累叶，累世。陵迟，盛况渐衰。累业陵迟在本文中指家世衰落。

②市贾(gǔ):商人。

③令狐德棻(fēn 分):令狐,复姓,德棻是名。宜州人。博贯文史,武德初年,为起居舍人。贞观年间迁礼部侍郎。

④谱牒:古代记述氏族或宗族世系的书籍。

⑤偃仰自高:心安理得,自高自大。

⑥贩鬻松槚(jiǎ):槚,木名,即楸树,常和松树一起种在坟墓前。贩鬻松槚意思是拿着前世的声望做交易。

⑦远叶衣冠:意思是远世的官绅。

⑧问名:古代婚礼"六礼"之一。男家请媒人问女方的名字和生辰八字。

⑨窃赀:本文是借机索财的意思。

⑩结褵(lí 离):褵,古时女子出嫁时系的佩巾。结褵即成婚的代称。

【原文】

礼部尚书王珪子敬直,尚太宗女南平公主。珪曰:"《礼》有妇见舅姑之仪,自近代风俗弊薄,公主出降,此礼皆废。主上钦明,动循法制①,吾受公主谒见,岂为身荣,所以成国家之美耳。"遂与其妻就位而坐,令公主亲执巾,行盥馈之道②,礼成而退。太宗闻而称善。是后公主下降有舅姑者,皆遣备行此礼。

【译文】

礼部尚书王珪的儿子王敬直,娶了唐太宗的女儿南平公主。王珪说:"《礼记》上规定有妇人拜见舅舅、姑母的礼仪。可近世以来,这种风气逐渐改变了,公主下嫁,这些礼节都被废弃了。陛下圣明,处处都遵循法令规范。我接受公主的拜见之礼。哪里只是自己的荣耀,其实是在成全大唐礼仪之邦的美名啊。"于是和妻子在公婆的座位上就坐,让公主亲自拿着帕子,行侍奉父母的洗手进食之礼,礼毕,公主自行退下。唐太宗听说此事后非常赞成。此后,凡是有公主下嫁,都要遵照这条礼仪。

【注释】

①动循法制:做什么事都遵循礼法典制。

②盥馈之道:指妇人为长者行盥洗、送膳食之礼。

【原文】

贞观十二年,太宗谓侍臣曰:"古者诸侯入朝,有汤沐之邑①,刍禾②百车,待以客礼。昼坐正殿,夜设庭燎③,思与相见,问其劳苦。又汉家京城亦为诸郡立邸舍。顷闻考使至京者,皆赁房以坐,与商人杂居,才得容身而已。既待礼之不足,必是人多怨叹,岂肯竭情于共理哉。"乃令就京城闲坊,为诸州考使各造邸第。及成,太宗亲幸观焉。

【译文】

贞观十二年，唐太宗对侍臣说："古时候，诸侯入朝拜谒天子，有专门住宿和沐浴的地方，供给他们一百车草喂养马匹，享受客人的礼遇。白天天子在正殿里端坐，晚上在庭院中点燃蜡烛，向他们嘘寒问暖。京城里还有为各个郡县专门设立馆舍。现在，我听说各地使者到京城，都租房子居住，他们和商人杂居在一起，仅有容身之地而已。如今待客之礼如此怠慢，恐怕各地使者会产生怨恨，怎么还会愿意为朝廷尽职尽忠呢？"于是，下令京城有条件的客栈，为各地来的使者营造馆舍。修成之后，唐太宗还亲自前去参观视察。

【注释】

①汤沐之邑：住宿的地方。
②刍禾：喂马的草料。
③庭燎：大蜡烛。

【原文】

贞观十三年，礼部尚书王珪奏言："准令，三品以上，遇亲王于路，不合下马，今皆违法申敬，有乖朝典①。"太宗曰："卿辈欲自崇贵，卑我儿子耶？"魏徵对曰："汉、魏已来，亲王班②皆次三公下。今三品并天子六尚书九卿③，为王下马，王所不宜当也。求诸故事④，则无可凭，行之于今，又乖国宪，理诚不可。"帝曰："国家立太子者，拟以为君。人之修短，不在老幼。设无太子，则母弟次立。以此而言，安得轻我子耶？"徵又曰："殷人尚质⑤，有兄终弟及之义。自周已降，立嫡必长，所以绝庶孽⑥之窥窬⑦，塞祸乱之源本。为国家者，所宜深慎。"太宗遂可王珪之奏。

【译文】

贞观十三年，礼部尚书王珪上奏说："按照律令，三品以上的官员，在道路上遇到亲王，可以不下马致礼。不过现在，这种行为却是违法的，这实在与朝廷律令不符啊！"唐太宗说："你们想自己尊贵，而轻慢我的儿子们吗？"魏徵说："汉代、魏晋以来，亲王的礼遇都低于三公。然而，现在三品官员和天子六尚书九卿，都要为亲王下马致礼，这是亲王所不应该接受的礼节。这样做既无先例可循，又违背国家的法令，于理实在不合。"唐太宗说："国家确立的太子，是未来的国君。一个人地位的高低，不在于年龄的长幼。如果太子去世，那么同母的弟弟就该列为太子。你这样说，不是在轻视我的儿子吗？"魏徵又说："商代崇尚质实，有兄长去世，弟弟继承的规定。从周代以来，都立长子为继承人，这样做就杜绝了庶子意图篡权夺位、制造混乱的可能性。国君对此应该审慎。”于是，唐太宗接受了王珪的意见。

【注释】

①有乖朝典：有违于当朝典制。

②班：排列，次序。

③九卿：即太常寺、光禄寺、卫尉寺、宗正寺、太仆寺、大理寺、鸿胪寺、司农寺、太府寺。

④故事：旧例。

⑤尚质：崇尚诚信，重视实际。

⑥庶孽：旧时指妾媵所生的儿子。

⑦窥窬：窥伺可乘之机。

【原文】

贞观十四年，太宗谓礼官曰：“同爨[1]尚有缌麻[2]之恩，而嫂叔无服，又舅之与姨，亲疏相似，而服之有殊，未为得礼，宜集学者详议。余有亲重而服轻者，亦附奏闻。”是月尚书八座[3]与礼官定议曰：

臣窃闻之，礼所以决嫌疑、定犹豫、别同异、明是非者也，非从天下，非从地出，人情而已矣。人道所先，在乎敦睦九族[4]。九族敦睦，由乎亲亲，以近及远。亲属有等差，故丧纪[5]有隆杀[6]，随恩之薄厚，皆称情以立文。原夫舅之与姨，虽为同气，推之于母，轻重相悬。何则？舅为母之本宗，姨乃外戚他姓，求之母族，姨不与焉，考之经史，舅诚为重。故周王念齐，是称舅甥之国[7]；秦伯怀晋，实切《渭阳》之诗[8]。今在舅服止一时之情，为姨居丧五月，徇名丧实，逐末弃本，此古人之情或有未达，所宜损益，实在兹乎。

【译文】

贞观十四年，唐太宗对礼官说：“现在，与你共同生活的人去世了，还要为他披麻戴孝。可是嫂子、叔叔去世了，却不服丧。舅舅和姨妈，都是亲属，但表丧的礼节却有差别。这些做法都不符合礼仪规范，应该招集学者来商议一下，制定出服丧的礼仪，有同属亲属但侍奉的礼数却很轻的，也应一起上奏。”就在同月，尚书八座和礼官定下了规范：

臣听说，礼是用来区别异同，明辨是非的原则，它不是从天而降，也不是从地下冒出来的，而是根据人情事理推论出来的。人道最首要的一点，是使九族和睦。九族和睦，在于由近及远，实行亲疏有别的礼节。亲属之间有差别，所以丧礼中的祭文，应根据情分的多少来书写。舅舅和姨妈，和母亲是一族，但他们之间有差别，为什么呢？舅舅和母亲是一家，姨妈出嫁后改姓丈夫的姓，成为别家的人，参考经史，舅舅的确比姨妈重要。所以周王顾念着齐国，称齐国是舅甥之国。秦穆公不忘晋国重耳是他的舅舅，把他的儿子康公送到渭阳，作了《渭阳》这首诗。现在，舅舅去世，只是服丧三个月，对姨妈却要居丧五个月，迁就了虚名，丧失了人情，舍本逐末，背弃了根本。这大概是古人对人的感情没有考虑周全，应该有所增减。

【注释】

①同爨(cuàn)：共同烧火做饭。

②缌(sī)麻：旧时丧服名，五服中最轻的一种。其服用细麻布制成，服期三个月。

③八座：唐代六部尚书及左右仆射称为八座。

④九族：旧时指本身以上的父、祖、曾祖、高祖和以下的子、孙、曾孙、玄孙为九族。也有包括异姓亲属而言的。

⑤丧纪：古时依与死者关系的亲疏而行丧礼的等级。

⑥隆杀(shài)：隆重和简省。

⑦舅甥之国：两国国君是舅父和外甥的关系。

⑧《渭阳》之诗：《诗经·秦风·渭阳》是表现外甥与舅父惜别之情的。

【原文】

《礼记》曰："兄弟之子犹子也，盖引而进之也。嫂叔之无服，盖推而远之也。"礼，继父同居则为之期，未尝同居则不为服。从母之夫，舅之妻，二人相为服。或曰"同爨缌麻"。然则继父且非骨肉，服重由乎同爨，恩轻在乎异居。固知制服虽系于名文，盖亦缘恩之厚薄者也。或有长年之嫂，遇孩童之叔，劬劳鞠养①，情若所生，分饥共寒，契阔偕老，譬同居之继父，方他人之同爨，情义之深浅，宁可同日而言哉？在其生也，乃爱同骨肉，于其死也，则推而远之，求之本源，深所未喻。若推而远之为是，则不可生而共居；生而共居为是，则不可死同行路。重其生而轻其死，厚其始而薄其终，称情立文，其义安在？且事嫂见称，载籍非一。郑仲虞则恩礼甚笃②，颜弘都则竭诚致感③，马援则见之必冠④，孔伋则哭之为位⑤，此盖并躬践教义，仁深孝友，察其所行之旨，岂非先觉者欤？但于时上无哲王，礼非下之所议，遂使深情郁于千载，至理藏于万古，其来久矣，岂不惜哉！

【译文】

《礼记》说："兄弟的孩子犹如自己的孩子，这是因为引而进之。嫂嫂、叔叔不用守丧，是因为推而远之。"按礼的规定，和继父一起生活过，就要为他居丧一年，如果没有一起生活，就不用居丧。至于继母、舅舅的妻子，对这二者服丧的礼节相同。常言道："如果共同生活过的继父去世了，应该为他披麻戴孝"。继父并非生父，对他服丧隆重是因为共同生活过，恩情轻微是因为不住在一起。因此，服丧虽然事关名分，但也随恩情厚薄而定。如年长的嫂子，她抚养年幼的叔子像对待自己的亲生儿子一样，两人同甘共苦到终老，这比起一起生活的继父，和其他一起生活的人，情义的深浅怎可相提并论呢？嫂子生前，二人情同骨肉，嫂子死后，却以外人的礼节对待她，这种做法实在让人难以理解。如果推向疏远是对的，那生前就不应住在一起；生前住在一起，死后就不应像看待路人一样看待嫂子。生前恩情厚重而死后礼节轻微，用这个原则来衡量，有这样的道理吗？并且侍奉嫂子的礼节，史书上的记载也不一致。后汉，郑仲虞抚养寡居的嫂子和她的儿子，待她的礼节和情义都很笃厚。晋时，颜弘都的嫂子双目失明，需要服用蛇胆，他千方百计弄到蛇胆，终于使嫂子重见光明。后汉将军马援对嫂子极为尊重，不戴帽子就不敢进屋拜见嫂子。《礼记》记载：孔子之孙孔伋在嫂子的灵位前痛哭。这些都是亲身实践礼义规范，极其仁义孝敬的人。能够深明其中大义的，难道不是先知先觉者吗？现在没有圣明的哲人，百姓也不议论礼仪之事，致使礼仪之中包含的道理不被重视，这种情况由来已久，真让人痛惜啊。

【注释】

①劬(qú)劳鞠养：辛辛苦苦地抚养。
②仲虞则恩礼甚笃：后汉时的郑仲虞，名均。好义笃实，养寡嫂孤儿，恩礼敦至。
③弘都则竭诚致感：晋人颜弘都，名含。其嫂因病失明，他尽心奉养，后嫂病愈。
④援则见之必冠：后汉伏波将军马援，字文渊。奉嫂至恭，不穿戴齐整，不进屋见嫂。
⑤孔伋则哭之为位：孔子之孙孔伋，字子思。相传他尊奉嫂嫂，嫂嫂死后，孔伋立牌位痛哭不已。

【原文】

今陛下以为尊卑之叙，虽焕乎已备，丧纪之制，或情理未安，爰命秩宗，详议损益。臣等奉遵明旨，触类傍求，采摭群经，讨论传记，或抑或引，兼名兼实，损其有余，益其不足，使无文之礼咸秩，敦睦之情毕举，变薄俗于既往，垂笃义于将来，信六籍所不能谈，超百王而独得者也。

谨按曾祖父母，旧服齐衰三月，请加为齐衰五月；嫡子妇，旧服大功，请加为期；众子妇，旧服小功，今请与兄弟子妇同为大功九月；嫂叔，旧无服，今请服小功五月。其弟妻及夫兄亦小功五月。舅，旧服缌麻，请加与从母同服小功五月。

诏从其议。此并魏徵之词也。

【译文】

现在，陛下认为尊卑之序虽然都制定完备了，但丧礼制度还不合情理，于是令大臣详加审议修改。我们遵照陛下圣旨，参考了经典、传记，进行了修改增删，使没有明文规定的礼仪变成条款，希望这会使人伦敦厚和睦，使日渐轻薄的民俗变得淳朴，改变过去浅薄的风俗，给后世留下榜样，这些是六经上没有谈到的，是陛下超越百世帝王独自获得的。

我们谨遵礼仪，做了规定，如果曾祖母、曾祖父去世，过去服丧三个月，现在请陛下延长至五个月；嫡子的妻子，过去服丧九个月，现在请再延长；各位儿子的妻子服丧，请将过去规定的五个月改为九个月；嫂子、叔叔过去不服丧，现在请改为服丧五个月。弟弟的妻子和丈夫的兄弟也应服丧五个月。舅舅过去只披麻戴孝，现在请规定同对待继母一样，服丧五个月。

看毕，唐太宗下诏通过此项议案。此议案的作者乃魏徵。

【原文】

贞观十七年，十二月癸丑①，太宗谓侍臣曰："今日是朕生日。俗间以生日可为喜乐，在朕情，翻成感思。君临天下，富有四海，而追求侍养，永不可得。仲由怀负米之恨②，良有以也。况《诗》云：'哀哀父母，生我劬劳。'奈何以劬劳之辰，遂为宴乐之事！甚是乖于礼度。"因而泣下久之。

【译文】

贞观十七年，十二月癸丑日，唐太宗对侍臣们说："今天是我的生日。民间认为生日是可庆可贺的事情，但我却感慨万千。帝王君临天下，富有四海，可是想奉养父母，却永远无法做到。仲由贫困时，常常到外面去为父母背米，他到楚国做官之后，富有万钟之粟，但那时他的父母去世了，再想尽孝心已不可能，所以他非常遗憾。《诗经》说：'可怜我的父母，为养育我付出了多少艰辛啊。'怎么可以在父母生我这样艰难的日子，举办宴会寻欢作乐呢？这实在是与礼仪相违。"说完，便情不自禁地哭泣了许久。

【注释】

①祭丑：唐太宗生日。

②仲由怀负米之恨：仲由，孔子弟子子路，子路孝待父母，自己常吃野菜，而背米送给父母。父母死后，子路富有了，常怀悲叹。

【原文】

太常少卿祖孝孙奏所定新乐。太宗曰："礼乐之作，是圣人缘物设教，以为撙节，治政善恶，岂此之由？"御史大夫杜淹对曰："前代兴亡，实由于乐。陈将亡也为《玉树后庭花》，齐将亡也而为《伴侣曲》，行路闻之，莫不悲泣，所谓亡国之音。以是观之，实由于乐。"太宗曰："不然，夫音声岂能感人？欢者闻之则悦，哀者听之则悲。悲悦在于人心，非由乐也。将亡之政，其人心苦，然苦心相感，故闻

之则悲耳。何乐声哀怨，能使悦者悲乎？今《玉树》、《伴侣》之曲，其声具存，朕能为公奏之，知公必不悲耳。”尚书右丞魏徵进曰：“古人称：礼云，礼云，玉帛云乎哉！乐云，乐云，钟鼓云乎哉！乐在人和，不由音调。”太宗然之。

【译文】

太常少卿祖孝孙上奏新近制定的音乐。唐太宗说：“礼仪、音乐，是圣人为了节制人们的情欲而设立的，用来教化百姓，它们应该符合规范。同样，政治的好坏，难道不也因此而生吗？”御史大夫杜淹说：“前代的兴衰存亡，也跟音乐有关。陈后主灭亡，就是因为奢侈荒淫和妃嫔们谱写淫曲《玉树后庭花》所造成的。齐东昏侯作《伴侣曲》，行旅之人听到，无不悲伤而泣，这乃是亡国之音啊。所以，国家的存亡，全在于音乐。”唐太宗不同意，说：“不是这样的，仅仅是声音怎么能影响人呢？快乐的人听到声音就会喜悦，哀伤的人听了就会悲伤。悲喜之情在于人心，并非是音乐造成的。即将灭亡的国家，百姓内心凄苦。听到哀怨的音乐，内心十分感动，就会愈加悲伤。相反，一首悲哀的音乐，怎么会使快乐的人悲伤呢？现在，《玉树后庭花》、《伴侣曲》这些靡靡之音依然存在，我自己都可以演奏它们。但是，可以肯定，你们是不会悲伤的。”魏徵接着说：“古人说，礼呀，礼呀，难道就是玉帛之类的礼器吗？乐或，乐呀，难道就是钟鼓之类的乐器吗？音乐的关键在于人的心境，不在于音调。”唐太宗很赞同他的看法。

【原文】

贞观七年，太常卿萧瑀奏言：“今《破陈乐舞》[①]天下之所共传，然美盛德之形容，尚有所未尽。前后之所破刘武周[②]薛举[③]窦建德、王世充等，臣愿图其形状，以写战胜攻取之容。”太宗曰：“朕当四方未定，因为天下救焚拯溺，故不获已，乃行战伐之事，所以人间遂有此舞，国家因兹亦制其曲。然雅乐之容，止得陈其梗概，若委曲写之，则其状易识。朕以见在将相，多有曾经受彼驱使者，既经为一日君臣，今若重见其被擒获之势，必当有所不忍，我为此等，所以不为也。”萧瑀谢曰：“此事非臣思虑所及。”

【译文】

贞观七年，太常卿萧瑀上书说：“现在《破阵乐舞》在天下广为传颂，但此乐仍不足以形容陛下超世的武功和宏伟的业绩。陛下先后打败了刘武周、薛举、窦建德、王世充等乱世枭雄，我愿意来写一写陛下无人可比的神勇。”唐太宗说：“我在天下纷争的乱世，为了拯救天下苍生，迫不得已，才征讨四方，所以才有了这个舞蹈和音乐。然而高雅的音乐，应该只陈述历史梗概，不宜把详情原原本本写出来。我看当今朝廷的将相，很多都曾受敌人的驱使，如果现在又看到他们被俘虏的情景，毕竟曾经有过君臣关系，肯定会于心不忍。考虑到这些，所以我认为不可。”萧瑀道歉说：“这件事臣根本没有想到。”

【注释】

①《破阵乐舞》：太宗为秦王时，破刘武周，军中相与作《破阵乐》，用乐工二十八人，披银甲，执戟而舞。

②刘武周：马邑人，隋时为鹰扬校尉，曾起兵附于突厥，突厥立其为定杨可汗，后被太宗击败于并州，奔突厥，为突厥所杀。

③薛举：兰州人。隋末起兵自号西秦霸王，后被太宗所降。

史鉴新得

好之者，不如乐之者

科学、道德、艺术是人类文化的三大支柱。然而，就中国先秦时期教育体制而言，对“道德”的研究探讨、细化与推崇，反映到国人文化性格上，形成了古代儒家文化的“精神图腾”——“礼乐”制度。音乐在古代社会生活中所处的重要地位，使得“礼与乐”，成为中国古代文化教育的中心话题，成为众多思想家著书立说的重点对象，成就了今天“儒家文化”在我国历史文化中占主导地位和影响最大的音乐美学思想。

谈儒家文化，不能不提孔子。孔子重视音乐，一方面是为了表现出他对古代周礼制度的尊崇与传承，另一方面则是来自于他对音乐精神层面的理性观察。孔子认识到音乐艺术的感情特征，认为音乐可以触动人们的心灵；对人的思想感情产生潜移默化的影响，并认为人们在从事任何工作时，仅仅有冷静的头脑是不够的，还应怀着浓厚的兴趣、保持愉悦的心情。“子曰，知之者，不如好知者；好之者，不如乐之者。”（《论语·雍也》）

生活中，孔子身体力行。《孔子世家》说：“孔子学鼓琴于师襄，十日不进。师襄子曰，可以近矣。孔子曰，丘已习其曲矣，未得其数也。有间曰，已习其数，可以益矣。孔子曰，丘未得其志也。有间曰，已习其志，可以益矣。孔子曰，丘未得其人也。有间曰，有所穆然深思焉；有所怡然高望而远志焉。曰，丘得其为人，黯然而黑，几然而长，眼如望羊，心如王四国，非文王其谁能为此也。”可见孔子对音乐的学习，是由技术逐渐深入到音乐的精神层面。

孔子倡导音乐精神是“仁”。仁是道德，乐是艺术。二者的共通之处在于“和”。乐以道和。(《庄子·天下篇》)“子曰，人而不仁，如礼何？人而不仁，如乐何？”(《论语·八佾》)孔子看到春秋战国时期“礼崩乐坏”的局面，提出了“仁”这一文化精神，来实现他追求和崇奉的理想社会制度。这时，“乐”作为感染人情，陶冶人性，以及培养“仁”的精神的最好方式，在孔子的音乐观中占有重要地位。

音乐，是由于外界事物触发人的情感活动而产生的。“凡音之起，由人心生也，人心之动，物始之然也……是故先王所以感之音。”(《乐本篇》)人的情感活动创造了音乐，音乐又直接作用于人的情感。因此，“乐也者，不可变者也”。(《荀子·乐论》)感情是音乐的本质特征的表现。不同于情感产生的不同变化。“凡奸声感人而逆气应之，逆气成象而乱生焉；正声感人而顺气之，顺气成象而治生焉。”(《荀子·乐论》)可见，儒家对乐的感情特征是有明确认识的。正是由于这个特征，使得音乐对人的教育，有别于道德和科学，直接诉诸于音乐情感，而产生其感人至深，其移风易俗的效果。人们通过对乐的情感陶冶，达到道德的完善，发扬“至德”的光辉。

为了维护旧的统治秩序，儒家认为必须强化礼制，而强化礼制的重要途径之一，便是配合“礼”的规范，以“乐”的教育达到目的，发挥作用。由于，“乐也者，情之不可易者也”。乐的美感教育作用，通过情感感染来实现，它能唤起一定的情感体验，而“礼也者，力之不可易者也”。礼是一定理智的表现，它以一定的政治制度和社会伦理为准则。所以，乐与礼的统一，是情与礼的统一。以礼调节情的平衡，儒家是把这种统一与平衡，作为对音乐以及美育教育的基本要求，使得不同的人，各安其职。“礼辅之以乐，乐受之于礼”的政治制度和社会规范。

凡事皆须务本。国以人为本，人以衣食为本，凡营衣食，以不失时为本。夫不失时者，在人君简静乃可致耳。若兵戈屡动，土木不息，而欲不夺农时，其可得乎？

死者不可再生，用法务在宽简。古人云，鬻棺者欲岁之疫，非疾于人，利于棺售故耳。今法司核理一狱，必求深刻，欲成其考课。今作何法，得使平允？

务农第三十

【题解】

中国传统社会以农业为中心，历代王朝都把农业作为国家的根本。农业发达，国家才能富庶，社会才能安定，人民才能丰衣足食。太宗省徭薄赋，期望五谷丰登，人民安居乐业。

【原文】

贞观二年，太宗谓侍臣曰："凡事皆须务本。国以人为本，人以衣食为本，凡营衣食，以不失时为本。夫不失时者，在人君简静乃可致耳。若兵戈屡动，土木不息，而欲不夺农时，其可得乎？"王珪曰："昔秦皇、汉武，外则穷极兵戈，内则崇侈宫室，人力既竭，祸难遂兴。彼岂不欲安人乎？失所以安人之道也。亡隋之辙，殷鉴不远，陛下亲承其弊，知所以易之。然在初则易，终之实难。伏愿慎终如始，方尽其美。"太宗曰："公言是也。夫安人宁国，惟在于君。君无为则人乐，君多欲则人苦。朕所以抑情损欲，克己自励耳。"

【译文】

贞观二年，唐太宗对侍从的大臣们说："任何事情都必须掌握根本。国家以人民为根本，人民以衣食为根本，经营农桑衣食，以不失时机为根本。要不失时机，只有君主不生事劳民才能做到。假若连年打仗，营建不停，而想不占用农时，能办得到吗？"大臣王珪说："从前，秦始皇、汉武帝，对外穷兵黩武，对内大建宫室，人力既已用尽，灾祸也就接踵而至，他们难道就不想安定百姓吗？只是没有使用安定百姓的正确方法。隋代灭亡的教训距今不远，陛下亲自承受了隋朝遗留下来的弊病，懂得怎样去改变，不过刚开始还比较容易，要坚持到底就很难。我真希望陛下自始至终都能小心谨慎，从而善始善终。"太宗说："你讲得很对。安定百姓和国家，关键在于君主，君主能与民休息，百姓就欢乐，君主多私欲，百姓就痛苦，这就是我之所以不敢任情纵欲，而

不断克制告诫自己的原因。”

【原文】

贞观二年，京师旱，蝗虫大起。太宗入苑视禾，见蝗虫，掇[1]数枚而咒曰：“人以谷为命，而汝食之，是害于百姓。百姓有过，在予一人，尔其有灵，但当蚀我心，无害百姓。”将吞之，左右遽谏曰：“恐成疾，不可。”太宗曰：“所冀移灾朕躬，何疾之避？”遂吞之。自是蝗不复为灾。

【译文】

贞观二年，京城大旱，蝗虫成灾。唐太宗亲自到田野去看稻谷，看见蝗虫猖獗，就捡起了几只并骂道：“百姓视稻谷为生命，你却把谷子吃了，你是在危害百姓啊。如果说老百姓有罪过，那么责任也只在于国君一人，如果你真的有灵性，就应当只啃噬我的心脏，不要危害百姓。”说完就要把蝗虫吃掉，左右的臣子大惊，连忙制止说：“吃了恐怕要生病，万万不可。”唐太宗说：“我只希望把灾祸转移到我身上，还怕什么疾病呢？”说完便一口将蝗虫吞下。从此，蝗虫不再成灾。

【注释】

①掇(duō)：拾取。

【原文】

贞观五年，有司上书言：“皇太子将行冠礼[1]，宜用二月为吉，请追兵[2]以备仪注[3]。”太宗曰：“今东作[4]方兴，恐妨农事。”令改用十月。太子少保萧瑀奏言：“准阴阳家，用二月为胜。”太宗曰：“阴阳拘忌，朕所不行。若动静必依阴阳，不顾理义，欲求福祐，其可得乎？若所行皆遵正道，自然常与吉会。且吉凶在人，岂假阴阳拘忌？农时甚要，不可暂失。”

【译文】

贞观五年，主管大臣上书说：“皇太子即将举行加冠礼，在二月里举行才吉祥，请陛下增加兵卫仪仗的规模，使礼节齐备。”太宗说：“如今百姓春耕刚开始，这样做怕要妨碍农事。”于是下令将礼仪改在十月。太子少保萧瑀上奏说：“按照阴阳家的推算，在二月里举行最好。”太宗说：“阴阳讲究禁忌，我从不信那一套。如果一举一动都必须依照阴阳家的话去办，不顾天理道义，而想求得福佑吉祥，怎么可能呢？如果所做的都遵照正道，自然会万事吉祥。并且，吉凶取决于人，怎能听信阴阳禁忌呢？农时很要紧，不能耽误片刻。”

【注释】

①冠礼：古代男子成年时(二十岁)加冠的礼节。

②追兵：增调、增补兵卒。

③仪注：典礼仪式。

④东作：指农事。

【原文】

贞观十六年，太宗以天下粟价率计斗值五钱，其尤贱处，计斗值三钱，因谓侍臣曰："国以民为本，人以食为命。若禾黍不登，则兆庶非国家所有。既属丰稔若斯，朕为亿兆人父母，唯欲躬务俭约，必不辄为奢侈。朕常欲赐天下之人，皆使富贵，今省徭赋，不夺其时，使比屋之人恣其耕稼，此则富矣。敦行礼让，使乡闾之间，少敬长，妻敬夫，此则贵矣。但令天下皆然，朕不听管弦，不从畋猎，乐在其中矣！"

【译文】

贞观十六年，唐太宗因为天下米价大都一斗值五个钱，更便宜的，一斗只值三个钱。因此，他对侍臣说："国家以百姓为根本，百姓又以粮食为生命。如果粮食不丰收，人们就不再为国家所有了。既然粮食对国计民生关系如此重大，我又是百姓的衣食父母，只希望能够克勤克俭，不奢侈浮华，造福于民。我常常想赏赐天下百姓，使他们都富裕尊贵。现在我减少赋役，不占用他们的农耕的时间，使他们能够顺应天时，把庄稼种好，其实，这就是使他们富裕。我还推行礼仪谦让的风气，让乡间的百姓，年轻的尊敬年长的，妻子尊敬丈夫，其实，这就是使他们尊贵。只要天下都能这样，我即使不听音乐、不打猎也乐在其中了。"

史鉴新得

求实务本的人性化管理

《务农》反映了封建社会重视农业的"务本"思想。唐太宗认为："凡事皆须务本。国以人为本，人以衣食为本，凡营衣食，以不失时为本。"贞观十六年时，他宣称："朕常欲赐天下之人，皆使富贵。今省徭赋，不夺其时，使比屋之人，恣其耕稼，此则富矣。敦行礼让，使乡间之中，少敬长，妻敬夫，此则贵矣。但令天下皆然，朕不听管弦，不从畋猎，乐在其中矣。"

隋末大乱之后，田园荒芜，百姓流离失所，农业生产受到严重破坏。为了鼓励百姓发展农业生产，唐太宗恢复了被废弃达数百年之久的“籍田”仪式。所谓“籍田”，是指在春耕开始时，国君亲自下田，手执农具，牵引耕牛，象征自己在耕作，鼓励百姓重视发展农业。《旧唐书》上记载，贞观三年正月，唐太宗率文武百官祭祀后稷(传说中的农神，周朝的始祖)，然后手执农具，下田耕种，百姓围观者甚多，莫不感到惊奇、兴奋。太宗此举是为了提倡举国上下尽力农耕。

太宗为了鼓励农耕，在宫苑里亲自种了三亩多庄稼，按时下田除草耕耘。他虽然日理万机处理国事，仍然抽时间农耕，这在历代帝王中实属罕见。太宗是文武兼备的帝王，却不是种田高手。他辛辛苦苦种了一年田，到头来的收获，只有农民半亩地的收成，而自己已感到劳累不堪。为此他深有感触的对劝课农桑的官员说：“农夫实在太辛苦了，最近听说每斗米才值四钱，我深感忧虑，担心那些没有远见之人，看到无利可图，不愿吃苦耕田。倘若放松农耕，遇到水旱灾荒，又要受饥挨饿。你们要派官员到田头垄间去，劝勉农人发展农桑，不能有丝毫懈怠。而且告诫州县官吏，下乡巡视，绝不许农人迎送，破费款待，否则不如不去。”

唐太宗通过亲自参加农业劳动，感受到务农的艰辛，由此体会到百姓的疾苦，主张发展农桑，制止官吏扰民，这对于高居九重深宫的帝王而言，是非常罕见而高贵的品德。说到底，“务农”的实质就是以农业为本、以百姓生存为本，“民惟邦本，本固邦宁”(《尚书·五子之歌》)这种“民本思想”是中国传统思想精髓的体现。

中国传统的民本思想萌芽于殷商至西周时期，当时的领导者已开始从桀、纣的亡国以及现实的斗争中，初步看到了人民的力量，提出了“人无于水监，当于民监”(《尚书·酒诰》)和“敬德保民”(《尚书·康诰》)，开始重视民的力量。春秋战国时期，社会动荡加剧，民众的重要地位越来越显示出来。孔子较早地提出了重民、富民思想，他说：“足民足食，民信之矣。”(《论语》)孟子提出了“民贵君轻”、“得乎丘民而为天子”(《孟子·尽心下》)和仁政学说，形成了比较完备的民本思想体系。至于荀子提出的“君者，舟也；庶人者，水也。水则载舟，水则覆舟”(《荀子·王制》)的著名比喻,更是集中反映了“民本”的思想。汉唐时期,民为邦本的思想得到进一步的发展。西汉思想家贾谊吸取秦亡教训,提出“民者,万世之本”的思想(《新书·大政》),唐太宗李世民总结隋亡教训,悟出必须做到“国以民为本”。明清时期,民本思想更加完善,王夫之宣称:“人无易天地,易父母,而有可易之君。”(《泰誓上》)对民众的力量有了更加清楚的认识。

刑法第三十一

【题解】

刑罚的本意，在于惩治罪恶，鼓励善行。因此，刑罚不在轻重，重要的是能够起到教化大众的目的。太宗慎用刑法，无偏无私，对死刑判决尤其谨慎。贞观年间，用刑宽大公平，监狱几乎闲置不用。

【原文】

贞观元年，太宗谓侍臣曰："死者不可再生，用法务在宽简。古人云，鬻棺者欲岁之疫，非疾于人，利于棺售故耳。今法司核理一狱，必求深刻，欲成其考课。今作何法，得使平允？"谏议大夫王珪进曰："但选公直良善人，断狱允当者，增秩赐金，即奸伪自息。"诏从之。太宗又曰："古者断狱，必讯于三槐、九棘①之官，今三公、九卿，即其职也。自今以后，大辟罪皆令中书、门下四品以上及尚书九卿议之。如此，庶免冤滥。"由是至四年，断死刑，天下二十九人，几致刑措。

【译文】

贞观元年，唐太宗对侍从的大臣们说："人死了不能复生，所以执法务必要宽大简约。古人说，卖棺木的人希望年年发生瘟疫，并不是对人仇恨，而是利于棺木出售的缘故。如今，执法部门审理每一件狱案，总是力求苛严，以此博得好的考核成绩。现在该用什么办法，才可以做到公平恰当呢？"谏议大夫王珪进言道："只要选拔正直善良的人，他们判断狱案准确，就增加他们的俸禄，赏赐金帛，那么奸伪邪恶自然会止息。"太宗于是下令按这个办法实行。太宗又说："古时候判断狱案，一定要向三槐、九棘之官询问，当今的三公、九卿就有这样的职责。从今以后，遇有死刑，都叫中书、门下两省四品以上高官以及尚书、九卿来议处，这样做，才有可能避免冤狱滥刑。"由于实行了这样的措施，到贞观四年，全国被判处死刑的人只有二十九个，几乎做到刑法搁置不用。

【注释】

①三槐、九棘：据《周礼》说，古代外朝种有三棵槐树，三公位在其下。后以“三槐”为三公的代称。又以朝廷树棘分别臣的品位，左右各九，称“九棘”。

【原文】

贞观二年，太宗谓侍臣曰：“比有奴告主谋逆，此极弊法，特须禁断。假令有谋反者，必不独成，终将与人计之；众计之事，必有他人论之，岂藉奴告也？自今奴告主者，不须受，尽令斩决。”

【译文】

贞观二年，唐太宗对侍臣说：“奴才告主子谋反作乱，这条律令危害非常大，必须除掉。如果真有谋反，肯定不是一个人单独的行为。一定是和别人合谋策划的。许多人策划的事情，肯定会引得别人议论，怎么偏偏由奴才告发呢？从今以后，凡是有奴才告发主子的案子，不要受理，全部下令将奴才斩首处决。”

【原文】

贞观五年，张蕴古为大理丞。相州人李好德素有风疾，言涉妖妄，诏令鞠其狱。蕴古言：“好德癫病有征，法不当坐。”太宗许将宽宥。蕴古密报其旨，仍引与博戏①。治书侍御史权万纪劾奏之。太宗大怒，令斩于东市。既而悔之，谓房玄龄曰：“公等食人之禄，须忧人之忧，事无巨细，咸当留意。今不问则不言，见事都不谏诤，何所辅弼？如蕴古身为法官，与囚博戏，漏泄朕言，此亦罪状甚重。若据常律，未至极刑。朕当时盛怒，即令处置。公等竟无一言，所司又不覆奏，遂即决之，岂是道理。”因诏曰：“凡有死刑，虽令即决，皆须五覆奏。”五覆奏，自蕴古始也。又曰：“守文定罪，或恐有冤。自今以后，门下省覆，有据法令合死而情可矜者，宜录奏闻。”

【译文】

贞观五年，张蕴古任大理寺丞。相州有个名叫李好德的人，一向有疯癫病，讲了些荒谬狂妄的话，唐太宗诏令治罪。张蕴古说：“李好德患疯癫病证据确凿，按照法律不应判罪。”太宗答应对他予以从宽处理，张蕴古私下把太宗的旨意告诉李好德，并和他博戏。治书侍御史权万纪弹劾张蕴古，太宗对张蕴古的行为感到十分愤怒，便下令把张蕴古在东市斩首。不久，唐太宗对自己的做法很后悔，对房玄龄说：“你们吃了君主的俸禄，就要替君主分忧，事无大小，都得留心。如今我不询问，你们就不说自己的看法，看到事情都不谏诤，这怎么能称作辅弼呢？比如，张蕴古身为法官，和狱囚一起博戏，还泄漏我的话，虽说罪状严重，但如果按正常的法律量处，还不至于判处死刑。我当时盛怒，立即下令处死，你们竟然不说一句话，主管部门又不复奏，就把他处决，这难道合乎道理吗？"于是下诏说："凡有死刑，虽下令立即处决，都还得五次复奏。"唐代五复奏的规定，就是从张蕴古这件事情开始的。诏令中又说："遵照律文定罪，也可能有冤情。从今以后，由门下省复审，有按照法令应当处死而情有可原的，应将案情抄录奏报。"

【注释】

①引与博戏：让他和自己博戏。

【原文】

蕴古，初以贞观二年，自幽州总管府记室兼直中书省，表上《大宝箴》，文义甚美，可以规诫。其词曰：

今来古往，俯察仰观，惟辟[①]作福，为君实难。宅普天之下，处王公之上，任土贡其所有，具僚[②]和其所唱。是故恐惧之心日弛，邪僻之情转放。岂知事起乎所忽，祸生乎无妄。故以圣人受命，拯溺亨屯[③]，归罪于己，推恩于民。大明[④]无偏照，至公无私亲。故以一人治天下，不以天下奉一人。礼以禁其奢，乐以防其佚。左言而右事，出警而入跸。四时调其惨舒[⑤]，三光同其得失[⑥]。故身为之度，而声为之律。勿谓无知，居高听卑；勿谓何害，积小成大。乐不可极，极乐成哀；欲不可纵，纵欲成灾。壮九重于内，所居不过容膝；彼昏不知[⑦]，瑶其台而琼其室。罗八珍于前，所食不过适口；惟狂罔念，丘其糟而池其酒。勿内荒于色，勿外荒于禽；勿贵难得之货，勿听亡国之音。内荒伐人性，外荒荡人心；难得之物侈，亡国之声淫。勿谓我尊而傲贤侮士，勿谓我智而拒谏矜己。闻之夏后，据馈频起[⑧]；亦有魏帝，牵裾[⑨]不止。安彼反侧，如春阳秋露；巍巍荡荡，推汉高大度。抚兹庶事，如履薄临深；战战栗栗，用周文小心[⑩]。

【译文】

张蕴古，在贞观二年，任幽州总管府记室兼直中书省时，他向唐太宗呈上了《大宝箴》一文，文词华美，道理深刻，是一篇规诫朝政的好文章。内容如下：

古往今来，纵观横看，君主都要为民造福，做君主的确不易。普天之下莫非王土，率土之滨莫非王臣，全国各地随其所有进贡，满朝文武一呼百应。因此国君容易丢掉戒备之心，滋生放纵之情。岂知福兮祸所伏，事故生于疏忽，灾祸生于意外，世事无常。所以圣人顺应天意，拯济苍生，归罪于自己，施恩于百姓。"大道之行，天下为公"，君主以一己之躯侍奉天下，不以天下百姓侍奉一身。用礼教防止奢靡，制定音乐防止其放荡。左右史官，记录君主的言行，外出时戒备森严，回宫时路禁行人。按照春夏秋冬而调整其宽严，依据日月星辰检查得失。因此，自己的言行就成了国家法度，声音就成了时代旋律。君王是天下人的楷模。不以臣下为无知，身居高位而能倾听下面的呼声；不可掉以轻心，让小小的过失酿成难以挽回的灾难。快乐不可过度，过度则转喜为悲；欲望不可放纵，放纵则成为祸患。君王居住琼楼玉宇，何等华丽，其实尺幅之地就可以容身。山珍海味任由享用，其实食物只要合口就已很好了。桀、纣的酒池可以运船，糟堤长达十里，极尽享乐之能事。不要沉溺于女色和打猎，不以奇珍异宝为贵，不听让人堕落的音乐。不要倨傲，轻视贤才，不要认为自己富有智能而拒绝忠言。魏文帝欲迁冀州百姓十万户填充河南。辛毗拉着他的衣服，苦苦劝阻。古代宽厚仁慈的君王，汉高祖可为典范。他处理政事像周文王一样小心谨慎，如履薄冰。

【注释】

①辟：指国君。
②具僚：指左右群臣。
③亨屯(读 zhūn)：亨，顺通；屯，艰难。亨屯意谓解救危难，使之安顺。
④大明：指太阳。
⑤惨舒：残忍和宽大。
⑥三光同其得失：依照日月星辰检查朝政得失。
⑦彼昏不知：昏庸无知。
⑧据馈频起：一顿饭要中断好几次。
⑨牵裾：拉起衣服。
⑩小心：小心谨慎。

【原文】

《诗》云："不识不知。"《书》曰："无偏无党。"一彼此于胸臆，捐好恶于心想。众弃而后加刑，众悦而后命赏。弱其强而治其乱，伸其屈而直其枉。故曰：如衡如石，不定物以数，物之悬者，轻重自见；如水如镜，不示物以形，物之鉴者，妍蚩自露。勿浑浑而浊，勿皎皎而清；勿汶汶而暗，勿察察而明。虽冕旒[1]蔽目而视于未形，虽黈纩[2]塞耳而听于无声。纵心乎湛然之域，游神于至道之精。扣之者，应洪纤而效响；酌之者，随浅深而皆盈。故曰：天之清，地之宁，王之贞。四时不言而代序，万物无为而受成。岂知帝有其力，而天下和平。吾王拨乱，戡以智力；人惧其威，未怀其德。我皇抚运，扇以淳风；民怀其始，未保其终。爰术金镜[3]，穷神尽性。使人以心，应言以行。包括理体，抑扬辞令。天下为公，一人有庆。开罗起祝，援

琴命诗。一日二日，念兹在兹。惟人所召，自天祐之。争臣司直，敢告前疑。

太宗嘉之，赐帛三百段，仍授以大理寺丞。

【译文】

《诗经》写道："不去认识就不会了解。"《尚书》说："不偏私，不结党，为君之道光明正大。"必须一视同仁，不随意流露好恶之情。众人指责的人就加以处罚，众人赞赏的人就实行赏赐。打击邪恶整顿乱世，伸张正义昭雪冤案，所以说：好比是秤，它并不确定物体的重量，而物体用秤一称，轻重自然就显示出来了；好比是镜子，它并不赋予物体形状，但是物体在镜子前面一照，美丑自然就显露出来了。不要糊里糊涂，是非不分，也不要过分苛刻，以苛察为明。虽然冠冕遮目也要看到尚未酿成的问题，虽然棉絮塞耳也要听到尚未发出的声音。心地宽广无所不容，神智超群无所不通。像洪钟，随着叩打者用力大小发出不同的声音；像大海，任取水的人用多用少都能满足。《老子》有言："上天得以清朗，大地得以安宁，王侯得以天下归心。"一年四季默默地交替轮转，寒暑有序；万物无为旧忘新生。帝王可以把天下治理得和平安宁，使人看不到自己的作用。陛下崛起于乱世，凭借智能和武功，挫败群雄。现在，百姓只惧怕您的神威，还没有感激您的恩德。陛下顺应天意，力行淳朴之风；符合民心，言行一致。一心为公，实乃万民之幸。陛下顺就了民心，因此上天保佑。使群臣斗胆妄言，纷纷进谏。

唐太宗看后很是赞许，赐给他丝帛三百段，加封他为大理寺丞。

【注释】

①冕旒：冠冕。
②黈纩(tōu kuàng)：黄丝绵。古代帝王戴冕，两旁各挂一小团黄绵，以示不听无益之言。
③爰术金镜：借助历史的镜子。

【原文】

贞观五年，诏曰："在京诸司，比来奏决死囚，虽云三覆，一日即了，都未暇审思，三奏何益？纵有追悔，又无所及。自今后，在京诸司奏决死囚，宜二日中五覆奏，天下诸州三覆奏。"又手诏敕曰："比来有司断狱，多据律文，虽情在可矜而不敢违法，守文定罪，惑恐有冤。自今门下省复有据法合死，而情在可矜者，宜录状奏闻。"

【译文】

贞观五年，唐太宗下诏说："国家规定判处某人死刑必须经过三次审理，而现在京城的各个官府衙门，奏请判处死刑，虽然批报三次，一般来说都在一天内就决定了，没有经过片刻的思考审核，三次审理的规定不是形同虚设吗？这样做的话，即使事后有所反悔，也无可挽救了。从今以后，京城的官府判决死罪，必须在两日内经过五次上奏审核，京城外的，必须经过三次上奏审核。”不久，又亲自手谕下诏说：“过去有关部门判处案子，大都根据法律条文办事，有时候虽情有可原但又不敢违反律令，如果死守条款，恐怕会产生很多冤假错案来。从今以后，门下省如果发现根据法令该判处死罪，而情有可原的案子，应该写成状子上奏再审。”

【原文】

贞观九年，盐泽道行军总管、岷州都督高甑生，坐违李靖节度，又诬告靖谋逆，减死徙边。时有上言者曰：“甑生旧秦府功臣，请宽其过。”太宗曰：“虽是藩邸旧劳，诚不可忘。然理国守法，事须画一，今若赦之，使开侥幸之路。且国家建义太原，元从及征战有功者甚众，若甑生获免，谁不觊觎？有功之人，皆须犯法。我所以必不赦者，正为此也。”

【译文】

贞观九年，盐泽道行军总管、岷州都督高甑生由于违抗李靖的节制调度，还诬告李靖谋反，被判死罪，后减免死罪流放到边远地方。当时有人上书为他求情说：“高甑生是当年秦王府的功臣，请求陛下宽免他的过错。”唐太宗说：“他过去曾在秦王府出过力，确实不应该忘记，但是治国守法，必须统一，今天如果赦免他，就开了侥幸之路。而且当初起兵太原，参加作战的人很多，如果高甑生得以免罪，那么谁会不存侥幸之想呢，有功的人，都会依仗功劳，犯法作乱。我之所以决定不予赦免，正是为了这个缘故。”

【原文】

贞观十一年，特进魏徵上疏曰：

臣闻《书》曰：“明德慎罚”，“惟刑恤哉！”《礼》云：“为上易事，为下易知，则刑不烦矣。上①人疑则百姓惑，下难知则君长劳矣。”夫上易事，则下易知，君长不劳，百姓不惑。故君有一德，臣无二心，上播忠厚之诚，下竭股肱之力，然后太平之基不坠，“康哉”之咏斯起。当今道被华戎②，功高宇宙，无思不服，无远不臻。然言尚于简文，志在于明察，刑赏之用，有所未尽。夫刑赏之本，在乎劝善而惩恶，帝王之所以与天下为画一，不以贵贱亲疏而轻重者也。今之刑赏，未必尽然。或屈伸在乎好恶，或轻重由乎喜怒；遇喜则矜其情于法中，逢怒则求其罪于事外；所好则钻皮出其毛羽，所恶则洗垢求其瘢痕。瘢痕可求，则刑斯滥矣；毛羽可出，则赏因谬矣。刑滥则小人道长，赏谬则君子道消。小人之恶不惩，君子之善不劝，而望治安刑措，非所闻也。

【原文】

贞观十一年，特进魏徵上书说：

我看见《尚书》上讲："申明道理，谨慎刑罚"。国家应该根据实际情况，从轻量刑。《礼记》说："君上宽厚容易侍奉，臣下老实容易驱使，这样就用不着多少刑罚了。如果国君和臣子之间互相怀疑，那么老百姓就会疑惑；臣下不易驱使，君上就得劳神费心了。"君上容易侍奉，臣下就容易驱使，君上可以不必操劳，百姓也不会困惑。所以君有一德，臣无二心，君播种忠厚之诚，臣竭尽辅佐之力，这样太平基业才不会毁灭，欢乐的歌声才会四起。当今国泰民安，陛下恩及四海，无人不服，无远不至。但口头上虽然说崇尚精简刑法，但刑罚的实行上仍有不足之处。赏罚的根本目的，在于提倡善良、铲除邪恶，因此，帝王不能按贵贱亲疏之别而有轻重之分。如今的赏罚，不一定都能实现《尚书》《礼记》所提倡的那样。有的赏罚所把握的尺度出于自己的好恶，有的赏罚的轻重出于自己的喜怒；遇到自己高兴时就把感情熔于法律之中，遇到自己生气时就在情理之外无端定他的罪；自己所喜欢的哪怕是钻透他的皮来也要展露出他光鲜的毛发，所厌恶的即便是已经洗清掉他的污垢了还要找出其残留的痕迹。找到蛛丝马迹就滥使刑罚，找出漂亮光鲜的羽翼就错误地奖赏他。滥刑增长了小人的气势，错误的奖赏就会使君子之道消失殆尽。对小人之恶不予以惩罚，对君子之善不予以奖励，如果这样做还指望国家秩序井然，赏罚得法，这是没有听说过的。

【注释】

①上：指君主。

②华戎：原指中原的民族和边疆的少数民族。本文泛指普天之下。

【原文】

且夫暇豫清谈，皆敦尚于孔、老①；威怒所至，则取法于申、韩②。直道而行，非无三黜③，危人自安，盖亦多矣。故道德之旨未弘，刻薄之风已扇。夫刻薄既扇，则下生百端；人竞趋时，则宪章不一。稽之王度，实亏君道。昔州犁上下其手④，楚国之法遂差；张汤轻重其心⑤，汉朝之刑以弊。以人臣之颇僻，犹莫能申其欺罔，况人君之高下，将何以措其手足乎？以睿圣之聪明，无幽微而不烛，岂神有所不达，智有所不通哉？安其所安，不以恤刑为念；乐其所乐，遂忘先笑之变。祸福相倚，吉凶同域，惟人所召，安可不思？顷者责罚稍多，威怒微厉，或以供帐不赡，或以营作差违，或以物不称心，或以人不从命，皆非致治之所急，实恐骄奢之攸渐⑥。是知"贵不与骄期而骄自至，富不与侈期而侈自来"，非徒语也。

【译文】

再说平时闲谈，都是崇尚孔子、老子的学说，而在生气的时候，谈论刑罚赏赐，就取法于申不害、韩非子的说法。直道而行的人有的屡遭贬黜，人人自危的事也不少，所以说道德未能光大，反而使刻薄之风愈演愈烈。这样一来，百姓中会滋生出许多事端，如果人人趋炎附势，就难免使法律不统一，这对君主的品德道行是极其有害的。过去伯州犁上下其手，楚国的法律因此而偏差，张汤轻重其心，汉朝的刑法因此产生弊端。人臣有意偏袒尚且使别人所受的欺骗不能得以申诉，何况君主任意钦定的高下之分，别人怎能不慌乱而无措呢！帝王应有圣明的智能，明察秋毫，幽暗隐微处无不看得清清楚楚，难道连圣人都无法避免有所遗漏吗？君王应该安百姓所安，不要只存惩罚之念；乐百姓所乐，避免犯古人同样的过失。祸福相倚，吉凶互存，关键要看一个人如何选择，滥施刑罚的危害如此之大，怎能不慎重呢？如果稍不顺心，就严加处罚，或者是因为供奉不足，或者因为营建的工程违背了命令，或者因为进贡的物品不称心如意，或者因为没有听从命令，这些都非关系国计民生的大事，长此以往，恐怕会使骄奢放纵之情滋生蔓延。所以"尊贵之后，虽非有意骄横，可骄横自然会产生；富裕之后，虽不刻意奢侈，而奢侈自然会滋生"，这句话并不是无稽之谈啊！

【注释】

①孔、老：指孔子和老子。

②申、韩：指战国时期的申不害和韩非。

③三黜：三次被罢官。《论语》载柳下惠为士师，三次被黜罢，他说："直道而事人，焉往而不三黜？"

④州犁上下其手：《左传·襄公二十六年》载，楚攻郑，穿封戌俘郑将皇颉，公子围争功，请伯州犁裁处。伯州犁叫俘虏作证，而有意偏袒公子围，于是对皇颉进行暗示：上其手曰："夫子为王子围，寡君之介弟也。"下其手曰："此子为穿封戌，方城外之县尹也。谁获子？"皇颉心领神会地说："我遇上王子，被打败了。"后来把串通作弊、徇情枉法称为"上下其手"。

⑤张汤轻重其心：汉张汤为廷尉，断处案件不严格执法，而是揣摩迎合皇上意志，或轻判，或重判，以讨皇上欢心。

⑥攸渐：所渐。

【原文】

且我之所代，实在有隋。隋氏乱亡之源，圣明之所临照①。以隋氏之府藏譬今日之资储，以隋氏之甲兵况当今之士马，以隋氏之户口校今时之百姓，度长比大，曾何等级？然隋氏以富强而丧败，动之也；我以贫穷而安宁，静之也。静之则安，动之则乱，人皆知之，非隐而难见也，非微而难察也。然鲜蹈平易之途，多遵覆车之辙，何哉？在于安不思危、治不念乱、存不虑亡之所致也。昔隋氏之未乱，自谓必无乱；隋氏之未亡，自谓必不亡，所以甲兵屡动，徭役不息。至于将受戮辱，竟未悟其灭亡之所由也，可不哀哉！

【译文】

我朝所取代的是隋朝，隋朝乱亡的根源，陛下都亲眼看见了。拿隋朝的物资、兵甲、人口和现在的情况相比，成什么比例？然而隋朝富强反而败亡，原因就在于它好动，扰民不已；我朝贫穷反而安宁，原因在于务静，无为而治。静则安，动则乱，这个道理人人皆知，并非细微深藏难以察见。然而却很少有人踏上平易之路，更多的是重蹈覆辙，这是什么原因呢？原因就在于安不思危，治不念乱，存不虑亡，所以才导致了这样的结果。过去隋朝在未动乱之前，自以为肯定不会动乱；在未灭亡之前，自以为肯定不会灭亡。所以连年征战，徭役不息，以至到了将要灭亡的时候，竟然尚未觉察出自己灭亡的原因，这岂不是十分可悲吗！

【注释】

①临照：照耀到。本文是亲眼所见的意思。

【原文】

夫鉴形之美恶，必就于止水；鉴国之安危，必取于亡国。故《诗》曰："殷鉴不远，在夏后之世。"又曰："伐柯伐柯，其则不远。"臣愿当今之动静，必思隋氏以为殷鉴，则存亡之治乱，可得而知。若能思其所以危，则安矣；思其所以乱，则治矣；思其所以亡，则存矣。知存亡之所在，节嗜欲以从人，省游畋之娱，息靡丽之作，罢不急之务，慎偏听之怒；近忠厚，远便佞，杜悦耳之邪说，甘苦口之忠言；去易进之人，贱难得之货，采尧舜之诽谤，追禹汤之罪己；惜十家之产，顺百姓之心，近取诸身，恕以待物，思劳谦以受益，不自满以招损；有动则庶类以和，出言而千里斯应，超上德于前载，树风声于后昆，此圣哲之宏观，而帝王之大业，能事斯毕，在乎慎守而已。

【译文】

要观察自己的美丑，必须面对平静的水面；要鉴察国家的安危，必须吸取亡国的教训。所以《诗经》上说："殷朝可以引为借鉴的例子并不远，就在夏朝的末代皇帝。"又说："拿着斧子砍树枝做斧柄，斧柄就在眼前。"为臣但愿当今所采取的政策，一定要以隋朝为借鉴。这样，国家的存亡治乱就可以知道了。如果能够思考其危亡的原因，那么就可以大治了；如果能够思考其灭亡的原因，那么就可以生存了。望陛下弄清存亡的关键，听从规劝，节制嗜欲，省却游猎之乐，停止豪华的建造，取消不急之务，谨防偏听之怒；亲近忠良，远离奸邪，杜绝悦耳的邪说，采纳苦口的忠言。斥退投机取巧的人，鄙视难得之物，像尧、舜那样鼓励臣民进谏，像禹、汤那样凡事归罪于自己，爱惜点滴的财物，顺和百姓之心，严以律己，宽以待人，坚持励精图治以求受益，谨防骄傲自满以免招损。这样做事就会得到众人的臣服，说话就会一呼百应，道德超越前人，风范垂于后世。这就是圣哲的宏图，帝王的大业，能成就宏伟事业，就在于慎守。

【原文】

夫守之则易，取之实难。既能得其所以难，岂不能保其所以易？其或保之不固，则骄奢淫泆动之也。慎终如始，可不勉欤！《易》曰："君子安不忘危，存不忘亡，治不忘乱，是以身安而国家可保也。"诚哉斯言，不可以不深察也。伏惟陛下欲善之志，不减于昔时，闻过必改，少亏于曩日。若以当今之无事，行畴昔之恭俭，则尽善尽美矣，固无得而称焉。

太宗深嘉而纳用。

【译文】

守帝王之业容易，创帝王之业艰难。既然得到了艰难的，难道还保不住容易的？如果有人保不牢固，那就是骄奢淫逸的缘故。慎终如始，怎能不时刻自我勉励呢！《易经》上说："君子安不忘危，存不忘亡，治不忘乱，这样，自身平安，国家也就可以保住了。"这话很对，不可不去深刻理解。想来陛下向善之志不减当年，而闻过必改的精神却有点不如往日。如果在今天平安无事的情况下，还像过去那样谦恭节俭，那就尽善尽美了，必将会受到人们的赞颂。

太宗皇帝对魏徵的意见大为赞赏并予以采纳。

【原文】

贞观十四年，戴州刺史贾崇以所部有犯十恶[1]者，被御史劾奏[2]。太宗谓侍臣曰："昔陶唐大圣，柳下惠大贤，其子丹朱甚不肖，其弟盗跖为巨恶。夫以圣贤之训，父子兄弟之亲，尚不能使陶染[3]变革，去恶从善。今遣刺史，化被下人，咸归善道，岂可得也？若令缘此皆被贬降，或恐递相掩蔽[4]，罪人斯失。诸州有犯十恶者，刺史不须从坐[5]，但令明加纠访科罪[6]，庶可肃清奸恶。"

【译文】

贞观十四年，戴州刺史贾崇因为其部下有人犯了十恶之罪，被御史弹劾上奏。

太宗皇帝听后对身边的大臣们说："古代唐尧是大圣，他的儿子丹朱却非常不成才；柳下惠是大贤，他的弟弟盗跖却成了巨恶之人。他们以圣贤之训，以父子兄弟之亲，尚且不能使其子弟受到熏染而发生变化，去恶从善，现在要求刺史教化百姓都使他们走正道，这怎么可能呢。如果因此都给予贬降，恐怕今后都会互相隐瞒罪行，就发现不了罪犯了。因此各州有犯十恶之罪的，刺史不必连坐获罪，只令其明加纠查惩治，这样才可以肃清奸恶之人。"

【注释】

①十恶：大罪。古时把谋反、谋大逆、谋叛、恶逆、不道、大不敬、不孝、不睦、不义、内乱称为十恶。
②劾奏：上书弹劾。
③陶染：熏陶感染。
④掩蔽：包庇掩饰。
⑤从坐：牵连治罪。
⑥纠访科罪：查纠办罪。

【原文】

贞观十六年，太宗谓大理卿孙伏伽[1]曰："夫作甲者欲其坚，恐人之伤；作箭者欲其锐，恐人不伤。何则？各有司存，利在称职故也。朕常问法官刑罚轻重，每称法网宽于往代，仍恐主狱之司，利在杀人，危人自达，以钓声价[2]。今之所忧，正在此耳。深宜禁止，务在宽平。"

【译文】

贞观十六年，唐太宗对大理卿孙伏伽说："作铠甲的人千方百计使铠甲坚固，唯恐被人击伤；造箭的人希望箭头尖锐，唯恐不能将人射伤。为什么呢？他们只是各司其职，都希望自己称职而已。我常常询问司法部门刑罚的轻重情况，他们都说刑罚比前代宽大，但我仍然担心主管断案的官员以杀人为功，沽名钓誉，危害别人以抬高自己。现在我所担心的就在于此！应严加禁止，刑罚务必宽平。"

【注释】

①孙伏伽：贝州人。武德中上书言事受到称誉。贞观年间拜为御史，累迁大理卿。
②声价：声名身价。

史鉴新得

德治与法治

中国是世界著名的文明古国，至少在公元前21世纪左右的夏朝就已经建立了国家,形成了法制。中华法制不仅起源早,而且经过四千多年的发展过程,一直没有中断过,这是在世界文明古国中所仅有的。因此,中国法制的历史沿革非常清晰,无论是某一部法典,还是某一项制度,都有清楚的源流关系,形成了一个完整的系统。

综观中国古代史上曾经出现的几次盛世局面,如成康之治、文景之治、贞观之治、康乾之治等。它们所表现出的共同特征就是社会秩序稳定,吏治清明,人民生活安定,阶级矛盾相对缓和,封建法制相对健全和完善。良好的法律秩序成为盛世最明显的标志。法盛则政兴,古代盛世局面的出现所体现的共同特征就是:重法、守法,上自皇帝下至百官百民,自觉或不自觉地服从于封建法律,不徇私枉法,不枉杀臣民,不僭越法律。

本章集中讨论了“依法治国”的问题,对于“法治”,贞观君臣颇有一些值得后世汲取、借鉴的观点。

首先,作为一国之君,唐太宗尤其注重法制,强调“法者,非朕一人之法,乃天下之法”,要求严格按照法律办事。戴胄以“法者,国家所以布大信于天下”为由,反对唐太宗有时以私情断狱,唐太宗对此予以嘉纳。魏徵反对“法无定科,任情以轻重”,也受到唐太宗的赞赏。唐太宗还主张公正执法,法不阿私,认为“法之所行,无舍亲昵”;“人有所犯,一一于法”。唐太宗认为不能以自己所下的诏、敕等代替法律,认为“不可轻出诏令,必须审定,以为永式”。在这种思想指导下,唐朝立国十分重视典章制度和法律建设,认为“法,国之权衡也,时之准绳也。权衡所以定轻重,准绳所以正曲直”,把法律作为国家之政本。唐太宗还提出了“以宽仁治天下,而于刑法尤慎”、“国家法令,惟须简约”、“法令不可数变,数变则烦”的立法思想。这些思想在修订《唐律》时得到贯彻实行,保证了《唐律》的约而有要,并奠定了后世封建法律的基本模式。从一定意义上讲,唐律具有封建法典的典型特征,它和罗马法、拿破仑民法典是并驾齐驱的三部世界意义的重要法典。唐律的产生标志着中华文明,特别是中华法制文明走向成熟,也标志着中国封建社会鼎盛时期的到来。

其次，唐太宗李世民坚持从严治吏，抓住了法制的根本。他多次强调："官吏违法犯罪，不能有所姑息，而应一断于律，如果违法就应坚决给予制裁。"他的叔叔李道宗曾有贪污行为，被按律削爵，贬为庶民。因此，唐律虽不严苛，但较为严密，依然对官员有很强的威慑作用，从而有效地防止了各种腐败现象的发生。

再次，唐太宗李世民有强烈的民本思想，注重通过法律来促进民生。他有一段耐人寻味的话："做任何事情都要抓住根本的东西，国家以百姓为本，百姓则以衣食为根本，而生产衣食又以不丧失农时为根本。"他设立了死刑覆奏制度，在京城要在两日内五次覆奏，在各州要三覆奏。为了防止和严惩诬告行为，他规定诬告者要"反坐"，即诬告他人什么罪名，就用这种罪名惩罚诬告人。他还推行了很多发展经济的措施，例如推行均田制，奖励垦荒；颁行租庸调法，轻徭薄赋；劝课农桑，不夺农时；设置义仓，救灾备荒；增殖人口，奖励婚嫁，发展生产；兴修水利设施，疏浚河渠等等，从而赢得了老百姓的拥护。

最后，唐太宗李世民强调德本刑用的思想，重视发挥道德的约束作用。他提出："德礼为政教之本，刑罚为政教之用。"他注重用本阶级的伦理道德去约束统治集团，特别是上层。他善于把对官员进行反贪教育与严格执行唐律结合起来，有效地遏止了官员腐败之风，减少了贪污、贿赂这类职务犯罪案件的发生。他不顾自己的"老寒腿"，在即位之初坚持居住在隋朝留下的旧宫殿里。对官吏们的奢侈浪费也明令禁止。所以，在大臣中形成了一种良好的节俭风尚，涌现出了戴胄、魏徵等一大批彪炳史册的"模范廉俭大臣。"

赦令第三十二

【题解】

国家法令，务必简洁明确，不能相互抵触，朝令夕废。赦免令的随意颁布，会使犯罪之人心存侥幸，达不到惩恶扬善的目的。太宗力图维持法制的稳定，很少使用赦免令。

【原文】

贞观七年，太宗谓侍臣曰："天下愚人者多，智人者少，智者不肯为恶，愚人好犯宪章。凡赦宥之恩，惟及不轨之辈。古语云：'小人之幸，君子之不幸。''一岁再赦，善人喑哑。'凡'养稂莠①者伤禾稼，惠奸宄者贼良人'。昔'文王作罚，刑兹无赦。'又蜀先主尝谓诸葛亮曰：'吾周旋陈元方、郑康成②之间，每见启告理乱之道备矣，曾不语赦。'故诸葛亮治蜀十年不赦，而蜀大化。梁武帝每年数赦，卒至倾败。夫谋小仁者，大仁之贼。故我有天下以来，绝不放赦。今四海安宁，礼义兴行，非常之恩，弥不可数，将恐愚人常冀侥幸，惟欲犯法，不能改过。"

【译文】

贞观七年，唐太宗对侍从的大臣们说："天下无知的人多，聪明的人少，聪明人不会做坏事，无知的人却屡屡触犯法律。国家赦免宽宥的恩典，都是给那些不轨之徒设立的。古话说：'小人的幸运，就是君子的不幸。''一再赦宥罪人，好人都不想再发表意见了。'凡是保养稂莠之类的杂草，就会伤害到田中的禾苗，将恩惠施予奸邪的人就会伤害好人。从前周文王制定刑罚，对触犯刑罚的一概不予赦宥。还有蜀先主刘备曾对诸葛亮说：'我曾和陈元方、郑康成往来，常听到他们讲说治乱之道，他们已经讲得很齐全了，但从来不曾讲到赦宥。'因此诸葛亮治理蜀国，十年不赦，而蜀国大治。梁武帝每年几次赦宥，终于导致倾覆败亡。这种谋求小仁的做法，实际上是对大仁的损害，所以我取得天下以来，绝不颁发赦令。如今四海安宁，礼义盛行，特殊的恩典，数不胜数。只怕赦宥会使无知的人常存侥幸之心，只想犯法，而不能改正过错。”

【注释】

①稂(láng)莠：形似禾苗的害草。

②陈元方、郑康成：陈元方，名纪。郑康成，名玄。都是后汉时人。

【原文】

贞观十年，太宗谓侍臣曰：“国家法令，惟须简约，不可一罪作数种条。格式既多，官人不能尽记，更生奸诈，若欲出罪即引轻条，若欲入罪即引重条。数变法者，实不益道理，宜令审细，毋使互文。”

【译文】

贞观十年，唐太宗对侍臣说：“国家的法令，一定要简约，不可以一个罪名定很多种处罚条令。条款太烦琐，官员不能够完全记清楚，反而会生出许多奸诈的事端来，如果要开脱犯人的罪名，有人就会援引从轻的处罚，如果要把罪名硬加到别人头上，就会用从重的处罚。这对国家的治安非常不利。现在，我们应该仔细审定条款，不要使各条款之间互相牵连。

【原文】

贞观十一年，太宗谓侍臣曰：“诏令格式，若不常定，则人心多惑，奸诈益生。《周易》称‘涣汗其大号’，言发号施令，若汗出于体，一出而不复也。《书》曰：‘慎乃出令，令出惟行，弗为反。’且汉祖日不暇给，萧何起于小吏，制法之后，犹称画一。今宜详思此义，不可轻出诏令，必须审定，以为永式。”

【译文】

贞观十一年，唐太宗对侍臣们说：“皇帝诏书的格式，如果不固定，恐怕会滋生出许多奸诈行为来。《周易》说：‘像出汗一样发号施令’意思是说皇帝的诏书，像汗水流出身体，一旦发出就不可收回。《尚书》说：‘谨慎地下达命令，命令一出就要坚决执行，不可反悔。’汉高祖时，国家并不富裕，萧何也是由小官起家，可制定出的律令，都整齐划一。如今我们应仔细思考这个问题，不可轻易颁发诏书，格式也一定要小心审定，让它有一个固定的形式。”

【原文】

长孙皇后遇疾，渐危笃。皇太子启后曰："医药备尽，今尊体不瘳，请奏赦囚徒并度人入道，冀蒙福祐。"后曰："死生有命，非人力所加。若修福可延，吾素非为恶者；若行善无效，何福可求？赦者国之大事，佛道者，上每示存异方之教耳，常恐为理体之弊。岂以吾一妇人而乱天下法？不能依汝言。"

【译文】

长孙皇后生了病，日渐危重。皇太子承乾对皇后请求说："所有的医药都用遍了，现在母后的尊体仍不能痊愈，请奏知父皇赦免犯人，超度一些人入道，以求上天保佑母后痊愈。"长孙皇后说："生死都是命里注定，不是人力所能改变的。如果行善修福能延长寿命，那我向来没做过什么坏事；如果平素行善都无效，那又有什么福可求呢？赦免犯人是国家的大事，佛道不过是皇上有意识保留的一种外来宗教罢了。常怕做出有违事理体统的事情，现在怎能因为我一个妇人而乱了国家的法度，不能按你说的办。"

史鉴新得

恩威并重的管理哲学

敕令，指旧时君主发布的减免罪刑或赋役的命令。《赦令》篇是对上一篇《刑法》的补充，唐太宗认为，对于赦令的颁布一定要慎之又慎，不可以轻易改动国家固有的法律规章，对某些犯有重罪的人赦免或宽恕，那样，会使人心存侥幸，无视法律的存在，不利于国家法治的稳定。由此我们可以看出，唐太宗在注重"以德治国"的基础上，对于"法治"的严明与谨慎，即恩威并重、双管齐下、奖罚分明。恩威并施强调的是：在实施控制时，既要施之以恩、施之以德，赢得部属的信赖；又要施之以威、施之以权，使部属有敬畏之感。

李靖，原名药师，雍州三原人。出身于官宦世家，隋朝大业末年，曾经担任马邑丞一职。唐高祖兵入长安时，将李靖擒获，下令将其斩首，而李世民却为他求情，高祖于是赦免了李靖，从此李靖便加入了唐将的行列。贞观四年，李靖破突厥颉利可汗牙帐，因所率部队纪律一时松弛，致使突厥珍物被官兵掳掠殆尽。御史大夫萧瑀弹劾李靖，劾请交付法律部门推勘审理，唐太宗予以特赦，不加弹劾。等到李靖进见时，太宗则大加责备，李靖磕头谢罪。过了很久，太宗才说："隋朝时史万岁打败达头可汗，而隋文帝却有功不赏，反而因其他小罪将其斩首。朕则不这样处理，我要记录下你的功劳，赦免你的过错。”于是，加封李靖为左光禄大夫，赐绢一千匹。不久，太宗对李靖说：“以前有人说你的坏话，现今朕已醒悟，你不必挂在心上。”又赐给绢两千匹。

恩德、武威并用，是古来将帅、君王所重视的统御谋略之一。《孙子兵法·地形篇》云：“视士卒如爱子，故可与之俱死。”孙武认为，统御部卒，必须用恩威并施之谋。恩威并施的策略自古有之，并被成功地应用到现代社会的企业管理中。

有一位资深的老厂长，管理了一辈子企业，他将管理的精髓归纳为八个字：“软硬兼施，恩威并重”。众所周知，企业管理的核心是人，如果仅仅依靠纪律严明，制度体系健全完善，但是没有人情味，缺少人性化管理，也不会起到预期的效果。只有人管好了，其它才可以理顺，但人往往是最不好管的，因为人不是物，是有血有肉、有七情六欲的高级动物，需求复杂，须认真加以研究，方能领略其奥妙所在。

首先，了解员工的心，知道他在想什么，他想要什么，他的愿望、追求和目标，还有他的价值取向和面临的问题，知其所求，尽量创造条件满足他，给他提供内部创业的平台。

其次，要真心关爱员工，不要高高在上，以老板雇主自称。优秀的员工是企业的一笔财富，是财富的创造者，不要简单地把他们理解成雇佣关系。关心员工，员工才能把公司的事当成自己的事去做，人都是有感情的动物，将心比心，“你敬我一尺，我敬你一丈”，反之亦然。要让员工为自己而工作，学会自我管理，这是企业最需要的。

再次，要学会善待员工，摆正自己的位置，扮好自己的角色，严师出高徒。工作上严格要求，严把每一道工序，每一个环节，严格执行各项制度，规范化、标准化管理，才会产生好的绩效。善待员工，但不能宠着员工，尤其在一些原则性的问题上，凡是对事不对人，要维护员工和企业双方的利益，“没有永远的敌人，没有永远的朋友，只有利益关系是永久的，”只有照顾到双方的利益才可能合作得长久。员工是企业的基础，“企”字分开，上“人”下“止”，没有人了，企业发展自然就会停下来。因此，恩威并重的人性化管理是企业永续经营、长盛不衰的法宝。

最后，恩威并重的管理策略不仅反映了领导善于驾驭部属的谋略，也体现了“德治”与“法治”之间辩证统一的关系。

总体上，我国古代封建国家的治理原则是“德主刑辅”。它的根本前提和特征，就在于把德和法都确定为统治者的特权。无论“德治”还是“法治”，它的主体都是少数上层统治者，而不是人民大众。而对于我们现代的法制社会来说，和谐的创建不可能仅仅依靠普遍的个人道德来实现，而只有建立在法治的基础上，才能够实现并保持社会基本稳定、可持续的和谐发展。

当然，法律和道德并不是对立的关系。一般来说，社会上凡是能统一起来的道德规范，迟早会凝结成法律；而有些不能统一起来的规范，则留在道德层面。法治的表现，不仅仅是一套健全的法律、制度、体制、规范、程序等等的确立，还在于对它们充分有效的贯彻体现，坚定不移、一以贯之地持续执行所产生的效果。所以，保持对法律、制度、体制、规范、程序等的充分理解和尊重，在任何情况下都能够自觉地加以贯彻和实行，是打造法治社会秩序和道德风气的根本途径。

贡赋第三十三

【题解】

唐代，国势强盛，各国纷纷派遣使者入京纳贡，对此，唐太宗始终保持着比较清醒的态度，他从不贪求贡赋，也不允许地方官去自己辖区以外的地方寻求贡赋，并下令将外国进贡的美女遣返故土，鹦鹉放归森林。

【原文】

贞观二年，太宗谓朝集使曰："任土作贡，布在前典，当州所产，则充庭实。比闻都督、刺史邀射声名，厥土所赋，或嫌其不善，逾意外求，更相仿效，遂以成俗。极为劳扰，宜改此弊，不得更然。"

【译文】

贞观二年，唐太宗对从各地来朝廷进贡的使者说："根据土地物产确定贡赋，以前已发布典章制度。本州所产，就充贡品。近来我听说有些都督、刺史追求声名，嫌本地的贡赋不好，就越境到外地寻求，各地相互仿效，成为习俗，这样做会劳民伤财。应该改掉这种弊病，以后不得再这么做了。"

【原文】

贞观中，林邑国贡白鹦鹉，性辩慧，尤善应答，屡有苦寒之言。太宗愍之，付其使，令还出于林薮。

【译文】

贞观年间，林邑国向唐太宗进奉了白鹦鹉，这只鹦鹉非常聪明，能说很多人话，尤其善于应答，但它在应答之中，竟然经常流露出凄苦无助的言语来。唐太宗很怜悯它，把它交给使者，让使者将它放归于森林。

【原文】

贞观十二年，疏勒、朱俱波、甘棠遣使贡方物，太宗谓群臣曰：“向使中国不安，日南、西域朝贡使亦何缘而至？朕何德以堪之？睹此翻怀危惧。近代平一天下，拓定边方者，惟秦皇、汉武。始皇暴虐，至子而亡。汉武骄奢，国祚几绝。朕提三尺剑以定四海，远夷率服，亿兆乂安①，自谓不减二主也。然二主末途，皆不能自保，由是每自惧危亡，必不敢懈怠。惟藉公等直言正谏，以相匡弼。若惟扬美隐恶，共进谀言，则国之危亡，可立而待也。”

【译文】

贞观十二年，西域的疏勒、朱俱波、甘棠国派使者向唐太宗进献特产。唐太宗对各位大臣说：“如果天下不安定，南方的日南、西域各国的朝贡使者怎么会源源不断进入京城呢？我何德何能，能得到这样的礼遇。近代以来，能够统一天下，拓宽疆域，安定边关的，只有秦始皇和汉武帝。但秦始皇残酷暴虐，到他儿子那一代就灭亡了。汉武帝骄傲奢侈，国运几乎被断送。我挥剑克群雄，远方异族纷纷臣服，天下太平，自认为功业不逊于这两位帝王。但是这两个帝王最后都穷途末路，不能保全自己。因此，我每天都害怕国家有危难，不敢有丝毫懈怠。只希望各位大臣直言进谏，匡扶朝纲。如果只是一味地赞美功绩，隐瞒过失，满朝都是阿谀奉承的言辞，那么国家的危亡，就近在咫尺了。”

【注释】

①乂(yì)安：安定，太平无事。

【原文】

贞观十八年，太宗将伐高丽，其莫离支①遣使贡白金。黄门侍郎褚遂良谏曰：“莫离支虐杀其主②，九夷③所不容，陛下以之兴兵，将事吊伐④，为辽东之人报主辱之耻。古者讨弑君之贼，不受其赂。昔宋督⑤遗鲁君⑥以郜鼎⑦，桓公受之于大庙⑧，臧哀伯谏曰：‘君人者将昭德塞违，今灭德立违，而置其赂器于大庙，百官象之，又何诛焉？武王克商，迁九鼎于雒邑，义士犹或非之，而况将昭违乱之赂器置诸大庙，其若之何？’夫《春秋》之书，百王取则，若受不臣之筐篚⑨，纳弑逆之朝贡，不以为愆⑩，将何致伐？臣谓莫离支所献，自不合受。”太宗从之。

【译文】

贞观十八年，唐太宗将要攻打高丽，高丽官员莫离支泉盖苏文派使者向大唐进献白金。黄门侍郎褚遂良进谏说："莫离支杀害了他的国君，为天下所不容，陛下出兵讨伐他，悼唁他们的亡君，是为百姓洗刷国君被杀的耻辱。古人讨伐杀害君主的罪人，是不会接受罪人的贿赂的。春秋时，宋国宋戴公的孙子送给鲁桓公郜国制造的鼎，鲁桓公接受了，把它放置在大庙里，鲁国大夫臧哀伯进谏说：'国君应该弘扬道德，杜绝邪恶，可是大王却在助长邪恶，损害道德，把受贿的物品供奉在大庙之中，文武百官如果效仿，该以何种理由处死他们呢？'周武王战胜了商朝，把商朝的九鼎迁移到属地，遭到伯夷等义士的责备，更何况把犯上作乱者贿赂的器物放置在大庙里呢？真不知会产生什么样的后果。《春秋》这本书，是历代国君取法的典籍，如果接受不义臣子的物品和杀君的叛臣的贡奉，却不惩罚他们，该以何种理由向他们兴师问罪呢？我认为莫离支进献的白金不可接受。"唐太宗听从了他的意见。

【注释】

①莫离支：高丽官名。其职务相当于中国吏部兼兵部尚书。

②莫离支虐杀其主：贞观十六年，高丽东部大人泉盖苏文杀其王武，立王弟子藏为王，自任莫离支官。

③九夷：泛指东方各族。

④吊伐：吊民伐罪。慰问被压迫的百姓，讨伐有罪的统治者。

⑤宋督：宋，春秋时国名。督，字华父，宋戴公之孙。

⑥鲁君：即鲁桓公。

⑦郜鼎：郜国所造之鼎。

⑧大庙：周公之庙。

⑨篚篚(fěi)：盛物的竹器，古代用以装丝帛之类贡物。

⑩不以为愆：不认为是罪过。

【原文】

贞观十九年，高丽王高藏及莫离支盖苏文遣使献二美女，太宗谓其使曰："朕悯此女离其父母兄弟于本国，若爱其色而伤其心，我不取也。"并却还之本国。

【译文】

贞观十九年，高丽国王高藏和莫离支泉盖苏文派使者向唐太宗进献了两个美女，唐太宗对使者说："我可怜这两个女子，她们离开了自己的父母兄弟，孤苦无依，如果因为爱她们的美色而使她们伤心，那我不会接受。"于是把二人送还故土。

史鉴新得

佳人遣乡，飞鸟归林

唐代，国势强盛，各国纷纷派遣使者入京纳贡，对此，唐太宗有比较清醒的认识，他说："比闻都督、刺史邀射声名，厥土所赋，或嫌其不善，逾意外求，更相仿效，遂以成俗，极为劳扰。宜改此弊，不得更然。"对于高丽、疏勒、林邑等外邦国家进献的贡物，也表示"朕何德以堪之！睹此翻怀危惧。"并下令将美女遣返故土，鹦鹉放归森林，要求在朝的王公大臣，对此类事也要"直言正谏，以相匡弼"。仅从太宗皇帝对各国"贡奉"的处理这一细节问题上，我们就可以看出唐朝在政治上的清明之风以及对于外来文化包容的胸怀。

唐朝是打开国门，对外开放的王朝。唐朝曾与300多个国家或地区友好往来，大诗人王维的著名诗句"九天阊阖开宫殿，万国衣冠拜冕旒"，便是这一宏阔气象的生动写照。唐太宗以博大的胸怀看待外国。他曾说："自古皆贵中华，贱夷狄，朕独爱之如一。"他认为，外国的风俗人情与中国不同，"不必猜忌"，如与他们搞好关系，则"四夷可使如一家"。唐代积极发展海外贸易，扬州、明州(今宁波)、泉州、潮州、交州、广州，是当时的重要港口，中国船队已能远航到阿曼湾和波斯湾一带，中国的造船技术，在全世界独领风骚。贞观十九年(公元645年)，玄奘返京后，唐太宗便让他写出南亚次大陆及西域各国历史、地理、政治、经济、文化详情的《大唐西域记》，玄奘用一年时间写完，成了世界名著。李约瑟在其名著《中国科学技术史》第1卷中指出："唐代确是任何外国人在首都都受到欢迎的一个时期。长安和巴格达一样，成为国际间著名人物荟萃之地。"英国历史

学家威尔斯在《世界简史》里描述中国汉唐时说:“当西方人的心灵为神学所缠迷而处于蒙昧黑暗之中,中国人的思想却是开放的,兼收并蓄而好探求的。”

唐朝是各民族融合的王朝,中央王朝对外国人,对国内各民族,都很包容。历史学家向达指出:“唐朝一切文物亦复不间华夷,兼收并蓄。第七世纪以降之长安,几乎为一国际的都会,各种人民,各种宗教,无不可于长安得之。”(向达《唐代长安与西域文明》)唐朝的功臣李光弼是契丹后裔,政要李正已是高丽人,著名诗人、《西厢记》祖本《莺莺传》作者元稹的祖宗是拓跋族(参见《旧唐书》)。更有不少阿拉伯人、日本人等等,来唐做官,或参加科举,走上仕途,其中有些人,与唐朝官员、知识分子,结下了深厚友谊。

宋代理学家程颢、朱熹都指出,“唐有天下,虽号治平,然亦有夷狄之风。三纲不正,无君臣父子夫妇,盖其源出于太宗”。“唐源流出于夷狄,故闺门无礼之事,不以为异。”(陈登原《国史旧闻》)这正是从一个侧面反映出,唐太宗及其唐王朝,在君臣、父子、夫妇之间是相当宽容的。《唐律》中没有禁止中国人与外国人、汉族与少数民族通婚的条文。从敦煌的文书来看,夫妻离婚,仍相互尊重,丈夫备马礼送妻子出走。

辨兴亡第三十四

【题解】

国家兴亡是贞观君臣讨论的重点，太宗深刻认识到前朝覆亡的原因，能够及时从历史中总结经验教训，励精图治，目的在于维护国家的长治久安，避免覆亡。这也可以说是全书的要旨所在。

【原文】

贞观初，太宗从容谓侍臣曰："周武平纣之乱，以有天下；秦皇因周之衰，遂吞六国。其得天下不殊，祚运长短若此之相悬也？"尚书右仆射萧瑀进曰："纣为无道，天下苦之，故八百诸侯不期而会。周室微，六国无罪，秦氏专任智力，蚕食诸侯。平定虽同，人情则异。"太宗曰："不然，周既克殷，务弘仁义；秦既得志，专行诈力。非但取之有异，抑亦守之不同。祚之修短，意在兹乎！"

【译文】

贞观初年，唐太宗从容地对身边的大臣们说："周武王平定了商纣王之乱，取得了天下；秦始皇乘周王室的衰微，就吞并了六国。他们取得天下没有什么不同，为什么国运长短如此悬殊呢？"尚书右仆射萧瑀回答说："商纣王暴虐无道，天下的人都痛恨他，所以八百诸侯不约而同地来与周武王会师，讨伐纣王。周朝虽然衰微，六国无罪，秦国完全是倚仗智诈暴力，像蚕吃桑叶一样，逐渐吞并诸侯的。虽然同是平定天下，人们对待他们的态度却不一样。"太宗说："这样的说法不对，周灭殷以后，努力推行仁义；秦国达到目的以后，却一味地施行欺诈和暴力，它们不仅在取得天下的方式上有差别，而且守护天下的方式也不相同。国运之所以有长有短，道理大概就在这里吧！"

【原文】

贞观二年，太宗谓黄门侍郎王珪曰："隋开皇十四年大旱，人多饥乏。是时仓库盈溢，竟不许赈给，乃令百姓逐粮。隋文不怜百姓而惜仓库，比至末年，计天下储积，得供五六十年。炀帝恃此富饶，所以奢华无道，遂致灭亡。炀帝失国，亦此之由。凡理国者，务积于人，不在盈其仓库。古人云：'百姓不足，君孰与足？'但使仓库可备凶年，此外何烦储蓄！后嗣若贤，自能保其天下；如其不肖，多积仓库，徒益其奢侈，危亡之本也。"

【译文】

贞观二年（公元628年），唐太宗对黄门侍郎王珪说："隋朝天皇十四年遇到大旱，百姓大多忍饥挨饿。当时国家粮仓贮存甚丰，可是朝廷竟不肯用粮食拯济灾民，下令让老百姓自己想办法。隋文帝不爱惜百姓却吝惜粮食，到了隋朝末年，粮仓贮存的粮食，足够五、六十年之需。隋炀帝继承父业，依仗国家富庶，所以挥霍无度，极尽奢侈之能事，终于国破家亡。对于国君，首要的任务在于含养民生，不在于充实粮仓。古人说：'老百姓不富足，国君又怎么能够富足呢？'只要仓库的贮备足以对付灾年，再多贮存粮食又有什么用呢？国君的后代如果贤明，他自然可以保住江山，如果他昏庸，即使粮食满仓，也只是助长他奢侈浪费的习气而已，这是国家危亡的原因。"

【原文】

贞观五年，太宗谓侍臣曰："天道福善祸淫，事犹影响。昔启民亡国来奔，隋文帝不吝粟帛，大兴士众营卫安置，乃得存立。既而强富，子孙不思念报德，才至始毕，即起兵围炀帝于雁门。及隋国乱，又恃强深入，遂使昔安立其国家者，身及子孙，并为颉利兄弟之所屠戮。今颉利破亡，岂非背恩忘义所至也？"群臣咸曰："诚如圣旨。"

【译文】

贞观五年（公元631年），唐太宗对侍从的大臣们说："上天给善人降福、给坏人降祸，事必报应。当年突厥的启民可汗失国南奔，隋文帝不惜粟帛钱财，动员了大批兵士守卫安置，使他们能够生存下来。不久突厥富强了，启民可汗的子孙却不想报答恩德。到始毕可汗时，就起兵把隋炀帝围困在雁门关。等到隋朝大乱，又恃强深入，致使当年帮助启民可汗安家立国的隋朝官员自身和子孙都遭到颉利可汗兄弟的屠杀。如今颉利可汗破灭了，难道不是忘恩负义的下场吗？"大臣们都说："确实像陛下所说的那样。"

【原文】

贞观九年，北蕃归朝人奏："突厥内大雪，人饥，羊马并死。中国人在彼者，皆入山作贼，人情大恶。"太宗谓侍臣曰："观古人君，行仁义、任贤良则理；行暴乱、任小人则败。突厥所信任者，并共公等见之，略无忠正可取者。颉利复不忧百姓，恣情所为，朕以人事观之，亦何可久矣？"魏徵进曰："昔魏文侯问李克：'诸侯谁先亡？'克曰：'吴先亡。'文侯曰：'何故？'克曰：'数战数胜，数胜则主骄，数战则民疲，不亡何待？'颉利逢隋末中国丧乱，遂恃众内侵，今尚不息，此其必亡之道。"太宗深然之。

【译文】

贞观九年（公元635年），北方突厥归顺的人奏疏说："突厥境内连降大雪，百姓饥荒，羊和马都死了。住在那里的汉人都跑到山里做了山贼，民情非常动荡。"太宗对侍臣们说："观察古代的君主，实行仁义、任用贤良就能使国家得以治理；施行暴政、任用小人国家就会败亡。突厥所信任的人，和我们大家所看到的，根本没有忠诚正直的可取之处。首领颉利又不关心百姓，恣意妄为，我用人情世故来分析，他又怎么可能长久呢？"魏徵进言说："从前魏文侯询问李克：'诸侯之中谁会最先灭亡？'李克回答：'吴国先灭亡。'魏文侯问：'为什么呢？'李克说：'屡战屡胜，经常胜利就会骄傲，而经常发动战争就会使民生疲弊，不灭亡还等什么呢？'颉利趁着中原大乱，就依仗自己兵强马壮入侵中原，到今天还不想息战，这就是他必然灭亡的道路。"太宗对此非常赞同。

【原文】

贞观九年，太宗谓魏徵曰："顷读周、齐史，末代亡国之主为恶多相类也。齐主[①]深好奢侈，所有府库用之略尽，乃至关市无不税敛。朕常谓此犹如馋人自食其肉，肉尽必死。人君赋敛不已，百姓既弊，其君亦亡，齐主即是也。然天元[②]、齐主若为优劣？"徵对曰："二主亡国虽同，其行则别。齐主懦弱[③]，政出多门，国无纲纪，遂至亡灭。天元性凶而强，威福在己，亡国之事，皆在其身。以此论之，齐主为劣。"

【译文】

贞观九年，唐太宗对魏徵说："近来我读北周、北齐的史书，发现末代亡国的君主，所从事的坏事多数都很类似。齐主高纬非常奢侈，府库所藏，几乎都被他挥霍光了，以至于关隘市集，没有哪一处不征收赋税的。我常说，这就像嘴馋的人吃自己身上的肉一样，肉吃完了自己也就死了。君主不停地征敛赋税；百姓既已疲弊，他们的君主也就灭亡了，齐主就是这样的人。然而后周天元皇帝与齐主相比较，谁优谁劣呢？”魏徵对答说：“这两个君主虽然同样亡国，他们的做法还是有所区别。齐主懦弱，朝廷政令不一，国家没有纲纪，以至灭亡。天元帝生性凶悍好强，作威作福独断专行，国家的灭亡，都由他一手造成的。从这方面来看，齐后主要劣一些。”

【注释】

①齐主：指齐后主，名纬，世祖之子。

②天元：北周宣帝，名(上斌下贝)，自称天元皇帝。

③愞(ruǎn)弱：软弱，怯懦。

史鉴新得

擦亮历史的铜镜

“辩兴亡”可看作《贞观政要》全书的要旨，贞观君臣讨论的种种政纲国策，最后都要归结为辩明王朝兴亡的道理。

“以古为镜，可以知兴替”，唐太宗和大臣们经常在一起总结隋朝灭亡的经验教训。唐太宗出生于隋朝的盛世，当时社会“海内殷阜”。可隋炀帝继位不到十三年，便分崩离析，短命而亡，这一切都是唐太宗“耳所闻，目所见”的亲身经历，因此不能不使他深以自戒。

从隋朝灭亡的历史教训中，唐太宗深刻地认识到王朝的兴衰取决于国君的行动，同时也感受到广大农民群众的伟大力量。尤其是唐太宗年轻时曾和许多大臣参与或经历了隋末农民大起义，看到了隋朝政权在农民起义的打击下顷刻间土崩瓦解的事实，发出了“可爱非君，

可畏非民。天子者有道，则人推而为主；无道，则人弃而用，诚可畏为也”的慨叹！唐太宗接受隋末农民起义的教训，他把人民和君主的关系比作水与舟，认识到“水可载舟，亦可覆舟”。在政治上励精图治，实行了一系列开明的政策和措施，政绩卓著。唐太宗继位的第一件事就是发展农业生产。唐朝初年，由于隋末的战乱，土地荒芜，人口锐减，贞观初大臣魏徵曾经说道：“今自伊、洛之东，暨乎海、岱，萑莽巨泽，茫茫千里，人烟断绝，鸡犬不闻，道路萧条，进退艰阻。”针对这种情况，唐太宗实行“去奢省费，轻徭薄赋”政策，发展生产，他坚持实行均田制和租庸调制，休养生息，奖励农耕。由于唐太宗采取了发展农业生产的措施，很快医好了隋末战争的创伤，使人民衣食有余，安居乐业。经济得到了恢复和发展，奠定了以后一百多年唐王朝经济繁荣的基础。

经验的总结在于可以使人少走弯路，在接受历史的经验教训与不断的自我反省中，回顾国内近 30 年的改革开放之路，活跃的市场经济体制已经初具规模，政治体制改革也在逐步展开，人民生活水平正朝着小康迈进，这是在我国取得的可喜成就。居安思危才能基业常青。深刻反思改革中所存在的不足，比如农业基础比较薄弱，城乡与区域发展不平衡，经济增长方式粗放，产业结构不合理等现实问题仍摆在我们面前。正视现实困境，在改革的进程中不断完善，期待共筑盛世中华是每个中华儿女的共同梦想，中华振兴的冀望鞭策着我们不断地努力与奋进。

作为四大文明古国中唯一没有中断发展脉络者，中华的历史是最应珍视的一笔遗产。目前，中国正处于复兴发展的关键时期，如同一场田径比赛的最佳冲刺阶段，如何把握这段民族振兴的历史机遇期，成为摆在国人面前亟待解决的问题。

夫兵甲者，国家凶器也。土地虽广，好战则民凋；中国虽安，忘战则民殆。凋非保全之术，殆非拟寇之方，不可以全除，不可以常用。故农隙讲武，习威仪也；三年治兵，辨等列也。是以勾践轼蛙，卒成霸业；徐偃弃武，终以丧邦。何也？越习其威，徐忘其备也。

征伐第三十五

【题解】

对外战争，劳民伤财，一旦征战不利，则会大伤元气。贞观初年，太宗爱惜民力，对突厥推行和亲政策，维护边境安宁；后期执意征讨高丽，得不偿失。因此，战争的发动，尤须谨慎。

【原文】

武德九年冬，突厥颉利、突利二可汗以其众二十万，至渭水便桥之北，遣酋帅执矢思力入朝为觇①，自张声势云：“二可汗总兵百万，今已至矣。”乃请返命。太宗谓曰：“我与突厥面自和亲，汝则背之，我无所愧，何辄将兵入我畿县，自夸强盛？我当先戮尔矣！”思力惧而请命。萧瑀、封德彝等请礼而遣之，太宗曰：“不然。今若放还，必谓我惧。”乃遣囚之。太宗曰：“颉利闻我国家新有内难，又闻朕初即位，所以率其兵众直至于此，谓我不敢拒之。朕若闭门自守，虏必纵兵大掠。强弱之势，在今一策。朕将独出，以示轻之，且耀军容，使知必战。事出不意，乖其本图，制服匈奴，在兹举矣。”遂单马而进，隔津与语，颉利莫能测。俄而六军继至，颉利见军容大盛，又知思力就拘，由是大惧，请盟而退。

【译文】

武德九年冬天，突厥颉利、突利二位首领率领二十万士兵，长驱直入到渭水便桥以北。他们派将领执矢思力入朝面见皇帝，执矢思力虚张声势地说：“二位可汗一共有兵马百万之众，现在已到了京师。”唐太宗说：“我已与突厥和亲，你们如今却背叛我，我无所愧疚，而你们为什么兴师京城，还自夸强盛！我要先杀了你。”思力吓得连忙请求饶命。萧瑀、封德彝等大臣连忙劝止，建议对他以礼相待，并将他遣返回突厥。唐太宗执意不肯，说：“不行，如果把他遣返，他们一定会认为我害怕了。”于是下

令把他囚禁起来。唐太宗对大臣们说："颉利听说大唐最近国内有难，又欺我刚刚继位。所以率军直逼长安城下，以为我不敢抵抗。我如果关闭城门自守，他们必定大肆践踏中原。局势是强是弱，在于今日的决策。我决定单独出城，以示对他们的轻视之意，并且炫耀我们的兵力，让他们知道战争是不可避免的。使他们出其不意，挫败他们的计划，制服匈奴，在此一举了。"话毕，便骑马来到突厥兵驻地，隔着河对他们喊话，让颉利摸不清虚实。不久，大唐六军相继到达，颉利看到大唐兵力如此强盛，又得知执失思力被囚禁，因而异常惊恐，于是请求签定和约，并很快撤了军。

【注释】

①觇(chān)：偷偷地察看。

【原文】

贞观初，岭南诸州奏言高州酋帅冯盎、谈殿①阻兵反叛。诏将军蔺謩发江、岭数十州兵讨之。秘书监魏徵谏曰："中国初定，疮痍未复，岭南瘴疠，山川阻深，兵运难继，疾疫或起，若不如意，悔不可追。且冯盎若反，即须及中国未宁，交结远人，分兵断险，破掠州县，署置官司。何因告来数年，兵不出境？此则反形未成，无容动众。陛下既未遣使人就彼观察，即来朝谒，恐不见明。今若遣使，分明晓谕②，必不劳师旅，自致阙庭③。"太宗从之，岭表悉定。侍臣奏言："冯盎、谈殿往年恒相征伐，陛下发一单使，岭外帖然。"太宗曰："初，岭南诸州盛言盎反，朕必欲讨之，魏徵频谏，以为但怀之以德，必不讨自来。既从其计，遂得岭表无事，不劳而定，胜于十万之师。"乃赐徵绢五百匹。

【译文】

贞观初年，岭南各州县上奏告发高州统帅冯盎、谈殿起兵反叛，唐太宗下诏令将军蔺謩调动江南、岭南几十个州县的士兵讨伐。秘书监魏徵进谏劝止说："中原刚刚获得太平，天下疮痍满目。岭南地区又多瘴疠，山川险阻，士兵行军非常困难，如果达不到预期目的，后悔就来不及了。并且，冯盎如果真的造反，必然使中原地区不得安宁，他可以勾结南方少数民族，分兵据守险要之地，攻城略地，设置州府。这么多年一直都有人上奏告他叛乱，为什么却不见他的一兵一卒攻出岭南呢？既然陛下还没派使者前去查明虚实，只听岭南地方官的一面之词，就去攻打他，恐怕不明智，现在如果派人去打探，弄清真相，必然不会兴师动众，还可以使他自己上朝述职。"唐太宗接受了这个意见，岭南地区于是避免了一次战火之灾。事后，一位侍臣上奏说："冯盎和谈殿多年来一直相互作战，陛下只派了一个使者，就使岭南地区获得了太平。"唐太宗也说："当初岭南的地方官盛传冯盎要叛乱，我决心讨伐。是魏徵上书劝阻了我，认为应该采取仁德的策略，不经过战争他必定会自己来朝说明情况。我听从了他的建议，结果不动一兵一卒而岭南获得安宁，其效果真是胜过十万大军的威力啊。"于是赏赐魏徵绢五百匹。

【注释】

①冯盎、谈殿：冯盎，字明达，高州人，隋亡后据岭表。降唐后被高祖封为越国公。谈殿，当时亦据岭表。

②晓谕：昭示，明白地告知。

③阙庭：帝王所居之处。借指朝廷。

【原文】

贞观四年，有司上言："林邑蛮国，表疏不顺，请发兵讨击之。"太宗曰："兵者凶器，不得已而用之。故汉光武云：'每一发兵，不觉头须为白。'自古以来穷兵极武，未有不亡者也。苻坚[1]自恃兵强，欲必吞晋室，兴兵百万，一举而亡。隋主亦必欲取高丽，频年劳役，人不胜怨，遂死于匹夫之手。至如颉利，往岁数来侵我国家，部落疲于征役，遂至灭亡。朕今见此，岂得辄即发兵？但经历山险，土多瘴疠，若我兵士疾疫，虽克剪此蛮，亦何所补？言语之间，何足介意！"竟不讨之。

【译文】

贞观四年，主管大臣报告说："南方的林邑国，上疏的言辞不恭顺，请陛下发兵讨伐他们。"唐太宗说："出兵讨伐破坏性太大。不到万不得已不要采用，所以汉光武帝说：'每次发兵都会使我的头发变白'。自古以来穷兵黩武的人，没有不自取灭亡的。苻坚自恃兵力强大，发誓要吞并晋朝，一次就出兵百万之众，结果一举而亡。隋炀帝也一定要攻破高丽，多年征战劳役不断，老百姓苦不堪言，他终于死于小人之手。至于突厥颉利，几年来他多次进犯中原，部落成员被战事弄得疲惫不堪，终于也灭亡了。有这些前车之鉴，我怎能轻易出战呢？况且到南方作战，要翻越崇山峻岭，那里又流行瘴疠，如果士兵们被传染上，即使战胜了南蛮，又于事何补呢？何况，南蛮林邑只是在言语之间流露不满，又何必太在意呢？"于是决定不讨伐林邑。

【注释】

①苻坚（公元338—公元385）：十六国时期前秦皇帝。公元357年至385年在位。字永固，一名文玉，略阳临渭（今甘肃秦安东南）人。氐族。初为东海王，后杀苻生自立。先后攻灭前燕、前凉、代

国，统一了北方大部分地区，并夺取东晋的益州。由于连年用兵，人民负担沉重，加深了境内的阶级矛盾。建元十九年(公元 383 年)征调九十余万军队攻晋，在淝水大败。建元二十一年，为羌族首领姚苌所杀。

【原文】

贞观五年，康国请归附。时太宗谓侍臣曰："前代帝王，大有务广土地，以求身后之虚名，无益于身，其民甚困。假令于身有益，于百姓有损，朕必有为，况求虚名而损百姓乎？康国既来归朝，有急难不得不救；兵行万里，岂得无劳于民？若劳民求名，非朕所欲。所请归附，不须纳也。"

【译文】

贞观五年，康国请求归顺，唐太宗对侍臣们说："前代的帝王，很多都喜好疆域辽阔以求为自己博得身后的虚名，这样做既对自己无益，也使百姓劳顿不堪。如果是对自己有益，但对老百姓有害的事情，我决不会做，何况是因为贪虚名而损害百姓的利益呢？康国如果归顺了我朝，他们有难我们就不得不援救。到那里要行军万里之遥，怎么可能不劳师动众呢？如果为求虚名而使士兵劳顿，我是不会情愿的。关于他们归顺的要求，我不接受。"

【原文】

贞观十四年，兵部尚书侯君集①伐高昌，及师次柳谷，候骑言："高昌王麴文泰死，克日将葬，国人咸集，以二千轻骑袭之，可尽得也。"副将薛万均②、姜行本③皆以为然。君集曰："天子以高昌骄慢，使吾恭行天诛。乃于墟墓间以袭其葬，不足称武，此非问罪之师也。"遂按兵以待葬毕，然后进军，遂平其国。

【译文】

贞观十四年，兵部尚书侯君集讨伐高昌，把兵士驻扎在柳谷，候骑说："高昌王曲文泰听说大唐兵临城下，非常害怕，不知所措，不久就病发身亡。过些时候他将被安葬，高昌的国民将齐集在一起，到时候用两千骑兵去袭击，定能一举拿下。"副将薛万均、姜行本都赞同他的计策，侯君集却说："皇上因为高昌骄傲轻慢，所以派我诛灭他们。如果趁他们国葬期间去偷袭，不足以表现大唐的威武，更不能表明我们是讨伐罪人的正义之师。"于是按兵不动，等他们葬礼结束了才出兵征讨，不久就平定了高昌。

【注释】

①侯君集：幽州人。以雄才称。初事秦王，征战有功。太宗即位后，任吏部尚书等职。后因从

承乾谋计被杀。

②薛万均：敦煌人。高祖以其勇武授上柱国。万均因攻袭窦建德、讨击突厥有功，被拜为将军。

③姜行本：名确。为宣威将军。因平高昌有功，被封为金城郡公。

【原文】

贞观十六年，太宗谓侍臣曰："北狄世为寇乱，今延陀①倔强，须早为之所。朕熟思之，惟有二策：选徒十万，击而虏之，涤除凶丑，百年无患，此一策也。若遂其来请，与之为婚媾。朕为苍生父母，苟可利之，岂惜一女！北狄风俗，多由内政，亦既生子，则我外孙，不侵中国，断可知矣。以此而言，边境足得三十年来无事。举此二策，何者为先？"司空房玄龄对曰："遭隋室大乱之后，户口太半未复，兵凶战危，圣人所慎，和亲之策，实天下幸甚。"

【译文】

贞观十六年，唐太宗对侍臣说："北狄历来凶残，时常制造叛乱，现在薛延陀很不安分，应该早日处置他们。我仔细考虑了两个策略。选派十万精兵，讨伐虏获他们，铲除凶残丑恶之徒，可确保百年没有祸患，这是一策。另外，如果满足他们的请求，与之通婚，又将怎么样呢？我乃百姓的父母，如果可以有利于天下，出嫁一个女儿又何足惜！北狄的风俗，有很多和我们相同的地方，如果有了后代，就是我的外孙，他不会侵犯中原，这是肯定的。由此可确保边境三十年太平无事。这两个计策，哪一个好呢？"司空房玄龄说："隋末大乱之后，中原百姓死伤过半，还没恢复元气，战争是很危险残酷的，圣明的人对此都很谨慎。和亲的策略，如果能实施，实在是万民之大幸啊。"

【注释】

①延陀：即薛延陀。中国古代部落名。铁勒诸部之一。初属突厥。唐贞观三年(公元 629 年)，太宗加封其首领为可汗。四年，助唐灭突厥。二十年发生内乱，为唐所破。

【原文】

贞观十七年，太宗谓侍臣曰："盖苏文弑其主而夺其国政，诚不可忍。今日国家兵力，取之不难，朕未能即动兵众，且令契丹、靺鞨搅扰之，何如？"房玄龄对曰："臣观古之列国，无不强陵弱，众暴寡。今陛下抚养苍生，将士勇锐，力有余而不取之，所谓止戈为武者也。昔汉武帝屡伐匈奴，隋主三征辽左，人贫国败，实此之由，惟陛下详察。"太宗曰："善！"

【译文】

贞观十七年，唐太宗对侍臣说："苏文杀害了他的主子，夺去政权，是可忍，孰不可忍。现在用大唐的兵力去平定他们并不难，如果我按兵不动，命令契丹、靺鞨去搅乱他们，怎么样？"房玄龄说："我发现古代的国家，无不以强凌弱，以众克寡。现在，陛下含养天下苍生，将士骁勇善战，国力如此强盛却不实行武攻，这是化干戈为玉帛啊。过去汉武帝多次征讨匈奴，隋炀帝三次攻打辽东，国破家亡，由此产生。请陛下详察。"唐太宗说："好。"

【原文】

贞观十八年，太宗以高丽莫离支贼杀其主，残虐其下，议将讨之。谏议大夫褚遂良进曰："陛下兵机神算，人莫能知。昔隋末乱离，克平寇难，及北狄侵边，西蕃失礼，陛下欲命将击之，群臣莫不苦谏，惟陛下明略独断，卒并诛夷。今闻陛下将伐高丽，意皆荧惑。然陛下神武英声，不比周、隋之主，兵若渡辽，事须克捷，万一不获，无以威示远方，必更发怒，再动兵众。若至于此，安危难测。"太宗然之。

【译文】

贞观十八年，唐太宗因为高丽国的莫离支弑杀君主，残暴地对待下属，所以和众大臣商议讨伐，谏议大夫褚遂良进谏说："陛下神机妙算，平庸的人不能了解您的谋略，过去隋末天下纷争，陛下平定了贼寇，以及北狄对边境的侵犯。西方少数民族对大唐失礼，陛下要出兵打击，臣子们没有谁不苦苦劝阻。只有陛下圣明，远见卓识，一一诛死了异族。现在听说陛下要讨伐高丽，我感到很疑惑。然而陛下英明神勇，是隋代的君主无法相比的。可是，士兵们一旦渡过辽河，必须速战速决，万一有点闪失，不仅无法向远方异族显示朝廷的神威，陛下必定因此更加生气，再次兴师动众。如果到了这种地步，国家的安危就难以预料了。"唐太宗认为他的话很有道理。

【原文】

贞观十九年，太宗将亲征高丽，开府仪同三司尉迟敬德奏言："车驾若自往辽左，皇太子又监国定州，东西二京，府库所在，虽有镇守，终是空虚，辽东路遥，恐有玄感之变。且边隅小国，不足亲劳万乘。若克胜，不足为武，倘不胜，翻为所笑。伏请委之良将，自可应时摧灭。"太宗虽不从其谏，而识者是之。

【译文】

贞观十九年，唐太宗将出征高丽，开府仪同三司尉迟敬德上奏说："陛下如果亲征辽东，皇太子现在又在定州监国，东西二京是国库重地，虽然都设有官府、兵库，只有兵士把守，但终归很空虚，辽东又路途遥远，恐怕会出现隋炀帝亲征高丽时，杨玄感趁机起兵围攻东都的变故。并且，高丽乃边远的小国，何劳陛下亲自征讨。如果取胜，也不足以显示大唐的神勇，倘若失败，岂不贻笑世人？我请求陛下委派良将去征讨，自然可将他们摧毁。”唐太宗没有采纳他的意见，但是他的建议赢得了当朝一些有识之士的赞许。

【原文】

礼部尚书江夏王道宗从太宗征高丽，诏道宗与李勣为前锋，及济辽水克盖牟城，逢贼兵大至，军中佥①欲深沟保险，待太宗至，徐进。道宗议曰：“不可，贼赴急远来，兵实疲顿，恃众轻我，一战可摧。昔耿弇②不以贼遗君父，我既职在前军，当须清道以待舆驾。”李勣大然其议。乃率骁勇数百骑，直冲贼阵，左右出入，勣因合击，大破之。太宗至，深加赏劳。道宗在阵损足，帝亲为针灸，赐以御膳。

【译文】

礼部尚书江夏人王道宗跟随唐太宗征伐高丽，唐太宗命王道宗和李勣为先锋。他们渡过辽水，攻克了盖州之后，敌军大举进攻，军中有人建议挖深沟以求保险，等唐太宗到了，再慢慢攻打他们。王道宗坚决反对，说：“不行，敌军远道而来，士兵已经疲惫不堪了，他们倚仗人马多，所以轻视我们。其实，一次战斗就可以摧毁他们。汉时，耿弇不把敌军留给汉光武帝处置。我们既然是先锋，就应当清除敌人，为陛下开路，等待他的到来。”李勣非常赞同他的意见。于是王道宗率领几百名骁勇善战的骑兵，径向敌人的阵地冲去，加上李勣的接应，左右出击，大败敌军。唐太宗不久赶来，对他们大加赞赏和犒劳。王道宗在战斗中伤了脚，唐太宗亲自替他针灸治疗，还赐给他御膳。

【注释】

①佥：都，皆。

②耿弇（yǎn）：后汉茂陵人，字伯昭，从光武帝为大将军，多次征战，光武帝即位后，授建威大将，封好峙侯。

【原文】

太宗《帝范》①曰：“夫兵甲者，国家凶器也。土地虽广，好战则民凋；中国虽安，忘战则民殆。凋非保全之术，殆非拟寇之方，不可以全除，不可以常用。故农隙讲武，习威仪也；三年治兵，辨等列也。是以勾践轼蛙②，卒成霸业；徐偃弃武，终以丧邦。何也？越习其威，徐忘其备也。孔子曰：‘以不教民战，是谓弃之。’故知弧矢之威，以利天下，此用兵之职也。”

【译文】

唐太宗在他作的《帝范》一书里写道：“武器、铠甲是国家的凶器。即使疆域辽阔，穷兵黩武也会使民生凋敝。中原虽然平静，但忽略战备百姓就会懈怠。民生凋敝不是保全国家的办法，懈怠更不是御敌的策略。武装既不可完全解除，又不可经常使用。因此百姓农闲时，应讲习武艺，以彰显大唐的威仪；三年练兵，以辨别等级位次。所以越王勾践为雪亡国之耻，每次见到青蛙，都要下车跪拜，他说：‘即使是青蛙也有一腔怨气啊。’他礼敬怒蛙，终于成其霸业。徐偃放弃武功，依赖文德，后来周穆命令楚侯将他灭掉。这是为什么呢？就是因为越王加强武功，徐偃忘记战备。孔子说：‘不教民战事，是自我放弃，将国家拱手让给别人。’因此要知道，练习弓箭是为了安定天下，这就是用兵的作用。”

【注释】

①《帝范》：贞观二十二年正月，太宗作《帝范》十二篇以赐太子。包括《君体》、《建亲》、《求贤》、《审官》、《纳谏》、《去谗》、《戒盈》、《崇俭》、《赏罚》、《务农》、《阅武》、《崇文》。

②勾践轼蛙：轼，古代车厢扶手横木，古人立乘，扶轼表示敬意。相传越王勾践为报仇雪耻，将出兵伐吴，途中见怒蛙，即凭轼为敬。从者问他为什么，勾践说：“蛙见敌而有怒气，故为之轼。”意在借以激励士卒的锐气。

【原文】

贞观二十二年，太宗将重讨高丽。是时，房玄龄寝疾增剧，顾谓诸子曰：“当今天下清谧①，咸得其宜，惟欲东讨高丽，方为国害。吾知而不言，可谓衔恨入地。”遂上表谏曰：

臣闻兵恶不戢②，武贵止戈。当今圣化所覃③，无远不暨。上古所不臣者，陛下皆能臣之；所不制者，皆能制之。详观古今，为中国患害，无过突厥。遂能坐运神策，不下殿堂，大小可汗，相次束手，分典禁卫，执戟行间。其后延陀鸱张④，寻就夷灭，铁勒慕义，请置州县，沙漠已北，万里无尘。至如高昌叛涣于流沙，吐浑首鼠于积石，偏师薄伐，俱从平荡。高丽历代逋诛，莫能讨击。陛下责其逆乱，杀主虐人，亲总六军，问罪辽碣。未经旬日，即拔辽东，前后虏获，数十万计，分配诸州，无处不满。雪往代之宿耻，掩崤陵之枯骨，比功校德，万倍前王。此圣主所自知，微臣安敢备说。

【译文】

贞观二十二年，唐太宗将征讨高丽，当时大臣房玄龄卧病在家，病情越来越重，他对儿子们说："当今天下太平无事，每个人都各得其所，而陛下却要讨伐高丽，这是老百姓的隐患，我如果知道它的危害却不指出来，就会抱恨终生的。"于是上疏唐太宗：

我听说兵器不宜常用，而武力贵在消歇。当今，皇上的恩德泽被四方，无所不及。古代不能臣服的异族，陛下都使他们归顺了；古代不能够攻克的国家，陛下无不所向披靡。纵观历史，成为中原祸患的，首推突厥，而陛下却能运筹帷幄，不下朝堂，就使突厥大小可汗俯首称臣。后来延陀姓张的乱世枭雄，也败于大唐的神威之下，铁勒讲求信义，于是朝廷在那里设置州县。大漠以北，再也没有战争的尘烟。至于高昌在流沙的叛乱，吐浑在积石进退不定，陛下只派遣了 一个偏师，就将他们一一平定。高丽人历代叛乱，没有谁可以征服。陛下怪罪他们谋反作乱，杀死国君，鱼肉百姓，亲自统率六军，进伐辽东，向他们兴师问罪。不过一旬，就攻克辽东，前后俘虏的敌军，达到十万之多，把他们发配到各州充军，都人满为患。昔日隋炀帝征讨高丽，屡次出兵都无功而返，成为中原政权的奇耻大辱；晋大败秦于殽，后来秦伯挥师晋都，洗雪了深仇大恨。与古代帝王的功德相比，陛下胜过他们何止万倍。这是陛下都很清楚的，我不必多说。

【注释】

①清谧(mì)：安宁，平静。
②戢(jí)：收藏，收敛。
③覃：延及，深入。
④鸱(chī)张：鸱，恶鸟，即鹞鹰。鸱张即凶暴、嚣张之意。

【原文】

且陛下仁风被于率土，孝德彰于配天。睹夷狄之将亡，则指期数岁；授将帅之节度，则决机万里。屈指而候驿，视景而望书，符应若神，算①无遗策。擢将于行伍②之中，取士于凡庸之末。远夷单使，一见不忘；小臣之名，未尝再问。箭穿七札，弓贯六钧。加以留情坟典，属意篇什，笔迈钟、张，词穷贾、马。文锋既振，则宫徵自谐；轻翰暂飞，则花葩竞发。抚万姓以慈，遇群臣以礼。褒秋毫之善，解吞州之网。逆耳之谏必听，肤受之诉斯绝。好生之德，禁障塞于江湖；恶杀之仁，息鼓刀于屠肆。凫鹤荷稻粱之惠，犬马蒙帷盖之恩。降尊吮思摩之疮，登堂临魏徵之柩。哭战亡之卒，则哀动六军；负填道之薪，则情感天地。重黔黎之大命，特尽心于庶狱。臣心识昏愦，岂足论圣功之深远，谈天德之高大哉？陛下兼众美而有之，靡不备具，微臣深为陛下惜之重之，爱之宝之。

【译文】

陛下仁德散布四方，孝敬之德齐于高天。在少数民族聚居地设立了节度使。因此，即便在万里之遥的边关也能决断军务。陛下决策于万里之外，却能稳操胜券。在士兵中提拔将士，在凡夫中选择俊才。即使是远方异族的一个使者，陛下也能过目不忘，更何况一个小官的名字，陛下只要询问一次就能记牢。陛下一箭可以射穿七札，六钧重的弓可以一下拉满，加之陛下喜欢阅读古代典籍，著述文章，书法超过钟繇、张芝，文笔胜过贾谊、司马相如。陛下文风劲健，作文章自然文采飞扬，下笔如神。陛下对百姓仁慈宽厚，对群臣注重礼数，能倾听逆耳的忠言，好生恶杀，禁止过度捕杀鱼类和牲畜，恩德普及自然万物。陛下不惜屈尊，亲自为被流箭射伤的大将军李思摩吮血，亲自到魏徵的灵堂祭拜，为战争中牺牲的将士痛哭，哀恸之情震动六军。还亲自背柴填充道路，此情足以感动天地。陛下重视黎民的生命，细心审察各种案件。我心智愚钝，有何资格谈论陛下的大恩大德、大仁大义，只是略表自己的无限爱戴崇敬之情罢了。

【注释】

①筭(suàn)：谋画，策略。

②行(háng)伍：古代军队编制，五人为“伍”，二十五人为“行”。后以行伍泛指军队士兵。

【原文】

《周易》曰：“知进而不知退，知存而不知亡，知得而不知丧。”又曰：“知进退存亡，而不失其正者，其惟圣人乎！”由此言之，进有退之义，存有亡之机，得有丧之理，老臣所以为陛下惜之者，盖谓此也。《老子》曰：“知足不辱，知止不殆。”臣谓陛下威名功德，亦可足矣；拓地开疆，亦可止矣。彼高丽者，边夷贱类，不足待以仁义，不可责以常理。古来以鱼鳖畜之，宜从阔略。必欲绝其种类，深恐兽穷则搏。且陛下每决死囚，必令三覆五奏，进素食，停音乐者，盖以人命所重，感动圣慈也。况今兵士之徒，无一罪戾，无故驱之于战阵之间，委之于锋刃之下，使肝脑涂地，魂魄无归，令其老父孤儿、寡妻慈母，望輀车[①]而掩泣，抱枯骨而摧心，足变动阴阳，感伤和气，实天下之冤痛也。且兵，凶器；战，危事，不得已而用之。向使高丽违失臣节，而陛下诛之可也；侵扰百姓，而陛下灭之可也；久长能为中国患，而陛下除之可也。有一于此，虽日杀万夫，不足为愧。今无此三条，坐烦中国，内为旧主雪怨，外为新罗报仇，岂非所存者小，所损者大？

【译文】

《周易》上写道："知道前进也应知道后退，知道生存也应知道死亡，知道获得也应知道失去。"还写道："知道前进和后退、生存和死亡的道理，而不失分寸尺度的，只有圣人啊。"因此，前进之中包含着后退的因素，生存之中隐藏着死亡的阴影，获得之中存在着失去的可能，我之所以为陛下担忧的原因，正在于此。《老子》说："知道满足就不会耻辱，知道停止就不会困顿。"我认为，陛下的威名功德，已经很高了，开拓的疆域，已经够广阔了。高丽国，乃边远的异族，不可以用仁义对待他们，不可以用常理来要求他们。陛下每次处决死囚，一定要让三番五次地奏报，并且吃素食、停音乐，都是因为人命关天，感动了陛下的圣慈之心。况且，现在的士兵，没有谁有罪过，无缘无故让他们投身战火之中，使他们肝脑涂地，成为无家可归的冤魂；让他们的妻儿老小，望着灵车痛哭流涕，抱着尸骨捶胸顿足，这足以使山河失色，天怒人怨，实在是天底下最惨痛的事情啊。并且，兵器是凶险的用具，战争是危险的事情，不到万不得已，不可动用。如果高丽失掉了臣子的礼节，陛下要诛杀它是可以的；如果它侵犯了百姓，陛下要灭掉它，也是可以的；如果因为它长期以来是中原的心腹之患，陛下要铲除它，也是可以的。如果其中有一个理由成立，哪怕一日杀一万个敌寇，也不值得内疚。可是现在三条罪状都不成立，却要给中原百姓增添无尽的痛苦和烦恼，对内为其旧主雪冤，对外为新罗报仇，这难道不是所得者小，所失者大吗？

【注释】

①轊(wèi)车：轊，古代车子上的零件名。轊车，本文指拉尸体的车子。

【原文】

愿陛下遵皇祖老子止足之诫，以保万代巍巍之名。发霈然之恩①，降宽大之诏，顺阳春以布泽，许高丽以自新，焚凌波之船，罢应募之众，自然华夷庆赖，远肃迩安。臣老病三公，朝夕入地，所恨竟无尘露，微增海岳。谨罄残魂余息，豫代结草之诚。倘蒙录此哀鸣，即臣死骨不朽。

太宗见表，叹曰："此人危笃如此，尚能忧我国家。"虽谏不从，终为善策。

【译文】

但愿陛下遵照老子"知止为足"的警戒，以确保万代崇高的美名。发恩降诏，顺天布泽，给高丽以改过自新的机会，烧掉战船，停止征兵，这样各民族人民自然庆幸，远近都得安宁。为臣年老多病，活不了几天了，遗憾的是不能对国家做出微薄的贡献。在此谨尽最后一点心意，权且作为为臣死后报答陛下的知遇之恩。如果陛下垂恩，听得进老臣临终的话，那么为臣死有何憾呢？

太宗看了这篇奏书，感叹道："此人病危到这种地步还能为国家担忧。"虽然没有接纳，但还是认为他的意见是治国的善策。

【注释】

①霈然之恩：像甘霖一样的恩情。

【原文】

贞观二十二年，军旅亟动，宫室互兴，百姓颇有劳弊。充容[①]徐氏[②]上疏谏曰：

贞观已来，二十有余载，风调雨顺，年登岁稔，人无水旱之弊，国无饥馑之灾。昔汉武帝，守文之常主，犹登刻玉之符[③]；齐桓公，小国之庸君，尚涂泥金之事。望陛下推功损己，让德不居。亿兆倾心，犹阙告成之礼；云、亭[④]伫谒，未展升中之仪[⑤]。此之功德，足以咀嚼百王，网罗千代者矣。然古人有云："虽休勿休。"良有以也。守初保末，圣哲罕兼。是知业大者易骄，愿陛下难之；善始者难终，愿陛下易之。

【译文】

贞观二十二年，朝廷战争频仍，又大兴土木，老百姓感到不堪重负。宫中的女官充容徐氏上疏说：

贞观以来，二十多来风调雨顺，五谷丰收，国家没有水旱之灾，百姓没有饥荒的祸患。过去，汉武帝沿用汉文帝休养生息的制度，但后来还是到泰山封禅，把功业敬告上天；齐桓公，是一个小国的平庸之君，也行封禅之事，以显示他们的文治武功。希望陛下不要居功自傲，有大功而不居，有大德而能让。亿万人民仰戴，仍未行告成的大典；云亭二山待谒，仍未肯亲行祭天的仪式。这样的功德，足以光辉万代，流芳永久。然而古人说："天下虽然太平，但不可放纵情欲。"能谨小慎微，兢兢业业，古来圣哲也很少有人能做到。常言道：功业盛大的人容易骄傲，善始容易善终难，愿陛下使它容易保持。

【注释】

①充容：唐时女官号，皇帝九嫔之一。

②徐氏：名惠，通经书，能文章，太宗召为才人。

③刻玉之符：与文中所说的"泥金之事"均为古代一种封禅仪式。泛指封禅。

④云、亭：传说黄帝禅亭亭，五帝禅云云，都是山名。

⑤升中之仪：祭天的仪式。

【原文】

窃见顷年以来，力役兼总，东有辽海之军，西有昆丘之役，士马疲于甲胄[1]，舟车倦于转输。且召募役戍，去留怀死生之痛，因风阻浪，人米有漂溺之危。一夫力耕，年无数十之获；一船致损，则倾覆数百之粮。是犹运有尽之农功，填无穷之巨浪；图未获之他众，丧已成之我军。虽除凶伐暴，有国常规，然黩武玩兵，先哲所戒。昔秦皇并吞六国，反速危祸之基；晋武奄有三方[2]，翻成覆败之业。岂非矜功恃大，弃德轻邦，图利忘害，肆情纵欲？遂使悠悠六合，虽广不救其亡；嗷嗷黎庶，因弊以成其祸。是知地广非常安之术，人劳乃易乱之源。愿陛下布泽流人，矜弊恤乏，减行役之烦，增雨露之惠。

【译文】

我看见，近年来战火不断，东边有辽海之战，西边有昆仑之役，士兵、战马都苦不堪言，战船兵车也多有破损。并且征途迢迢，将士赴边和离开战场，都怀有生离死别的切肤之痛。并且路途坎坷，风高浪急，随时有葬身鱼腹的危险。一个农夫辛勤耕种，一年不过有几十担的收成，可一遇到翻船，顷刻间几百担粮食就会化为乌有。这就等于把有限的收成填入无边的大海，贪图未到手的胜利反而丢失了自己的人马。虽然铲除顽敌是国家的职责，但穷兵黩武，也是先哲们极力避免的。过去秦始皇吞并了六国，可是却加速了他自身的灭亡；晋武帝拥有三方之地，却转眼败亡，这难道不是因为他们居功自傲，放弃仁德，轻视国家，图谋利益，忘记祸患，放纵恣情的结果吗？所以天地虽大也不能挽救其灭亡，劳苦百姓因无法生活而群起造反。因此，国土广袤并非就是国家安宁的保证，人民劳顿是国家动乱的源头，希望陛下对老百姓施加恩惠，减轻他们的劳役负担，让老百姓享受到朝廷恩德的雨露。

【注释】

①甲胄：古时战士穿用的铠甲和头盔。泛指战事。

②三方：指魏、蜀、吴三方之地。

【原文】

妾又闻为政之本，贵在无为。窃见土木之功，不可遂兼。北阙初建，南营翠微，曾未逾时，玉华创制，非惟构架之劳，颇有功力之费。虽复茅茨示约，犹兴木石之疲，假使和雇取人，不无烦扰之弊。是以卑宫菲食[1]，圣王之所安；金屋瑶台，骄主之为丽。故有道之君，以逸逸人；无道之君，以乐乐身。愿陛下使之以时，则力不竭矣；用而息之，则心斯悦矣。

【译文】

为妾又听说治政的根本贵在无为。私下以为土木工程不可连续不断地进行。北边门楼刚建好，就在南边建翠微宫，没过多久又要建玉华宫，这不只是浪费材料，对人力也是一个很大的浪费。虽一再表示建筑要低标准力求俭约，还是需要伐木采石，即使用官费雇工，也不免烦扰百姓。要知道简陋的宫室和粗淡的茶饭是圣明的君主所安心受用的，而金碧辉煌的殿堂只有骄逸的君主才认为是美丽。所以有道的君主是以休养生息使百姓安适；没有道德的君主是以淫乐享受来满足自己的情欲。但愿陛下使用民力有所节制，那么他们的力气就不会用完了，在用了力气之后给他们以休息的机会，那么他们心里就会感到高兴了。

【注释】

①卑宫菲食：住简陋的房子，吃粗淡的茶饭。

【原文】

夫珍玩技巧，为丧国之斧斤[①]；珠玉锦绣，实迷心之酖毒[②]。窃见服玩鲜靡[③]，如变化于自然，职贡奇珍，若神仙之所制，虽驰华于季俗，实败素于淳风。是知漆器非延叛之方，桀造之而人叛；玉杯岂招亡之术，纣用之而国亡。方验侈丽之源，不可不遏。夫作法于俭，犹恐其奢；作法于奢，何以制后？伏惟陛下，明照未形，智周无际，穷奥秘于麟阁，尽探赜于儒林。千王治乱之踪，百代安危之迹，兴亡衰乱之数，得失成败之机，固亦包吞心府之中，循环目围之内，乃宸衷久察，无假一二言焉。惟知之非难，行之不易，志骄于业著，体逸于时安。伏愿抑志裁心，慎终成始，削轻过以添重德，择今是以替前非，则鸿名与日月无穷，盛业与乾坤永泰！

太宗甚善其言，特加优赐甚厚。

【译文】

珍奇的玩物和浮华的技巧就像是使国家败亡的刀斧，珠玉的摆设和华丽的服饰就像是使人心惑乱的毒酒。为妾发现陛下的衣服和玩物应有尽有，而且千姿百态变化多端。别人进献的奇珍异宝玲珑剔透，犹如神仙制造的一般。虽说竞求华丽为时俗所难免，实际上却败坏了淳朴的社会风尚。要知道漆器并不是产生叛离的东西，夏桀加以制造却导致了民心离叛，玉杯也不是招灾惹祸的东西，商纣加以使用却导致了国败身亡。经验证明，奢侈华丽的苗头，不可不加以遏制。再说创始时节俭，还唯恐其后流于奢侈，创始时就奢侈，那将如何制约后代？为妾伏地而想，陛下明察秋毫，高瞻远瞩，深入钻研古代典籍，虚心征询儒林学士。千王百代治乱安危的踪迹，兴衰存亡得失成败的原因，无疑也已包含于心中，循环于眼前，为陛下所早已洞察，用不着为妾再说什么。只是知道这个道理并不困难，但实行起来却很不容易。往往是因为功业卓著而志趣骄逸，天下太平而贪图享乐。希望陛下克制己欲，善始慎终，改掉小毛病以光大道德，用今天的优点取代以前的过错，这样，陛下的英名就可以与日月齐辉，大业就可以与乾坤共存了！

太宗非常赞赏这些意见，特地厚加赏赐。

【注释】

①斧斤：原为砍木的工具。本文指败国之器。

②鸩毒：毒药，毒酒。

③鲜靡：鲜艳华丽。

史鉴新得

和平的呼唤

唐朝是中国多民族国家形成的重要历史阶段，贞观时期可谓一个良好的开端。本章反映了唐太宗在国势昌盛的贞观年间大力推行和平外交政策，对内消除民族隔阂，促使民族融合，加强民族间经济文化交流等，产生了很好的作用。对外战争，劳民伤财，一旦战争失利，则会大伤国家元气。自古以来穷兵黩武，都难免灭亡的命运。贞观初年，太宗爱惜民力，对突厥推行和亲政策，使边境得以平安；但后期好大喜功，执意讨伐高丽，得不偿失。因此，战争的发动尤须谨慎。据史料记载，在唐朝对外战争的历史上，曾有过著名的“三败三胜”。

三大败仗：

第一，唐初对突厥之战，突厥打到长安城仅四十里，虽然出现了唐太宗只身退敌的壮举，但双方签的可谓是“城下之盟”，连唐朝也视之为耻。

第二，唐玄宗时代怛罗斯战役，八万唐军鏖战二十万阿拉伯帝国军。唐军远离国土作战，又遭对方突然袭击，兵力比对方少十二万，却能坚守数日，杀敌数万，后因自身内部出现叛变被迫败退，可谓虽败犹荣。阿拉伯帝国也从此战意识到唐军的强大，从此不敢东进。

第三，唐朝征南诏战役，此战原本为不义之战。唐朝损失达六万人。为“安史之乱"埋下伏笔。

三大胜仗:

第一,唐太宗反击突厥战役,不战则已,一战则胜。俘虏突厥可汗,灭亡突厥,可谓是千古奇功。此战奠定了中华为世界第一强国的地位,中国皇帝从此被尊为"天可汗"。中国封建王朝"天朝上国"的思想也由此而来。

第二,唐玄宗时代小勃律战役,王忠嗣指挥唐军击败阿拉伯帝国与吐蕃联军,收复小勃律,此战奠定了今天新疆的版图,阿拉伯帝国势力被阻止在葱岭以西。此战中二十二岁的郭子仪初出茅庐,射杀阿拉伯主帅,一鸣惊人,后为大唐第一战将。

第三,李槊退吐蕃的陕州战役,宪宗时吐蕃乘唐朝内乱,进兵陕州。刚刚平定了蔡州叛乱的李槊临危受命,大破吐蕃军。此战使唐朝国威再震,吐蕃回纥纷纷遣使请和,已经走向没落的唐朝又重新振兴了一段时间,迎来了所谓的"中兴"。

安边第三十六

【题解】

唐初武力强盛，政策开明，四方外族皆来归顺，唐太宗召集群臣商讨如何安置，群臣纷呈“安边之策”，并针对内迁还是外徙、设置郡县还是自立为王等问题展开了激烈的争论，互有得失。

【原文】

贞观四年，李靖击突厥颉利[①]，败之，其部落多来归降者。诏议安边之策，中书令温彦博议：“请于河南[②]处之。准汉建武时，置降匈奴于五原[③]塞下，全其部落，得为捍蔽[④]，又不离其土俗，因而抚之，一则实空虚之地，二则示无猜之心，是含育之道[⑤]也。”太宗从之。秘书监魏徵曰：“匈奴自古至今，未有如斯之破败，此是上天剿绝，宗庙神武。且其世寇中国，万姓冤仇，陛下以其为降，不能诛灭，即宜遣发河北，居其旧土。秦、汉患之者若是，故时发猛将以击之，收其河南以为郡县。陛下以内地居之，且今降者几至十万，数年之后，滋息[⑥]过倍，居我肘腋[⑦]，甫迩王畿[⑧]，心腹之疾，将为后患，尤不可处以河南也。”温彦博曰：“天子之于万物也，天覆地载，有归我者则必养之。今突厥破除，余落归附，陛下不加怜愍，弃而不纳，非天地之道，阻四夷之意，臣愚甚谓不可，宜处之河南。所谓死而生之，亡而存之，怀我厚恩，终无叛逆。”魏徵曰：“晋代有魏时，胡部落分居近郡，江统劝逐出塞外，武帝不用其言，数年之后，遂倾瀍、洛。前代覆车，殷鉴不远。陛下必用彦博言，遣居河南，所谓养兽自遗患也。”彦博又曰：“臣闻圣人之道，无所不通。突厥余魂，以命归我，收居内地，教以礼法，选其酋首，遣居宿卫，畏威怀德，何患之有？且光武居河南单于于内郡，以为汉藩翰，终于一代，不有叛逆。”又曰：“隋文帝劳兵马，费仓库，树立可汗，令复其国，后孤恩失信，围炀帝于雁门。今陛下仁厚，从其所欲，河南、河北，任情居住，各有酋长，不相统属，力散势分，安能为害？"给事中杜楚客进曰："北狄人面兽心，难以德怀，易以威服。今令其部落散处河南，逼近中华，久必为患。至如雁门之役，虽是突厥背恩，自由隋主无道。中国以之丧乱，岂得云兴复亡国以致此祸？夷不乱华，前哲明训，存亡继绝，列圣通规。臣恐事不师古，难以长久。"太宗嘉其言，方务怀柔，未之从也。卒用彦博策，自幽州至灵州，置顺、祐、化、长四州都督府以处之，其人居长安者近且万家。

【译文】

贞观四年，李靖打败突厥颉利可汗，颉利统属的部落很多都归顺了大唐，于是，唐太宗下诏讨论安定边境的政策。中书令温彦博建议说："请陛下仿照东汉建武年间把降服的匈奴安置在五原郡边塞附近的办法，把突厥人安置在黄河以南地区，这样做，既可以保留原有的部落编制，作为中原的屏障，同时又不让他们远离本土、不改变他们的习俗，以便实行抚慰政策。如此，一来可充实空虚的边塞，二来可体现朝廷对他们没有猜疑之心。我认为，这才是包容养育他们的正当办法。"太宗对温彦博的建议很是赞同。秘书监魏徵却坚决反对说："匈奴自古以来从未这样惨败过，这是上天要诛杀他们，也是陛下神武的表现。他们世代与中原为敌，与老百姓结下了数不清的仇怨，陛下鉴于他们乃主动受降，因此没有将他们处死。依臣之见，应当把他们发配到黄河以北地区，让他们居住在自己的土地上。秦汉时，他们是中原政府的祸患，所以当时朝廷常常派猛将去攻打他们，收归他们在黄河以南的土地，在那里设置郡县加强管理。陛下如今让他们在中原内地居住，并且降兵达几万，乃至十万之众，几年以后，他们的人数还会成倍增长，让他们生活在我们身边，离京城如此之近，将来可能会成为心腹之患，所以千万不可把他们安置在黄河以南。"温彦博反驳说："天子对于万事万物，不管天上飞的，还是地上长的，只要归顺，都应该含养。如今突厥兵败，余部前来归降，如果陛下对他们不加以怜悯，反而弃他们于不顾，这不是天子的胸襟。我虽愚钝，但却认为陛下不应采取抑制少数民族的政策，而应把他们安置在黄河以南地区。常言道：让濒临死亡的人活下去，要常怀仁爱之心，那么终将不会有叛乱发生。"魏徵据理力争地说："晋朝取代魏国的时候，胡部落常常在周边地区活动，江统劝说晋武帝把他们逐出塞外，晋武帝不听，几年之后，胡部落势力大增，将很多地方据为己有，前车之鉴不远。陛下如果采纳温彦博的意见，让他们居住在黄河以南地区，将养虎为患，贻害无穷啊。"温彦博又说："我听说，圣人之道无不通达。突厥的残余部落，前来投奔我们，以保全性命。把他们安置在中原内地，传授给他们礼教法令，选拔他们的首领，派卫兵驻守那里，让他们畏惧大唐的威严，感激大唐的恩德，这有什么可担忧的呢?汉代光武帝在位时,让突厥的单于定居内地,成为汉朝的一位藩王,历经整个汉朝时期,突厥都不曾叛乱。”稍停片刻,他继续说道:“隋文帝兴师动众,耗尽了国库,扶持突厥可汗,让他回到旧地,后来可汗背信弃义,把隋炀帝围困在雁门,企图谋反。现在,陛下仁慈宽厚,听凭他们的意愿,无论是河南、河北,任由他们选择居住的地方。另外,突厥部落众多,每个部落都有自己的酋长,他们内部不统一,力量分散,怎么会对中原政府造成危害呢?”给事中杜楚客与温彦博同一阵线,说:“北方异族人面兽心,难以感化,用武力容易使他们臣服。现在让他们的部落散居在河南,靠近中原政府,长此以往,必有祸患。至于隋炀帝在雁门关被困一事,虽是因为突厥背信弃义所致,隋炀帝昏庸无道也是重要的原因。中原的衰败灭亡,怎能归咎于中原政府对少数民族的扶持政策?认为让他们复兴而种下祸根是没有道理的。少数民族不会扰乱华夏民族,这是先哲们总结的经验。让快要死亡的人活下去,让行将灭绝的东西延续下去,这是古代圣贤通行的原则。臣恐怕如果不遵照古训,大唐将难以长久啊。”唐太宗听后,对他的意见非常赞许,于是对异族采取怀柔政策,这在历史上是从来没有过的。后来唐太宗采纳温彦博的策略,从幽州至灵州,设置了顺、佑、化、长四州安置归顺的突厥部落,从这以后,到长安定居的突厥人达万家之多。

【注释】

①李靖击突厥颉利:唐贞观四年(公元630年),李靖大破颉利可汗于阴山。颉利谋逃往漠北,被李世劼所阻,部众多降,颉利西奔,旋为部下擒送唐军。此后,太宗用中书令温彦博之议,使降众居朔方之地,分置都督府。酋长多拜官,居长安者近万家。

②河南:指黄河以南河套一带。

③五原:郡名。汉元朔二年(公元前127年)置。治所在九原(今包头市西北)。辖境相当于今内蒙古后套以东、阴山以南、包头市以西和达拉特、准格尔等旗地。

④捍蔽:捍卫屏蔽。

⑤含育之道:含养化育的办法。

⑥滋息:滋生繁衍。

⑦肘腋:比喻切近的地方。

⑧甫迩王畿:接近君王居住之地。

【原文】

自突厥颉利破后,诸部落首领来降者,皆拜将军中郎将,布列朝廷,五品以上百余人,殆与朝士相半。惟拓拔不至,又遣招慰之,使者相望于道。凉州都督李大亮以为于事无益,徒费中国,上疏曰:“臣闻欲绥远者必先安近。中国百姓,天下根本,四夷之人,犹于枝叶,扰其根本以厚枝叶,而求久安,未之有也。自古明王,化中国以信,驭夷狄以权。故《春秋》云:‘戎狄豺狼,不可厌也;诸夏亲昵,

不可弃也。’自陛下君临区宇，深根固本，人逸兵强，九州殷富，四夷自服。今者招致突厥，虽入提封，臣愚稍觉劳费，未悟其有益也。然河西民庶，镇御藩夷，州县萧条，户口鲜少，加因隋乱，减耗尤多，突厥未平之前，尚不安业，匈奴微弱以来，始就农亩，若即劳役，恐致防损，以臣愚惑，请停招慰。且谓之荒服者，故臣而不纳。是以周室爱民攘狄，竟延八百之龄；秦王轻战事胡，故四十载而绝灭。汉文养兵静守，天下安丰；孝武扬威远略，海内虚耗，虽悔轮台，追已不及。至于隋室，早得伊吾，兼统鄯善，且既得之后，劳费日甚，虚内致外，竟损无益。远寻秦、汉，近观隋室，动静安危，昭然备矣。伊吾虽已臣附，远在藩碛，民非夏人，地多沙卤。其自竖立称藩附庸者，请羁縻受之，使居塞外，必畏威怀德，永为藩臣，盖行虚惠而收实福矣。近日突厥倾国入朝，既不能俘之江淮，以变其俗，乃置于内地，去京不远，虽则宽仁之义，亦非久安之计也。每见一人初降，赐物五匹，袍一领，酋长悉授大官，禄厚位尊，理多糜费。以中国之租赋，供积恶之凶虏，其众益多，非中国之利也。”太宗不纳。

【译文】

自从突厥颉利兵败后，凡有突厥部落的首领前来归降，大唐政府都把他们封为将军中郎将，在朝堂上，突厥五品以上的官员就有一百多人，与大唐自己的官员几乎各占一半。突厥各族中，只有拓跋氏没有归顺，唐太宗派人前去招安，使者来来往往，不绝于道。凉州都督李大亮认为这样做徒劳无益，只会白白地消耗财物，于是上疏说：“我认为，要安抚边远地区的人，首先应当使内陆的人安定。中原的百姓，是天下的根本，四方边境的少数民族，犹如树上的枝叶，如果用破坏树根的办法来使枝繁叶茂，那么，要想树木长期存活下去，恐怕是不可能的。自古以来，贤明的君主以教化中原为根本方针，以驾驭夷、狄等少数民族为权宜之策。所以《春秋》说：‘戎、狄这些少数民族犹如豺狼虎豹，不可让他们满足；华夏民族是近亲，不可将他们遗弃。’自从陛下君临天下以来，国泰民安，老百姓生活安乐，兵力得到了加强，四方少数民族俯首称臣。如今朝廷招安突厥，对他们加官封爵，我认为这样做太浪费国家的财资，而没有什么实际的好处。黄河以西的百姓，是抵御强悍少数民族的前哨。那里人烟稀少，凋敝萧条，加之隋末的战火，老百姓遭受的损失尤其严重，在平定突厥之前，他们根本无法安居乐业，匈奴被削弱之后，才开始进行农业生产，如果现在就役使他们，恐怕会使他们元气大伤。臣固然愚钝，但还是请求陛下停止安抚劝降。并且，古人说，对于落荒而逃的人，即使前来称臣也不要接纳。在周朝，王室爱抚百姓，但同时也抵御少数民族，所以延续了八百年的帝业；秦朝对抗击胡人不以为然，所以四十年就短命了;汉文帝畜养兵士以待变故,所以天下安宁富庶;汉武帝神武鹰扬,对少数民族连年征伐,致使劳民伤财,国内空虚。后来虽然有轮台之悔,但已追悔莫及了;隋代,在得到西域的伊吾、鄯善之地后,国库也几乎消耗殆尽,于国于民都没有丝毫益处。如今,远有秦、汉的教训,近有隋代的前鉴,异族的动静变化,可谓清晰可见。伊吾虽已是大唐的附属地,但它远在边关荒漠之地,那里的人非华夏之族,土地也多荒漠沙丘。对于主动称臣的,请陛下对他们严加约束,让他们居住在塞外,这样他们必定对大唐心怀畏惧又感恩戴德,永远作大唐的藩臣。所以对他们实施恩惠是虚,让老百姓享受太平是实。近来一有突厥人归降,朝廷就赏赐给他们布五匹,袍子一件,酋长归降,还要加官晋爵,享受极高的俸禄,这样做太浪费了。把中原百姓上缴的租税,供养这些凶恶顽固的俘虏,让他们源源不断进入中原,这对中原是非常不利的。"唐太宗没有接受他的意见。

【原文】

十三年,太宗幸九成宫。突利可汗弟中郎将阿史那结社率阴结所部,并拥突利子贺罗鹘夜犯御营,事败,皆捕斩之。太宗自是不直突厥,悔处其部众于中国,还其旧部于河北,建牙①于故定襄城,立李思摩为乙弥泥熟俟利苾可汗以主之。因谓侍臣曰:"中国百姓,实天下之根本,四夷之人,乃同枝叶,扰其根本以厚枝叶,而求久安,未之有也。初不纳魏徵言,遂觉劳费日甚,几失久安之道。"

【译文】

贞观十三年,太宗亲临九成宫,突利可汗的弟弟中郎将阿史那结社率暗地里纠结部众,并支持突利可汗的儿子贺罗鹘乘夜偷攻太宗的御营。事情败露后,他们都被捕获并斩首。太宗从此不再信任突厥,并后悔把他们的部众安置在内地。于是将他们遣送回黄河以北地区,让他们在原来的定襄城建立官署,立李思摩为乙弥泥熟俟利苾可汗,以此来统率他们。事后,唐太宗对侍从的大臣们说:"中原的百姓,实在是天下的根,周边的少数民族,就如同枝叶一样,损伤了根本,却想枝繁叶茂,国家长治久安,是绝不可能的。当初,我不接受魏徵的建议,因而感到劳费一天比一天严重。我考虑不周,差点失去了长治久安的好方法。"

【注释】

①建牙:建立官署。

【原文】

贞观十四年，侯君集①平高昌之后，太宗欲以其地为州县。魏徵曰："陛下初临天下，高昌王先来朝谒，自后数有商胡称其遏绝贡献，加之不礼大国诏使，遂使王诛载加。若罪止文泰，斯亦可矣。未若因抚其民而立其子，所谓伐罪吊民，威德被于遐外，为国之善者也。今若利其土壤以为州县，常须千余人镇守，数年一易。每来往交替，死者十有三四，遣办衣资，离别亲戚。十年之后，陇右空虚，陛下终不得高昌撮谷尺布以助于中国。所谓散有用而事无用，臣未见其可。"太宗不从，竟以其地置西州，仍以西州为安西都护府，每岁调发千余人防遏其地。

【译文】

贞观十四年，侯君集平定高昌之后，唐太宗想在高昌设立州县。魏徵反对说道："陛下当初刚登上皇位的时候，高昌王最先来朝谒，后来经商的胡人多次告发高昌王不向朝廷进献贡奉，加上他们对大国的使者不以礼相待，终于获得罪名。如果朝廷只对高昌王曲文泰一人定罪，也还合情合理。依臣之言，不如安抚他的臣民，拥立他的儿子。常言道：处罚有罪之君，安抚他的百姓，让威名和仁德播散到遥远的边关。这是最好的治国安边之策。现在如果在高昌王的土地上设立州县，必须经常有成百上千的人在那里守卫，并且几年要更换一次人马。每次换防，士兵们都往来奔波，死于劳顿的不计其数。士兵们还要添置衣物，离别亲人，饱受背井离乡之苦。十年过后，甘肃以西的地区肯定会人财空虚，而陛下始终得不到高昌一把谷子，甚至一尺帛布的援助。这其实是拆散有用的东西，去侍奉无用的东西。我看不出有什么益处。"唐太宗不听他的意见，仍在高昌王的土地上设置西州属地，定西州为安西都护府，每年调派一千多人马驻守该地。

【注释】

①侯君集：唐时三水人，以才雄著称。从太宗立战功，破吐谷浑，平高昌，累拜吏部尚书，封潞国公。后恃功专横，参与太子承乾谋反之事被杀。

【原文】

黄门侍郎褚遂良亦以为不可，上疏曰："臣闻古者哲后临朝，明王创业，必先华夏而后夷狄，广诸德化，不事遐荒。是以周宣薄伐，至境而反；始皇远塞，中国分离。陛下诛灭高昌，威加西域，收其鲸鲵，以为州县。然则王师初发之岁，河西供役之年，飞刍挽粟，十室九空，数郡萧然，五年不复。陛下每岁遣千余人而远事屯戍，终年离别，万里思归。去者资装，自须营办，既卖菽粟，倾其机杼。经途死亡，复在言外。兼遣罪人，增其防遏，所遣之内，复有逃亡，官司捕捉，为国生事。高昌途路，沙碛千里，冬风冰冽，夏风如焚，行人遇之多死。《易》云'安不忘危，治不忘乱。'设令张掖尘飞，酒泉烽举，陛下岂能得高昌一人菽粟而及事乎？终须发陇右诸州，星驰电击。由斯而言，此河西者方于心腹，彼高昌者他人手足，岂得糜费中华，以事无用？陛下平颉利于沙塞，灭吐浑于西海，突厥余落，为立可汗，吐浑遗萌，更树君长，复立高昌，非无前例，此所谓有罪而诛之，既服而存之。宜择高昌可立者，征给首领，遣还本国，负戴洪恩，长为藩翰。中国不扰，既富且宁，传之子孙，以贻后代。"疏奏，不纳。

【译文】

黄门侍郎褚遂良也认为这样做不好，于是上疏说："我听说，古代圣哲贤明的君王处理国政，都先使华夏诸族安定了，然后才平定少数民族，他们广泛散布仁德和教化，不干预边远悍荒之地的事务。所以，周宣王征伐玁狁，将他们逐出边境就撤军了；而秦始皇频频出征边塞，修筑了万里长城，西起临洮，东到辽东，以抵御异族，但最后还是使国家分崩离析了。陛下灭掉了高昌国，使西域异族臣服于大唐的威仪，如今还要据守他们的土地，设立州县。然而，朝廷发兵的时候，黄河以西遇到荒年，田地野草蔓延，几年颗粒未收，十户人家有九户贫困，周边各郡县也都很萧条，五年过去了，还是没有改变。现在，陛下每年要派上千人前去戍守，他们背井离乡，饱尝思乡之苦。离家的兵士还要自己操办行装，他们不得不卖掉粮食，拿走家中纺织的所有布匹，对他们的家庭来说，这无异于雪上加霜，而且有的人在路途中就命归黄泉了。此外，兵士当中有的人还犯有官司，他们在征戍期间借机逃亡，官府还要捉拿查办，这为国家带来了多少事端啊！到高昌的旅途，千里沙丘，冬天寒风凛冽，夏天烈日炎炎，不少人在途中就染病死去了。《周易》说：处于安乐之中不要忘记危险，国富民安的时候不要忽略了动乱的产生。假设张掖郡战火飞扬，酒泉郡烽烟四起，陛下能指望高昌供给一个人的粮米来增援吗？必须调发陇右各州军队，攻击敌人。就此而言，黄河以西的百姓才是朝廷的心腹，高昌人终究是异族，怎么能浪费中原的财物，去供养毫无益处的人呢？陛下在沙塞平定颉利，在西海吞并吐浑。可这些地方依然不安宁，残余的突厥部落要拥立自己的可汗，吐谷浑也暗中推举自己的首领。如今，陛下应该让高昌人自己拥立首领。这样做，并非史无前例，古人说，有罪的人就诛杀他，臣服的人就使他存活。陛下应当在高昌人中选择可以拥立的人，封他为首领，送他回故国，让他感激大唐的恩德，永远做中原政府的一名藩王。这样，中原就不会受到干扰，老百姓就可安享富庶和安宁，如果这个安边政策一代代传下去，将会造福子孙后代。"但唐太宗没

有接纳他的进谏。

【原文】

至十六年，西突厥遣兵寇西州，太宗谓侍臣曰："朕闻西州有警急，虽不足为害，然岂能无忧乎？往者初平高昌，魏徵、褚遂良劝朕立麴文泰子弟，依旧为国，朕竟不用其计，今日方自悔责。昔汉高祖遭平城之围而赏娄敬，袁绍败于官渡而诛田丰，朕恒以此二事为诫，宁得忘所言者乎！"

【译文】

贞观十六年，西突厥派兵进犯西州地区，唐太宗对侍臣说："我听说西州有军情，虽然还不足以构成危害，但怎能高枕无忧呢？过去我刚刚平定高昌的时候，魏徵、褚遂良劝我立曲文泰的后代为王，归还他的国土，可是，我竟然没有采纳他们的意见，现在后悔晚矣。过去汉高祖不听娄敬不出兵匈奴的劝告，结果遭到平城之围，事后汉高主大大犒赏了娄敬。袁绍不听田丰的建议，与曹操大战于官渡，结果大败而逃，事后却听信谗言，将田丰杀死。我常常以这两件事为诫，怎能忘记这些劝谏过我的人呢？"

史鉴新得

四海之内皆兄弟

唐太宗在位时，实行比较开明的民族政策。贞观四年，唐太宗平定了突厥，使之归附大唐，唐太宗召集群臣商讨如何安置，群臣纷呈"安边之策"，展开了激烈的争论。中书令温彦博主张把突厥人安置在河南等朔方之地，他认为："全其部落，得为捍蔽，又不离其土俗，因而抚之，一则实空虚之地，二则示无猜之心，是含育之道也。"唐太宗同意这个方案。而魏徵则坚决反对，提出夷狄非我族类，其心必异的主张，认为"遣居河南，所谓养兽自遗患也。"唐太宗没有采纳魏徵的意见。到贞观后期，唐太宗则悔恨"不纳魏徵言，几失久安之道"。

唐太宗的民族政策，大大提高了唐朝中央政权的威望。公元630年3月，西域和北部边疆各族的君长来到长安，请尊奉唐太宗为各族共同的首领"天可汗"。唐太宗说："我为大唐天子，还要处理可汗的事吗？"群臣和各族君长都高呼万岁！从此，唐太宗不仅是唐朝的皇帝，还是各民族的"天可汗"。他晚年曾得意地说："自古

帝王虽平定中夏,不能服戎狄,朕才不逮古人而成功过之。"唐太宗开明的民族政策,是古来的帝王所不可比拟的。

在今天陕西省礼泉县东北五十多华里的九嵕山主峰上,有一座庞大的陵墓,这就是中国历史上赫赫有名的唐太宗的"昭陵"。昭陵周围山峦起伏,沟壑纵横,山前满种着庄稼,遥望古老的陵山宛如座落在一张宽阔的碧毯上,更显得高耸入云,气势磅礴。在唐代帝王的陵墓里,昭陵是最高、最大的一座陵园。不仅唐太宗本人的主体陵墓宏大,而且还有许多陪葬墓。陪葬墓除了嫔妃、王子、公主的以外,还有不少功臣高官的墓。这里值得注意的是,在功臣高官中,有好几座少数民族将领的陵墓。像突厥处罗可汗的儿子阿史那社尔,铁勒部的哥论易勿施莫贺可汗的孙子契苾何力,突厥酋长执失思力等,死后都陪葬昭陵。这种现象在以往是罕见的,可以说是唐太宗民族政策的一个侧影。

公元649年,唐太宗逝世,在朝廷做官的和来朝贡的少数民族首领几百人,听到这个消息,都悲恸地放声大哭,有的甚至剪去头发,用刀划破面孔,割去了耳朵,鲜血流了满地。阿史那社尔和契苾何力闻讯赶来,请求杀身殉葬。松赞干布也上书效忠致哀:"先皇晏驾,天子新立,臣子有不忠的,我将率兵赴难。"这些事例都表明唐太宗民族政策的成功之处。

卷十

然安不忘危，治不忘乱，虽知今日无事，亦须思其终始。常得如此，始是可贵也。自古帝王亦不能常化，假令内安，必有外扰。当今远夷率服，百谷丰稔，盗贼不作，内外宁静。此非朕一人之力，实由公等共相匡辅。然安不忘危，治不忘乱，虽知今日无事，亦须思其终始。常得如此，始是可贵也。

行幸第三十七

【题解】

帝王巡幸天下，仪仗豪华，全靠所过之处人民供应，百姓们往往因此倾家荡产，劳民伤财。太宗深知隋炀帝命丧江都的下场，以此自我警戒，尽量减少巡游之举。大臣们也纷纷劝诫太宗节制奢侈行为，避免惊扰百姓，君臣一心，与民休息。

【原文】

贞观初，太宗谓侍臣曰："隋炀帝广造宫室，以肆行幸。自西京至东都，离宫别馆，相望道次，乃至并州、涿郡，无不悉然。驰道皆广数百步，种树以饰其傍。人力不堪，相聚为贼。逮至末年，尺土一人，非复己有。以此观之，广宫室，好行幸，竟有何益？此皆朕耳所闻，目所见，深以自诫。故不敢轻用人力，惟令百姓安静，不有怨叛而已。"

【译文】

贞观初年，唐太宗对侍从的大臣们说："隋炀帝大肆营建宫室，以便纵情游乐，从西京到东都，沿途离宫别馆随处可见，并州、涿郡，也无不如此。驰道有几百步宽，两边还种上树作为装饰。百姓无力承担徭役和劳役的重负，相继起来反抗。到了隋朝末年，隋炀帝已经众叛亲离，连一尺土地、一个百姓，都不再属于他了。这样看来，多营宫室，喜爱游乐，有什么好处呢？隋朝从兴到亡我都经历过，这些都是我耳闻目睹的事，这样的教训，应该深以为诫啊！因此，我不敢随便动用人力，只想让百姓安居乐业，不要发生叛乱才好。"

【原文】

贞观十一年，太宗幸洛阳宫，泛舟于积翠池，顾谓侍臣曰："此宫观台沼并炀帝所为，所谓驱役生民，穷此雕丽，复不能守此一都，以万民为虑。好行幸不息，民所不堪。昔诗人云：'何草不黄？何日不行①？''小东大东，杼轴其空②。'正谓此也。遂使天下怨叛，身死国灭，今其宫苑尽为我有。隋氏倾覆者，岂惟其君无道，亦由股肱无良。如宇文述、虞世基、裴蕴③之徒，居高官，食厚禄，受人委任，惟行谄佞，蔽塞聪明，欲令其国无危，不可得也。"司空长孙无忌奏言："隋氏之亡，其君则杜塞忠谠之言，臣则苟欲自全，左右有过，初不纠举，寇盗滋蔓，亦不实陈。据此，即不惟天道，实由君臣不相匡弼。"太宗曰："朕与卿等承其余弊，惟须弘道移风，使万世永赖矣。"

【译文】

贞观十一年，唐太宗到洛阳宫，在积翠池上泛舟，环顾身边的侍臣说："这里的宫观、台榭都曾是隋炀帝建造的，他生前驱使万民，为他修筑精雕细刻的宫室，丝毫不关心老百姓的疾苦，并且他还喜好到各地巡游玩乐。耗资巨大，老百姓怎么能够忍受呢？《诗经》云：'哪里的草不枯黄，哪一天不赶路啊？''远远近近东方国，织布机上都空空。'说的正是这种情形啊。隋炀帝的荒淫导致天下人的怨恨和叛乱，最后落得国破家亡，现在，他的宫殿完全归我所有了。隋代灭亡的原因，难道只是因为君王无道吗？其实他的臣子们也不忠良。像宇文述、虞世基、裴蕴这些人，他们身居高位，享受着丰厚的俸禄，被皇帝委以重任，但他们只知道行小人谄媚之事，扰乱视听。这样要使朝廷不危亡，怎么可能呢？"司空长孙无忌上书说："隋代灭亡的原因在于君王杜绝忠言，臣子苟且偷生，上下都有过失。开始不纠偏改过，后来反叛势力日渐猖獗，也没人敢把实情说出来。因此，隋朝灭亡不在天意，而是君臣之间不相互扶持所致啊。"唐太宗说："我和各位大臣是在隋末天下大乱之后得到的江山，因此我们应该弘扬大道、移风易俗，才能使国家长治久安。"

【注释】

①何草不黄？何日不行：《诗经·小雅·何草不黄》中的句子，意思是哪些草儿不枯黄，哪些日子不奔忙？

②小东大东，杼轴其空：《诗经·小雅·大东》中的句子，意思是东方远近各国，织布机上都搜刮空了。

③宇文述、虞世基、裴蕴：这三个人都曾是隋时的重臣。

【原文】

贞观十三年，太宗谓魏徵等曰："隋炀帝承文帝余业，海内殷阜，若能常处关中，岂有倾败？遂不顾百姓，行幸无期，径往江都，不纳董纯、崔象①等谏诤，身戮国灭，为天下笑。虽复帝祚长短，委以玄天，而福善祸淫，亦由人事。朕每思之，若欲君臣长久，国无危败，君有违失，臣须极言。朕闻卿等规谏，纵不能当时即从，再三思审，必择善而用之。"

【原文】

贞观十三年，唐太宗对魏徵等大臣说："隋炀帝在继承隋文帝基业的时候，海内升平，如果他能长期住在关中，怎么可能遭致灭亡呢？可是后来他不顾百姓的疾苦，到各地去行幸巡游，没有归期。最后索性住在江都，不听从董纯、崔象等大臣的忠言，最终不仅自己死于叛臣之手，也断送了江山社稷，还留下笑柄让世人感叹评说。虽然帝运的长短，是天意决定的，但是祸福善恶，也在于人事。我每每想到这些，都认为若要国家太平，君臣相安无事，君主一旦有了过失，臣子就一定要直言不讳地指出来。我对你们提出的意见，虽然不能当时就采纳，但在我反复思考之后，必定会选择好的意见加以采纳。"

【注释】

①董纯、崔象：二人都是隋炀帝时的大臣。

【原文】

贞观十二年，太宗东巡狩，将入洛，次于显仁宫，宫苑官司多被责罚。侍中魏徵进言曰："陛下今幸洛州，为是旧征行处，庶其安定，故欲加恩故老。城郭之民未蒙德惠，官司苑监多及罪辜，或以供奉之物不精，又以不为献食。此则不思止足，志在奢靡，既乖行幸本心，何以副百姓所望？隋主先命在下多作献食，献食不多，则有威罚。上之所好，下必有甚，竞为无限，遂至灭亡。此非载籍所闻，陛下目所亲见。为其无道，故天命陛下代之。当战战栗栗，每事省约，参踪前列，昭训子孙，奈何今日欲在人之下？陛下若以为足，今日不啻足矣；若以为不足，万倍于此，亦不足也。"太宗大惊曰："非公，朕不闻此言。自今已后，庶几无如此事。"

【译文】

贞观十二年，唐太宗东巡，即将进入洛阳，下榻在显仁宫，宫里的侍从因为侍候不周，受到很多责罚。对此，侍中魏徵向唐太宗进谏，说："陛下如今到洛阳，是因为以前在战争期间这里遭到了祸殃，陛下希望这里获得安宁，所以对洛阳的百姓施以特别的恩惠。但事到如今，这里的百姓非但没得到眷顾，相反，显仁宫的侍从还受到了很多无辜的责罚。他们有的是因为进献的物品不精致，或者因为食物不甘美而受罚。

这可能是因为陛下不知足，太奢侈造成的。这样做不仅违背了巡游的初衷，也辜负了老百姓的期望。过去，隋炀帝命令下人多多进献食物，只要食物不丰美，就要受到责罚。上面有什么样的喜好，下面必定会加倍效仿，这样下去，人就会变得贪得无厌，最后走向灭亡。这不只是史书所载，也是陛下亲眼所见，亲耳所闻的。正因为隋炀帝昏庸无道，所以上天才委派你来代替他。陛下应当战战兢兢，凡事从俭，以前人的风范为楷模，来告诫子孙后代。如果陛下意足了，那么现在就能感到满意，反之，即使比现在好过千倍万倍，也不会感到满足的。”唐太宗听后大惊失色，说：“没有你，我绝不会听到这样的诤言。从今以后，再也不会有此类事情发生了。”

史鉴新得

巡游之乐，劳民伤财

“欲知巡幸瞻天表，万国衣冠拜圣明。”帝王巡游，在史前时代和早期国家时期，被称之为“巡狩”，稍后亦称“巡守”。它是指帝王作为权力的最高拥有者，本人率众亲到他的权势所能覆盖的范围内（统治区域）内进行的巡视、巡狩、视察等行为。这种行为既可能是早期英雄时代的个人巡游（包括早期国家时期的迁都寻找稳定的可控制地区），也可能是后世帝王在政局稳定以后，定期或不定期的体察民情、宣威四方的出行。据说史前时代的帝王“五年一巡”，其他四年，各地诸侯王到到京觐见，以示臣服与监察之意。如尧、舜、禹执政时期都曾多年大规模巡视天下，舜帝和禹帝甚至都死在巡视途中。

历史上，帝王巡游在唐朝以前比较频繁，如颇具传奇色彩的周穆宗西游至瑶池与西王母相会；秦始皇统一六国后西北、东北、西南都留下其足迹；汉武帝在位53年，巡游全国达数十次之多；隋炀帝“巡幸”之事不断，在位14年，留居京城的时间不足1年，隋炀帝巡游的理

由非常简单，观风俗、采民风、纠冤狱，“四聪以达，天下无冤”。不过，唐朝建立时，唐太宗总结历代天子之游，尤其是隋炀帝亡国之鉴，认为：帝王巡幸天下，仪仗豪华，全靠所到之处人民供应，百姓往往因此倾家荡产。太宗深知隋炀帝命丧江都的下场，以此自我警戒，减少巡幸举动。当朝大臣们也经常劝阻太宗节制奢侈行为，避免惊扰百姓，君臣一心，与民休息。

畋猎第三十八

【题解】

太宗十八岁领兵反隋，在马背上夺得天下，弓马娴熟，野外打猎是他的一大爱好。大臣们却认为，山林中危机四伏，贵为天子，不应轻易冒险。太宗能够听从大臣的劝谏，适当加以节制，难能可贵。由此可见，位高权重的人，更应重视自身的安危。

【原文】

秘书监虞世南以太宗颇好畋猎，上疏谏曰：“臣闻秋狝冬狩[1]，盖惟恒典；射隼[2]从禽，备乎前诰。伏惟陛下因听览之余辰，顺天道以杀伐，将欲摧班碎掌，亲御皮轩，穷猛兽之窟穴，尽逸材于林薮。夷凶剪暴，以卫黎元，收革擢羽，用充军器，举旗效获，式遵前古。然黄屋之尊，金舆之贵，八方之所仰德，万国之所系心，清道而行，犹戒衔橛。斯盖重慎防微，为社稷也。是以马卿直谏于前[3]，张昭变色于后[4]，臣诚细微，敢忘斯义？且天弧星罼，所殪[5]已多，颁禽赐获，皇恩亦溥。伏愿时息猎车，且韬长戟，不拒刍荛之请[6]，降纳涓浍之流[7]，袒裼徒搏，任之群下，则贻范百王，永光万代。”太宗深嘉其言。

【译文】

秘书监虞世南因为唐太宗喜欢打猎，就上疏说：“我听说秋冬两季打猎，是历来的传统，射杀猛兽，追逐飞禽，前人已有训诫。陛下在批阅奏章，临朝听政之余，亲自驾着打猎的车子，到凶禽猛兽出没的森林洞穴之中，猎杀凶残的动物，保卫黎民百姓，用动物的皮毛，制作兵器。打猎成功后，让旗帜高高飘扬，以显示赫赫国威，这是在遵循古代先王们传下来的规矩。然而陛下乃天下最为尊贵的人，陛下出行打猎，百姓仰慕你的圣德，牵挂你的行踪，这怎不叫万民揪心，所以陛下应当谨慎行事，保重自己，为江山社稷着想啊！汉武帝好猎熊，司马相如上疏力谏，武帝于是打消了此念。吴主孙权好射虎，张昭晓以利害，吴主也接受了意见。我虽人微言轻，但也要尽到臣子之职。自然无情，死亡的禽兽已经很多了，陛下对狩猎进行嘉奖，浩大的皇恩也已为老百姓所知。臣只希望陛下存放好猎车和器具，采纳臣下的意见，把脱衣露体的事让臣子去做，那么就可以为王者之楷模，永载史册了。”唐太宗听罢，对他的意见深表赞许。

【注释】

①秋狝(xiǎn)冬狩：秋猎为狝，冬猎为狩，秋狝冬狩泛指秋冬季外出打猎。

②隼(sǔn)：禽鸟。

③马卿直谏于前：马卿指司马相如，汉武帝时为郎。司马相如跟随武帝出去打猎，他见武帝总是喜欢亲自追逐击杀猛兽，于是上疏规谏，被武帝采纳。

④张昭变色于后：张昭字子布，彭城人，三国时为吴主孙权军师，他见孙权亲自驰马射虎，吓得面目变色，极言规谏。

⑤殪(yì)：杀死。

⑥刍荛之请：微臣的请求。

⑦涓浍之流：涓涓小溪般的建议。

【原文】

谷那律[1]为谏议大夫，尝从太宗出猎，在途遇雨，太宗问曰：“油衣若为得不漏？”对曰：“能以瓦为之，必不漏矣。”意欲太宗弗数游猎，大被嘉纳。赐帛五十段，加以金带。

【译文】

谷那律担任谏议大夫的时候，曾跟随唐太宗外出打猎。途中遇上大雨，唐太宗问谷那律：“油衣该怎么做才不会漏雨呢？”谷那律回答说：“如果用瓦来做，肯定不会漏雨。”言下之意是希望太宗不要经常游猎。唐太宗对他的回答大为赞赏，赏给他帛五十段，外加一条金带。

【注释】

①谷那律：魏州昌乐人。贞观年间，累迁国子博士，后迁谏议大夫。

【原文】

贞观十一年，太宗谓侍臣曰：“朕昨往怀州[1]，有上封事者云：‘何为恒差山东众丁于苑内营造？即日徭役，似不下隋时。怀、洛以东，残人不堪其命，而田猎犹数，骄逸之主也。今者复来怀州田猎，忠谏不复至洛阳矣。’四时蒐田[2]，既是帝王常礼，今日怀州，秋毫不干于百姓。凡上书谏正，自有常准，臣贵有词，主贵能改。如斯诋毁，有似咒诅。”侍中魏徵奏称：“国家开直言之路，所以上封事者尤多。陛下亲自披阅，或冀臣言可取，所以侥幸之士得肆其丑。臣谏其君，甚须折衷，从容讽谏。汉元帝[3]尝以酎[4]祭宗庙，出便门，御楼船。御史大夫薛广德[5]当乘舆免冠曰：‘宜从桥，陛下不听臣言，臣自刎，以颈血污车轮，陛下不入庙矣。’元帝不悦。光禄卿张猛进曰：‘臣闻主圣臣直，乘船危，就桥安。圣主不乘危[6]，广德言可听。’元帝曰：‘晓人不当如是耶！’乃从桥。以此而言，张猛可谓直臣谏君也。”太宗大悦。

【译文】

贞观十一年，唐太宗对侍臣说：“我过去到怀州去，有人上书说：‘为什么总是差遣山东的劳工到宫里修造苑囿呢？当今劳役之重，已经和隋代不相上下了。怀州、洛水以东的百姓已经苦不堪言了，而皇上还时常到那里去打猎，真是一个骄奢的君王啊。今天皇上又到怀州来打猎，看来皇上是听不进忠言的。’一年四季出行打猎，是古代帝王常有的礼数，今日我到怀州，对老百姓不会带来一丝一毫的干扰。凡是上书提出意见的，一般我都采纳，臣子贵在能直谏，君王贵在能改正。但如今这样的诋毁，像是在诅咒我啊。”侍中魏徵说：“朝廷广开言路，所以上书提意见的人众多。陛下亲自批阅奏书，是希望采纳好的意见，侥幸大胆上书的人也因此得以把他们的一点浅见告知陛下。臣子向国君提意见，必须言语委婉，措辞得体，借此以讽彼。汉元帝曾到宗庙去祭祀，想从便门出去，再乘楼船到宗庙。御史大夫薛广德挡住去路，站在汉文帝乘坐的马车外，摘下官帽，说：‘陛下应当从桥上经过，如果陛下不听臣的话，我就自尽，让我颈中的鲜血玷污你的车轮，使你进不了宗庙。’汉文帝很不高兴。光禄卿张猛说：‘我听说如果君王圣明，那么臣子就会忠直。乘船危险，过桥安全。圣明的君王不会冒无谓的危险，好的意见是可以采纳的。’汉文帝于是就从桥上经过。从这点看，张猛真可算是一位敢于直谏的大臣啊。” 唐太宗听后非常高兴。

【注释】

①怀州：州名。北魏天安二年(公元 467 年)置。唐时辖境相当于今河南焦作、沁阳、武陟、修武等市、县。

②四时蒐田：蒐田：打猎。古代天子狩猎，春曰蒐，夏曰苗，秋曰狝，冬曰狩。

③汉元帝：名奭(公元前 76—公元前 33)，汉宣帝长子，公元前 49 年至前 33 年在位。

④酎(zhòu)：重酿酒。经过两次以至多次复酿的醇酒。

⑤薛广德：字长卿，沛郡人，前汉元帝时曾为长信少府，御史大夫。

⑥圣主不乘危：圣明的君主不做有危险的事。

【原文】

贞观十四年，太宗幸同州沙苑，亲格猛兽，复晨出夜还。特进魏徵奏言："臣闻《书》美文王不敢盘于游田，《传》述《虞箴》称夷、羿以为戒。昔汉文临峻坂欲驰下，袁盎揽辔曰：'圣主不乘危，不侥幸，今陛下骋六飞，驰不测之山，如有马惊车败，陛下纵欲自轻，奈高庙何？'孝武好格猛兽，相如进谏：'力称乌获，捷言庆忌[1]，人诚有之，兽亦宜然。猝遇逸材之兽，骇不存之地，虽乌获、逄蒙[2]之伎不得用，而枯木朽株尽为难矣。虽万全而无患，然而本非天子所宜。'孝元帝郊泰畤[3]，因留射猎，薛广德称：'窃见关东困极，百姓离灾。今日撞亡秦之钟，歌郑、卫之乐，士卒暴露，从官劳倦，欲安宗庙社稷，何凭河暴虎，未之戒也'？臣窃思此数帝，心岂木石，独不好驰骋之乐？而割情屈己，从臣下之言者，志存为国，不为身也。臣伏闻车驾近出，亲格猛兽，晨往夜还。以万乘之尊，暗行荒野，践深林，涉丰草，甚非万全之计。愿陛下割私情之娱，罢格兽之乐，上为宗庙社稷，下慰群寮兆庶。"太宗曰："昨日之事偶属尘昏，非故然也，自今深用为诫。"

【译文】

贞观十四年，唐太宗到同州的沙苑去打猎，他亲自射杀猛兽，披星戴月，早出晚归。特进魏徵上书说："《尚书》上赞美周文王不沉溺于打猎，《左传》中载有虞人进谏，说夷、羿太喜欢打猎，应该深以为戒。过去汉文帝骑马来到峻阪，想飞驰而下，大臣袁盎紧紧抓住汉文帝的马辔说：'圣明的君主不冒失、不侥幸，现在陛下骑着骏马，在情况不明的山坡上飞驰。如果马受惊吓，车子失灵怎么办？陛下纵然轻视自己的生命，但如何向列祖列宗交待？'汉武帝也喜好猎杀猛兽，司马相如进谏说：'力气大如乌获，射箭快捷如庆忌这样的人的确有。可是同样的，凶残的野兽也不少。如果在险恶之境突然窜出猛兽，即使有乌获、逄蒙的本领也无计可施。皇上打猎虽然有很多人保护，但这种事情终非帝王所为。'孝元帝到效祀之地打猎，意犹未尽，想留守在猎区继续狩猎，臣子薛广德说：'如今关东一带非常贫困，百姓流离失所的数不胜数。这个时候陛下留在这里打猎，是在自撞使秦国覆没的丧钟，歌唱郑国、卫国的靡靡之音啊。这样做将使士兵疲于奔命，随行的官员劳顿不堪。要想江山永固，为什么要靠猎杀老虎来获得呢？望陛下三思。'我提到的这几位帝王，他们都心非木石，难道就偏偏不喜欢骑马打猎的欢娱？其实，他们只是能割舍私情，控制自己，听从臣下的意见，一心为国，不为己而已。我听说陛下驾车出去，亲自捕杀猛兽，早出晚归。陛下如此尊贵之躯，在荒野里跟踪野兽，深入森林，出没于茂草之中，恐怕非万全之策。我希望陛下舍弃娱乐的私情，上以国家江山为念，下以安慰臣子的担忧之心。”唐太宗听后，面露愧色，说：“昨天打猎的事纯属偶然，不是有心那样做的，从今后我要牢记此事并以此为诫。”

【注释】

①庆忌：春秋时吴王僚之子，以勇武见称。

②逢蒙：古时善射者，相传学射于羿。

③泰畤(zhì)：古代祭天神之坛。

【原文】

贞观十四年，冬十月，太宗将幸栎阳游畋，县丞刘仁轨①以收获未毕，非人君顺动之时，诣行所，上表切谏。太宗遂罢猎，擢拜仁轨新安令。

【译文】

贞观十四年冬十月，唐太宗准备去栎阳游猎。栎阳县丞刘仁轨因为十月农村庄稼收割还未完毕，这个时候君主出游打猎不适宜，便赶紧前往太宗一行停驻的地方，呈上了一篇奏疏，言辞极为恳切，唐太宗被他的言语所打动，就此停止打猎，并提升刘仁轨为新安县令。

【注释】

①刘仁轨：字正则，汴州(今河南开封附近)人。初为陈仓尉，太宗时擢升咸阳丞，累迁给事中，武后时拜仆射。

史鉴新得

昭陵六骏，惜马如人

唐太宗四处征战，精通骑射，对于骏马和弓箭尤其喜爱，他曾作《咏弓》一诗：“上弦明月半，激箭流星远。落雁带书惊，啼猿映枝转。”唐太宗的弓箭比一般人的大一倍，而且箭法极好。有一次，突厥人在战场上得到了他的一枝箭，纷纷称奇，对他佩服不已。对于马，唐太宗更是偏爱有加，他有首《咏饮马》写得很有感情：“骏骨饮长泾，奔流洒络缨。细纹连喷聚，乱荇饶蹄萦。水光鞍上侧，马影溜中横。翻似天池里，腾波龙种生。”因为对骏马偏爱至深，唐太宗在临死前要求工匠们在昭陵(唐太宗与文德皇后合葬之墓，位于陕西省礼泉县)里刻上六匹骏马，这就是历史上有名的“昭陵六骏”。

昭陵六骏是中国古代陵墓雕刻史上继西汉霍去病墓“马踏匈奴”之后的又一伟大作品。六骏是当年伴随唐太宗南征北战、驰骋战场的六匹战马。据传说，昭陵六骏出于唐代大画家阎立本之手，雕刻家依其形象雕刻于石屏上。石屏高约五尺，宽约六尺，石屏右上角和左上角都有唐太宗自题的四首赞美诗，由唐代著名书法家欧阳询书写。

1.白蹄乌

据《全唐文》收录唐太宗昭陵《六马图赞》记载，骏马“白蹄乌”是武德元年(618)九月至十一月间，李世民与薛仁杲(薛举之子)在浅水原(今陕西长武县东北)作战时的坐骑，列于祭坛西侧三骏之末位(由南往北排列)。该马通身毛色纯黑，四蹄俱白。唐太宗给它题的赞语是：“倚天长剑，追风骏足，耸辔平陇，回鞍定蜀。”

2.特勤骠

骏马“特勤骠”是武德二年十一月至次年四月李世民消灭割据马邑(今山西朔县境)的刘武周势力，收复河东失地时，与刘武周大将宋金刚等作战时的坐骑，排列于昭陵祭坛东侧首位。此马毛色黄里透白，喙微黑色。石刻“特勤骠”体形健壮，腹小腿长，属突厥名马，也是隋唐时期中原人寻觅的神奇骏马之一。唐太宗称赞它：“应策腾空，承声半汉，入险摧敌，乘危济难。”

3.飒露紫

“飒露紫”是李世民东征洛阳，铲平王世充势力时的坐骑，列于陵园祭坛西侧首位，前胸中一箭。石刻正是捕捉了“飒露紫”中箭这一瞬间的情形，中箭后的“飒露紫”垂首偎人，眼神低沉，臀部稍微后坐，四肢略显无力，剧烈的疼痛使其全身颤栗，旁伴的丘行恭正在拔箭。这种救护之情，真乃人马难分，情感深挚。李世民为其题赞文曰：“紫燕超跃，骨腾神骏，气聋三川，威凌八阵。”

4.什伐赤

“什伐赤”是一匹纯赤色骏马，排列于祭坛东侧末位。据文献记载，骏马“什伐赤”是李世民在洛阳城外、武牢关前和王世充、窦建德作战时的又一匹坐骑。在激烈的战斗中，“什伐赤”身中五箭，而且都在臀部，其中一箭是从背后射来的。石刻

“什伐赤”呈带箭飞奔的形象。 李世民为其题赞语曰:“瀍(瀍河,水名,在河南省洛阳)涧未静,斧钺申威,朱汗骋足,青旌凯归。”

5.青骓

“青骓”为一匹苍白杂色骏马。据文献记载,骏马“青骓”是李世民和窦建德(隋朝末年河北、山东一带的农民起义军领袖)在洛阳武牢关交战时的坐骑,列于祭坛东侧三骏中间。武牢关大战,李世民最先骑上“青骓”马,率领一支精锐骑兵,似离弦之箭,直入窦建德军长达 20 里的军阵,左驰右掣,打垮了窦建德和十几万大军,并在牛口渚(今河南省汜水县西北 12.5 公里处)俘获了窦建德。一场大战下来,骏马“青骓”身中五箭(前边一箭,后面四箭),李世民称赞“青骓”马:“足轻电影,神发天机,策兹飞练,定我戎衣。”

6.拳毛騧

“拳毛騧”是李世民武德四年十二月至次年三月平定河北,与刘黑闼(原窦建德部将)在洺水(即漳水,在今河北省曲周县境内)作战时所乘的一匹战马,列于祭坛西侧三骏石刻中间。马黑嘴头,周身旋毛呈黄色,原名“洛仁騧”,是代州(今河北代县)刺史许洛仁在武牢关前进献给李世民的坐骑。 “拳毛騧”在初唐平乱中为李世民立下了大功。李世民把它比作神马,给它题的赞语是:“月精按辔,天驷横行。孤矢载戢,氛埃廓清。”

从唐太宗对骏马的深厚感情中我们不难看出,他是一个文治武功、重情重义的君主。爱惜骏马尚且如此,爱惜人才自然不用多言了。太宗十八岁开始领兵反隋,在马背上夺得天下,弓马娴熟,骏马对他来说,既是勇气与力量的象征,更是其浴血沙场、建功立业的见证者。但是,对骏马与野外狩猎的偏爱,势必会分散他专注于国家政务的精力,甚至不惜劳动工匠,花费人力、物力雕刻石像。大臣们也认为,山林中危机四伏,贵为九五之尊,应当将自己的安危放在首位,不能轻易冒险。太宗能够听从大臣们的劝谏,适当节制个人嗜好,实属难能可贵。尽管“昭陵六骏”所体现的是封建时代君主对“爱马”的笃定之情,其中的某些思想观念在今天已经不值得提倡,但是其间蕴涵的那份浓浓的人情与厚重的人性力量,却是一脉相承、亘古不变的。

谈管理之道,看似复杂深奥,其实也很简单。如果领导者能够像唐太宗爱惜骏马那样,爱惜跟随自己艰苦创业的部下,那么企业内部势必人心凝聚,上下齐心。爱惜部下,把部下当成至交,对不同性格的人施以不同的领导方法,珍惜大家在一起共事的缘分,引导大家树立强烈的共事意识。如此一来,即使到了筵罢席散之时,彼此也能在回忆中留下温馨而愉悦的印象。惜马如人,何乐而不为!

灾祥第三十九

【题解】

古人相信天人感应学说，认为政治清明，上天就会示以吉兆；若是自然灾害不断，就说明政治统治出现了问题，如不警醒，就会有改朝换代的危险。而贞观君臣看重的是国家治乱、百姓生计，对灾异祥瑞始终保持着理智清醒的态度，颇为难得。

【原文】

贞观六年，太宗谓侍臣曰："朕此见众议以祥瑞①为美事，频有表贺庆。如朕本心，但使天下太平，家给人足，虽无祥瑞，亦可比德于尧、舜。若百姓不足，夷狄内侵，纵有芝草遍街衢，凤凰巢苑囿，亦何异于桀、纣？尝闻石勒②时，有郡吏燃连理木，煮白雉肉吃，岂得称为明主耶？又隋文帝深爱祥瑞，遣秘书监王劭著衣冠，在朝堂对考使焚香，读《皇隋感瑞经》。旧尝见传说此事，实以为可笑。夫为人君，当须至公理天下，以得万姓之欢心。若尧、舜在上，百姓敬之如天地，爱之如父母，动作兴事，人皆乐之，发号施令，人皆悦之，此是大祥瑞也。自此后诸州所有祥瑞，并不用申奏。"

【译文】

贞观六年，唐太宗对侍臣们说："我近来见人议论，认为上天呈现吉祥的征兆是美好的事情，频频上表庆贺。而我认为，只要天下太平，家家户户富足美满，即使上天没有祥瑞之兆，也可比尧、舜的清明之治了。如果老百姓穷困不堪，夷狄等少数民族又侵犯中原，纵然满街都长着芝草，苑囿中有凤来栖，这样的时代与桀，纣时又有什么差别呢？我听说后赵石勒称帝的时候，有个郡县的官员点燃连理木，煮白雉肉吃，故意制造祥瑞，难道石勒就可因此被称作明君吗？另外，隋文帝最喜欢祥瑞。他叫秘书监王劭穿着特异的衣服，戴着奇怪的帽子，在朝堂上当着众位大臣洗手焚香，闭着眼睛，口中念念有词，读《皇隋感瑞经》。我过去看到这些人为制造祥瑞之兆，觉得可

笑之极。身为国君应当治理好天下，以此来赢得百姓的拥戴。尧、舜在位时，百姓像对待天地那样敬重他们，像对待父母那样爱戴他们。不管什么事情，百姓都乐意去做，他们发号施令，百姓都乐意接受，这才是真正的祥瑞之兆啊。从今以后，各州府如果发现有祥瑞之兆，就不要再上报朝廷了。”

【注释】

①祥瑞：吉祥的征兆。

②石勒：匈奴人，字世龙。晋元帝时，据襄国称帝，史称后赵。

【原文】

贞观八年，陇右山崩，大蛇屡见，山东[1]及江、淮多大水。太宗以问侍臣，秘书监虞世南对曰：“春秋时，梁山崩，晋侯召伯宗而问焉，对曰：‘国主山川，故山崩川竭，君为之不举乐，降服乘缦，祝币以礼焉。’梁山，晋所主也。晋侯从之，故得无害。汉文帝元年，齐、楚地二十九山同日崩，水大出，令郡国无来献，施惠于天下，远近欢洽，亦不为灾。后汉灵帝时，青蛇见御座；晋惠帝时，大蛇长三百步，见齐地，经市入朝。按蛇宜在草野，而入市朝，所以为怪耳。今蛇见山泽，盖深山大泽必有龙蛇，亦不足怪。又山东之雨，虽则其常，然阴潜过久，恐有冤狱，宜断省系囚，庶或当天意。且妖不胜德，修德可以销变。”太宗以为然，因遣使者赈恤饥馁，申理冤讼，多所原宥。

【译文】

贞观八年，陇右一带发生山崩，大蛇时常出没。另外，殽山以东及江淮地区也常常发生洪灾。唐太宗向大臣们询问此事，秘书监虞世南说：“春秋的时候，梁山崩塌，晋国国君召集大臣宗伯查问原因，大臣宗伯说：‘山川是国家的主脉，如今山崩溃，河断流，大王现在应该不再奏乐、不穿华丽的衣服，乘坐没有文饰的马车，用钱币拜祭梁山。’梁山，是晋国属地，晋国国君采纳了这个意见，果然事后再无灾害。汉文帝元年，齐、楚之地有二十九座山在同一天崩溃，洪水泛滥。汉文帝下令周围的郡国不再向朝廷进献供奉，又向老百姓施加恩惠，远近之地的百姓无不欢欣鼓舞，不久，灾害自然消失。后来汉灵帝时，有人在皇帝的御座旁发现了一条青蛇；晋惠帝时，在齐地发现了一条长三百步的大蛇，这条蛇经过集市进入朝堂。一般来说，蛇应当生活在杂草丛生的荒野，而这条蛇却进入了集市、朝堂，所以大家都非常奇怪。现在有人在大山、大河边发现了蛇，深山大河必潜藏着龙蛇，这是自然现象，实不足为怪。另外，山东普降大雨，虽是寻常之事，但时间持续过长，恐怕民间有冤情，应当重新审理官司，或许可以顺从天意。而且邪不压正，只要修炼道德就可以使灾害自然消失。”唐太宗觉得此话有理，于是就派使者到灾区赈济灾民，采用宽大为怀的政策重新审理官司，平反了很多冤假错案。

【注释】

①山东：殽山以东地区。

【原文】

贞观八年，有彗星见于南方，长六丈，经百余日乃灭。太宗谓侍臣曰：“天见彗星，由朕之不德，政有亏失，是何妖也？”虞世南对曰：“昔齐景公时彗星见，公问晏子。晏子对曰：‘公穿池沼畏不深，起台榭畏不高，行刑罚畏不重，是以天见彗星，为公戒耳！’景公惧而修德，后十六日而星没。陛下若德政不修，虽麟凤数见，终是无益。但使朝无阙政①，百姓安乐，虽有灾变，何损于德？愿陛下勿以功高古人而自矜大，勿以太平渐久而自骄逸，若能终始如一，彗见未足为忧。”太宗曰：“吾之理国，良无景公之过。但朕年十八便为经纶王业，北剪刘武周，西平薛举，东擒窦建德、王世充，二十四而天下定，二十九而居大位，四夷降伏，海内乂安②。自谓古来英雄拨乱之主无见及者，颇有自矜之意，此吾之过也。上天见变，良为是乎？秦始皇平六国，隋炀帝富有四海，既骄且逸，一朝而败，吾亦何得自骄也？言念于此，不觉惕焉震惧！”魏徵进曰：“臣闻自古帝王未有无灾变者，但能修德，灾变自销。陛下因有天变，遂能戒惧，反复思量，深自克责，虽有此变，必不为灾也。”

【译文】

贞观八年，有彗星出现在南方，此彗星长六丈，足足过了一百多天才消失。对此，唐太宗对侍臣说：“天上出现了彗星，是提醒我的德行有亏缺，这是什么凶兆呢？”虞世南说：“过去齐景公看见彗星，就问晏子是何原因。晏子说：‘主公挖掘池塘唯恐不深，修筑台榭唯恐不高，实施刑罚唯恐不严，所以上天就呈现彗星，这是对主公的警戒呀！’齐景公非常畏惧，于是就修养道德，十六天之后，彗星就陨落了。陛下如果不加强仁政，虽然境内屡次出现凤凰之类的祥瑞之兆，终究对国家是没有益处的。只要朝廷政治清明，百姓安乐，即使有灾害变故，也不会损害陛下的圣德。希望陛下不要因为自己功高盖世就骄傲自大，也不要因为天下太平已久就放纵逸乐。如果能始终如一地坚持德治，即使天上出现了彗星也不足为惧。”唐太宗说：“我治理国家，自诩没有犯过齐景公那样的过失。但是我十八岁就开始创业，北面灭掉了武周，西面铲

平了薛举的势力，东面擒获了窦建德、王世充这些乱世枭雄。二十四岁时就平定了天下，二十九岁登上帝位，四方少数民族臣服归顺，海内升平，百姓安乐。自认为力挽乱世之狂澜，古来英雄无人可比，所以志得意满，傲视古今，这是我的过失。如今上天显示了征兆，这是在警告我啊！昔日，秦始皇平定六国，隋炀帝富有四海，但他们骄奢淫逸。所以功亏一篑，在历史上如过眼云烟般迅速消失了。我又有什么值得骄傲自满的呢？每每想到这些，不觉胆战心惊，我是怕重蹈前人的覆辙。”魏徵说：“我听说历代的帝王没有谁没见过灾变，但只要能加强仁政和修养，灾变自然会烟消云散。陛下因为上天有变故，便能有所警觉，反复思考反省，境内即使有灾害，其实也算不上是灾害了。”

【注释】

①阙政：政治上的欠缺。
②乂安：天下太平。

【原文】

贞观十一年，大雨，谷水溢，冲洛城门，入洛阳宫，平地五尺，毁宫寺十九，所漂七百余家。太宗谓侍臣曰：“朕之不德，皇天降灾。将由视听弗明，刑罚失度，遂使阴阳舛谬①，雨水乖常。矜物罪己，载怀忧惕②。朕又何情独甘滋味？可令尚食断肉料，进蔬食。文武百官各上封事，极言得失。”中书侍郎岑文本上封事曰：臣闻开拨乱之业，其功既难；守已成之基，其道不易。故居安思危，所以定其业也；有始有卒，所以崇其基也。今虽亿兆乂安③，方隅宁谧，既承丧乱之后，又接凋弊之余，户口减损尚多，田畴垦辟犹少。覆焘之恩著矣，而疮痍未复；德教之风被矣，而资产屡空。是以古人譬之种树，年祀绵远，则枝叶扶疏；若种之日浅，根本未固，虽壅之以黑坟，暖之以春日，一人摇之，必致枯槁。今之百姓，颇类于此。常加含养，则日就滋息；暂有征役，则随日凋耗；凋耗既甚，则人不聊生；人不聊生，则怨气充塞；怨气充塞，则离叛之心生矣。故帝舜曰：“可爱非君，可畏非民。”孔安国曰：“人以君为命，故可爱。君失道，人叛之，故可畏。”仲尼曰：“君犹舟也，人犹水也。水所以载舟，亦所以覆舟。”是以古之哲王虽休勿休，日慎一日者，良为此也。

【译文】

贞观十一年，天降大雨。谷水河泛滥成灾，冲毁了洛阳城门，淹进洛阳宫，平地水深五尺，毁坏宫寺十九处，淹没民房七百多家。唐太宗对侍从的大臣们说：“是我没有德行，所以皇天才会降灾。大概是因为我视听不明、刑罚失当，才使阴阳错乱，雨水反常吧。现在是应该抚恤百姓，反省我自己的过失的时候了，我还有什么心情独自安享这些珍馐美味呢？传我令，停止供应肉类食品，只进蔬菜素食。另外，让文武百官都上书奏事，畅言政事得失。”不久，中书侍郎岑文本呈上了一篇奏书：

我听说创业于乱世，是非常困难的；要守住已有的基业，也不是件容易的事情。君王只有居安思危，才能巩固基业；要有始有终，才能将基业发扬光大。如今虽然已经天下太平，但大唐是在战乱中创业的，长期的战争使民生凋敝，百姓死伤无数，田地得到开垦的也很少。虽然贞观以来朝廷实施了很多仁政，但战争的创伤非一时半刻可以平复；如今朝廷的道德教化已遍及天下，但老百姓依然很贫困。古人把治国比喻为种树，培育的时间越长，树木越枝繁叶茂；如果培植的时间不够，根基不稳固，虽然为树添上肥沃的黑土，让春天和煦的阳光照耀它，但只要有人摇动树木，树木必然会折断并枯萎。现在的老百姓，就像培植不久的树木。如果常常对百姓进行含养体恤，那么他们就会恢复元气；只要有劳役，他们就会气息奄奄；过多消耗民力，就会民不聊生；民不聊生，就会怨声载道；怨声载道恐怕就会产生背离叛乱之心。所以舜说：“可爱非君，可畏非民。”孔安国说：“百姓把命运寄托在君王身上，所以君王可爱。君王治国无道，百姓就会反对他，所以百姓可畏。”孔子说：“君王像船，百姓像水。水可以使船浮起来，也可以使船沉没。”所以自古以来，君王在天下太平之后内心的忧患并没有消除，反而一日比一日更谨慎，正是因为这个原因啊。

【注释】

①舛(chuǎn)谬：错乱，错谬。

②惕：担心。

③乂安：天下太平。

【原文】

伏惟陛下览古今之事，察安危之机，上以社稷为重，下以亿兆在念。明选举，慎赏罚，进贤才，退不肖。闻过即改，从谏如流。为善在于不疑，出令期于必信。颐神养性，省游畋之娱；云奢从俭，减工役之费。务静方内，而不求辟土；载櫜弓矢①，而不忘武备。凡此数者，虽为国之恒道，陛下之所常行。臣之愚昧，惟愿陛下思而不怠，则至道之美与三、五比隆②，亿载之祚与天地长久。虽使桑榖为妖③，龙蛇作孽，雉雊于鼎耳，石言于晋地④，犹当转祸为福，变灾为祥，况雨水之患，阴阳恒理，岂可谓天谴而系圣心哉？臣闻古人有言：“农夫劳而君子养焉，愚者言而智者择焉。”辄陈狂瞽⑤，伏待斧钺⑥。

太宗深纳其言。

【译文】

希望陛下能通晓古今之事，体察政治的得失，上以国家为重，下以苍生为念，公正地选举官员，慎重地实施赏罚，提拔贤才，斥退庸人。清楚自己的过失并加以改正，从谏如流。用人不疑，言必有信。修养上，能无为无欲，修持心性，免去游宴畋猎的欢娱；去掉奢侈，一切从俭，节省大兴土木的费用。政治上，应崇尚清静，不要无休止地开疆拓土，应马放南山，刀枪入库，但也不可忘了军备的必要。以上几点，是治国应当坚持的原则，陛下自己也在身体力行。我不才，只希望陛下能持之以恒，使国家像三皇五帝时一样兴盛安定，万世流芳。即使出现桑谷那样的妖孽，有龙蛇兴妖作怪，鸡飞到鼎上鸣叫，晋地的石头会说话这样的怪事，也会转祸为福，化凶为吉，何况雨水这样的自然灾害，是阴阳变化的常事，怎么可以说是上天在谴责陛下，而让您如此不安呢？古人说："农民劳动而君子抚养他们，愚昧的人发表议论，聪明的人择善而从。"臣妄自陈述肤浅之见，冒死进言。

看了这篇奏疏，唐太宗认为非常有道理，就采纳了他的意见。

【注释】

①载櫜(gāo)弓矢：櫜，古代盛衣甲或弓箭之囊。载櫜弓矢指把弓箭收藏起来。引申为休战或议和。

②与三、五比隆：三、五，三皇五帝。与三皇五帝比拟。

③桑穀为妖：传说中的凶兆。

④石言于晋地：传说中的凶兆。

⑤狂瞽(gǔ)：狂言，瞎说。本文是自谦词。

⑥伏待斧钺(yuè)：伏地而等待诛杀。

史鉴新得

天助者，不如自助者

古代，人们对于自然现象往往不能理解，于是有所谓天人感应的祥瑞与灾异之说。如果政治清明，上天就示以吉兆；若是自然灾害不断，那么就说明政治统治出现了问题，如不警醒，改变治国之策，就会有改朝换代的危险。而贞观君臣看重的是国家治乱、百姓生计，对灾异祥瑞保持着理智清醒的态度，颇为难得。

祥瑞谴告，在孔子思想中已有萌芽，后来由董仲舒将之上升到理论化高度，在"天—地—人"相统一的宇宙结构体系中获得准逻辑化的论证。天人感应的思想是祥

瑞灾异之说的理论来源。祥瑞、灾异与人事行为尤其是政治得失之间存在着因果关连，为政的好坏直接能够感召出祥瑞、灾异。流行于西汉末并兴盛于整个东汉时代的谶纬就直接继承了董仲舒的感应、灾异之说，在综合网罗了古代各种方术之后，发展成为占统治地位的官方意识形态。魏晋以后，谶纬的主流朝两个方向发展，或为道教、佛教所消化吸收，依托于一定的宗教形式而存在和演化；或通过各种可能的方式在民间信仰中继续传播和扩散，虽历经焚禁，但仍代有传人，好之者不绝。中国祥瑞观念虽然由来已久，反映了人们向往美好生活的愿望。但也被历代统治阶级用来欺骗和愚弄广大人民。有些祥瑞现象，稍加分析，即可知是人为杜撰的。

在这个纷繁复杂的世界里，个体的力量是微不足道的，个人的事业成功与否，除了个人能力与机遇之外，似乎充满了无限的偶然性。不少人在接踵而至的挫折之后，感叹自己命运不济，希望能用一些方法去改变自己的运程。

在人们日常生活中，常遇到一些自己从未遇到过的事物，人们常把对自己有益的称为好运(或称吉兆、瑞应)，把对自己无益或有害的事物称噩运(灾异)，把祥瑞现象描绘成图案，装饰在日用器物上，这些代表吉祥的瑞物也在一定程度上形成了一种文化传统。但是，在今天改革开放新形势下，我们应在继承和弘扬中华民族传统文化的同时，破除迷信，崇尚科学，相信人的力量能够战胜一切。

慎终第四十

【题解】

善始易，善终难。做一件事情，开头做好并不难，难的是坚持不懈，善始善终，治理国家也是如此。创业难，守业更难。创业初期，往往能够励精图治；承平日久，便难免骄奢放纵，导致败亡。因此，当权治国的人，应该时刻居安思危。

【原文】

贞观五年，太宗谓侍臣曰："自古帝王亦不能常化，假令内安，必有外扰。当今远夷率服，百谷丰稔，盗贼不作，内外宁静。此非朕一人之力，实由公等共相匡辅。然安不忘危，治不忘乱，虽知今日无事，亦须思其终始。常得如此，始是可贵也。"魏徵对曰："自古已来，元首股肱不能备具，或时君称圣，臣即不贤，或遇贤臣，即无圣主。今陛下明，所以致治。向若直有贤臣，而君不思化，亦无所益。天下今虽太平，臣等犹未以为喜，惟愿陛下居安思危，孜孜不怠耳！"

【译文】

贞观五年，唐太宗对周围的侍臣们说："自古以来的帝王都不能长期教化天下，他们当政时假如国家内部安定，那么必定就会有外乱骚扰。而如今远方外族归顺我朝，天下五谷丰登，盗贼不起，国家内外宁静。这绝非我个人的能力所能达到的，实在是有赖于各位大臣的鼎力辅佐啊。然而居安不能忘危，治平不能忘乱，虽然明知今天无事，也得考虑如何才能有始有终。要经常这样反省思索，才是难能可贵。"魏徵深表赞同，说："纵观历史，我们发现君主和大臣往往不能两全其美，相得益彰。有时君主圣明，而臣下不贤；有时遇上贤臣，却没有圣明的君主。如今陛下圣明，所以天下太平，假如当初大唐只有贤臣，而君主不想广施教化和仁义，要想促成今日之美政，也是不可能的。如今国家升平，但是臣等还不敢就此坐享太平，也希望陛下能居安思危，孜孜不倦！"

【原文】

贞观六年，太宗谓侍臣曰："自古人君为善者，多不能坚守其事。汉高祖，泗上一亭长耳，初能拯危诛暴，以成帝业，然更延十数年，纵逸之败，亦不可保。何以知之？孝惠为嫡嗣之重，温恭仁孝，而高帝惑于爱姬之子，欲行废立，萧何、韩信功业既高，萧既妄系①，韩亦滥黜②，自余功臣黥布③之辈惧而不安，至于反逆。君臣父子之间悖谬④若此，岂非难保之明验也？朕所以不敢恃天下之安，每思危亡以自戒惧，用保其终。"

【译文】

贞观六年，唐太宗对侍从的大臣们说："从古以来，君主想做好事的，往往不能坚持到底。汉高祖本是泗水亭的一个亭长罢了，起初他能够救危难诛暴秦，所以成就了帝王大业，但如果他在位的时间再延长十几年，他肯定会因放纵逸乐而陷于衰败，不能保住他当初创下的功业。根据什么得出这样的结论呢？汉惠帝本是嫡长子，他温恭仁孝，被立为太子是名正言顺的事情，但汉高祖被爱姬的儿子所迷惑；想另行废立；萧何、韩信，是汉代的开国元勋，德高望重，可是萧何曾被无端打入大牢，韩信也无缘无故遭到贬黜，最后被诛杀三族，其余功臣像黥布等人恐惧不安，终于谋反叛逆。汉初君臣父子之间的关系悖逆荒谬到这种地步，难道不是难以保全功业的明证吗？所以我不敢自恃天下安定就掉以轻心，而是心怀忧患，经常用历史上的危亡来警戒自己，以激励自己将治国政策贯彻到底。"

【注释】

①萧既妄系：萧：指萧何。汉相萧何，因为民请命，惹怒汉高祖，杖"械系数日"，始得赦免。

②韩亦滥黜：韩：指韩信。大将军韩信，曾辅佐汉高祖夺定天下。因有人告发韩信通谋欲反，高祖将其由楚王贬为淮阴侯。公元前196年，即高祖十一年，吕后设计诱杀韩信。

③黥布：即英布，原为汉淮南王，韩信等被杀之后，他惊惧不安，举兵而反，高祖亲自领兵讨伐，被杀。

④悖谬：悖逆荒谬。

【原文】

贞观九年，太宗谓公卿曰："朕端拱无为，四夷咸服，岂朕一人之所致，实赖诸公之力耳！当思善始令终，永固鸿业，子子孙孙，递相辅翼。使丰功厚利施于来叶，令数百年后读我国史，鸿勋茂业粲然可观，岂惟称隆周、炎汉及建武、永平①故事而已哉！"房玄龄因进曰："陛下撝挹②之志，推功群下，致理升平，本关

圣德，臣下何力之有？惟愿陛下有始有卒，则天下永赖。”太宗又曰：“朕观古先拨乱之主皆年逾四十，惟光武年三十三。但朕年十八便举兵，年二十四定天下，年二十九升为天子，此则武胜于古也。少从戎旅，不暇读书，贞观以来，手不释卷，知风化之本，见政理之源。行之数年，天下大治而风移俗变，子孝臣忠，此又文过于古也。昔周、秦以降，戎狄内侵，今戎狄稽颡③，皆为臣妾，此又怀远胜古也。此三者，朕何德以堪之？既有此功业，何得不善始慎终耶！”

【译文】

贞观九年，唐太宗对各位公卿大臣说：“我继承帝业以来，推行无为而治的政策，如今国家周边的少数民族都臣服归顺了，这难道只是我一个人的能力所致吗？其实这是得益于各位大臣的辅佐之功啊！现在是我们思考如何善始善终的时候了，我们应该竭尽全力，使大唐的江山社稷永远稳固，一代一代延续下去，子子孙孙无穷匮也。让我们大唐的丰功伟业、恩德福祇流芳百世，泽被四方，使数百年之后的人读到大唐的历史，无不为我们灿烂辉煌的业绩而赞叹不已。难道历史上就只有周代、汉代以及光武、明帝的功绩才称得上是万世的楷模吗？”房玄龄说：“陛下雄韬大略，功德无量，今天天下太平，这是你的圣德，我们臣下有什么功劳呢？只希望陛下能有始有终，那么天下的老百姓就有希望了。”唐太宗又说：“我时常阅读历史书籍，发现平定乱世的君主年龄一般都超过四十岁，只有光武帝年仅三十三岁。但是我十八岁就起兵征战，二十四岁就平定了天下，二十九岁就作了天子，这是当今武功胜过古代的缘故。我少年时代就开始了戎马生涯，没有时间读书，所以贞观以来，我一有时间就阅读书籍，可谓手不释卷。我谨记以史为鉴的古训，从古代圣贤书中，我知道了风化的根本，政治的关键。依此施行了几年，天下终于获得了治理。如今民风淳朴，子孝臣忠，社会和谐稳定，这是文化胜过古代的缘故。从周代、秦朝以来，戎狄等边境少数民族时常侵犯中原，现在他们都已归顺了朝廷，这是民族关系胜过古代的缘故。我有何德才和能力，能够取得这样的功业？既然已经取得了这三个方面的业绩，奠定了如此坚实的治国基础，我们又怎能不善始慎终呢？”

【注释】

①建武，永平：建武是后汉光武帝年号，永平是后汉明帝年号。
②撝(huī)挹(yì)：谦退，谦让，不居功自傲。
③稽颡：归顺、降服。

【原文】

贞观十二年，太宗谓侍臣曰：“朕读书见前王善事，皆力行而不倦，其所任用公辈数人，诚以为贤。然致理比于三、五之代[①]，犹为不逮，何也？”魏徵对曰：“今四夷宾服[②]，天下无事，诚旷古所未有。然自古帝王初即位者，皆欲励精为政，比迹于尧、舜；及其安乐也，则骄奢放逸，莫能终其善。人臣初见任用者，皆欲匡主济时，追纵于稷、契[③]；及其富贵也，则思苟全官爵，莫能尽其忠节。若使君臣常无懈怠，各保其终，则天下无忧不理，自可超迈前古也。”太宗曰：“诚如卿言。”

【译文】

贞观十二年，唐太宗对侍臣说：“我通过读书，发现以前的君王做善事，都身体力行，不知疲倦，他们所任用的大臣，也都很贤德。然而和三皇五帝的时代相比，还是无法企及，为什么呢？”魏徵回答说：“现在少数民族臣服，天下太平无事，的确是自古以来都没有过的盛事。然而，历代的帝王刚刚即位的时候，都励精图治，勤于政务，以尧、舜为楷模，可是等到天下太平了，就开始放纵自己，骄奢淫逸，没有谁做到善终。至于臣子，在开始被任用时，都追慕古代良臣稷、契的风范，怀有匡扶君主、济世救民的宏愿。等到他们荣华富贵了，就开始处心积虑地盘算如何才能保住乌纱，苟全性命，没有谁能够做到尽忠职守。如果君臣双方都能不懈怠，铭记善终的道理，那么就可以无为而治，天下无忧了，这样做的话，自然可以超越古人。”唐太宗说：“正如你所说。”

【注释】

①三、五之代：三皇五帝的时代。

②宾服：古代指诸侯按时入贡，表示服从。

③稷、契：稷即后稷，传说是周朝的祖先，曾在尧，舜时代做农官，教民耕种。契传说是商的始祖，曾助禹治水有功，被舜任为司徒，掌管教化。

【原文】

贞观十三年，魏徵恐太宗不能克终俭约，近岁颇好奢纵，上疏谏曰：

臣观自古帝王受图定鼎[①]，皆欲传之万代，贻厥孙谋。故其垂拱岩廊[②]，布政天下。其语道也，必先淳朴而抑浮华；其论人也，必贵忠良而鄙邪佞；言制度也，则绝奢靡而崇俭约；谈物产也，则重谷帛而贱珍奇。然受命之初，皆遵之以成治；稍安之后，多反之而败俗。其故何哉？岂不以居万乘之尊，有四海之富，出言而莫己逆，所为而人必从，公道溺于私情，礼节亏于嗜欲故也？语曰：“非知之难，行之为难；非行之难，终之斯难。”所言信矣。

【译文】

贞观十三年，魏徵担心唐太宗不能将克勤克俭的政务作风坚持到底，近年来很爱铺张，于是向唐太宗呈上了一篇奏疏：

我发现，历朝历代的帝王奉天承运，创下基业之后，都希望将帝业传至千秋万代，所以他们崇尚无为而治，以德治天下。他们对语言的要求是崇尚朴实而弃绝浮华；论人，则重用忠臣良将，鄙视奸佞小人；制度上，杜绝奢侈崇尚俭约；谈物产，重视谷物棉帛，轻视奇珍异宝。他们在治国初期，都能遵守这些条款，可是国家稍一安定，就开始违背初衷，伤风败俗。这是为什么呢？这难道不是因为君王乃万民之尊，富有天下，他说的话没有谁敢违抗，他的意愿人人必须依从，从而使公道被私情隐溺，礼节被嗜欲所淹没而造成的吗？《国语》说："知并不难，难的是行；行也不难，难的是善终。"说得太正确了。

【注释】

①受图定鼎：意谓承受天命，建都开国，登上皇位。
②岩廊：原指高峻之廊，后多用为朝廷之称。

【原文】

伏惟陛下年甫弱冠，大拯横流，削平区宇[①]，肇开帝业。贞观之初，时方克壮，抑损嗜欲，躬行节俭，内外康宁，遂臻至治。论功则汤、武不足方，语德则尧、舜未为远。臣自擢居左右，十有余年，每侍帷幄，屡奉明旨。常许仁义之道，守之而不失；俭约之志，终始而不渝。一言兴邦，斯之谓也。德音在耳，敢忘之乎？而顷年以来，稍乖曩志[②]，敦朴之理，渐不克终。谨以所闻，列之于左：

【译文】

想起陛下二十岁就在风云变幻的乱世中力挽狂澜，威震四方，创下了帝王的基业。贞观初年，天下初定时，陛下能克服自己的嗜好私欲，克勤克俭，身体力行，致使国泰民安，达到至治。论武功，则商汤、周武王都无法与你相比，若论仁德，你与古代尧，舜等明君相差不远。我在陛下身边做官已经十多年了，常常在帷幄之中接受陛下圣明的旨意。陛下时常告诫臣下要坚守仁义之道，不可丧失；保持节俭的习惯，不可改变。陛下的圣德之音至今仍在我耳边时时响起，臣怎敢忘记呢？但是这几年来，陛下稍稍偏离了以往的志向，敦厚淳朴的风气没能自始至终地保持下来。现在我谨把自己的所见所闻，列在下面，以备陛下参阅：

【注释】

①区宇：疆土，境域。
②曩志：以往的志向。

【原文】

陛下贞观之初，无为无欲，清静之化，远被遐荒。考之于今，其风渐坠，听言则远超于上圣，论事则未逾于中主。何以言之？汉文、晋武俱非上哲，汉文辞千里之马①，晋武焚雉头之裘②。今则求骏马于万里，市珍奇于域外，取怪于道路，见轻于戎狄，此其渐不克终一也。

【译文】

陛下在贞观初期，实行无为无欲、清静祥和的政治教化政策，即使在边远的蛮荒之地，也受到了比风的感化。但如今看来，这种风气正在慢慢消失，听言语似乎比古代的君主高明多了，论事，则连一般平庸的君主都不如。为什么这样说呢？汉文帝、晋武帝都不是具有上哲之智的圣明之君，但汉文帝拒绝别人进献的千里马，晋武帝因为国家法典禁止奇装异服，焚烧了大臣献上的雉头裘。而今天，陛下到千里之外去寻找骏马，到异城去搜求奇珍异宝，这些行为都被老百姓和少数民族见怪和轻视。这是朝廷不能善终的表现之一。

【注释】

①汉文辞千里之马：汉文帝时，有人献千里马，文帝诏令将其退还，并发给路费。

②晋武焚雉头之裘：晋武帝时，有人献上雉头裘，武帝认为是奇装异服不可穿用，在大殿前将其烧掉。

【原文】

昔子贡问理人于孔子，孔子曰："懔乎，若朽索之驭六马。"子贡曰："何其畏哉？"子曰："不以道导之，则吾仇也，若何其无畏？"故《书》曰："民惟邦本，本固邦宁。"为人上者，奈何不敬？陛下贞观之始，视人如伤，恤其勤劳，爱民犹子，每存简约，无所营为。顷年以来，意在奢纵，忽忘卑俭，轻用人力，乃云："百姓无事则骄逸，劳役则易使。"自古以来，未有由百姓逸乐而致倾败者也，何有逆畏其骄逸而故欲劳役者哉？恐非兴邦之至言，岂安人之长算？此其渐不克终二也。

【译文】

过去子贡向孔子请教如何管理百姓，孔子作了一个比喻，他说："用朽烂的绳索驾驭六匹马的车子，真让人恐怖啊！"子贡问："有什么好恐惧的呢？"孔子说："不用'道'来引导百姓，这是我所痛恨的，如果这样治国，怎能无所畏惧呢？"所以《尚书》说："百姓是国家的根本，根本牢固国家才会安宁。"为君者怎么可以不敬畏老百姓

呢？陛下在贞观初期，把老百姓当作饱尝战争创痛的伤员，体恤他们的艰辛，爱民如子，凡事崇尚俭约，不营造宫室以免劳民伤财。然而近些年来，陛下开始放纵奢侈，忘记了谦逊节俭的美德，任意役使百姓，还说："老百姓没有事情就会懒惰放肆，有了劳役就容易驱使他们。"古往今来，从来没有因为老百姓安乐悠闲而导致亡国的事例，岂有害怕他们放纵，而故意向他们施加劳役的道理呢？恐怕这不是国家长治久安的至理名言。这是朝廷不能善终的表现之二。

【原文】

陛下贞观之初，损己以利物，至于今日，纵欲以劳人，卑俭之迹岁改，骄侈之情日异。虽忧人之言不绝于口，而乐身之事实切于心。或时欲有所营，虑人致谏，乃云："若不为此，不便我身。"人臣之情，何可复争？此直意在杜谏者之口，岂曰择善而行者乎？此其渐不克终三也。

【译文】

陛下在贞观初期，损害自己的利益以满足别人的需要。而如今，放纵自己的欲望以役使百姓，谦逊节俭的风气一年年在消失，而骄纵奢侈的习惯在与日俱增。虽然牵挂老百姓的话语还不绝于口，但享乐之事也时时萦绕于心。有时候，陛下想营造宫室，又担心有人提意见，就说："如果不修宫殿，我的生活就会不方便。"根据君臣之谊，臣子怎么可能再进谏呢？陛下此言意在杜绝意见，哪里谈得上是择善而从呢？这是朝廷不能善终的表现之三。

【原文】

立身成败，在于所染，兰芷鲍鱼，与之俱化①，慎乎所习，不可不思。陛下贞观之初，砥砺名节，不私于物，惟善是与，亲爱君子，疏斥小人。今则不然，轻亵小人，礼重君子。重君子也，敬而远之；轻小人也，狎而近之。近之则不见其非，远之则莫知其是。莫知其是，则不间而自疏；不见其非，则有时而自昵。昵近小人，非致理之道；疏远君子，岂兴邦之义？此其渐不克终四也。

【译文】

君子立身为人，成败的关键之一在于所处环境的影响，入芝兰之室，久而不知其香；入鲍鱼之肆，久而不知其臭，每个人要受到环境潜移默化的影响，所以对于习惯不可不慎重，不可不深思。陛下在贞观初期，励精图治，注重名节，不存私欲，乐于施予，亲近重用君子，疏远贬斥小人。现在却恰恰相反，亲近小人，疏远君子。疏远君子，是敬而远之；亲近小人，是轻信重用。太近就看不到别人的缺点，太远就不知道别人的正确。不知道君子的正确，其结果不是有意离间就是会自然疏远君子；不辨小人的缺点，那么就会主动去亲近他们。亲近小人，不是治国之道；疏远君子，就能够使国家兴盛吗？这是朝廷不能善终的表现之四。

【注释】

①兰芷鲍鱼，与之俱化：兰芷：香草。鲍鱼：盐渍之鱼，味咸臭。《说苑·杂言》："与善人居，如入兰芷之室，久而不闻其香，则与之化矣。与恶人居，如入鲍鱼之肆。久而不闻其臭，亦与之化矣。"意谓长期亲近什么人，就会变成什么人。

【原文】

《书》曰："不作无益害有益，功乃成；不贵异物贱用物，人乃足。犬马非其土性不畜，珍禽奇兽弗育于国。"陛下贞观之初，动遵尧、舜，捐金抵璧，反朴还淳。顷年以来，好尚奇异，难得之货，无远不臻，珍玩之作，无时能止。上好奢靡而望下敦朴，未之有也。末作滋兴①，而求丰实，其不可得亦已明矣。此其终不克终五也。

【译文】

《尚书》说："不做徒劳无益的事来妨碍有益的事，大功才会告成；不要用奇珍异宝来迷惑人们的心灵，使他们轻贱日常之物，只有这样老百姓才会知足。狗、马这些家畜不是因为本性会被驯服而不被饲养，而珍禽异兽则因为自然的野性所以才不会出产在国内。"陛下在贞观初期，仿效尧、舜，弃绝金银珠宝，返璞归真。可是近年来，猎奇之心日起，奇珍异宝之类中原罕见之物，源源不断地从偏远的异域运送过来。皇上自己嗜好奢侈品，却希望黎民百姓保持淳朴的民风，这怎么可能呢？朝廷不为民造福，却奢望国富民强，很显然这是办不到的。这是朝廷不能善终的表现之五。

【注释】

①滋兴：繁兴。

【原文】

贞观之初，求贤如渴，善人所举，信而任之，取其所长，恒恐不及。近岁以来，由心好恶，或众善举而用之，或一人毁而弃之，或积年任而用之，或一朝疑而远之。夫行有素履①，事有成迹，所毁之人，未必可信于所举，积年之行，不应顿失于一朝。君子之怀，蹈仁义而弘大德；小人之性，好谗佞以为身谋。陛下不审察其根源，而轻为之臧否，是使守道者日疏，干求者日进。所以人思苟免，莫能尽力。此其渐不克终六也。

【译文】

贞观初期，朝廷求贤若渴，只要有人推举好的人才，都能够信任并加以任用，让他们发挥长处，唯恐错失人才。但近年来，在任用人才上显得随心所欲。对于人才，朝廷或者因为许多人共同推荐而任用他，或者因为个别人的诋毁而罢免他，或者根据多年的政绩而任用他，或者因为一时的怀疑而疏远他。一个人的行为处世有自己的原则，受人诋毁的人，未必真的行为不端，多年形成的品行，不可能在一朝一夕完全改变。君子有自己的襟怀，他们行仁义之事而弘扬道德；小人也有自己的品行，他们喜好用谗言中伤别人从而为自己谋取私利。陛下不明察事情的根源，就轻易赏罚，这样做，会使坚守君子之道的人日渐疏远，而让那些追名逐利的小人逐渐得逞。所以现在大臣们都在考虑如何才能保全性命和官职，没有谁再愿意为国尽职尽忠。这是朝廷不能善终的表现之六。

【注释】

①素履：即素行，一贯的作为。

【原文】

陛下初登大位，高居深视，事惟清静，心无嗜欲，内除毕弋之物①，外绝畋猎之源。数载之后，不能固志，虽无十旬之逸，或过三驱之礼。遂使盘游之娱，见讥于百姓，鹰犬之贡，远及于四夷。或时教习之处，道路遥远，侵晨而出，入夜方还。以驰骋为欢，莫虑不虞之变，事之不测，其可救乎？此其渐不克终七也。

【译文】

陛下当初刚刚即位的时候，凡事只求清静，内心没有嗜欲杂念，丢掉打猎的网、箭等工具，不再想打猎的事情。但几年之后，这条戒律被废除了，虽然不像太康那般纵情无度，在洛阳打猎十旬都不返回，但还是给老百姓留下了讽刺的话柄。比如，陛下不远千里，向边远异族征求打猎用的老鹰和猎狗。还有打猎的地方太远，需要披星戴月，早出晚归。陛下以骑马打猎为乐事，不考虑是否会有意外的变故发生，如果真有不测，还可能挽救吗？这是朝廷不能善终的表现之七。

【注释】

①毕弋之物：捕鸟狩猎的器具。

【原文】

孔子曰："君使臣以礼，臣事君以忠。"然则君之待臣，义不可薄。陛下初践大位，敬以接下，君恩下流，臣情上达，咸思竭力，心无所隐。顷年以来，多所忽略。或外官充使，奏事入朝，思睹阙庭，将陈所见，欲言则颜色不接，欲请又恩礼不加，间因所短，诘其细过，虽有聪辩之略，莫能申其忠款。而望上下同心，君臣交泰，不亦难乎？此其渐不克终八也。

【译文】

孔子说："君主对臣下以礼相待，臣下对君主尽职尽忠。"所以，君主对臣下不能够薄情寡义。陛下初登皇位的时候，能够礼贤下士，君主的恩德由上至下，臣子都感受到了陛下的仁义。臣子的忠义之情由下至上，都愿意为朝廷不遗余力地进献自己的赤胆忠心。然而近年来，君臣之义却遭到忽略。有京城外的官员入朝奏请政事，看到朝廷上这种情况，想明言指出，又担心这会使君臣双方的关系更不融洽，所以欲言又止。有的人自愿请命，但朝廷又不行赏赐，不给予相对的礼遇，这些人无奈之下只得罢休。皇上有时因为臣子有些缺点，就怪罪他们，责备得过细过烦，臣子虽然能言善辩，也无法为自己的一腔忠诚申述。如果这样，还希望君臣上下同心，水乳交融，不是很困难吗？这是朝廷不能善终的表现之八。

【原文】

"傲不可长，欲不可纵，乐不可极，志不可满。"四者，前王所以致福，通贤以为深诫。陛下贞观之初，孜孜不怠，屈己从人，恒若不足。顷年以来，微有矜放，恃功业之大，意蔑前王，负圣智之明，心轻当代，此傲之长也。欲有所为，皆取遂意，纵或抑情从谏，终是不能忘怀，此欲之纵也。志在嬉游，情无厌倦，虽未全妨政事，不复专心治道，此乐将极也。率土乂安，四夷款服，仍远劳士马，问罪遐裔[①]，此志将满也。亲狎者阿旨而不肯言，疏远者畏威而莫敢谏，积而不已，将亏圣德。此其渐不克终九也。

【译文】

"骄傲不可以滋长，欲望不可以放纵，快乐不可以过度，志向不可以太高。"这四句话所包含的道理，为以前的君主带来了福祉，让通达的贤才深以为诫。陛下在贞观初期，对政务孜孜不倦，兢兢业业，委屈自己以保全别人。可是近年来，开始显露出骄傲自满的情绪，依仗宏大的功业，蔑视以往的君主，自认为具有圣明的智能，轻视当代俊才，这是骄傲滋生的表现。做事情随心所欲，有时即使克制自己的私欲接受了臣子的建议，也终究是意难平，这是欲望放纵的表现。陛下喜欢嬉游，乐此不疲，虽然没有完全妨碍政务，但对政务已不再专心致志，这是逸乐过度的表现。现在四海归心，天下太平，可是朝廷仍然兴师动众，不断讨伐边远地区的异族，这是志得意满的表现。长此以往，将使谄媚者只会顺从圣旨不讲真话，而被疏远的人，会因为害怕触犯龙颜而噤若寒蝉。这样势必会削减陛下的圣德。这是朝廷不能善终的表现之九。

【注释】

①问罪遐裔：到边远的地方去征讨。

【原文】

昔陶唐①、成汤②之时，非无灾患，而称其圣德者，以其有始有终，无为无欲，遇灾则极其忧勤，时安则不骄不逸故也。贞观之初，频年霜旱，畿内户口并就关外，携负老幼，来往数年，曾无一户逃亡、一人怨苦，此诚由识陛下矜育之怀，所以至死无携贰③。顷年已来，疲于徭役，关中之人，劳弊尤甚。杂匠之徒，下日悉留和雇④；正兵⑤之辈，上番⑥多别驱使。和市⑦之物不绝于乡闾，递送之夫相继于道路。既有所弊，易为惊扰，脱因水旱，谷麦不收，恐百姓之心，不能如前日之宁帖。此其渐不克终十也。

【译文】

过去陶唐、成汤的时代并非没有灾害，而他们的美名却万古流芳，为什么呢？是因为他们都能够有始有终地实行无为无欲的政策，遇到天灾，他们就为黎民百姓分忧解难。风调雨顺的年代，他们也戒骄戒躁。贞观初期，中原连年遭受霜灾、旱灾，老百姓纷纷迁居关外，他们扶老携幼举家迁徙，虽然尝尽了旅途的颠沛流离，却没有一家一户逃亡，没有谁抱怨，这都是因为百姓知道陛下怀有体恤百姓的良苦用心，所以即使死去也没有二心。可是近年来，老百姓被繁重的徭役压得喘不过气来，关中的百姓，更是苦不堪言，干杂活的匠人，都被官府雇佣，服兵役的人，被四处驱使；皇帝为采购用物到处搜寻，送货脚夫的足迹不绝于道路。这样下去势必会带来弊端，老百姓宁静的生活会受到干扰，再加上这几年来水旱灾害时断时续，稻谷青黄不接，恐怕如今百姓的心，再不如贞观初期那般祥和宁静了。这是朝廷不能善终的表现之十。

【注释】

① 陶唐：即陶唐氏，唐尧。
② 成汤：商朝的建立者。
③ 携贰：亲附的人渐生离心，叛离。
④ 和雇：唐朝时官府出钱雇佣劳动力。
⑤ 正兵：唐代实行府兵制，正兵即指府兵。

⑥ 上番:唐代府兵从农民中征点,轮流调到京城担任宿卫。
⑦ 和市:古时官府向百姓议价购买东西。

【原文】

臣闻"祸福无门,唯人所召。""人无衅焉[①],妖不妄作。"伏惟陛下统天御宇十有三年,道洽寰中,威加海外,年谷丰稔,礼教聿兴,比屋喻于可封,菽粟同于水火。暨乎今岁,天灾流行。炎气致旱,乃远被于郡国;凶丑作孽,忽近起于毂下[②]。夫天何言哉? 垂象示诫,斯诚陛下惊惧之辰,忧勤之日也。若见诫而惧,择善而从,同周文之小心,追殷汤之罪己,前王所以致礼者,勤而行之,今时所以败德者,思而改之,与物更新,易人视听,则宝祚无疆,普天幸甚,何祸败之有乎? 然则社稷安危,国家治乱,在于一人而已。当今太平之基,既崇极天之峻;九仞之积,犹亏一篑[③]之功。千载休期[④],时难再得,明主可为而不为,微臣所以郁结而长叹者也。

【译文】

我听说"祸福不会凭空降临,除非人自己招惹是非。"、"人如果不挑衅,妖怪不会平白无故地出现。"陛下统治天下已有十三年,威加四海,万民臣服,年年五谷丰登,礼法教化也重新得以确立。可是近年来,旱灾不断,现在已经殃及到了周围的郡国。不祥的迹象,也时时出现。这是天意,老天在显示征兆以警戒世人,现在是陛下应该警醒,勤于政务的时候了。如果陛下看见警戒能够产生畏惧,施行仁义,像周文王那样小心谨慎,商汤那样严于律己,前王们孜孜以求的条例都能够勤勉地执行,对如今败坏仁德的行为,都能够反省并改过,以此来改变百姓对朝廷的看法,那么国家就可以长治久安,永享太平了,灾祸怎么还可能产生呢?社稷的安危,国家治乱,全系于陛下一人啊! 当今乃太平盛世,这在历史上是前所未有的,但是仍需百尺竿头,更进一步。如今是创造伟业的千载难逢的良机,时不我与,稍纵即逝,古代圣明的君主都在可以有所作为的时候实行无为而治的政策,陛下应当三思,这也是臣下时常牵挂于心的事情。

【注释】

①衅:破绽、漏洞。
②毂下:旧指京城。
③篑(kuì):盛土的筐子。
④休期:美好、吉利的日子。

【原文】

臣诚愚鄙，不达事机，略举所见十条，辄以上闻圣德。伏愿陛下采臣狂瞽之言，参以刍荛之议，冀千虑一得，衮职有补，则死日生年，甘从斧钺。

疏奏，太宗谓徵曰："人臣事主，顺旨甚易，忤情尤难。公作朕耳目股肱，常论思献纳。朕今闻过能改，庶几克终善事。若违此言，更何颜与公相见？复欲何方以理天下？自得公疏，反复研寻，深觉词强理直，遂列为屏障，朝夕瞻仰。又寻付史司，冀千载之下识君臣之义。"乃赐徵黄金十斤，厩马二匹。

【译文】

为臣确实愚昧无知，不通事理，略举所见十条，有扰陛下圣听。但愿陛下采纳臣下狂妄之言，参考这些浅薄的议论，希望一得之见能有补于圣上，这样为臣虽死犹生，甘受刑戮。

看罢奏疏，唐太宗对魏徵说："臣子侍奉君主，只顺从旨意是很容易的，忤逆君王的心意可就太难了。你作为我的助手，能常常想着向我进谏，的确难能可贵。现在我已经知道了自己的过错，希望能够改正，在政务上做到善始善终。如果违背了你的意见，我又有何颜面再见到你？又怎么才能把天下治理得井井有条呢？我得到你的奏疏之后，反复研读思考，觉得你的意见言辞激烈但道理坦直，所以我将它贴在屏风上，早晚都能够看到。还把奏疏交付给编写史书的官员抄录，希望千年之后，人们都能够知道我们君臣之间的情义。"事后，唐太宗赏赐给魏徵黄金十斤，良马二匹。

【原文】

贞观十四年，太宗谓侍臣曰："平定天下，朕虽有其事，守之失图，功业亦复难保。秦始皇初亦平六国，据有四海，及末年不能善守，实可为诫。公等宜念公忘私，则荣名高位，可以克终其美。"魏徵对曰："臣闻之，战胜易，守胜难。陛下深思远虑，安不忘危，功业既彰，德教复洽，恒以此为政，宗社无由倾败矣。"

【译文】

贞观十四年，唐太宗对周围侍臣们说："平定天下，我已经做到了，可是，如果守天下不得法，功业也难以保住。秦始皇起初也曾平定六国，据有四海，到他晚年却不能很好地守住江山，这个教训真可作为鉴戒。各位大臣，你们应该公而忘私，已经取得的荣誉地位，就能最终保持。"魏徵说："臣听说：打胜仗容易，保持胜利困难。陛下深思远虑，安不忘危，功业既已显赫，德行教化又深入人心，如果能永远用这种态度来治理天下，国家就不会有倾覆的危险了。"

【原文】

贞观十六年，太宗问魏徵曰："观近古帝王有传位十代者，有一代两代者，亦有身得身失者。朕所以常怀忧惧，或恐抚养生民不得其所，或恐心生骄逸，喜怒过度。然不自知，卿可为朕言之，当以为楷则。"徵对曰："嗜欲喜怒之情，贤愚皆同。贤者能节之，不使过度，愚者纵之，多至失所。陛下圣德玄远，居安思危，伏愿陛下常能自制，以保克终之美，则万代永赖。"

【译文】

贞观十六年，唐太宗问魏徵："我看近代的帝王，有传位十代的，有只延续一代两代的，也有自己取得天下又自己丢失的。我之所以常常感到忧虑恐惧，或者是因为害怕抚养百姓未能做到各得其所；或者是因为怕自己心生骄逸，喜怒过度，而自己又不能觉察到。请你为我讲讲其中的道理，我将把它们当作准则。"魏徵说："嗜欲喜怒的情感，人生而有之，无论贤者、愚者都在所难免，只是贤者能够有所控制，凡事不过度，愚者却恣意放纵，以至达到不可收拾的地步。陛下圣德高远，能够居安思危，衷心希望陛下能抑制私欲，善始善终，成就完美的功业，造福千秋万代。"

史鉴新得

善始善终"戒奢屏"

俗话说：善始容易，善终难。做一件事情，开头做好并不难，难的是坚持不懈，善始善终，治理国家也是如此。创业难，守业更难。创业初期，往往能够励精图治；承平日久，便难免骄奢放纵，导致败亡。因此，当权治国的人，应该时刻居安思危。

唐太宗执政之初，吸取了隋炀帝因贪暴奢侈而亡国的教训，认真推行了一套节俭戒奢的国策，为"贞观之治"打下了良好的政治基础。但随着政权的巩固，李世民逐渐暴露出追求奢侈享受的苗头。这些都被忠臣魏徵看在眼中，急在心中。贞观十三年，魏徵写了一份《十渐不克终疏》的奏章，劝告李世民执行节俭的政策要善始善终，决不能半途而废。接到奏章后，李世民越看越感到言之有理，于是下旨将魏徵的那份奏章写于自己室内的屏风上，以"朝夕瞻仰"，时时提醒自己要善始善终。正因为魏徵敢于提出反面意见，唐太宗又虚心纳谏而且闻过即改，才开创了君臣同心、"贞观之治"的盛世局面。后人将写有这份奏章的屏风称作"戒奢屏"。

无独有偶，明太祖朱元璋的"勿忘节俭屏"也是封建帝王善始善终，引以自警的标尺。唐朝诗人李山甫曾经写过一首《上元怀古》的诗，写的是南朝几位末代皇帝因骄奢淫逸而致国破家亡的事。诗中写道："南朝天子爱风流，尽守江山不到头。总为战争收拾得，却因歌舞破除休！尧将道德终无敌，秦把金汤可自由？试问繁华何处要，雨花烟草石城秋。"朱元璋看到这首诗后深有感触，传旨让人将其写于自己寝宫的屏风上，以便朝夕吟咏，提醒自己不忘节俭，力戒奢侈。他曾语重心长地对臣子说："所谓节俭，自己不躬行，又怎能使天下官民效法呢？"于是，他身体力行，率先垂范，日常生活力求朴素，不喜饮酒，每日早膳只吃些蔬菜，穿着也不求华丽。据史料记载：有位西域商人欲送他一些蔷薇露之类的化妆品，朱元璋就说："这些玩意儿只不过是些装饰品，能把人打扮得更香艳些罢了，养成侈靡的习惯没什么好处！"洪武八年改建大内宫殿时，他指示大臣说："我现在只要求将宫殿建得安全牢固，并不追求华丽，凡是雕饰奇巧，一概不用。"朱元璋对身边的人要求也颇为严格。一次，有位内侍穿着一双新靴在雨中行走，朱元璋见后将其训斥了一顿。在他带动下，后妃们谁也不敢奢侈，平时穿的多是些洗过多次的旧衣服，更不敢盛装打扮。古镜今鉴，古人的所言所行也应当成为今人引以为鉴的标尺。

附录一　贞观编年纪事

贞观元年(公元 627)正月初一,改元贞观。

贞观元年(公元 627)正月,唐太宗下制,令今后中书省、门下省以及三品以上官员入阁商议国家大事,都要有谏官跟随,遇有不当之处,谏官立刻进谏。

贞观元年(公元 627)正月,唐太宗命吏部尚书长孙无忌等与学士重新议定律令。放宽绞刑五十条为砍断有趾,唐太宗仍嫌这种肉刑太残酷,蜀王法曹参军裴弘献请再改为加役流,徙三千里,居作三年。诏从之。

贞观元年(公元 627)唐天节将军、燕郡王李艺据泾州反。

贞观元年(公元 627)二月,并省全国的州县,将全国分为十道,即关内道、河南道、河东道、河北道、山南道、陇右道、淮南道、江南道、剑南道、岭南道,废郡为州,故每道各辖若干州。

贞观元年(公元 627)十月岭南酋长冯盎遣子入朝。

贞观元年(公元 627)末,吏部侍郎刘林甫奏请以后四时听选,随阙注拟,人以为便。太宗诏命一部分人到洛州参选。太宗说"官在得人,不在员多。"命房玄龄并省中央官员,只留下文武官额六百四十三人。

贞观二年(公元 627),诏各地置义仓。薛延陀首领夷男受唐封为可汗,建汗庭于漠北。

贞观二年(公元 628)三月,大理少卿胡演向太宗上报每月囚徒的账目。太宗命令后大辟罪由中书、门下省四品以上官和尚书省议定,以免冤滥。接着又逐个带进囚徒,轮到岐州刺史郑善果时,太宗认为善果虽有罪,官品不低,不应与于囚徒之列。于是,又命以后三品以上官犯罪,不用带进,可在太极宫承天门左右朝堂听判决。

贞观二年(公元 628),关内发生旱灾,百姓缺粮,有许多人卖儿卖女以换取衣粮。四月,太宗诏出御府金帛赎回被卖儿童,交还父母。又因去年久雨,今年又遭受旱灾、蝗灾,大赦天下。

贞观二年(公元 628)四月,突利派使来唐请求援助。太宗召集大臣讨论,兵部尚书杜如晦请出兵攻突厥。贞观三年(公元 629)十二月,突利可汗入朝,太宗任命他为右卫大将军,赐爵北平郡王。

贞观二年(公元628)九月,中书舍人李百药请再出宫人。唐太宗命尚书左丞戴胄和给事中杜正伦在掖庭西门简选宫人,前后放出宫女又达三千余人。

贞观二年(公元628)末,派遣游击将军乔师望从小路带着册书拜夷男为真珠毗伽可汗,赐给他鼓纛。夷男非常高兴,派使入贡。

贞观三年(公元629)三月,太宗以房玄龄为左仆射,杜如晦为右仆射,以尚书右丞魏徵守秘书监,均参与朝政。房玄龄善谋略,杜如晦善决断,为唐朝名相,并称“房杜”。

唐朝初年,凡国家军政大事,中书舍人各依自己的见解,签署自己的名字,被称做五花判事。由中书侍郎、中书令审查,由给事中、黄门侍郎校正。贞观三年(公元629)四月,唐太宗重新申明旧的制度,于是很少发生错事。

贞观三年(公元629))大旱,太宗诏求直言,马周代常何向太宗提了二十多条意见。太宗大喜,招马周入见,令他宿直门下省,不久以马周为监察御史,终至拜相。

贞观三年(公元629))八月,命兵部尚书李靖为行军总管、张公谨为副总管,前去征讨突厥。突厥俟斤九人带领三千骑兵降唐,拔野古、仆骨、奚等酋长也帅部众降唐。

贞观三年(公元630))闰十二月,东谢酋长谢元深、南谢酋长谢强朝唐。东谢、南谢是南蛮的分支,分布在黔西。唐太宗下诏以东谢之地为应州(今贵州德江县)。

贞观三年(公元630)闰十二月,牂牁酋长谢能羽及兖州蛮向唐入贡。太宗诏以牂牁之地为牂州。党项酋长细封步赖降唐,唐以其地为轨州,南谢之地为庄州(今贵州境内),隶属于黔州都督。

贞观四年(公元630)正月,李勣在白道败突厥,李靖在阴山大败颉利可汗。

贞观四年(公元630)正月,李靖率三千骑自马邑进驻恶阳岭,夜袭定襄,大败突厥。颉利可汗大惊,迁牙帐于碛口。颉利的亲信康苏密以隋炀帝后萧氏及其孙杨政道降唐。

贞观四年(公元630)三月,各族君长都到长安请唐太宗称天可汗,唐太宗笑道:“我为大唐天子,难道又为可汗之事吗?”但此后唐太宗赐给西北各族君长的玺书都用“天可汗”的称号。

贞观四年(公元630)三月,唐行军副总管张宝相突至苏尼失兵营,俘颉利,送往长安。

贞观四年(公元630)九月,伊吾城主到长安朝唐。先是伊吾内属,隋于其地设置伊吾郡;隋末,城主向突厥称臣。颉利被唐攻灭后,伊吾城主率他所属的七城降唐，唐朝在伊吾设置西伊州（今新疆哈密）。

太宗阅读中医著作《明堂针灸书》后，认为人的五脏都归结在背部。于是于贞观四年（公元 630）十一月下令，此后审讯犯人，不得鞭击背部。

贞观四年（公元 630），全国丰收，流散到各地的百姓回归故里，米每斗不超过三、四钱，一年仅判处了 29 人死刑。

贞观四年（公元 630）八月，日本遣使犬上三田耜（亦作御田锹）、药师惠日等来唐，是为日本第一次遣唐使。

贞观五年（公元 631），开党项之地为十六州。日本第一次遣唐使犬上御田锹等至唐（奉使在上年）。林邑、新罗都遣使到唐。

贞观五年（公元 631）十二月初二日，唐太宗制："判决死罪，要在两天内五次申奏，下各州的要三次申奏；行刑当天，尚食局不得进酒肉，内教坊及太常寺不得奏乐。门下省还要再检查，有依法应当死而处境堪怜者，另外写状上奏。"五次申奏是指行刑前两天到行刑之日共上奏五次，人命关天，以示慎重。只有犯恶逆罪（隋立"十恶不赦"之科，唐承之）的人只奏一次。

贞观六年（公元 632），太宗增置三师官（太师、太傅、太保）。太宗与侍臣论安危之本。长孙后贺太宗喜得谏臣，焉耆王遣使入贡，唐太宗派鸿胪少卿刘善因前去册立泥孰为奚利邲咄陆可汗。

贞观六年（公元 632）十一月，契苾（铁勒十五部之一）部落酋长契苾何力率所部六千余家到沙州（今甘肃敦煌西）向唐政府归降。

贞观七年（公元 633），太宗赦死囚，李淳风造浑天黄道仪。

贞观八年（公元 634），李靖等赴诸道察情。

贞观九年（公元 635），唐高祖李渊驾崩，享年 70 岁，唐平吐谷浑。

贞观十年（公元 636），唐建南北衙。

贞观十年（公元 636）六月二十一日，太宗皇后长孙氏卒，享年 37 岁。

贞观十一年（公元 637）八月，侍御史马周上疏朝廷，建议政府应重视州县地方官吏的选任。太宗闻奏，深以为是，决定以后刺史由他亲选，县令则由京官五品以上各举一人。

贞观十二年（公元 638）立薛延陀小可汗，太宗建百骑。

贞观十三年（公元 639）太宗停世袭刺史。

贞观十四年（公元 640）流鬼国遣使入贡，侯君集灭高昌，唐置安西都护府于交河，礼官改礼制，唐文成公主入藏。

贞观十五年（公元 641）唐蕃和亲，席君买平吐谷浑之乱，册封百济王，李世绩败薛延陀。

贞观十六年(公元 642)魏王泰上《括地志》,太宗徙死罪者实西州,禁自伤肢体,郭孝恪败西突厥咄陆可汗。

贞观十七年(公元 643)魏徵卒,享年 64 岁。李世民命画功臣像于凌烟阁,太子李承乾造反,被废,立晋王李治为皇太子。

贞观十九年(公元 645)铁勒九姓大首领率众降唐。 玄奘取经回国。

贞观二十年(公元 646) 薛廷陀咄摩支降唐,敕勒诸部朝唐。

贞观二十一年 (公元 647)唐发兵攻龟兹,太宗哭高士廉,骨利干入贡,王波利造船攻高丽,突厥车鼻可汗向唐朝入贡,西赵酋长赵磨内附。

贞观二十三年 (公元 649)徒莫祇等蛮内附。

贞观二十三年(公元 649)五月,唐太宗病危。临终前,他召见长孙无忌和褚遂良,让他们辅佐太子治听政。同月己巳日,太宗驾崩于翠微宫含风殿,享年 52 岁。太子李治即位,是为唐高宗。

附录二　凌烟阁二十四功臣谱

唐代长安城皇宫内三清殿旁筑有一座小楼，名为凌烟阁。贞观十七年(公元643)，唐太宗李世民为了纪念与他一起驰骋疆场、开创贞观盛世的功臣，令画家阎立本画24位功臣的画像陈列于凌烟阁中，并时常前往怀旧，追想当年金戈铁马、气吞山河的岁月。凌烟阁中分为三层：最内一层所画均为功高宰辅的大臣；中间一层所画均为功高王侯的大臣；最外一层所画则为其他功臣。这24位功臣的画像均面北而立，以示为臣之礼。

1.司徒、赵国公长孙无忌

李世民长孙皇后之兄，自幼与李世民友善，李渊太原起兵后投靠李世民。参与李世民历次战役，尤其在玄武门之变中起主谋作用。终身为李世民信任，李世民评价为“我有天下，多是此人之力”。李世民去世后，受遗命辅佐唐高宗。因反对唐高宗立武则天为皇后而失宠，后来被诬陷谋反，自杀。

2.司空、扬州都督、河间元王李孝恭

其父为李渊堂弟，李渊起兵后，他负责经略巴蜀。得李靖之助，灭萧铣、辅公祏，长江以南均受其统领，战功几可与李世民分庭抗礼。李世民登基后，退出权力中心，以歌舞美人自娱。贞观十四年，暴病身亡。

3.司空、莱国成公杜如晦

李世民主要幕僚。李渊攻克长安时投靠李世民，得房玄龄推荐而受李世民重用，为十八学士之首。参与李世民历次战役。玄武门之变主谋。贞观年间与房玄龄共掌朝政，但于贞观四年病故，年仅46岁。其死深为李世民痛惜，死后极尽哀荣。

4.司空、相州都督、太子太师、郑国文贞公魏徵

原为李密谋士，后随李密降唐，为唐朝招降李世绩。窦建德进攻河北时被俘，窦灭亡后重回唐朝，隶太子建成麾下。玄武门之变后，归顺李世民。因感知遇之恩，凡事知无不言，以进谏著称。终生深受李世民信任，李世民评价说贞观之前辅佐之功以房玄龄第一，贞观之后以魏徵第一。贞观十六年病故。

5.司空、梁国公房玄龄

李世民主要幕僚,善于谋略。李渊起兵后派李世民进攻渭北,受温彦博推荐投入李世民幕府,被委以心腹,参与李世民历次战役。玄武门之变主谋。李世民登基后论功行赏,被比为汉之萧何。贞观年间负责行政,为相近二十年,深得李世民信任。李世民出征高丽时被委以留守重任。贞观二十三年病故。

6.开府仪同三司、尚书右仆射、申国公高士廉

李世民长孙后、长孙无忌的亲舅舅,二人之父早死,实际由高士廉抚养。高对李世民极为器重,以至主动将长孙后许配给李世民。因得罪杨广,被发配岭南,随后中原大乱,被隔绝在外,直到李靖灭萧铣南巡时才得以回归。其人善行政、文学,为李世民心腹,参与玄武门之变的策划。

7.开府仪同三司、鄂国公尉迟恭

原为刘武周部将,刘武周灭亡后投降李世民。起初不被众将信任,几乎被处死,但李世民坚持起用他。唐郑决战时有单骑救主之功,得以稳固地位,此后以勇将身份参与李世民历次战役。玄武门之变的主要角色,亲手杀死齐王元吉,又率兵威逼李渊下旨立李世民为太子,拥立之功第一。突厥倾国进犯时以骑兵迎击取胜,为李世民求和打下基础。天下安定后无用武之地,晚年闭门不出,最终得享天年。

8.特进、卫国公李靖

是"使功不如使过"的典型,曾试图揭发李渊谋反,因此几乎被李渊处死,幸而为李世民所救。后来戴罪立功,协助李孝恭经营巴蜀、灭萧铣、辅公祏,被李渊评价为"萧、辅之膏肓"。拒绝李世民的拉拢,未参加玄武门之变。贞观年间负责抵御突厥,成功地消灭突厥政权,战功无人可及。后来又挂帅出征,消灭吐谷浑势力。因军事能力过高遭人疑忌,屡次被诬告谋反,为免嫌疑,主动退休闭门不出,直到老死。

9.特进、宋国公萧瑀

隋炀帝萧后之弟,以外戚为隋炀帝重臣。因反对出征高丽,被贬为河池郡守,到任后受薛举进攻,奋力抵御。李渊起兵后,归附唐朝,善行政,终生为李渊重用。李世民即位后,因与房玄龄、杜如晦不和,多次得罪李世民,仕途沉浮,但从不"改过自新"。后来李世民评价其为"疾风知劲草,板荡识诚臣"。

10.辅国大将军、扬州都督、褒忠壮公段志玄

李渊在太原时的旧部,首义功臣。参加李唐历次重要战役,以勇武著名。李世民兄弟相争时,拒绝建成、元吉的拉拢,忠于李世民,并参加了玄武门之变。其人治军严谨,李世民评价为"周亚夫无以加焉"。贞观十六年病故。

11.辅国大将军、夔国公刘弘基

游侠，隋炀帝征高丽时，因避兵役逃往太原依附李渊。太原起兵时，与长孙顺德一同负责招募勇士，有大功。进攻长安途中于霍邑之战阵斩隋主将宋老生，攻克长安后被评为战功第一。进攻薛举时在浅水原大败，力尽被擒，李世民灭薛氏后获救。又在刘武周进攻太原时战败被俘，侥幸自己逃回，随后配合李世民在介休歼灭宋金刚。因唐朝与突厥关系恶化，常年驻守北边抵御突厥。贞观年间曾随李世民征高丽。唐高宗时病故。

12.尚书左仆射、蒋忠公屈突通

原为隋朝大将，历仕杨坚、杨广，战功赫赫。杨广南巡江都，委以镇守都城长安的重任。李渊起兵后进攻长安，屈突通率部下死战，力尽后自杀未遂，最终投降李渊，被封为兵部尚书。后参与唐朝历次重大军事行动，尤其灭王世充被评为战功第一。后被委派镇守洛阳，于贞观元年病故。

13.陕东道行台右仆射、郧节公殷开山

李渊旧部，太原起兵时投奔李渊，参与进攻长安。进攻薛举时，在浅水原大败，与刘文静一同被追究责任，贬为庶民。后随李世民灭薛氏有功，得以重被任用。参加李世民历次战役，在进攻刘黑闼时，得病身亡，是凌烟阁功臣中最先去世的一个。

14.荆州都督、谯襄公柴绍

李渊之婿，娶平阳公主。李渊起兵时身在长安，侥幸逃脱追捕前往太原。参与攻克长安、灭薛举、刘武周、王世充、窦建德等重要战役。贞观年间作为主将消灭最后一位反王梁师都。贞观十二年病故。

15.荆州都督、邳襄公长孙顺德

李世民长孙后之叔，外戚。隋炀帝出兵高丽时，为避兵役逃往太原依附李渊，与李氏父子友善。太原起兵时，与刘弘基一同负责招募勇士，有大功。进攻长安时任先锋，擒隋主将屈突通。此后功劳不显。玄武门之变充当打手角色。贞观年间因多次贪污被弹劾，李世民不忍治罪，只贬官而已，病故。

16.洛州都督、郧国公张亮

原为李密部下，隶属李世绩，随李一同降唐。得房玄龄、李世绩推荐入李世民幕府。李世民兄弟相争时，派其到洛阳招募私党，被元吉告发而下狱，张拒不招供掩护了李世民，因而有功。贞观年间，因善于行政而颇得信任，又揭发侯君集谋反、随征高丽而立功。但其后因好巫术而逐渐名声败坏，贞观二十年被告谋反，受诛。

17.光禄大夫、吏部尚书、潞国公侯君集

李世民心腹，常年担任其幕僚。玄武门之变的主要策划人。贞观年间，担任李靖副将击败吐谷浑，又任主将击灭高昌。回朝后因私吞高昌战利品而被弹劾，为此怀恨在心。李世民诸子争当太子的斗争中,依附太子李承乾,图谋杀李世民拥立承乾,事泄被杀。

18.左骁卫大将军、郯襄公张公谨

原为王世充部下,后投降唐朝,受李靖推荐进入李世民幕府。因参与玄武门之变的谋划而得到赏识,又在事变时充当主要打手,功劳很大。李世民登基后,以其为李靖副将抵御突厥,协助李靖灭亡突厥。次年病故,仅39岁。

19.左领军大将军、卢国公程知节

本名程咬金,原为瓦岗军勇将,李密失败后降王世充,因不满王的为人,与秦叔宝一同降唐,分配到李世民帐下。参加李世民历次战役。玄武门之变的主要打手。唐高宗时出征贺鲁,屠杀已投降的平民,因此免官,后病故。

20.礼部尚书、永兴文懿公虞世南

隋朝奸臣虞世基之弟,自幼以文学著称。宇文化及江都兵变后被裹胁北返,宇文被灭后归窦建德,窦死后入李世民幕府。此后尽心辅佐李世民,被评价为德行、忠直、博学、文辞、书翰五绝。贞观十二年病故。

21.户部尚书、渝襄公刘政会

李渊任太原留守时的老部下,随李渊起兵,首义功臣。此后负责留守太原,刘武周进攻时被俘。忠心不屈,还找机会打探刘武周军情秘报李渊。刘武周灭亡后获救。曾担任刑部尚书,贞观九年病故。

22.光禄大夫、户部尚书、莒国公唐俭

唐家与李家均为北齐大臣,有世交之谊,唐俭亦与李渊为友。参与李渊太原起兵的策划,为首义功臣。最大功劳是揭发独孤怀恩谋反,被特赐免死罪一次。贞观初年负责与突厥外交事宜,被李靖"谋害",竟奇迹般逃生。后来任户部尚书,因怠于政事贬官。唐高宗年间病故。

23.光禄大夫、兵部尚书、英国公徐世绩

原为瓦岗军大将,少年从翟让起兵,翟死后跟随李密。李密降唐后成为独立势力,但仍坚持以李密部下的身份降唐以示不忘故主,被李渊称为"纯臣"。遭窦建德进攻后,因父亲被窦擒为人质不得已投降。密谋暗杀窦重归唐朝,但未能成功,侥幸逃走。随李世民灭王世充、窦建德、刘黑闼,又担任主将灭徐元朗,随李孝恭灭辅公祏。拒绝李世民的拉拢,未参加玄武门之变。贞观年间与李靖一起灭亡突厥,此后16年负责唐朝北边防御,多次击败薛延陀势力。唐高宗重画其形象于凌烟阁。

24.徐州都督、胡国公秦叔宝

本为张须陀部下勇将，张死后归裴仁基部下，又随裴投降李密，为瓦岗军大将。在李密与宇文化及童山之战中立下大功。李密失败后投降王世充，因不满王的为人，与程知节一同降唐，分配到李世民帐下。参加李世民历次战役，每战必冲锋在先。玄武门之变的主要将领。后因历次作战负伤太多而疾病缠身，贞观十二年病故。